应用型本科院校"十二五"规划教材/教育类

Educational Psychology

教育心理学

主　编　陆桂芝　任秀华
副主编　葛　俭　线恒录　韩雪梅

哈尔滨工业大学出版社
HARBIN INSTITUTE OF TECHNOLOGY PRESS

内容简介

本书全面系统地介绍了教育心理学的基本知识和最新研究成果,包括教育心理学基本理论、学生的学习、影响学习的内部因素和影响学习的外部因素四编,共十四章。本书从应用型本科教育的目标出发,突出系统性、实用性和前沿性,能满足师生的教学与学习实践活动的需要。

本书可以作为心理学、教育学、公共事业管理等专业本科生教材,也可作为各类教师培训学校教材,还可供各种考试(如教师资格证考试、教师岗位考试等)备考人员参考。

图书在版编目(CIP)数据

教育心理学/陆桂芝,任秀华主编. —哈尔滨:哈尔滨工业大学出版社,2015.5(2016.7 重印)
应用型本科院校"十二五"规划教材
ISBN 978-7-5603-5365-4

Ⅰ.①教… Ⅱ.①陆…②任… Ⅲ.①教育心理学—高等学校—教材 Ⅳ.①G44

中国版本图书馆 CIP 数据核字(2015)第 093238 号

策划编辑	杜 燕 赵文斌
责任编辑	苗金英
出版发行	哈尔滨工业大学出版社
社 址	哈尔滨市南岗区复华四道街 10 号 邮编 150006
传 真	0451-86414749
网 址	http://hitpress.hit.edu.cn
印 刷	哈尔滨市工大节能印刷厂
开 本	787mm×960mm 1/16 印张 20.75 字数 446 千字
版 次	2015 年 5 月第 1 版 2016 年 7 月第 2 次印刷
书 号	ISBN 978-7-5603-5365-4
定 价	39.80 元

(如因印装质量问题影响阅读,我社负责调换)

《应用型本科院校"十二五"规划教材》编委会

主　任　修朋月　竺培国
副主任　王玉文　吕其诚　线恒录　李敬来
委　员　（按姓氏笔画排序）
　　　　　丁福庆　于长福　马志民　王庄严　王建华
　　　　　王德章　刘金祺　刘宝华　刘通学　刘福荣
　　　　　关晓冬　李云波　杨玉顺　吴知丰　张幸刚
　　　　　陈江波　林　艳　林文华　周方圆　姜思政
　　　　　庹　莉　韩毓洁　臧玉英

序

哈尔滨工业大学出版社策划的《应用型本科院校"十二五"规划教材》即将付梓,诚可贺也。

该系列教材卷帙浩繁,凡百余种,涉及众多学科门类,定位准确,内容新颖,体系完整,实用性强,突出实践能力培养。不仅便于教师教学和学生学习,而且满足就业市场对应用型人才的迫切需求。

应用型本科院校的人才培养目标是面对现代社会生产、建设、管理、服务等一线岗位,培养能直接从事实际工作、解决具体问题、维持工作有效运行的高等应用型人才。应用型本科与研究型本科和高职高专院校在人才培养上有着明显的区别,其培养的人才特征是:①就业导向与社会需求高度吻合;②扎实的理论基础和过硬的实践能力紧密结合;③具备良好的人文素质和科学技术素质;④富于面对职业应用的创新精神。因此,应用型本科院校只有着力培养"进入角色快、业务水平高、动手能力强、综合素质好"的人才,才能在激烈的就业市场竞争中站稳脚跟。

目前国内应用型本科院校所采用的教材往往只是对理论性较强的本科院校教材的简单删减,针对性、应用性不够突出,因材施教的目的难以达到。因此亟须既有一定的理论深度又注重实践能力培养的系列教材,以满足应用型本科院校教学目标、培养方向和办学特色的需要。

哈尔滨工业大学出版社出版的《应用型本科院校"十二五"规划教材》,在选题设计思路上认真贯彻教育部关于培养适应地方、区域经济和社会发展需要的"本科应用型高级专门人才"精神,根据黑龙江省委书记吉炳轩同志提出的关于加强应用型本科院校建设的意见,在应用型本科试点院校成功经验总结的基础上,特邀请黑龙江省9所知名的应用型本科院校的专家、学者联合编写。

本系列教材突出与办学定位、教学目标的一致性和适应性,既严格遵照学科体系的知识构成和教材编写的一般规律,又针对应用型本科人才培养目标及与之相适应的教学特点,精心设计写作体例,科学安排知识内容,围绕应用讲授理论,做到"基础知识够用、实践技能实用、专业理论管用"。同时注意适当融入新理论、新技术、新工艺、新成果,并且制作了与本书配套的PPT多媒体教学课件,形成立体化教材,供教师参考使用。

《应用型本科院校"十二五"规划教材》的编辑出版,是适应"科教兴国"战略对复合型、应用型人才的需求,是推动相对滞后的应用型本科院校教材建设的一种有益尝试,在应用型创新人才培养方面是一件具有开创意义的工作,为应用型人才的培养提供了及时、可靠、坚实的保证。

希望本系列教材在使用过程中,通过编者、作者和读者的共同努力,厚积薄发、推陈出新、细上加细、精益求精,不断丰富、不断完善、不断创新,力争成为同类教材中的精品。

前 言

教育心理学作为一门独立的心理学分支学科,诞生于20世纪初,至今已有百余年的历史。在教育心理学发展历史进程中,教育心理学家进行了卓有成效的理论探讨和实验研究工作,取得了长足的发展和进步,并呈现出高度融合和高度分化的趋势,有关的著述也相当丰富。这些不同版本的著作,从不同的角度介绍了教育心理学的基本内容,结构安排也各有特色。但随着教育科学和心理科学研究领域的不断扩大,本领域积累了大量新的研究成果,教育心理学的内容和范围有了扩充和调整的必要,同时,这也是适应教育实践发展的需要。

本书主要是为高等院校教育类各专业本科生及教育硕士研究生学习教育心理学之用,理论与实践相结合是本书的特色之一。本书从理论框架的建构到内容体系的安排,都强调从学科发展、培养目标和读者对象等方面出发,考虑到了教育心理学的学科性质与特点、学科体系、发展趋势,同时又注意到了教师教育的培养目标、教与学的独特要求和学习者的特点等。总之,本书编写的基本宗旨是,以辩证唯物主义为指导,从整体上突出学生知识、技能、学习策略、态度与品德等方面学习过程中的心理学问题,强调学校教育过程中针对学生心理发展的规律进行有效教学的措施,阐明影响学生学习的内外条件,有利于学习者掌握教育心理学的基本原理,提高其教育教学的实践能力。

在结构上,本书将教育心理学基本结构概括为教育心理学基本理论、学生的学习、影响学习的内部因素和影响学习的外部因素四编。在教育心理学基本理论部分,除了介绍教育心理学的研究对象及发展概况、学生的心理发展与教育等问题外,着重阐释了行为主义、认知派、建构主义和人本主义学习理论观点。学生的学习部分主要涉及知识、动作技能、学习策略、态度与品德的学习以及学习迁移的现象。影响学习的内部因素部分突出介绍了学习动机与学生的个别差异对学习的影响。最后,从教学和教师心理的角度阐释了影响学生学习的外部因素问题。在这一结构框架中,突出了基本概念的科学界定和基本理论的系统完整。

本书由陆桂芝、任秀华担任主编,葛俭、线恒录、韩雪梅担任副主编。编写分工如下:陆桂芝编写第一章,第二章,第三章的第一、二、三节,第四章的第二节,第五章,第九章的第一、二、四节,第十章和第十三章的第二节;葛俭编写第三章的第四节,第四章的第一、三节,第六章,第八章的一、三、四节和第九章的第三节;任秀华编写第十一章,第十二章和第十四章;宋锐编写第七章,第八的第二节和第十三章的第一节;任秀华、线恒录、韩雪梅、王丽敏编写第十三章的第三节。陆桂芝负责全书的统稿及修改、审定工作。

  在本书的编写过程中,作者参考了国内外专家学者的相关著述,在此表示感谢!本书的编写,是各位编者通力合作的结果,在此谨向所有关心、支持、参与本教材编写和出版的单位及个人表示衷心的感谢!

编 者
2014 年 8 月

目 录

第一编 教育心理学基本理论

第一章 教育心理学概述 ………………………………………………………… 3
- 第一节 教育心理学的研究对象与体系 ………………………………… 3
- 第二节 教育心理学的发展概况 ………………………………………… 8
- 第三节 教育心理学的研究方法 ………………………………………… 14

第二章 学生的心理发展与教育 ………………………………………………… 19
- 第一节 学生心理发展概述 ……………………………………………… 19
- 第二节 学生的认知发展与教育 ………………………………………… 23
- 第三节 学生的个性与社会化的发展与教育 …………………………… 33

第三章 学习的基本理论 ………………………………………………………… 39
- 第一节 学习概述 ………………………………………………………… 39
- 第二节 行为主义学习理论 ……………………………………………… 43
- 第三节 认知派学习理论 ………………………………………………… 60
- 第四节 建构主义与人本主义学习理论 ………………………………… 73

第二编 学生的学习

第四章 知识的学习 ……………………………………………………………… 87
- 第一节 知识学习概述 …………………………………………………… 87
- 第二节 传统观点的知识学习 …………………………………………… 91
- 第三节 现代认知心理学观点的知识学习 ……………………………… 98

第五章 问题解决与创造力培养 ………………………………………………… 109
- 第一节 问题与问题解决 ………………………………………………… 109
- 第二节 问题解决的过程 ………………………………………………… 113

  第三节 问题解决能力的培养 …………………………………………… 118
  第四节 创造力的培养 ……………………………………………………… 121

第六章 学习策略的学习 …………………………………………………… 130
  第一节 学习策略概述 …………………………………………………… 130
  第二节 认知策略 ………………………………………………………… 135
  第三节 元认知策略 ……………………………………………………… 142
  第四节 学习策略的教学 ………………………………………………… 146

第七章 动作技能的学习 …………………………………………………… 150
  第一节 动作技能概述 …………………………………………………… 150
  第二节 动作技能的形成 ………………………………………………… 154
  第三节 影响动作技能学习的因素 ……………………………………… 158

第八章 态度与品德的学习 ………………………………………………… 165
  第一节 态度与品德的概述 ……………………………………………… 165
  第二节 品德形成的理论 ………………………………………………… 170
  第三节 态度的形成与改变 ……………………………………………… 176
  第四节 品德的形成与培养 ……………………………………………… 178

第九章 学习迁移 …………………………………………………………… 194
  第一节 学习迁移概述 …………………………………………………… 194
  第二节 早期学习迁移理论 ……………………………………………… 198
  第三节 当代学习迁移理论 ……………………………………………… 202
  第四节 促进学习迁移的条件与教学 …………………………………… 206

第三编 影响学习的内部因素

第十章 学习动机 …………………………………………………………… 215
  第一节 学习动机的概述 ………………………………………………… 215
  第二节 学习动机理论 …………………………………………………… 220
  第三节 学习动机的激发与维持 …………………………………………… 229

第十一章 学生的个别差异 ………………………………………………… 234
  第一节 智力差异与学习 ………………………………………………… 234
  第二节 学习风格与学习 ………………………………………………… 242

第三节　人格差异与学习 …………………………………………………… 247

第四编　影响学习的外部因素

第十二章　教学设计 ……………………………………………………………… 255
　　第一节　教学目标设计 …………………………………………………… 255
　　第二节　教学方法设计 …………………………………………………… 259
　　第三节　教学评价设计 …………………………………………………… 263
第十三章　班级人际关系与课堂管理 …………………………………………… 274
　　第一节　班级人际关系与课堂管理概述 ………………………………… 274
　　第二节　班级人际关系及其影响 ………………………………………… 279
　　第三节　课堂秩序的建立与维持 ………………………………………… 291
第十四章　教师心理 ……………………………………………………………… 298
　　第一节　教师职业角色与威信 …………………………………………… 298
　　第二节　教师职业心理素质 ……………………………………………… 303
　　第三节　教师专业成长 …………………………………………………… 308
参考文献 …………………………………………………………………………… 319

第一编　教育心理学基本理论

第一编　教育小学基本理论

Chapter 1

教育心理学概述

作为教育科学体系中的重要组成部分,教育心理学是师范院校学生和中小学教师、教育工作者必须具有的教育理论基础知识之一。它对提高教育者的业务能力、心理素质及完善知识结构具有重要作用。学习教育心理学,首先应从其发展的历史轨迹中了解该学科的性质、研究对象及其研究方法。

第一节 教育心理学的研究对象与体系

一、教育心理学的研究对象

关于教育心理学的研究对象,国内外许多学者都提出过自己的见解。如我国1980年出版的潘菽主编的《教育心理学》中认为:"教育心理学的研究对象就是教育过程中的种种心理现象。"1997年出版的邵瑞珍主编的《教育心理学》中认为:"教育心理学是研究学校情境中学与教的基本心理学规律的科学。"中国台湾温士颂先生在其所著的《教育心理学》中认为,教育心理学是"运用心理学原理、原则,协助教师与学生进行有效的指导与学习"的科学。

美国1970年出版的《教育百科全书》中认为:"教育心理学是对教育过程中的行为的科学研究,实际上教育心理学通常被定义为主要涉及学校情境中学生的学与教的科学。"林格伦(H. C. Lindgren)在《课堂教育心理学》序中指出:"教育心理学是应用到教与学过程中的心理学。"前苏联彼得罗夫斯基1972年主编的《年龄与教育心理学》认为:"教育心理学的对象是研究教学和教育的心理学的规律。"

概括地说,教育心理学家对教育心理学研究对象有两种不同的定义和三种看法[①]。第一,宽泛的定义,以潘菽《教育心理学》(1980)的提法为代表。以这样的观点看待教育心理学,目前仍很流行。但这种观点的缺点是,其研究对象难以与为教育服务的其他心理学分支学科相区分,如我们同样也可以把"学习心理学""教育社会心理学"和"学校心理学"宽泛地定义为"研究教育过程中的种种心理现象"的心理学分支学科。第二,非宽泛的定义,即把教育心理学的研究对象限定为"学校情境中的学与教的心理学规律的探索"。在非宽泛的定义中,又可以分为两种不同的观点。其中一种观点强调以学生的学习为主线,把教学看成只是影响学生学习的外部因素。美国教育心理学家奥苏伯尔(D. P. Ausubel)的观点可以作为代表。他在《教育心理学这门学科还存在吗?》(1969)一文中说:"教育心理学是心理学的一个特殊分支,它关心的是学校学习和保持的性质、条件、结果和评价诸问题。因此,在我看来,教育心理学的学科内容主要包括有意义学习与保持的理论,以及认知、发展、情感、人格和社会等一切重要变量对学习结果的影响,尤其是那些能为教师、课程设计者、程序设计者、程序教学专家、教育工艺学专家、学校心理学家或指导顾问、教育管理人员或整个社会操纵的变量的影响。"

非宽泛的定义中的第二种观点以美国斯坦福大学的盖奇(N. L. Gage)为代表,他虽然认为"心理学是个人的思想和行为的研究,教育心理学是对与我们如何教和学有关的那些思想和行为的研究",但他在编写自己的教育心理学教科书时,却是明显以教师的教为主线来安排教材的。他说自己的书是"根据教学过程模型加以组织。该模型始于教学目标和学生的特征,接着介绍有关学习动机的观点,然后讨论教学方法、练习以及教学方法的选择与应用,以教学评价过程告终"。

上述各种观点,从不同侧面反映了教育心理学研究对象的特点。本书认为,教育心理学是研究学校教育情境中学与教的基本心理学规律的科学(同邵瑞珍的观点)。教育心理学的研究对象有其特殊性,因为教育过程是师生互动的过程,既包括教师的教,又包括学生的学。因此,教育心理学既要研究学生如何有效地学习,又要研究教师如何有效地指导学生学习。它既不同于普通心理学去研究人的心理的一般规律,也不同于儿童发展心理学去研究儿童和青少年的心理发展规律,同时有别于研究具体学与教的学科心理。它是一门独立的科学,有自己独特的理论体系、内容和方法。具体来说,教育心理学既要研究学生学习的心理规律,探讨不同类型学习的过程和有效教学的条件,也要研究教师的教学行为,探讨教学设计和教学考评等,为有效教学提供科学依据。

---

① 邵瑞珍.教育心理学[M].上海:上海教育出版社,1997:11-12.

二、教育心理学的学科性质

关于教育心理学的学科性质一直有两种不同的看法。在20世纪50年代以前，人们认为教育心理学只是把普通心理学中已得到证实的心理学原理直接应用到教育中去，如将注意规律、记忆曲线等应用到学校教育，因此把教育心理学看作普通心理学中分化出来的应用心理学的一个分支。这是由于在这一时期，教育心理学这门学科的理论基础比较薄弱，研究对象尚不确定，研究内容与体系比较零乱、庞杂，还未能建设成一个独立的学科。随着教育心理学的发展，许多学者认识到，一般心理学原理常常解决不了复杂的教育实践中的问题，在教育条件下的心理现象有其特殊的规律。第二次世界大战以后，西方一部分教育心理学工作者就开始提出教育心理学应建设成独立的科学，它不是普通心理学的简单应用，具有独特的研究领域和方法。

近些年来，把教育心理学看成是独立学科的教育心理学家越来越多。他们认为，教育心理学揭示教育过程中教与学的基本心理学规律，提供能够解决教育实践问题的心理学观点和能够提高教育效果的方法。作为一门独立学科，教育心理学既要进行基本理论的研究，研究教育、教学情境中的基本心理规律，为解决教育、教学中的理论问题提供科学依据，也要进行应用水平的研究，关注学生的有效学习与教师的有效教学等问题，以便为解决学校教育、教学的实践问题提供具体原则和操作方法。因此，教育心理学是一门基础研究和应用研究并重的学科。教育心理学作为心理学的分支学科具有较强的理论性，作为指导教育实践活动的学科又具有极为鲜明的实践性和应用性。

三、教育心理学的研究内容与本书的体系

（一）教育心理学的研究内容

由于教育对象的复杂性，教育实践中的心理学问题的纷繁复杂、研究者认识的局限性以及研究手段和方法的限制，教育心理学从创立以来一直表现出体系零乱、内容庞杂。从国内外流行的教育心理学教材来看，教育心理学的内容体系大体经历了以下演变过程。

20世纪初，以美国桑代克（E. L. Thorndike, 1874—1949）的三卷本《教育心理学》为代表的教育心理学的内容体系，是建立在普通心理学理论框架和教育工作实际材料的基础之上的。

20世纪中期，教育心理学的内容体系出现了两派：一是以发展心理学为基础，按照儿童年龄阶段的分期，加上教育工作的实际材料来建构教育心理学的内容体系，如前苏联彼得罗夫斯基的《年龄与教育心理学》等。二是按照教育学与教学法的基本体系，应用心理学的材料，

来建构教育心理学的内容体系。如美国索里(J. M. Sawrey)和特尔福特(C. W. Telford)合著的《教育心理学》、林格伦的《课堂与教育心理学》等。

20世纪70~80年代,教育心理学迅速发展,出现了以人的学习与发展为理论,以教与学过程的科学研究资料为事实来建构教育心理学的内容体系。这一时期,国外教育心理学较重视发展与心理、学习心理、教学心理、学习动机、课堂教学管理等内容。国内教育心理学内容体系则以基本理论为前提,以学习为主干,同时兼顾教育、教学情境中其他重要的心理学问题。

当前国内外教育心理学体系中除了重视学习心理外,对品德心理、教学心理、教师心理、能力与个别差异和教育社会心理等内容也日渐重视。总体来说,教育心理学研究内容主要包括以下四个方面。

第一方面:学习的本质,主要探讨学习的实质、学习过程和一般的学习规律。

第二方面:学习的过程,主要探讨各类学习的过程与规律,包括学生知识、技能的学习,学生学习策略的学习,学生态度和品德的学习等问题。

第三方面:影响学习的因素,主要探讨影响学生学习的各种因素,包括学习动机、认知因素与人格因素等对学习的影响。

第四方面:教学与管理,主要探讨如何根据学生的心理特点与发展规律进行教学设计、课堂管理等,同时研究作为组织者和管理者的教师的心理特点及其对学生的影响。

(二)本书的体系

结合教育心理学研究的内容,本书的体系确定为四编,共十四章。

第一编是教育心理学基本理论(第一章至第三章)。第一章是教育心理学概述,主要阐述教育心理学的研究对象、内容、发展历史及研究方法。第二章是学生的心理发展与教育,主要介绍学生心理发展的基本规律、个体认知发展与社会性发展理论等。第三章是学习的基本理论,主要介绍学习的一般概念和国内外主要派别的学习理论观点。

第二编是学生的学习(第四章至第九章)。第四章是知识的学习,介绍了学生知识的学习与教学过程,包括传统知识学习观点和现代认知心理学关于知识学习的观点。第五章是问题解决与创造力培养,主要介绍问题解决的过程、问题解决和创造力培养的措施。第六章是学习策略的学习,主要阐述认知策略、元认知策略及学习策略的教学。第七章是动作技能的学习,包括动作技能的形成过程及影响因素。第八章是态度与品德的学习,主要阐述态度和品德形成的一般过程、态度和品德培养的措施等。第九章是学习迁移,阐述了学习迁移的基本原理与学习迁移的教学。

第三编是影响学习的内部因素(第十章和第十一章)。第十章是学习动机,主要阐述学习动机的理论、学习动机的培养措施。第十一章是学生的个别差异,主要介绍学生在智力、学习风格、人格方面的差异以及对学生学习的影响。

第四编是影响学习的外部因素(第十二章至第十四章)。第十二章是教学设计,涉及教学目标、教学方法与策略和教学评价的设计。第十三章是班级人际关系与课堂管理,阐述良好师生关系、同伴关系的建立及课堂秩序的建立与维持。第十四章是教师心理,介绍教师职业角色、职业心理素质及专业成长等方面的内容。

四、教育心理学的意义

教育心理学在教育理论研究与教育实践中都具有重要的价值,其意义主要表现在以下几个方面。

(一)理论意义

从理论意义角度看,教育心理学的研究对于整个心理科学的发展起到了重要的促进作用。教育心理学作为心理学的分支学科,对教育过程中发生的一般心理规律和心理现象进行探索,关注于教育实践中的心理学问题研究,并试图从教育心理学的角度对这些问题进行解释。教育心理学关于学习理论的探讨,提出的对学习本质的认识、学习过程与学习条件的理论观点,丰富了心理科学的研究内容。关于学习者知识、技能、策略、品德学习方面的心理规律,以及影响学习者学习的内部及外部条件的研究成果,为心理科学的发展与完善提供了丰富的材料和确凿的证据,促进了心理科学的发展。

(二)实践意义

1. 有助于教育者更新教育观念

当前,我国正在深化素质教育,大力推进课程改革,旨在促进学生全面发展,这就需要教育者更新教育观念,走在教育改革的前列。从现行的教育工作实际情况看,中小学教育中仍然普遍存在着沿袭传统教育方法、片面追求升学率、忽视学生心理发展、不注重学生个性培养等影响学生全面发展的现象。教育心理学作为一门科学知识体系,主要阐述学习与教学情境中学生心理活动规律的有关知识和方法,为教育者从根本上认识教育规律,提高教育理论水平,树立正确的教育观念,成为真正的"教育者"提供了有力的支持。

2. 有助于教育者提高自我教育的能力

随着教育改革的不断深化,对教师的能力要求不断提高。教育作为一种特殊的职业,对从业者即教师的知识结构和专业化程度有较高的要求。一个称职的教师既需要具有本领域的专业知识,又需要有关于学生心理发展规律、心理发展与教育关系的教育理论与心理学知识,还需要有将学科专业知识与教育理论与心理学知识灵活运用于教育实践的能力。而教育心理学的研究为教师这些能力的提高提供了重要帮助。通过教育心理学的学习,教育者可以运用一些新的观念去分析或解决教育教学中的问题,可以正确反思与评价自己,加强自我教育,提高自我修养,促进自己成为一名合格的人民教师。

3. 有助于提高教育教学工作的质量与效率

提高教育教学工作的质量与效率是教师工作的重要内容,也是教师不断努力的方向。而教育教学工作质量与效率的提高有赖于教师对受教育者身心发展规律及教育教学的心理学规律的掌握与运用。教育心理学研究并揭示了教育实践过程中学生的学及其教师的教的各种心理现象及其规律性,阐明了学生心理特点和各种教育措施对学生心理发展的不同影响与作用,从而揭示出学生心理发展与教育的独特关系,使整个学校教育工作建立在心理科学理论的基础上,使教育和教学工作的开展有据可依,能够提高教育教学工作的前瞻性和预测性,有助于提高工作质量。同时,教育心理学中有关学习规律的研究,揭示了学生学习的实质和过程,为合理组织教学提供了心理学依据。因此,掌握了教育心理学的基本原理和方法,有助于广大教师正确组织教学工作,合理安排教学的各个环节,选择有效的教学方法,采用现代化的教学手段和途径,从而有效地提高教学质量与效率。

第二节 教育心理学的发展概况

一、早期的教育心理思想

在教育心理学诞生之前,许多哲学家、思想家和教育家在论述教育问题时,具有一些心理学的观点,我们称之为早期教育心理学思想。

我国古代的教育家和思想家,如孔子、孟子、荀子等,在论述教育问题时,都有过一些教育心理方面的观点。如孔子针对不同学生的性格特点,采用不同的教育方法,他说:"求也退,故进之;由也兼人,故退之。"世界上最早的教育专著《学记》,提出了许多教学原则,如"教学相长""道而弗牵,强而弗抑,开而弗达""长善救失"等,都是教育心理学思想。

在西方教育史上,第一个明确提出将心理学作为教育学理论基础的人是德国教育家、哲学家赫尔巴特(J. F. Herbart,1776—1841)。他认为教学应依据学生的心理活动来进行,据此他把教学过程分成四个阶段,即"四段教学法"。

(1)明了——给学生明确地讲授知识。

(2)联想——新知识要与旧知识建立联系。
(3)系统——做出概括和结论。
(4)方法——把所学知识应用于实际。

同这四个阶段相应的学生的心理状态是:注意、期待、探究和行动。后来他的学生将其发展为"五段教学法"。

(1)预备——唤起学生的原有有关观念和吸引学生的注意。
(2)呈现——教师清晰地讲授新教材。
(3)联系——使新旧知识形成联系。
(4)总结——帮助学生进行抽象和概括,形成新的统觉团。
(5)应用——以适当的方法应用新知识。

"五段教学法"在19世纪末20世纪初流行于欧美,20世纪初传入我国,它对全世界中小学的教学都产生了重要的影响。

早期教育心理学思想为科学教育心理学的发展奠定了基础,是宝贵的文化遗产。但这些思想内容浅显且不系统,仅停留在经验水平上,是思辨的产物。

二、科学心理学对教育心理学的影响

(一)冯特的影响

现代心理学能够成为一门科学是因为它采用了科学方法来研究心理学问题。19世纪下半叶,由于自然科学的发展,许多学者把自然科学的实验方法引进心理学,使心理学脱离哲学,成为一门能采用自然科学的实验方法进行研究的学科。正是科学方法的使用才使教育心理学摆脱了思辨的性质,促进了教育心理学的发展。冯特(W. Wundt,1832—1920)在1879年建立的心理学实验室是心理学独立的标志。此后,欧洲一些教育家和心理学家开始利用实验、统计以及测量的方法研究儿童身心发展以及教育上的一些问题,产生了实验教育学派。实验教育学派是实验心理学与教育学相结合的产物,它是教育心理学的先驱。如冯特的学生莫依曼(E. Meumann,1907年)在《实验教育学入门》一书中提出教育心理学应该研究的七个领域:儿童的身心发展,儿童心理机能的发展,儿童的个性、个别差异,儿童的学校生活,各学科的学习,教师的活动、教学,学校制度。冯特的美国学生霍尔(G. S. Hall,1844—1924)首次在心理学研究中使用了问卷法,这一方法也是教育心理学研究的重要方法。

(二)高尔顿的贡献

英国心理学家高尔顿(S. F. Galton,1822—1911)对人的能力的个别差异和心理遗传问题进行了大量的研究。其代表作是《遗传的天才》(1869)和《人类才能及其发展的研究》(1883)。他的研究标志着个体心理学和心理测量的开始,促进了教育心理学对个别差异的研究。他在研究中所使用的相关法是教育心理学研究的重要策略。

(三)弗洛伊德的功绩

弗洛伊德(S. Freud,1856—1939)是精神分析学派的创始人。他对人类的动机和人格进行了研究,提出了精神分析学说。他的理论启示人们,人类正常的心理需要若受到压抑,就会造成人格的扭曲。所以,教育要促进人格的发展,满足和发展学生正常的心理需要。受其影响,动机、人格及心理卫生成为教育心理学的重要研究领域,临床法也被认为是教育心理学研究的重要方法,近年来重新受到人们的重视。

(四)测验运动的影响

20世纪初,法国比纳和西蒙(A. Binet,1857—1911 & T. Simon)编制了《比纳-西蒙智力测验量表》(1905)用以测量儿童的智力年龄,以便对不同智力水平的儿童分别进行教学。随后在西方掀起了测验运动,影响极大。许多国家心理学工作者陆续编制了智力、人格、能力等多种心理测验,编制技术得到很大发展。心理测验及其编制技术为评价学生与学习成果,为了解学生的个别差异、因材施教提供了科学的方法和工具。

(五)教育心理学的奠基人——桑代克

桑代克(Edward L. Thorndike,1874—1949)为教育心理学的创建做出了突出贡献。他立志于用准确、精密的数量化的方法研究和解决有关学习的问题。1903年,他写成《教育心理学》一书,在1913~1914年又将此书发展成三大卷《教育心理大纲》,包括《人类的本性》《学习心理学》《工作与疲劳以及个性的差异》三卷本。桑代克从人是一个生物的存在这个角度建立自己的教育心理学体系,明确了教育心理学的研究内容:研究人类在未受教育以前的本性,这种本性通过学习与教育如何发生变化、个性差异是怎样造成的。桑代克的教育心理学摆脱了思辨的性质,奠定了教育心理学发展的基础,西方教育心理学的名称和体系,由此开始确立。

三、教育心理学的发展阶段

自1903年教育心理学诞生起,西方教育心理学的发展大体可分为四个时期。

（一）初创时期（20 世纪 20 年代前）

在教育心理学的初创时期，理论与研究的积累还不充分。虽然人们认为运用科学的心理学研究方法能解决教育中的许多问题，但对教育心理学的研究对象还没有一致的看法。这一时期对教育心理学的看法以桑代克的《教育心理学》为代表。在此后的 30 年里，美国的同类著作几乎都师承了这一体系。但这一时期的著作内容多是以普通心理学的原理解释实际的教育问题，主要是一些有关学习的资料。

在这一时期，教育心理学领域中逐步形成了两种对立的学习理论流派：行为主义和认知理论。行为主义强调用科学的方法研究可观察的外显行为，主张学习就是在环境刺激与行为反应之间建立联结。行为主义学习理论以桑代克为先导，以华生（J. B. Waston）为激进的代表，之后斯金纳（B. F. Skinner）又对它做了总结和发展。与行为主义相对立的是德国的格式塔学派，主张研究学习的内部过程，研究人的经验，强调学习在于在头脑中构造和组织一种"完形"，也就是对事物、情境的各个部分及其关系的理解，而不是刺激－反应联结的简单集合。格式塔学派是早期的认知倾向的学习理论。

（二）发展时期（20 世纪 20 年代到 50 年代末）

教育心理学的发展时期的主要特点是广泛吸取心理学各分支中与教育有关的内容，研究范围不断扩大。在这一时期，教育心理学从普通心理学、儿童心理学、学习心理学、人格心理学、心理统计与测量、学科心理学等发展较快的分支中吸取了一些内容。虽然教育心理学的内容得到扩充，但也产生了一些问题。

首先是内容分散、不系统，与上述独立学科相重复。由于教育心理学缺乏独立的理论体系，20 世纪二三十年代以来，各类有关教育心理学的书籍内容十分庞杂，相关教材内容涉及普通心理学、儿童心理学、比较心理学、人格心理学、心理卫生、心理统计与测量等学科。教育心理学的研究内容难免与这些学科重复。其次是这些学科并不以学生为研究对象，因而所吸取的内容难于解决教育实际问题。在 20 世纪 20 年代，以桑代克、贾德（C. H. Judd）等为代表的一些教育心理学家领导了教育科学运动，用心理学的方法来改革教育，强调发展智力，推广智力测验，在教育中给心理学创造了特定的地位。但由于这些研究没有充分考虑到学校教育实践的特点，没有达到预想的效果。此阶段，正是行为主义心理学盛行的时期，以斯金纳为代表的行为主义心理学派强调心理学的客观研究，将根据动物实验获得的学习理论推广到对人类学习的解释上，将人类一切复杂行为简化为刺激－反应的联结，回避对人的高级认知过程的研究，忽视了教育过程中的情感因素，结果对教育实践的指导作用并不大。

(三)理论建设时期(20世纪60年代至70年代末)

教育心理学在理论建设时期的主要特点是将一些理论成果应用于教学实践,并尝试建立独立理论体系。这一时期,教育心理学的内容开始趋于集中,大多围绕有效的教与学来组织。教育与心理发展的关系、学习心理、评定与测量、个别差异等成为公认的内容,教育心理学作为一门具有独立的理论体系的学科正在形成。同时,各派理论之间的分歧日趋缩小,相互之间吸收着对方的合理内容,学科界限趋于模糊。这一时期,教育心理学比较注重结合教育实践,注重为学校课程服务,如有些研究者把学习心理学的研究用于教学,强调教学要遵循学习的规律,提出了"发现学习"(布鲁纳)、"学习层次理论"(加涅)。同时,有些研究者在吸取了教育心理学最新成果的基础上,分析学校教育的实践,提出"有意义接受学习"(奥苏伯尔)、"掌握学习"(布卢姆)等教学模式。这些研究注意到学校中学习与教学过程多变量的特点,重视各变量之间的相互作用。随着社会心理学的发展,很多研究者注意影响学习与教学的社会心理因素,重视在同伴交往、师生交往等社会相互作用条件下发展儿童的个性,促进儿童的学习。同时,随着认知心理学和人本主义心理学的兴起,"发生认识论""信息加工理论""社会学习理论""道德发展阶段论"等也对教育心理学的发展起到了促进作用。

(四)深化拓展时期(20世纪80年代以后)

20世纪80年代以后,教育心理学的体系越来越完善,研究越来越深入,视角越来越综合。这一时期,建构主义作为认知心理学的新发展对教育心理学的研究与实践产生了深刻的影响。它强调学习不是知识从外到内的传递,而是一个积极主动的知识建构过程。布鲁纳在1994年美国教育研究会的特邀专题报告中精辟地总结了教育心理学十几年来的成果,主要概括为四个方面:第一,主动性研究,研究如何使学生主动参与教学过程,并对自身的心理活动做更多的控制;第二,反思性研究,研究如何促使学生从内部理解所学内容的意义,并对学习进行自我调节;第三,合作性研究,研究如何使学生共享教与学中所涉及的人类资源,如何在一定背景下将学生组织起来一起学习,如同伴辅导、合作学习、交互式学习等,从而使学生把个人的科学思维与同伴合作相结合;第四,社会文化研究,研究社会文化背景是如何影响学习过程与结果的。

四、我国教育心理学的发展

我国教育心理学的发展是一个曲折的过程。在新中国成立前,主要是传播与评述西方的教育心理学成果。20世纪20年代初期,南京高等师范学校、北京高等师范学校相继开设了教育心理学课程,廖世承在1924年出版了第一本由我国学者编著的教育心理学教科书,此后也有一些学者编写了教育心理学教科书(潘菽,1935;陆选善,1938),并翻译了一些西方的教育心理学书籍。同时,我国出现了一些教育心理学的研究,其中学科心理最多,比较有特色的是关于汉字问题的研究。但当时研究问题的方法与观点,大多模仿西方,很少有创见,没有自己的理论基础。新中国成立初期的50~60年代,主要是学习和介绍苏联的教育心理学理论和研究成果,同时根据马列主义的原理和方法对以前的教育心理学加以改造,特别是遵照苏联的模式,对教育心理学中的实用主义心理学和心理测量学进行了一定的分析与批判。主要的研究工作是结合我国实际对道德教育、劳动教育、学科的教学改革等进行了研究。这一时期的教育心理学全盘接受了苏联心理学的影响,只有斯金纳程序教学的影响例外。因此,对西方尤其是美国的教育心理学观点持全盘否定的态度,这给我国教育心理学的发展带来了消极影响。

"文化大革命"后,我国教育心理学得到了恢复和发展,研究队伍不断扩大,研究课题逐渐展开,进入到一个新的发展阶段。第一,出版和翻译了一批教育心理学书籍。1980年出版了潘菽主编的《教育心理学》,此后相继出版了大桥正夫的《教育心理学》、特尔福特和索里的《教育心理学》、张德琇的《教育心理学研究》和邵瑞珍的《教育心理学——学与教的心理学》等。第二,在一些杂志及书籍中大量介绍了国外有影响的理论观点与研究成果。其中对教育心理学影响较大的有皮亚杰的发生认识论和儿童智慧发展阶段论、布鲁纳的认知发现说、奥苏伯尔的有意义接受学习理论、布鲁姆的掌握学习论、加涅的学习层次论、维果茨基的最近发展区理论、班杜拉的社会学习理论、柯尔伯格的道德发展阶段论、人本主义者罗杰斯的学习理论等。第三,结合我国实际进行了一系列研究,研究水平不断提高。如在教学心理方面:卢仲衡在斯金纳程序教学基础上,进行了"自学辅导教学实验";刘静和在借鉴皮亚杰关于儿童思维发展规律的理论基础上,进行了"现代小学数学教学实验";莫雷等人对我国儿童阅读能力的结构进行了系统的研究;张必隐对中文阅读心理进行了深入的探索等。在品德心理方面:李伯黍等在皮亚杰和柯尔伯格关于儿童道德发展阶段理论基础上,进行了关于儿童道德认知发展的研究;章志光等人进行了学生道德行为表现的心理结构及其与教育条件、方式的关系研究等。在差异心理方面:查子秀主持了个体差异对超常儿童心理发展的研究;郭占基等人进行了中小学生学业成就动机的系列研究。在结合教学整体改革进行的综合性研究方面:冯忠良的"结构-定向"教学实验;林崇德的"中小学生心理能力与培养"的教学实验等都引起了一定的社会影响。

20世纪80年代以后,我国教育心理学的发展呈现以下趋势:
(1)扩大了教育心理学研究的范围。
(2)重视有关教育实践的研究和实验,对于填平与教育实践之间鸿沟的研究显示出极大兴趣,不再过分关注理论争论问题和心理学史问题。

(3)把最新的社会心理学成果吸收到教育心理学体系中来的比例呈上升趋势。

(4)注意和重视师生之间的关系,更加重视教师教学指导中的作用和职能。

(5)教育心理学研究队伍的素质有很大的提高,在研究方法上更加严谨、科学,采用量表和实验研究方法更严密,数理统计更科学化。

(6)借鉴国外研究成果的同时,开始提出了新的理论设想。如品德研究中的"环形定型结构"、教学模型的构想等。虽然我国教育心理学在近些年来得到了迅猛发展,但与一些发达国家相比,还存在着专业队伍数量不足、设备条件较差、研究领域较狭窄、高水平的系列研究不够多、未能很好地解决我国教育实践中的大量课题等问题,有待于教育心理学工作者的继续努力。

第三节　教育心理学的研究方法

一、教育心理学研究的基本原则

(一)客观性原则

客观性原则是指教育心理学研究要遵循实事求是的原则,即根据教育心理现象的本来面目来研究其本质、规律与机制。这是教育心理学研究的根本指导原则。

教育过程中的心理活动与其他心理活动一样,是由客观事物所引起的,并表现为人的外部活动。只有坚持客观性原则,才能对教育过程中的心理现象进行精确的测量、描述、解释和预测,才能保证在相同条件下获得一致的研究结果。

为了更好地贯彻客观性原则,研究者应注意以下几点:第一,在收集资料时,应如实地、详尽地记录作用于被试身上的各种刺激和他的行为反应,并以此来判断被试的客观心理过程;在资料采集过程中,应尽量采用口头报告、档案资料、教师的判断等多种方法,以使采集的第一手资料公正全面。第二,在进行资料的处理、结果的分析整理时,应尽可能地根据客观的尺度来进行,特别是在对待与自己的假设、理论不一致的数据资料时,更应谨慎处理。第三,在做结论时,要根据客观的事实下判断,不要做过分的推论。

(二)系统性原则

系统性原则指在研究心理现象时,应把人的心理作为一个开放的、动态的、整体的系统来加以考察。系统性原则主要体现在以下几个方面。

第一是整体性。人的心理是具有各种机能的一个有机的整体,采用孤立、分离的方式来研究心理现象,就会无法理解心理现象的特性及其相互制约的关系。同时,人的心理又处于各种不同的关系之中,表现出具有不同的质的特点。因此,对待教育中出现的各种心理现象,必须全面地考察心理的各种关系。

第二是层次结构性。人的心理是一种有序的、有组织结构的系统,具有多方面的层次性,它包括四个水平不同的结构:心理的社会实践结构(心理的起源与发展)、个性心理结构、心理活动结构及心理的物质结构(脑的结构)。这四个结构在心理活动中具有不同的功能。在教育心理学的研究中应该区分这些心理现象的结构层次及其相互关系,找到相应心理现象之间的结构层次网络,揭示出支配人的心理的各水平的规律。

第三是动态性。人的心理是活动的,呈现出一种相对稳定的动态变化过程之中。在人的社会实践中,在各种不断输入的信息的作用下,心理在不断地运动变化。因此,在心理学研究中就应该对心理现象做动态分析,弄清其产生的原因、过程、发展转变的机制等。

第四是环境适应性。人类机体总是处于一定的环境之中,受环境的影响,同时人对环境又有很强的适应性。学习者的行为反应既决定于机体本身,同时又是适应环境的结果。因此,对心理的研究只描述机体本身是不够的,还必须研究机体与周围环境的关系,特别是与社会文化环境的关系。

(三)教育性原则

教育性原则是指在教育心理学的研究过程中,所采用的实验手段与方法应能促进被试心理的良性发展。这是教育心理学研究的一条基本要求。

教育心理学不仅要研究客观的学与教的心理学规律,更要预测、控制和促进教与学的活动,才能达到教育的目的。遵循教育性原则,在课题选择上要考虑教育意义,使其结果有助于教学、教育质量的提高;在研究过程中要注意对学生有良好的教育影响,不能损害学生身心健康。

(四)理论联系实际的原则

理论联系实际的原则是指教育心理学的研究应从实际的需要出发,解决教育教学中的实际问题。遵循这一原则,在选题上要注意教育领域中有意义的问题;在研究设计过程中,为了保证研究结果的可应用性,要充分考虑教育过程中多变量之间的相互作用。

二、教育心理学的研究方法

（一）观察法

观察法是在自然条件下,对心理现象的外部活动进行有系统、有计划的观察,从而发现心理现象的规律和特征的一种研究方法。在观察中,研究者对观察情景不加任何控制条件,不影响被观察者的正常行为。

观察法使用方便,可直接使用,也可和其他方法结合使用。由于这种方法是在自然条件下进行的,因此,得到的资料是比较真实的。但有时获得的资料不够准确,主观性较强。在观察过程中,观察者的学识、经验及看法会影响其进程与结果。因此,观察的结果只是可能的结果,而不是确实的结果。观察法只能了解学生心理活动的某些自然的外部表现,而不能对心理活动施加影响,了解其因果关系。

为了取得良好的观察效果,在观察时要注意：

（1）观察要有明确的目的,明确规定所要观察的内容。

（2）每次观察的心理现象或行为不能太多,最好只观察少数或一种行为。

（3）观察时要随时记录,如果有条件可以利用一定的录音、录像器材。

（4）观察时间不宜过长,对同一类行为可采用重复观察的方法,使其观察结果更可靠。有条件可采用时间取样的方式,即每一次用较短的时间,对同一类心理活动或行为做多次观察。

（5）对观察结果及时进行分析和整理,以利于下次观察。

（二）实验法

实验法是指实验者有意控制某些因素,以引起被试的某些心理现象的方法。实验法主要包括实验室实验法和自然实验法。实验室实验法是在专门的实验室内,利用一定的仪器进行心理实验,通过实验获得人的心理现象的某些科学依据。其主要优点在于它的控制比较严格,所获数据的可重复性高,数据比较可靠,结论经得起考验。但实验室实验也有一定的局限性,它把教育心理学中的很多心理现象都进行了简化。在教育心理学研究中,采用更多的是自然实验法。

自然实验法是指在教育实际中按照研究目的控制某些条件,以引起某种心理活动而进行研究的方法。自然实验法兼具观察法和实验法的长处,既能较好地反映教育实际的情况,也可对变量进行一定的控制,使研究达到一定的精确程度。

自然实验法的基本组织形式有三种。

1. 单组实验形式

它是指同一组被试先后两次接受不同实验因素的影响,在实验过程中,保持其他条件的恒定,然后对实验因素产生的后果进行观察和比较。这种方式的优点是比较简便,实验因素容易控制,但由于先后两次接受实验的影响,在两种实验因素中就可能产生交互作用,使得两种实验条件下的被试不同质,从而影响实验的精度。

2. 等组实验形式

它是根据实验条件,将被试随机分成条件相同的等组作为实验对象进行研究。在教育心理学中,经常采用实验组与控制组对照的方法,即将被试分成实验组和控制组。实验组接受实验影响,控制组不接受实验影响,在实验过程中两组被试其他条件相同,最后将实验因素所产生的结果加以观测和比较,考察差异的显著性,从而判断实验因素的作用效果。等组实验的关键在于保证各实验组的同质。

3. 循环组实验形式

它是单组实验和等组实验相结合的一种形式,各实验因素在各组中轮流施行。由于采用循环形式,各组条件可不必完全相同,同一时间内各组分别接受不同实验因素的影响,兼具前两种形式的优点,但组织运用的难度较大,实验较为复杂。循环实验比较好地体现了教育实验的教育性原则,如果设计得好,这种方法可使学生都受益于实验。

(三)调查法

调查法是研究者根据某一特定要求,向被试或有关人员了解某种心理活动的发生及其条件,从而了解这种心理活动。调查法的途径与方法很多,有访谈法、作品分析法、问卷法及个案法等。访谈法可以与被试直接面谈,也可以与被试有关人员如家长、教师等进行谈话。作品分析法,即查阅被试的有关作品,如作业、日记、作文等。个案法是对一个人或一组人的问题进行调查的方法,如研究某个超常儿童智力发展的特点或规律。这种方法往往与追踪研究相结合,较长时间地、系统地观察和记录某一心理活动的发展过程,逐步掌握某种心理活动发展的特点和规律,从而采取有针对性的、相应的教育措施。

调查法中使用最广泛的是问卷法。它的优点在于简便易行,而且可以做到取样很大,使研究对象具有广泛性和代表性,克服小样本资料所具有的推广性不高的缺点,还可以对取得的资料进行一定的统计处理。但是这种方法存在不够严密和不够准确的缺点,有时不能反映被调查者的即时心理变化,被调查者可能隐藏自己的真实想法,处理统计上也不够精确。为了保证问卷法的有效性,在编制问卷时应注意:

(1)问卷题目不宜过多,对问卷题目的回答应是所需了解的内容。

(2)问卷的编制应尽量生动有趣,最好能够消除被调查者的防御心理,对题目回答的要求应尽量简单,不需要太多的思考。

(3)在问卷中应加入一些探测性项目,用以了解被调查者是否真实回答了调查项目。

(4)问卷在正式施测之前,应进行信度和效度分析,以保证问卷的有效性。

(四)测验法

测验法又称心理测验,是运用测量工具衡量心理、行为特征的方法。心理测验主要有智力测验、成就测验、人格测验等多种。用于心理测验的测量工具称为量表。一个标准的量表必须具有较高的信度和效度、标准计分法和可供比较的常模,才能用于实际研究。由于测验法是个体行为量化研究的工具,因此,这种方法的应用日益扩大。测验法的主要优点是能对心理进行定量化的分析,可以同时分析多个变量之间的相关程度,但缺点是难以从中推出因果性的结论。

由于教育问题比较复杂,涉及的因素或变量较多,因此,在教育心理学的研究中,多采用综合研究的方法,如一般采用自然实验法与问卷法、测验法相结合,同时辅以观察法、谈话法、作品分析法等。采用综合的方法既注重了心理活动过程,言语材料的分析和研究,同时也注重了心理活动各种变量之间数量值的关系的研究,这样对于问题的研究就会更加全面,更加深入。

【思考题】

1. 什么是教育心理学的研究对象?
2. 教育心理学的研究内容有哪些?
3. 简述教育心理学的起源与发展。
4. 结合教育实际简述教育心理学的意义。
5. 教育心理学研究应遵循的基本原则有哪些?
6. 教育心理学研究的主要方法有哪些?

第二章
Chapter 2

学生的心理发展与教育

学生的心理发展规律是教育的依据,教师必须了解学生心理发展的规律,才能使教育措施更具有针对性,才能取得预期的效果。本章主要讨论学生的心理发展与教育的关系,学生的认知发展与教育,学生的个性和社会化发展与教育的关系。

第一节　学生心理发展概述

一、心理发展的实质及其一般规律

（一）心理发展的含义

所谓发展,是指随时间的延续,有机体在结构或功能上发生变化的过程和现象,是一种新结构的获得或从一种旧结构向一种新结构的转化过程。发展侧重于个体身心有次序的变化,但并非所有变化都是发展,某些短暂的局部变化,如疲劳、疾病或剧烈运动等引起的变化,就不属于发展的范畴。只有那些有顺序的、不可逆的、能保持相当长时间的变化才属于发展。

个体的发展包括生理发展和心理发展。心理发展是指个体从胚胎发育、出生、成熟、衰老直至死亡的整个生命进程中所发生的持续而稳定的内在心理变化过程。心理发展主要包括认知发展、个性与社会性发展等方面。这些发展的内容包括两个方面:一是指个体的生长和成熟,是遗传带来的变化,受生理规律的支配,随时间的发展自然发生,只有在营养不良或严重疾病条件下,才会打乱这种变化;二是个体与环境相互作用而产生的变化。对于人的心理发展来说,这两方面都很重要。心理发展是指人的一生所发生的心理变化过程,是个体与环境相互作用过程中的一种积极的、有序的发展变化。心理发展是个体心理的连续的、有规律的变化过程,它不仅是数量的变化,更重要的是质的变化。

(二)心理发展的一般规律

大量研究成果表明,人的心理发展具有以下几个特点。

1. 心理发展是一个既有连续性又有间断性的过程

心理发展的连续性是指个体整个心理的发展是一个持续的、不间断的变化过程。当某种心理活动在发展变化之中而又未获得新的质变时,这种心理活动就处于一种量变的积累过程,这种量变的积累过程就是心理发展的连续性的表现。实际上,每一种心理过程、心理特征的发展变化都是以先前的状态为基础的,都是对先前心理活动的继承和发展。因此,个体心理发展的根本过程是连续的、不间断的过程。但在心理发展过程中,当某些代表新质要素的量累积到一定程度时,就会取代旧质要素而处于优势地位,表现为阶段性的间断现象。每个阶段都是心理发展这一连续体的一个组成部分,每个阶段都具有在性质上不同于其他阶段的可分辨的心理发展特点。但后一阶段的发展总是在前一阶段的基础上发生的,而且蕴含着下一阶段的新质,表现出心理发展的连续性与间断性的统一。

2. 心理发展的定向性与顺序性

在正常条件下,心理的发展总是具有一定的方向性和先后顺序。这种方向性和顺序性在不同的文化背景下和不同的个体身上都表现出较高的一致性。如在各种心理机能中,感知觉的发展最早,然后是运动机能、情绪、动机和社会交往能力的发展,而抽象思维的出现和发展最晚。即心理机能的发展一般遵循着感知—运动—情绪—动机—社会交往—抽象思维这样一个发展顺序。同时,某一具体心理机能的发展也是有顺序的。以思维发展为例,个体的思维发展表现出如下特征:出生至3岁,主要是直观行动思维;3岁到6、7岁(学前期),主要是具体形象思维;6、7岁至11、12岁(学龄初期),主要是形象抽象思维;11、12岁至14、15岁(少年期),主要是以经验型为主的抽象逻辑思维;14、15岁至17、18岁(青年初期),主要是以理论型为主的抽象逻辑思维。尽管心理发展具有个别差异,或加速或延缓,但发展是不可逆的,也是不可逾越的。

3. 心理发展的不平衡性

个体心理发展历程中,发展的不同阶段、不同方面在发展的速度上、到达某一水平的时间上和最终达到的高度上,表现出多样化的发展模式。心理发展的不平衡,一方面表现出个体不同系统在发展的速度上、发展的起讫时间与到达成熟时期上的不同进程。如记忆和思维这两种心理机能在出现的时间、发展的速度和成熟的时期上都是不同的,记忆的发生早于思维的发生,达到成熟时间比思维要早。另一方面也表现出同一机能特性在发展的不同时期有不同的发展速率。如个体机械记忆能力在10岁前发展迅速,而10岁后发展速度则显著下降。

4. 心理发展的差异性

尽管个体的心理发展要遵循一定的顺序,要经历一些共同的基本阶段,但发展的速度、最终达到的水平以及发展的优势领域又存在着很大差异。由于遗传素质、教育条件以及社会环境的不同,个体的心理发展也各不相同,每个个体具体的心理发展曲线都是有所差异的。如有的个体具有较强的言语能力,而有的个体操作能力很强;有的英才早露,有的大器晚成。

二、心理发展阶段的划分及各阶段主要特征

(一)心理发展阶段的划分

心理发展阶段是指按一定的标准将个体心理的发展划分为几个以不变顺序相继出现的、有着质的差异的确定时期。我国心理学家将个体的心理发展划分为八个阶段,即乳儿期(0~1岁),婴儿期(1~3岁),幼儿期(3~6、7岁),童年期(6、7岁~11、12岁),少年期(11、12岁~14、15岁),青年期(14、15~25岁),成年期(25~65岁)和老年期(65岁以后)。

(二)童年期、少年期和青年期的主要心理特征

1. 童年期

童年期又称学龄初期。这一时期是人生长发育速度、变化最快,可塑性最强,接受教育的最佳时期。儿童的活动由幼儿期游戏为主转化为以学校中的学习为主,通过识字、阅读和写作,使小学生从口头言语过渡到书面言语。他们的思维开始从以具体形象思维为主逐步过渡到以抽象逻辑思维为主,但这时的抽象逻辑思维仍需以具体形象为支柱。小学生思维发展的这一特点,制约了其心理各方面的发展。在小学生的心理发展中,个性的发展占有重要地位。通过集体活动,小学生的自我意识进一步发展,对自我已有一定的评价。尽管小学生的道德认识与道德行为容易脱节,但对道德概念的认识已从直观具体的、比较肤浅的认识逐步过渡到比较抽象的、比较本质的认识,并开始从动机与效果的统一来评价道德行为。

2. 少年期

少年期又称学龄中期。这是个体从童年期向青年期过渡的时期,具有半成熟、半幼稚的特点。整个少年期充满着独立性和依赖性、自觉性和幼稚性错综复杂的矛盾。少年的抽象逻辑思维已占主导地位,并出现反省思维,但抽象思维在一定程度上仍要以具体形象作支柱。同时,思维的独立性和批判性也有所发展,但仍带有不少片面性和主观性。少年心理活动的随意性显著增长,可以长时间集中精力学习,能随意调节自己的行动。随着身体的急剧变化,少年的成人感产生,独立性较强。他们开始关心自己和别人的内心世界,与同龄人的交往和对同龄人的认同感大大加强,社会高级情感迅速发展。他们的道德行为更加自觉,能通过具体的事实概括出一般伦理性原则,并以此来指导自己的行动,但因自我控制力不强,常出现前后自相矛盾的行为。

3. 青年初期

青年初期是指14、15岁至17、18岁时期,相当于高中时期。青年初期是个体在生理上、心理上和社会性上向成人接近的时期。他们的智力接近成熟,抽象逻辑思维已从"经验型"向"理论型"转化,开始出现辩证思维。占主要地位的情感是与人生观相联系的情感,道德感、理智感与美感都有了深刻的发展。他们不仅能比较客观地看待自我,而且能明确地表现自我,敏感地防卫自我,并珍重自我,形成了理智的自我意识。然而,理想的自我和现实的自我仍面临着分裂的危机,自我肯定和自我否定常发生冲突。他们对未来充满理想,敢说敢干,意志的坚强性与行动的自觉性有了较大的发展,但有时也会出现与生活相脱节的幻想。

三、教育与心理发展的关系

教育与学生心理发展之间具有辩证的关系。这种辩证的关系体现在两个方面:一方面,学生心理发展的水平与特点是教育的起点和依据,是教育的前提;另一方面,学生心理发展又依赖于教育,是教育的产物和结果。

(一)学生心理发展的规律为教育提供了依据

教育应该考虑到学生原有的心理发展水平,关注学生进行某种新的学习的准备状态,教育必须以学生的学习准备为前提。

所谓学习准备是指学生在从事新的学习时,他原有的知识水平和原有的心理发展水平对新的学习的适合性。这里的适合性有两层含义:一是学生的准备应保证他们在新的学习中可能成功;二是学生的准备应该保证他们的学习在时间和精力的消耗上经济而合理。这两层含义就是衡量学生是否已经达到了某种知识或认知的准备状态的两条标准。学生的学习准备包括生理机能、智力、情趣、社会性、学习策略、知识基础等几个方面。学习准备不仅影响新学习的成功,而且影响学习的效率,保证学生在时间和精力的消耗上"经济和合理"。

学生的学习准备存在着较大的差异,这些差异是有效学习所必须考虑的前提条件,教育措施应适应学生的学习准备。如果学习滞后于心理准备,就会白白浪费许多学习的机会。相反,若学习大大超前于学习准备,就会拔苗助长,不仅难以掌握正在学习的知识技能,而且会产生不愉快的经验,使其害怕和逃避学习。同时,学习也会促进学生的心理发展,新的发展又为进一步的新学习做好准备。

考虑到学生的学习准备状态,实际上也就是要考虑到学生的可接受性。这就要求在教学目标的确立、教学内容的选编、教学活动的组织及其教学成效的考核等方面都必须充分关注学生的心理发展状况,并以此为依据,提出新的教育要求,从而真正发挥教育的作用。

（二）教育是促进学生心理发展的主要条件

教育对学生的心理发展起着主导作用，它制约着心理发展的过程和方向。但教育促进学生心理发展是有条件的，只有那些适合个体心理发展规律的有效的教育才能促进学生心理的发展。这种有效的教育以掌握学生学习的特点为前提，以培养思维品质作为发展智力和培养能力的突破口，同时要重视智力活动中的非智力因素培养。

一些研究和实际经验表明，在小学儿童思维的发展中，4年级是从具体形象思维向抽象逻辑思维发展的一个加速期。若教育得法，这个加速期可以提前到3年级；若教育不得法，这个加速期可能推迟到5年级。人格发展也是如此。适当的教育环境可以提高学生的适应能力，培养学生健康丰富的情感和坚强的意志，为其化解发展中的各种危机提供有力的支持。因此，应该充分发挥教育在学生心理发展中的重要作用，为学生提供适宜的教育，促进学生心理发展。

但是，教育只是学生心理发展的主要条件，而不是唯一的因素。除教育之外，遗传素质、家庭环境、社会环境等都对儿童心理发展起着重要作用。

第二节 学生的认知发展与教育

一、皮亚杰的认知发展理论

皮亚杰（J. Piaget，1896—1980）是瑞士著名心理学家和哲学家，也是20世纪杰出的心理学家，被誉为心理学史上的一位"巨人"。他把生物学、数理逻辑、心理学、哲学、科学史等方面的研究综合起来，在20世纪60年代初创立了发生认识论，形成了其独具特色的认知发展理论，对教育产生了巨大的积极影响。

（一）建构主义发展观

皮亚杰认为，发展是一个建构的过程，是个体在与环境不断的相互作用中实现的。个体心理的发展就是在主客观和内外因相互作用的基础上，通过主体不断建构心理结构，从而在心理上产生量的和质的变化。在他看来，个体心理发展既不是起源于先天的成熟，也不是起源于后天经验，而是起源于个体与环境不断的相互作用中的一种心理建构过程。在这个过程中，个体的心理结构不断得到发展，由简单结构不断地发展为具有有效性的结构。皮亚杰用图式（Schemes）来解释这种认知结构。皮亚杰认为，图式是指"动作的组织和结构，这些动作在相同或类似的环境中由于重复而引起迁移或概括"。或者说，图式是经过组织而形成的思维以及行为的方式，它表征着行动和经验的某种固定的形式，以帮助我们适应外在的环境。

人最初的图式来源于先天的遗传,表现为一些简单的反射,如抓握反射、吸吮反射等。为了应付周围的世界,个体逐渐地丰富和完善着自己的认知结构,形成了一系列的图式。

皮亚杰认为,所有的生物包括人都有适应和建构的倾向,这两种倾向同时也是认知发展的两种机能。一方面,由于环境的影响,生物有机体的行为会产生适应性的变化;另一方面,这种适应性的变化不是消极被动的过程,而是一种内部结构的积极的建构过程。

根据生物学的观点,皮亚杰认为适应是通过同化(assimilation)和顺应(accommodation)两种形式实现的。皮亚杰认为,"同化就是把外界元素整合到一个正在形成或已经形成的结构中"。如小孩子看到男士就叫叔叔。顺应则是"同化性的结构受到所同化的元素的影响而发生的改变"。当有机体面对一个新的刺激情境时,如果主体能够利用已有的图式或认知结构把刺激整合到自己的认知结构中,这就是同化。而当有机体不能利用原有的图式接受和解释它时,其认知结构由于刺激的影响而发生改变,这就是顺应。同化导致增长(量的变化),顺应导致发展(质的变化)。顺应一旦发生,个体会再次尝试着去同化刺激,这时的同化是在新的基础上的更高一层的同化。皮亚杰认为,心理发展就是个体通过同化和顺应日益复杂的环境而达到平衡的过程,个体也正是在平衡与不平衡的交替中不断建构和完善其认知结构,实现认知的发展。

(二)认知发展阶段论

皮亚杰认为,个体从出生到成熟的发展过程中,认知结构在与环境的相互作用中不断重构,表现出具有不同质的不同阶段。他把个体的认知发展分为四个阶段。

1. 感知运动阶段(0~2岁)

这一阶段儿童的认知发展主要是感觉和动作的分化。初生的婴儿,只有一系列笼统的反射。随后就是通过探索感觉与运动之间的关系来获得动作经验,在这些活动中形成了一些低级的行为图式,以此来适应外部环境和进一步探索外界环境。到这一阶段的后期,感觉与动作才渐渐分化,思维也开始萌芽。

这个阶段儿童在认知发展上的第一个成就就是发展客体永恒性(object permanence),即当某一客体从儿童视野消失时,儿童知道该客体并非不存在了。儿童大约在9~12个月获得客体永恒性,而在此之前,儿童往往认为不在眼前的事物就不存在了并且不再去寻找。客体永恒性是以后认知活动的基础。

这个阶段儿童在认知发展上的第二个成就是合乎逻辑的目标定向行为(goal-directed actions)。儿童在其动作和客体的不断相互作用中,逐渐对动作本身与动作的结果做出了区分,并且逐渐扩展到与客观之间的运动相互关系。例如,6个月大的婴儿在努力得到塑料箱子里面的玩具时容易灰心,而稍大一些的已经掌握感知觉阶段基础的儿童能够通过建立"容器玩具"图式,用常规方式处理玩具:①取掉盖子;②搬倒容器;③假如容器里面的玩具堵塞,会摇动；④看着玩具落下来。将较低水平图式分解组织成为较高水平图式，从而达到目的。儿童很快能够通过再装满容器来颠倒这个行为。学习翻转行为是感知运动阶段的一个基本成就。

2. 前运算阶段（2~7岁）

运算（operations）是指心理运算，即能在心理上进行的、内化了的动作。儿童在感知运动阶段获得的感觉运动行为模式，在这一阶段已经内化为表象或形象图式，特别是语言的出现和发展，使儿童日益频繁地用表象符号来代替外界事物。但他们的语词或其他符号还不能代表抽象的概念，思维仍受具体直觉表象的束缚，难以从知觉中解放出来。这一阶段，儿童的思维有以下主要特征。

（1）单维思维。

单维思维指儿童只能从单一维度进行思维。如两只同样低而宽的杯子装着同样多的水，其中一只杯子中的水倒进另一只高而窄的杯子内，则两杯水的外表形状变了。问儿童两只杯子的水是否一样多？部分儿童会说，低而宽的杯子中的水多；另一部分儿童会说，高而窄的杯子的水多。皮亚杰认为，前运算阶段的儿童只能从单维进行思维，考虑高度却不能顾及宽度。反之，考虑宽度，却忽略了高度。这种现象又叫集中偏向。

（2）思维的不可逆性。

不可逆性指儿童无法改变思维的方向，使之回到起点。如问一名4岁儿童："你有兄弟吗？"他回答："有。""兄弟叫什么名字？"他回答："吉姆。"但反过来问："吉姆有兄弟吗？"他回答："没有。"

（3）自我中心。

自我中心指不能从对方的观点考虑问题，以为每个人看到的世界正如他自己所看到的一样。例如皮亚杰请儿童坐在一座山的模型的一边，将玩具娃娃置于另一边，要儿童描述玩具娃娃看到的景色。结果6岁或7岁以下的儿童描述的景色和自己看到的相同。

自我中心主义在儿童的语言中也存在。即使没有一个人听，年龄小的儿童也高兴地谈论他们正在做什么。这可能发生在儿童一个人的时候，甚至更频繁地发生在儿童群体中——每个儿童热情地谈论着，没有任何真实的相互作用或者交谈。皮亚杰称之为集体独白。

（4）静止性。

静止性指儿童的认知被静止的知觉状态支配，不能同时考虑导致这个状态的转化过程。如有人将两个同样大小的烧杯装满水，然后将其中一杯水倒进另一个大而低的杯子里，倒水时用一屏障挡住水在杯子里的水位线，儿童能见到水，但看不见水在杯子里的高低。许多4岁的儿童说新杯子里的水同原来的杯子中的水一样多。但屏障拿掉以后，他们改变了看法，说新杯子中的水没有原杯子中的水多。这说明他们认知的静止性。

3. 具体运算阶段(7~11岁)

这一阶段的儿童认知结构中已经具有了抽象概念,因而能够进行逻辑推理。"守恒"概念的形成是具体运算阶段出现的标志,即指儿童认识到客体尽管在外形上发生了变化,但其特有的属性不变。这个阶段儿童的思维主要有以下特征。

(1)多维思维。

多维思维是指儿童能从多个维度进行思维。例如,给儿童呈现如图2.1所示的几何图形,要求儿童完成下列任务:①正方形的数目;②长方形的数目;③白色图形数目;④阴影图形数目;⑤阴影正方形数目。具体运算阶段儿童能完成这类任务。这类任务要求儿童从多维对事物归类,皮亚杰称这种思维的多维化叫去集中偏向。

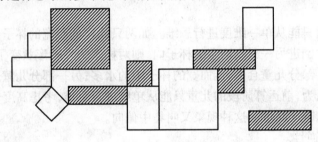

图2.1 分类课题

(2)思维的可逆性。

本阶段儿童的认知结构已发生了重组或改善,思维具有一定的弹性,可以逆转。这是守恒观念出现的关键。如对上面所说的倒水的例子,具体运算阶段的儿童不仅能够考虑水从小杯倒入大杯,而且能设想水从大杯倒回小杯,并恢复原状。这种可逆思维是运算思维的本质特征之一。

(3)去自我中心。

本阶段儿童逐渐学会从别人的观点看问题,意识到别人持有与他不同的观念和解答。他们能接受别人的意见,修正自己的看法。这是儿童与别人顺利交往,实现社会化的重要条件。

(4)反映事物的转化过程。

本阶段儿童已经能意识到转换的动作,思维不再局限于静止表象,因此能解决数目守恒问题。例如,如果将5只鸡蛋和5只杯子一一对应,排成一线且排得一样宽。问4岁儿童鸡蛋与杯子是一样多,还是不一样多。他们能回答一样多。但假定将鸡蛋排得很宽或堆成一堆,再问他们鸡蛋与杯子哪个多。他们会认为排得开的物体多。但6~7岁的儿童能知道两者一样多。

(5)具体逻辑推理。

具体运算阶段儿童虽然缺乏抽象逻辑推理能力,但他们能凭借具体形象的支持进行逻辑推理。如向 7~8 岁小孩提出这样的问题:假定 A>B,B>C,问 A 与 C 哪个大。他们可能难以回答。若换一种说法:"张老师比李老师高,李老师又比王老师高,问张老师和王老师哪个高?"他们可以回答。因为在后一种情形下,儿童可以借助具体表象进行推理。

4. 形式运算阶段(11~15 岁)

"形式运算"指对抽象的假设或命题进行逻辑转换。这一阶段儿童形成了解决各类问题的推理逻辑,由大小前提得出结论,不管有无具体事物,都可了解形式中的相互关系与内涵的意义,其思维发展水平已接近成人。这个阶段儿童的思维有以下重要特征。

(1)假设-演绎思维。

假设-演绎思维指不仅在逻辑上考虑现实的情境,而且考虑可能的情境(假设的情境)进行思维。如"如果这是第九教室,那么它就是四年级。这不是第九教室,这是四年级吗?"回答这样的问题需要假设-演绎思维。有人请小学生以"是""不是"或"线索不充分"来回答这个问题。多数小学生回答"不是"。但正确答案应是"线索不充分"。

(2)抽象思维。

抽象思维指运用符号的思维,也称命题思维。本阶段儿童能够根据逻辑推理、归纳或演绎的方式来解决问题;能理解符号的意义、隐喻和直喻,能做一定的概括。如学习中学代数就需要抽象逻辑思维。中学生已具有抽象逻辑思维能力。

(3)系统思维。

系统思维指儿童在解决问题时,能分离出所有有关的变量和这些变量的组合。系统思维的典型例子是儿童解决钟摆问题。问儿童决定钟摆的摆动速度的因素是什么?这里涉及摆的长度、摆锤的重量、推动摆锤的外力和摆锤离中心线升起的高度。前运算儿童不能系统操纵某一变量,同时控制其他变量去解决问题。只有形式运算阶段的儿童能通过系统探索,解决这个问题。

(三)影响认知发展的因素

皮亚杰认为,影响认知发展的因素有四个:成熟、练习与经验、社会性经验和平衡化,这些因素在认知过程中产生交互影响变化。

1. 成熟

成熟(maturation)是指机体的成长,特别是神经系统和内分泌系统的成熟,这为认知发展提供了生理基础。例如,只有当孩子骨骼成熟到具备支持自身重量的时候,他才能建立"站"的图式。皮亚杰认为,成熟主要揭示了新的可能性,仅仅是某些行为模式出现的必要条件,如何使可能性成为现实性,这有赖于个体的练习与经验。

2. 练习与经验

儿童认知发展是主客体之间相互作用的过程,通过主体与客体的相互作用,儿童不断获得各种经验。练习与经验(practice and experience)指个体对物体施加动作过程中的练习与习得的经验(不同于社会性经验)。例如,儿童可能通过体验秋千发现平衡的规则。皮亚杰将经验分为物理经验和逻辑数理经验两种。所谓物理经验是指个体作用于物体获得物体的特性,如物体的大小、重量等。逻辑数理经验是个体对动作和动作之间关系的理解,它不是基于物体的物理特性,而是基于施加在物体上的动作,从动作及相互关系中抽象出来的经验。例如,具体运算阶段儿童获得了逻辑思维能力,能从经验中发现一组物体的总和(如几颗石子的数目)与这组物体中各个成分(如各个石子)的空间排列的位置无关,与计数的先后次序也无关。因此,皮亚杰说:"知识来源于动作,而非来源于物体。"

3. 社会性经验

社会性经验(social transmission)指社会环境中人与人之间的相互作用和社会文化的传递,主要表现为人们彼此间观念的交流。社会环境因素主要涉及教育、学习和语言等方面。社会环境因素对个体的发展具有重要影响,它可以加速或阻碍个体的认知发展。社会环境如果要对主体的发展发挥作用,必须建立在能被主体同化的基础上。因此,皮亚杰说:"社会化就是一个结构化的过程,个体对社会化所做出的贡献正如他从社会化得到的同样多……但是,即使在主体似乎非常被动的社会传递如学校教学的情况下,如果缺乏儿童主动的同化作用,这种社会化作用仍将无效,而儿童主动的同化作用则是以儿童是否具有适当的认知结构作为前提的。"

4. 平衡化

具有自我调节作用的平衡化(equilibration)过程在认知发展中起关键作用。自我调节是认识活动的最一般机制,它使得认知结构由低级水平向高级水平发展。其具体历程是:当个体已有图式或认知结构能够同化新的知识经验时,个体心理上处于暂时的平衡状态。当个体已有图式或认知结构不能同化环境中新的知识经验时,就会在心理上感到失衡。心理失衡的结果,使得个体产生一种自我调节的内驱力,驱使个体改变调整已有图式或认知结构,容纳新的知识经验,经过调整,吸收新的知识经验,从而达到新的平衡。个体通过每一次失衡到新的平衡,其认知结构就会产生一次新的改变。个体认知结构的改变使之能够吸收容纳更多的新的知识经验,促使智力水平得到发展和提高。因此,皮亚杰认为,具有自我调节作用的平衡过程是智力发展的内在动力。

(四)皮亚杰认知发展阶段理论在教学中的意义

从学校教育的特征看,虽然学校中多数学科的教学都通过认知学习,但皮亚杰的认知发展理论并不容易直接用以解决认知教学的实际问题。不过,在教学观念上,皮亚杰的理论被公认具有以下四点重要价值。

1. 按儿童思维方式实施知识教学

皮亚杰研究儿童认知行为的最大贡献是,通过实证的观察实验证实了儿童的思维方式不仅与成人的不同,而且与发展过程中的婴儿、幼儿、儿童、青少年各阶段也不相同。思维是人类了解环境吸收知识的主要心理过程。儿童在环境中自行吸收知识时,既然其思维方式与成人不同,成人在提供知识要求儿童学习时,自然应该配合儿童的思维方式,否则,在教学效果上很难获得预期的成效。

2. 按儿童认知发展的顺序设计课程

皮亚杰对儿童认知发展的研究,对学校课程的设置有两点重要启示:一是学校课程教材的难度必须配合学生心理发展的水平;二是在确定某年级的课程难度时,应该先设计实验,从学生实际的思维过程中观察分析各单元的编排是否适宜。

3. 针对个别差异实施个别化教学

在一般情况下,教师实施个别化教学的时机是在学生考试之后。教师针对学生在试卷上的错误,或者批改,或者要求学生重做,从而补救学生学习的不足。皮亚杰认为,发现几个儿童对同一问题的回答都是错误的,绝不可据此判断他们在思维上犯了同样的错误。皮亚杰对此提出了三点建议:一是在实施个别化教学时要尽量与儿童面对面沟通,让他用自己的话说出他对问题的看法以及解答时的思维过程;二是让答对的儿童肯定自己的想法是正确的,并给予鼓励;三是让答错的儿童在毫无恐惧的情况下说出他对问题性质的了解以及思维的过程。特别是在与正确答案核对时,让他自由表达意见,让他有机会为自己不同的思维方式做解释。这样,当他发现老师的答案比他所想的更好之后,他才会对错误的改正心悦诚服。

4. 发挥促进儿童心智发展的教育功能

皮亚杰认为,提前教儿童学习知识并不能达到加速其认知发展的目的,但他同时认为,教育环境中潜移默化的功能远大于知识传授的功能。因此,在教养年幼子女时,设置良好的家庭环境,提供充足的有利于儿童认知发展的刺激,使婴儿期的感觉动作和幼儿期的前运算认知都能得以充分发展。而且,尽量采用皮亚杰面对面的谈话方式与儿童沟通,从而了解儿童的思维方式,并借以建立良好的亲子关系。

二、维果斯基的发展观

前苏联心理学家维果斯基(Lev S. Vygotsky,1896—1934)从历史唯物主义的观点出发,在20世纪30年代提出"文化历史发展理论",主张人的高级心理机能是社会历史发展的产物,受社会规律的制约,十分强调人类社会文化对人的心理发展的重要作用,以及社会交互作用对认知发展的重要性。他主要探讨了发展心理和教育心理,全面论述了思维与语言、儿童的学习、教学与发展的关系问题。他和前苏联另外两位心理学家列昂节夫、鲁利亚都是文化历史学派的代表人物,被称为维列鲁学派。

(一)文化历史发展理论

维果斯基从种系和个体发展的角度分析了心理发展的实质,提出了文化历史发展理论,来说明人的高级心理机能的社会历史发生问题。

维果斯基认为心理机能有两类:一类是低级的心理机能,这是靠动物进化而获得的,是个体早期以直接的方式与外界相互作用时表现出来的特征,如基本的知觉加工过程;另一类是高级的心理机能,这是由历史发展而获得的,是以符号系统为中介的心理机能,如记忆的精细加工、随意注意等。他认为人的高级心理机能并不是人自身固有的,而是在与周围人的交往过程中产生和发展起来的,是受人类的文化历史所制约的。

为了解释人的高级心理机能实现的具体机制,他提出了工具理论,认为人有两种工具:一种是石刀、石斧乃至现代机器的物质工具,人运用这种工具进行物质生产、劳动操作;另一种则是符号、词乃至语言的精神工具,人运用这种工具进行精神生产、心理操作。动物没有也不可能有这种精神工具,所以它们的心理机能永远停留在低级水平上。人具有了这种精神工具,就使他们的心理机能发生了质的变化,上升到高级的阶段。精神工具越复杂,精神生产、心理操作的内部技术也就越高级。人的高级心理机能在结构上具有间接的性质,由于中介环节(符号、词、语言等)的作用,使人的心理机能达到抽象、概括的水平。

维果斯基认为,人的思维与智力是在活动中发展起来的,是各种活动、社会性相互作用不断内化的结果。与其他人以及语言等符号系统的这种社会性相互作用,对发展起形成性作用。儿童的认知发展更多地依赖于周围人们的帮助,儿童的知识、思想、态度、价值观都是在与他人的交往中发展起来的,儿童发展的情况取决于他们学习的方式和内容。他认为,人的高级心理机能是在与社会的交互作用中发展起来的,或者说人的高级心理活动起源于社会的交互作用。

(二)心理发展观

维果斯基的认知发展理论与皮亚杰的认知发展观既有联系又有区别。皮亚杰强调儿童主要是自己建构有关周围世界的认知图式,维果斯基却认为儿童的心理发展具有社会性。

维果斯基认为,心理发展是个体的心理自出生到成年,在环境与教育的影响下,在低级心理机能的基础上,逐渐向高级机能转化的过程。高级心理机能具有一系列根本不同于低级心理机能的特征。

(1)它们是随意的、主动的,是由主体按照预定的目的而自觉引进的。

(2)它们的反映水平是概括的、抽象的,是有思维的参与而使它们发生了质变。

(3)它们实现的过程的结构是间接的,是以符号或词为中介的。

(4)它们的起源是社会文化历史发展的产物,是受社会规律所制约的。

(5）从个体发展来看，它们是在人际交往过程中产生和不断发展起来的，心理活动具有个性化。

维果斯基强调个性特点对认知发展的影响，认为儿童意识的发展不仅是个别机能由某一年龄阶段向另一年龄阶段过渡时的增长和提高，更主要的是其个性的发展，整个意识的增长与发展。个性的形成是高级心理机能发展的重要标志，个性特点对其他机能的发展具有重要作用。

关于儿童心理发展的原因，维果斯基强调以下三点：第一，心理机能的发展是起源于社会文化历史的发展，受社会规律的制约；第二，从个体发展来看，儿童在与成人交往过程中通过掌握高级心理机能的工具——语言符号系统，从而在低级的心理机能的基础上形成了各种新质的心理机能；第三，高级心理机能是外部活动不断内化的结果。

（三）内化学说

内化（internalization）是指外部的东西转化为内部的东西，客体的东西转化为主体的东西。维果斯基认为，高级的心理机能来源于外部动作的内化，这种内化不仅通过教学，也可以通过日常生活、游戏和劳动等来实现。

维果斯基非常重视语言和发展的关系。他认为语言在儿童认知发展中起关键作用。语言为个体提供了思维的工具，帮助人们获得对世界的认识和解决问题。语言还是社会交往和活动的工具，语言使得儿童与他人交往更加方便和有效，实现了人与人之间的文化交流和观念交换。

语言还是对自己的思维进行反思和调控的工具。与皮亚杰的自我中心言语观点不同，维果斯基对自言自语提出了自己的见解。在皮亚杰看来，儿童的自我言语是认知不成熟的表现，是一种自我中心的言语，儿童自言自语时并未考虑其他人的兴趣，只有当儿童慢慢发展到认知成熟时，才渐渐能够倾听对方的意思并与对方进行交流。维果斯基认为儿童的自言自语并不是不成熟的表现，并认为这种自言自语在其认知发展中起着重要作用，这是一种儿童与自己的交流，并借以指导自己的行为。而且，随着儿童的成熟，这种喃喃自语逐渐发展为耳语、口唇动作、内部言语和思维，从而完成内化过程。

（四）最近发展区

在关于教学与发展的相互关系方面，维果斯基提出了"最近发展区"的思想。他认为教学必须要考虑儿童已达到的水平并要走在儿童发展的前面。他认为儿童的发展具有两种水平，一种是儿童现有的发展水平；另一种是在有指导的情况下，借助成人的帮助可以达到的解决问题的水平，或是借助他人的启发帮助可以达到的较高水平。这两种水平之间的差距，就是"最近发展区"。最近发展区的教学为学生提供了发展的可能性，教和学的相互作用促进了发展，社会和教育对发展起主导作用。从这个意义上，维果斯基认为教学"创造着"学生的发展。

他主张教学应当走在儿童现有发展水平的前面,教学可以带动发展。但教学不能等同于发展,也不可能立竿见影地决定发展,教学要受儿童现有发展水平的制约。因此,在教学内容和教学方法上既要考虑到儿童现有发展水平,又要根据儿童的最近发展区给儿童提供更高的发展要求,这样更有利于儿童的发展。

(五)维果斯基的理论在教育上的意义

维果斯基特别强调社会文化对儿童认知发展的影响,他极力倡导教育具有促进儿童发展的积极作用,他的理论对学校教育具有积极的意义。

1. 教学的最佳效果产生于最近发展区

从传统学校教育的观点看,维果斯基理论中的最近发展区概念是相当突出、相当超越的。他指出,一般的学校教学都是由教师讲解之后,留作业让学生自己去完成。这种做法的效果是,即使作业难度适中,学生能够独立完成,之后得到高分,但是对学生认知能力的发展仍然没有帮助。因为在这种情况下,学生的学习仍然局限在他的实际发展水平之内,未能因学习而扩展他的智力。

维果斯基提出的最近发展区,在概念上就是超越靠已知基础求知的境地,将学生置于"接近全知而又不能全知"的境地,在教师的帮助下从事新知识的学习。在最近发展区内的教学,除了带领学生在已有知识的基础上学到新知识之外,更因为面对新知识时需要新的认知思维方式,从而启发了学生的智力。按维果斯基的说法,在学生学习新知识时,如果教师在最适当的时间助他"一臂之力",就可以使学生的能力提高一级。因此,教学最理想的效果只有在最近发展区内才会产生。这种思想对建构主义教学模式起到的重要的启示,"支架式教学"的理论基础即是最近发展区思想。

2. 适时辅导学生是教学的必要条件

维果斯基的最近发展区概念在教育上的意义,只能视之为原则而不是方法。根据这一原则实施教学时,教师能否适时给予学生必要的辅导和帮助,自然是教学成败的关键。如果只是将学生置于最近发展区内让他独自学习,则会使学生在面对新知识的困难时退缩不前。维果斯基提出最近发展区的本意,也是把辅导学生学习看成是必要条件。

维果斯基特别强调的在最近发展区内教学的看法,在原则上对传统学校教育具有很大的启示。只是在实际应用时必须注意以下三个问题:

(1)最近发展区指的是"可能的发展水平",而不是"实际的发展水平",那么如何确定最近发展区的区限呢?

(2)学校教学是分科教学的,从小学开始就有语文、数学等科目划分,每一科目的教学都是以学生现有知识为基础实施新知识教学,不同科目学习的最近发展区又应该如何确定呢?

(3)在班级教学的情境下,即使单一科目的教学,学生之间也必然有很大的个别差异,如何针对学生智力、知识经验及个性等的个别差异,从而设定他们各门科目的最近发展区并分别给予恰当的辅导呢?

对于这些问题,维果斯基的理论中并没有提出明确的答案。作为教师,我们只能根据自己的教学经验,根据学科的性质,并根据对各个学生能力、经验、个性等各方面的了解,综合运用以做出自己认为合适的选择。

第三节 学生的个性与社会化的发展与教育

一、弗洛伊德的精神分析理论

精神分析理论(Psychoanalytic Theory)是奥地利精神病学家弗洛伊德(S. Freud)于19世纪末20世纪初提出来的,并迅速发展成为一个具有广泛影响力的学说。

弗洛伊德是一个坚定的决定论者,他认为精神生活里的任何事物都不是真正偶然的,诸如梦、精神错乱的症状甚至日常的所谓"偶发事件"也都有其必然的原因。他认为人的所有行为都有其动机,所有行为都是为了满足某方面的需要,而有的需要和动机从根本上说是人的本能。弗洛伊德认为,人的人格结构由处于不同水平的三个部分组成,即本我(id)、自我(ego)和超我(superego)。在弗洛伊德看来,本我处于生物水平,包括基本的内驱力和反射,遵守"快乐原则",是一个基本的未开发的结构,处于人的潜意识之中;自我由本我进化而来,开始根据环境的现实性来限制基本的冲动,按照"现实原则"来满足个体的需要和冲动;超我以公认的道德标准来指导自我限制本能的冲动,通常被称为"道德化了的自我"。一个人在正常的状态下,这三者处于相互平衡的状态。

弗洛伊德的发展观认为,人从出生到死亡的一切行为都受性本能的冲动所支配,因此,人的一生是由许多性欲阶段组成的,在每一阶段上,人身体上都存在着性感区域,儿童通过刺激这些区域可获得快感。他根据快感区域的不同把人的发展分为口腔期、肛门期、性器期和生殖期。他认为,每一个发展阶段中都存在着可能引起冲突和矛盾的来源,如果能顺利解决这些矛盾,个体就会成功地走向成熟,否则,会对个体的人格造成久远的消极影响。

(一)口腔期(0~18个月)

这一阶段的性感区域是口、唇和舌。婴儿通过吸吮、咀嚼和咬等动作或行为来获得快感,寻求乐趣。成人断奶的要求和儿童吸吮的需要之间的矛盾是本阶段的主要冲突。这一阶段发展不良或冲突未能很好解决的儿童,可能会表现为不成熟、过分依赖他人。

(二)肛门期(18个月~3岁)

这个时期的性感区域转变为肛门、直肠和膀胱,大小便的排泄及潴留会给儿童带来快感。

本阶段的冲突来源是便溺训练造成的儿童与父母的冲突。本阶段的冲突可能会造成两种类型的人格,一种被称为肛门排泄的人格,其特征是敌意的、桀骜不驯的并难以与上级相处,生活无条理;一种被称为肛门便秘型人格,表现为过分遵守法规和呆板的常规,有强迫性的倾向和小气、吝啬的特点。

(三)性器期(3~7岁)

这一阶段儿童通过抚摸或暴露生殖器来获得满足。冲突来源是男孩的"恋母情结"和女孩的"恋父情结"。"恋母情结"表现为男孩爱恋自己的母亲而敌视自己的父亲,但由于害怕受到惩罚转而模仿自己的父亲。女孩的情况与之相反。这种冲突的结果之一是形成被同性父母所赞同的价值观并进而内化为超我。冲突的不良后果是可能产生成年期的性无能、性冷淡或同性恋以及在处理人际关系方面无能为力等。

(四)潜伏期(6~11岁)

本阶段儿童的性冲动处于潜伏状态,弗洛伊德认为这是潜意识中压抑嫉妒和不安的结果。这一阶段的儿童进入学校,前几个阶段表现比较强烈的性冲动大大减弱,男女之间界线分明,对性缺乏兴趣。

(五)生殖期(12~20岁)

本阶段儿童进入青春期。潜伏期被压抑的恋父恋母情结到了这一时期转移到了同龄的异性身上,表现为乐于接受他人,寻求与他人建立长期的异性关系。

一般认为,弗洛伊德理论对儿童早期经验的强调,推动了心理学界及教育界对儿童早期经验的研究和重视;弗洛伊德对人格结构的阐述反映了人的个性结构的一些特点,引起人们对行为的动机以及潜意识的重视。但弗洛伊德过分强调性在儿童发展中的作用(其关于发展的理论也被称为性心理阶段理论),对教育的实际应用意义并不大。

二、埃里克森的心理社会发展理论

埃里克森(E. H. Erikson,1902—1994)出生于德国,在奥地利受过弗洛伊德精神分析的训练,后定居在美国,和弗洛伊德同为精神分析学派中的两位大师。但他不主张把一切活动和人格发展的动力归结为"性"的方面,而强调个体与社会文化、外界环境的相互影响。

埃里克森认为,儿童人格的发展是一个逐渐形成的过程,必须经历几个顺序不变的阶段。每一阶段都有一个由生物学的成熟与社会文化环境、社会期望之间的冲突和矛盾所决定的发展危机。成功而合理地解决每个阶段的危机或冲突,将导致个体形成积极的人格特征,有助于发展健全的人格;否则,危机没有得到解决或解决得不合理,个体就会形成消极的人格特征,导致人格向不健全的方向发展。个体解决发展危机的成功程度一般都处在从积极到消极连续过程中的两个极端之间的某一点上。人格发展的各阶段之间是相互联系的,每一阶段都从它的前一阶段中开始发展起来,然后又并存在后继各阶段之中。后期阶段的成功依赖于早期阶段危机解决的程度,而后期阶段仍有可能产生先前已解决的冲突。

(一)埃里克森的心理社会发展的八个阶段

埃里克森认为,人格的发展贯穿于个体的终生,整个发展过程可以划分为八个阶段。

1. 信任对不信任(0~1.5岁)

该阶段的发展任务是发展对周围世界,尤其是对社会环境的基本态度,培养信任感。如果父母或照料者给予婴儿适当的、稳定的与不间断的关怀、照顾与哺育,婴儿就会对父母产生一种信任感,认为这个世界是安全而可信赖的地方。这种对人和环境的基本信任感是形成健康个性品质的基础,是以后各个时期发展的基础,其中最重要的是青年时期发展起来的同一性的基础。反之,如果父母照顾不周,环境多变,喂哺习惯失常或对待婴儿态度恶劣等,儿童就会形成一种不信任感,导致对陌生环境的恐惧和担忧,甚至会变得孤僻和冷漠。

2. 自主感对羞怯和怀疑(2~3岁)

该阶段发展的任务是培养自主性。随着信任感的确立,儿童开始与父母分离,初步尝试独立处理事情。如果父母允许幼儿去做他们能力所及的事,鼓励幼儿的独立探索愿望,幼儿就会逐渐认识自己的能力,养成自动自主的人格;反之,父母过分溺爱和保护或过分批评指责,就可能使儿童怀疑自己对自我和环境的控制能力,使之产生一种羞耻感。

3. 主动感对内疚感(4~5岁)

该阶段的发展任务是培养主动性。由于身体活动能力和语言的发展,儿童有可能把他的活动范围扩展到家庭之外。儿童喜欢尝试探索环境,承担并学习掌握新的任务。此时,如果父母或教师对儿童遇到的问题耐心听取,细心回答,对儿童的建议给予适当的鼓励或妥善的处理,则儿童不仅发展了主动性,还能培养明辨是非的道德感。反之,如果父母对儿童的问题感到不耐烦或嘲笑儿童的活动,儿童就会对自己的活动产生内疚感。有时,当儿童的主动性与别人的主动性产生冲突时,也可能引发内疚感。

在这个时期,儿童已意识到性别差异,并建立起适当的性别角色。另外,游戏在这个阶段也起着重要作用,可用来补偿儿童失败、痛苦和挫折的体验。游戏在这个阶段主要表现为两种形式:一是独角戏或做白日梦;二是寻求同伴共同游戏,演出内心矛盾,从而使危机得到缓解或解决先前遗留下来的某些问题。

4. 勤奋感对自卑感(6~11岁)

该阶段的发展任务是培养勤奋感。此时,绝大多数儿童已进入学校,第一次接受社会赋予他并期望他完成的社会任务。他们追求工作完成时所获得的成就感及由此带来的师长的认可与赞许。如果儿童在学习、游戏等活动中不断取得成就并受到成人的奖励，儿童将以成功、嘉奖为荣，培养乐观、进取和勤奋的人格；反之，如果由于教学不当，或努力不够而多次遭受挫折，或其成就受到漠视，儿童容易形成自卑感。

该阶段影响儿童活动的主要因素已由父母转向同伴、学校和其他社会机构。教师在培养勤奋感方面具有特殊作用。敏感、耐心、富于指导的教师有可能使具有自卑感的学生重新获得勤奋感。埃里克森指出，许多人对工作和学习的态度习惯可追溯到本阶段的勤奋感。

5. 自我同一性对角色混乱(12~18岁)

该阶段的发展任务是培养自我同一性。自我同一性指个体组织自己的动机、能力、信仰及其活动经验而形成的有关自我的一致性形象。自我同一性的形成要求谨慎的选择和决策，尤其体现在职业定向、性别角色等方面。如果青少年不能整合这些方面和各种选择，或者他们根本无法在其中进行选择，就会导致角色混乱。

同一性并不是青春期才出现的。儿童在学前期已形成了各种同一性，但是进入青春期后，早期形成的同一性已不能应付眼前必须做出的种种选择和决断了。因为青春期儿童身体迅速发展，性成熟开始，新的指向未来的思维能力的出现，加之即将面临的种种社会义务和种种选择，如异性朋友、职业理想等，就使儿童对原已形成的自我同一性发生怀疑。此时儿童迫切要求了解自我，以形成一个真正独立的自我。如果儿童在前几个阶段中形成了积极的人格品质(信任感、自主感、主动感和勤奋感)，他解决同一性危机的机会就较多；反之，同一性危机将持续到其人生发展的后继生活之中。

6. 亲密感对孤独感(18~30岁)

该阶段的发展任务是培养亲密感。此时期，个体如能在人际交往中建立正常的人与人之间的友好关系，可形成一种亲密感。这种意义上的亲密感是指，个体愿与他人进行深层次的交往，并保持一种长期的友好关系，学会与他人分享而不计较回报。反之，如果一个人不能与他人建立一种亲密关系，他就会产生孤独，而不会有与任何人分享苦乐、相互关心这样的感情。

7. 繁殖感对停滞感(30~60岁)

该阶段的任务是发展创造力。这里指的繁殖是广义的，不仅包括人的繁衍后代，而且包括人的生产能力和创造能力等基本能力或特征。本阶段个体面临抚养下一代的任务，并把下一代看作自己能力的延伸。发展顺利者表现为家庭美满，富有创造力。反之则陷入自我专注，只专心自己的需要与舒适，对他人及后代感情冷漠以至于颓废消极。

8. 自我整合对绝望感(60岁以后)

该阶段的任务是获得自我整合感。这一阶段，个体发展受前几个阶段发展的影响极大。

如果个体在前几个阶段发展顺利,则在这一时期巩固自己的自我感觉并完全接受自我,接受自己不可替代的作用,意味着个体获得了自我整合感。反之,没有获得整合感的个体将陷入绝望,并因而害怕死亡。

(二)心理社会发展理论在教育上的意义

埃里克森的心理社会发展理论对心理学研究及教育教学实践都有较大的启发意义。

第一,埃里克森从理论上探讨了文化和社会因素对人的发展的重要作用。他不仅考虑自我概念的出现,同一性的获得,而且强调了个体一生中与他人的相互作用对个体发展的制约作用,并具体阐述了性格、兴趣、动机等带有社会性内容的人格特征在社会背景中的产生和发展。

第二,埃里克森从整体上、从个体心理发展的各个层面及其相互关系中,考察了人的社会性发展和道德等的形成和发展,而不是孤立地看待它们的发展历程。适当的教育可以促进个体的发展,培养解决发展危机的能力;但不适当的教育也可能阻碍个体的发展。

第三,埃里克森的理论阐述了个体从出生到青年期、中年期、老年期一生的发展,体现了人的全程发展观,比较符合人的发展实际,也是最早研究人的一生发展的心理学家,对发展心理学和现代的教育观念有积极的指导意义。

第四,埃里克森的心理发展理论指明了每个发展阶段的任务,并给出了解决危机、完成任务的具体教育方法,有助于教师理解不同发展阶段的儿童所面临的冲突类型,从而采取相应的措施,因势利导,对症下药。

如幼儿园及学前期儿童面临着自主性与内疚感危机,教师应给予幼儿充分的自我探索与尝试的机会以发展其自主的人格;对学龄初期儿童,则应鼓励其想象与创造,对儿童的建议表示赞赏,并耐心回答其问题,以发展其主动的人格。教师应给进入学校的儿童创设一种良好的课堂气氛,即使儿童理解失败也是学校学习过程中必然存在的现象;教育学生学会如何理解与帮助他人。为了培养小学生的勤奋感,教师应使每个学生都有机会在其帮助下确立实际的目标并为之努力,要给学生显示独立性和责任感的机会,同时对那些丧失信心的学生提供适当的支持。

初中与高中阶段正是青少年开始发展自我同一性的时期,教师要理解学生需要大量的机会来体验各种职业选择和社会角色,同时提供机会让学生了解社会,了解自我。通过讨论的形式使他们解决自身面临的问题。在此过程中,教师要始终给学生有关其自身状况的真实的反馈信息,以便学生能正确认识自己,确定合理的、适当的自我同一性。

但是,受弗洛伊德的影响,埃里克森的心理发展理论有过分强调本能,相对忽视人的意识、理智等高级心理过程在发展中的作用的倾向。他把许多社会问题,如人的人生目标的选择、确立等,归结为心理发展过程中某一特殊阶段的心理任务与危机是否恰当,心理任务与危机跟社会矛盾之间的关系等问题也需要进一步探讨。此外,其发展阶段的划分以及每一阶段中主要矛盾的确定是否合理,是否适合不同文化背景下人的发展实际,都是引起争论和深入研究的焦点。

【思考题】

1. 什么是心理发展?心理发展的一般规律有哪些?
2. 人的心理发展可以分为哪几个阶段?各阶段的主要特点是什么?
3. 简述教育和心理发展的关系。
4. 简述皮亚杰认知发展阶段理论及其在教学中的意义。
5. 最近发展区对教学有什么启示?
6. 简述埃里克森的心理社会发展理论及其在教学中的意义。

Chapter 3

学习的基本理论

学习心理是教育心理学的重要组成部分之一。长期以来,人类都在努力探讨和研究学习的本质及其规律。自20世纪二三十年代起,国外形成了一些重要的学习理论派别,许多心理学家从不同的观点、角度,运用不同的方法对学习问题进行了大量的实验研究,积累了丰富的资料,提出了各种学说和理论。但由于学习问题的复杂性,在一些重要理论问题上仍然存在着各种不同的见解。本章主要阐述了学习的基本问题、学习理论的主要派别对学习本质、学习过程和学习条件的理论观点。

第一节 学习概述

一、学习的概念

学习问题的研究是心理学领域中较早的研究内容之一。心理学家们对学习有各种界定。从广义上说,学习是指人和动物在生活过程中通过练习或反复经验而产生的行为或行为潜能的比较持久的变化。理解学习这个概念,要注意以下几方面。

第一,学习的发生是由于经验所引起的。此种经验不仅包括外部环境刺激,包括个体的练习,更重要的是包括个体与环境之间复杂的交互作用。

第二,由于学习必然发生的变化有时直接见诸于行为,有时这种变化未必立即见诸于行为,它要经过很长时间才能见诸于行为,因此,有的心理学家把它视为行为潜能的变化。当然,无论是行为潜能还是行为的变化,都是比较持久的。

第三,不能简单地认为凡是行为的变化都意味着学习的存在。学习是由练习或反复经验而产生的,学习发生之后将要引起行为的变化,当然这种变化并不一定马上发生,有时学习之后要经过很长的时间才能出现行为的变化。而且,不能简单地认为,凡是行为的变化都意味着学习的存在。有机体的行为变化不仅可以由学习引起,也可以由本能、疲劳、适应和成熟等引起,由这些引起的行为变化就不能称之为学习。学习的行为变化是比较持久的,而由疲劳、创伤、药物、适应所引起的行为变化都比较短暂,并使得行为水平降低。成熟虽然也能带来行为的长期变化,但成熟与学习相比,它所带来的行为变化要慢得多。而且成熟往往与学习相互作用,而引起行为的变化。

第四,学习是一个广义的概念,不仅人类普遍具有,而且动物也存在学习。学习不仅指有组织的知识、技能、策略等的学习,也包括态度、行为准则等的学习。可见,广义的学习,既包括动物的习得行为,也包括儿童学习走路、说话以及学生在学校学习知识、技能、习惯、道德品质等等。

狭义的学习即学生的学习。学生的学习是在学校情境中,在教师的指导下,有目的、有计划、有系统地掌握人类社会历史经验以积累个体经验的过程。它有特定的学习内容和学习方式。教育心理学中的学习更多的是侧重于这种狭义的学习。

二、学习的分类

学习是一种极为复杂的现象,涉及不同的对象、内容、形式、水平和结果。由于学习的复杂性,学习的分类也是多样的。理解不同类型的学习,能够更好地把握学习的实质,促进有效的学习与教学。下面介绍几种大多数学者所认可的学习分类。

(一)按照学习水平分类

1968年,美国心理学家加涅(R. M. Gagné,1916—2002)按学习的复杂程度把学习分为八个水平。

(1)信号学习。

信号学习指经由经典条件作用学到的一些反应,有机体通过此种形式学会对某种信号作出某种反应,包括不随意反应。

(2)刺激-反应学习。

刺激-反应学习指经由操作条件作用学到的一些条件反应,其反应序列是情境—反应—强化,即通过创设特殊情境,引发有机体的特定行为反应,然后选择某些行为进行强化。

(3)连锁学习。

连锁学习指将数个刺激-反应联结成较为复杂的行为的过程。

(4)言语联想学习。

言语联想学习指将多个单字联结成语句表达完整意义的过程。

(5)多重辨别学习。

多重辨别学习指对不同的刺激能够进行区分,并表现出不同的反应。

(6)概念学习。

概念学习指对不同事物能够根据自己的标准予以分类处理,并给予各类别不同名称的学习。

(7)规则学习。

规则学习指能够理解由一些概念构成的规则的学习。

(8)解决问题的学习。

解决问题的学习指能灵活运用概念与原则解决问题的过程。

上述八类学习水平的划分由简单到复杂,由低级到高级,每一类学习建立在上一级学习的基础上,较高级的学习则以较低级的学习为前提。1971年,加涅又对这一分类进行了修正,将前四类学习合并为一类,将概念学习细分为具体概念和定义概念两类,最后提出了六个水平的学习分类。

(1)连锁学习。

(2)多重辨别学习。

(3)具体概念学习。

(4)定义概念学习。

(5)规则学习。

(6)解决问题的学习。

(二)按照学习结果分类

1977年,加涅根据学生的学习结果或所形成能力的不同,提出五种学习结果的划分。

(1)言语信息。

言语信息能陈述用语言文字表达的知识。即有关事物的名称、时间、地点、定义以及特征等方面的事实性的信息。例如,中国的首都是北京。

(2)智力技能。

智力技能指运用符号或概念与环境交互作用的能力。例如,将分数转换为小数。

(3)认知策略。

认知策略指对内的、控制与调节自己认知活动的特殊认知技能。例如,画出组织结构图。

(4)动作技能。

动作技能指习得的、协调自身肌肉活动的能力。

(5)态度。

态度指习得的、决定个人行为选择的内部状态。

这五种学习又分为三个领域:前三种学习结果属于认知领域(包括知识、技能和策略);第四种学习结果属于动作技能领域;第五种学习结果属于情感领域。把人类的学习结果分为认知、情感和动作技能三个领域几乎成了一切学习和教育心理学家的共识。由于学校教学目标也就是预期的学生学习结果,因此这一学习结果分类对教师确定教学目标有直接的指导意义。

(三)按照学习性质分类

奥苏伯尔(1994)从两个维度对学习进行分类。根据学习的方式不同,把学习分为接受学习和发现学习;根据学习材料与学习者原有知识间的关系,把学习分为机械学习与有意义学习。这两个维度互不依赖、彼此独立,每一个维度都存在许多过渡形式。具体分类如图3.1所示。他认为有意义的接受学习应该是学生学习的主要形式。

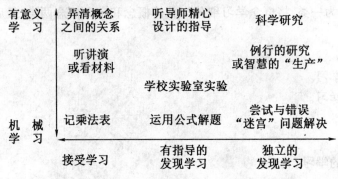

图3.1 学习性质与形式分类

(四)布卢姆的教育目标分类

教育目标是预期的学生学习结果。以美国教育心理学家布卢姆(B. Bloom)为首的一个委员会于1956、1964和1972年先后公布了认知领域、情感领域和心因动作技能领域的教育目标分类。其中认知领域的教育目标由低级到高级共分为知识、领会、运用、分析、综合和评价六级;情感领域的教育目标由低级到高级分为接受(注意)、反应、价值化、组织、价值与价值体系的性格化五级;心因动作技能领域的教育目标分为知觉、定向、有指导的反应、机械动作、复杂的外显反应、适应和创新七级。(详见第十二章)

加涅的学习结果分类与布卢姆的教育目标分类的大框架是完全一致的,都把学生的学习结果分为认知、情感和动作技能三个领域。尽管两个分类系统使用的名称不同,但三个领域的划分标准是一致的。

（五）我国学者的学习分类

我国教育心理学家潘菽教授主编的《教育心理学》(1980)一书从学校教育实际出发，依据学习的内容及结果把学习划分为：
(1)知识的学习。
(2)动作技能的学习。
(3)智慧技能的学习。
(4)社会行为规范的学习。
这一分类有利于学校教学任务的制定及教学管理。

第二节 行为主义学习理论

学习的行为主义理论的代表人物很多，如桑代克、华生、斯金纳、赫尔、巴甫洛夫等。该学习理论的核心观点认为，学习过程是有机体在一定条件下形成刺激与反应的联系从而获得新的经验的过程。由于行为主义强调刺激－反应的联结，所以也称为联结派学习理论。

一、桑代克的试误－联结学习理论

桑代克(E. L. Thorndike, 1874—1949)，美国著名心理学家。他是第一个采用实证主义取向系统论述教育心理学的心理学家，被誉为"现代教育心理学之父"。桑代克一生著作颇多，主要有《教育心理学大纲》(三卷本，1903/1913—1914)、《人类的学习》(1931)、《需要、兴趣和态度的心理学》(1935)等。桑代克的心理学说在心理学中被划为联想心理学派，他的学习理论被称为"学习的联结说"。

（一）经典实验

桑代克有关学习研究最经典的实验是"饿猫出笼"实验，又被称为猫的"迷笼实验"。他设计了一个带有机关的"迷笼"来训练饿猫学会开启开关出笼取食的行为(图3.2)。具体的实验过程如下：当一只饥饿的猫第一次被放入迷笼时，为了获得笼外的食物它拼命挣扎，或咬或抓，试图逃出迷笼。经过一段时间的尝试，它偶然碰到踏板，笼门开启，便逃出笼外吃到了食物。把这只猫再次放入迷笼时，起初猫依然乱咬乱抓，但经过一番挣扎后又逃出迷笼。经过多次的连续尝试后，猫胡乱抓咬的错误行为逐渐减少，而能够打开笼门的正确行为得到保留，逃出迷笼所用的时间也越来越少。最后猫一进入迷笼就能立刻开启笼门获得食物。

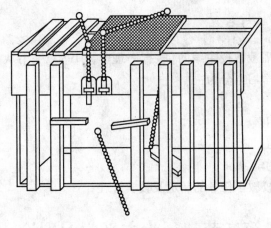

图3.2 桑代克迷笼示意图

(二)关于学习的主要观点

通过对猫、狗、小鸡、白鼠等动物的系列实验研究,桑代克发现这些动物在迷笼中的行为表现很相似,都是通过不断地尝试错误,逐渐在情境(迷笼)与反应(开启开关出笼取食的行为)间建立联结,最终学会开启开关的行为。

桑代克认为,学习的实质在于形成情境与反应之间的联结。这种联结是通过尝试—错误—再尝试这样一个往复过程习得的,即学习过程是一种渐进、盲目、尝试与错误过程。据此,他明确指出"学习即联结,心即一个人的联结系统。"后人将他有关学习的论述称为"试误说"。

桑代克还将动物实验的结论推广到人的身上,认为人类学习是自动地形成刺激-反应联结的过程,人类学习虽然较动物的学习更为复杂,但其本质相同。

(三)学习的基本规律

桑代克根据对动物学习的研究,提出三条基本的学习规律。

1. 准备律

准备律是指刺激与反应之间的联结是否能够建立,取决于个体身心的准备状态。如果个体处于准备反应的状态时,此时引发反应会让其获得满足;若个体没有准备却让其作出反应,或个体处于准备状态下却不让其反应,都会引导不良的学习后果。准备律实际上体现了学习的动机原则,个体的准备状态作为学习的先行条件,是十分重要的。后来,桑代克认为这条学习律应与效果律结合在一起,准备律构成了效果律的一部分。

2. 练习律

桑代克认为,对于已形成的联结,经常练习会增强联结(使用律),不用则会使联结减弱甚至消失(失用律)。不用的时间越长,则联结的力量减小越甚;练习的时间越近,则联结的保持时间越长。进一步说,学习需要不断的重复,重复的次数越多,联结便越牢固。

后来,桑代克通过实验证明了无条件的练习和重复并不会引起学习。如他让大学生蒙上眼睛练习画一条7.5厘米的线,却不给予有效的反馈,则不论练习多久,被试画线的准确度并没有得到任何提高。因此,桑代克提出,练习只是给效果律提供了发挥作用的机会,练习与效果律结合在一起才能起作用。这样,练习律就从属于效果律,不是一条主要的学习律了。

3. 效果律

效果律是指情境与反应的联结是否能建立,依反应之后是否获得满足的效果而定,即"满意或不舒适的程度越高,刺激-反应联结就越加强或越减弱"。若反应后获得奖赏(reward),将使情境-反应的联结增强;对错误的反应施以惩罚(punishment),则会减弱错误反应的联结。后来,桑代克去掉了效果律中有关惩罚的观点。他认为,从效果看,赏与罚的作用并不等同,惩罚不一定能使联结减弱,奖励对学习的影响远远大于惩罚。这一定律后来被斯金纳沿袭并发展为著名的强化原理,对教育心理学产生了深远的影响。

除去上述三条主要的定律外,桑代克还提出五条辅助定律,即多重反应律、心向或意向律、选择反应律、类比反应律和联想性转移律。在桑代克看来,这五条辅助定律是人和动物共同的,也是人类学习的基础。

(四)桑代克学习理论的评价

桑代克在教育心理学的发展中占有重要地位。他最早使用动物进行有关学习的研究,是动物实验研究的先驱;他提出了教育心理学史上第一个较为完整的学习理论,推动了教育心理学体系的建立;他的学习理论为日后广为应用的操作性条件作用理论奠定了基础,对教育及教育心理学产生了深远影响。著名的学习心理学家托尔曼(E. C. Tolman)指出,不论是格式塔、条件反射说还是行为主义,都以桑代克的理论为出发点。尝试错误的过程直至今日仍是学习的一种重要形式,特别是对运动技能和社会行为的学习有着重要的指导意义。

桑代克提出的学习规律虽然简单,但涉及的范围极广,其中的主要学习规律一直是学习心理学中的重要争论点和研究的主要课题,还激起了后来许多心理学家的大量的实验研究。在强调成功体验、注重学习结果反馈的观点中都能找到效果律的痕迹。其他学习规律作为学习策略基本上是适用的。

但是,我们也应该看到,学习的联结论没有揭示出学习的意识性和能动性,表现出机械主义的倾向;它混淆了人类学习与动物学习的本质区别,把二者等同起来,忽视了认知、观念、理解在学习过程中的作用。这种生物学的机械论的观点是错误的。

二、巴甫洛夫的经典性条件作用理论和华生的行为主义学习理论

经典性条件反射学习理论的形成过程分为两步,第一步是巴甫洛夫发现经典性条件反射,并提出经典性条件反射的理论;第二步是华生将经典性条件反射运用于学习领域,将经典性条件反射原理发展成为学习理论。

(一)巴甫洛夫的经典性条件作用理论

巴甫洛夫(I. Pavlov,1849—1936),俄国著名生理学家,1904年因对消化生理学的杰出贡献而获得了诺贝尔生理学奖。

1. 巴甫洛夫的实验研究

1900年左右,巴甫洛夫在研究狗的消化腺分泌变化时,需要用容器收集并测量狗闻到食物气味后分泌的唾液。他意外地发现,狗即使没有闻到食物的气味,只听到实验者的脚步声,也会分泌唾液。巴甫洛夫由此认为,存在着两种反射:一种是生理反射,这是一种内在的,任何动物的所有成员都会表现出来的反射,它们是神经系统固有组织的一部分。如狗闻到或吃到食物会分泌唾液。另一种是心理反射(条件反射),这种反射是特定动物作为特定经验的结果而产生的,例如,所有狗在胃里有食物时都会分泌胃液,但只有那些具有某种经验的狗才会在听到实验者的脚步声时产生胃液分泌活动。巴甫洛夫推断消化腺分泌量变化与外在刺激的性质和出现的时间存在密切联系,由此进行经典性条件作用的实验。

他把狗用一副套具固定住,唾液是用联结在狗颚外侧的管道收集的,管道连接到一个既可以测量(以立方厘米计算)总量,也可以记录分泌的滴数的装置(图3.3)。实验进行时,先给狗进食,测量其唾液分泌,然后先给狗听铃声(狗没有唾液分泌),然后紧接着喂食物,狗分泌唾液。如此重复若干次之后,只给狗听铃声,不呈现食物,狗也会分泌唾液,即铃声已经成为进食的信号,狗已经形成了铃声与进食的条件反射。

图3.3 经典性条件反射实验装置

2. 经典性条件作用的形成过程

从巴甫洛夫的实验过程来看,完整的条件反射建立过程分为三个阶段,见表3.1。

第一阶段,条件反射建立前。食物(无条件刺激)引起唾液分泌(无条件反应),铃声在此时只会引起狗的注意,而不会引起唾液分泌,仅为中性刺激。

第二阶段,条件反射建立中。铃声和食物在时间上多次结合,每当铃声响起,同时或稍后呈现食物。这时狗在中性刺激和无条件刺激的共同作用下分泌唾液。

第三阶段,条件反射建立后。只呈现铃声,不呈现食物,仍会引起狗的唾液分泌。原是中性刺激的铃声成了条件刺激,与唾液分泌之间建立了一种新的联系,称为条件反射。

表 3.1 经典性条件作用的形成过程

建立前	无条件刺激(食物) ⟶	无条件反应(唾液分泌)
	中性刺激(铃声) ⟶	引起注意(无唾液分泌)
建立中(多次重复)	中性刺激(铃声) ⤑	
	无条件刺激(食物) ⟶	无条件反应(唾液分泌)
建立后	条件刺激(铃声) ⟶	条件反应(唾液分泌)

在条件刺激出现时或稍后呈现无条件刺激,这种无条件刺激的呈现起增强学习的作用,被巴甫洛夫称为强化。而条件刺激在这里起到的是信号的作用,即预示着无条件刺激的到来。物理性的条件刺激引起的条件反射系统叫第一信号系统。以语言符号为中介的条件刺激引起的条件反射系统叫第二信号系统。

3. 经典性条件作用的规律

(1)消退。

消退是指条件刺激多次重复而不伴随无条件刺激(强化),条件反射逐渐削弱直至消失的过程。但是条件反射的消失并不意味着这一习惯再也没有了。在过了一段时间后,条件反射会自然恢复。但这种自然恢复是不完全的,即不可能达到原来的程度。而且自然恢复的反射,只要有几次不伴随无条件刺激,就会迅速消退。

(2)泛化和分化。

泛化是指条件反射形成后,条件刺激和类似刺激都会引发相同的条件反应。如我们常说的"一朝被蛇咬,十年怕井绳"。泛化反应的程度与两个刺激间的相似程度有关,两个刺激越相似,所引发的泛化反应也就越强。泛化是人类将学习成果应用到不同情境中的有效途径,但泛化既包括积极条件反射的泛化,也包括一些不良条件反射的泛化,这就要求我们注意在生活中建立有益的联结,避免不良的联结。

分化指通过选择性强化,使有机体学会对条件刺激和与条件刺激相类似的刺激作出不同的反应。也就是只强化条件刺激,不强化相似刺激。例如,如果有机体已对500赫兹的音调建立了条件反射,会对400赫兹或600赫兹的音调产生泛化反应。但是,如果采用有差异的配对方法,即把500赫兹的音调与无条件刺激配对,而在呈现400赫兹或600赫兹的音调时不伴随无条件刺激,这样,有机体对400赫兹或600赫兹的音调的反射就会消退,而只对500赫兹的音调形成条件反射。

(3)高级条件作用。

在经典性条件作用中,一旦中性刺激替代条件刺激与反应形成联结,则中性刺激就可以作为无条件刺激与另一个新的中性刺激反复结合,形成新的条件反射,这一过程称为高级条件作用。例如,狗对铃声形成唾液分泌反应之后,把铃声与灯光配对,也能使狗产生唾液分泌反射,狗对灯光形成条件反射的过程,也就是高级条件作用的过程。

(二)华生的行为主义学习理论

巴甫洛夫的经典性条件作用原理本身就是在说明有机体经验的获得过程,然而,由于他坚持自己是一个生理学家而不是心理学家,因此,他没有将自己的经典性条件作用学说应用到学习领域,这一步工作则是由行为主义心理学家华生来完成的。

华生(John. B. Waston,1878—1958)是行为主义的奠基人和捍卫者。华生在巴甫洛夫的经典性条件作用的理论的基础上,将该理论应用于学习理论,即学习是一种刺激取代另一种刺激建立条件反射的过程。他认为,人出生时,只有一些简单的低级的无条件反射,而要适应环境中的复杂条件,就要形成一系列的后天的条件反射,如婴儿的恐惧可能由突如其来的巨响和得不到母亲的照顾而引起的,各种物品和地方与无条件刺激结对出现时,即变成了条件刺激,如在森林里与家长走散的儿童会对森林产生一种条件性恐惧。

华生根据经典性条件作用的原理做了一个著名的恐惧形成实验(图3.4)。小阿尔伯特是日托中心的一个健康、正常的幼儿,当时他只有11个月零5天。条件刺激是一只小白兔。当小阿尔伯特看到小白兔时,最初的反应是好奇、看着它,似乎想用手触摸它。无条件刺激是用铁锤敲击一段钢轨发出的声音,这显然是一种令人生厌的声音。当小阿尔伯特接近小白兔时,铁锤敲击声便响起,小阿尔伯特听到刺耳声音后的反应是惊怕、摔倒、哭闹、爬开。在白兔和刺耳声音在一起出现三次后,仅是白兔就会引起小阿尔伯特害怕和防御的反应。6次后,小阿尔伯特产生了强烈的情绪反应。小阿尔伯特1岁21天时,华生进行了一系列泛化测验,即小白鼠、小白狗、白色裘皮大衣、白胡子老头等也会引起小阿尔伯特的强烈的情绪反应。

图3.4 恐惧形成的实验

接下来,华生探讨了用来消除小阿尔伯特的恐惧情绪的种种可行的办法,但不幸的是,他离开了日托中心(搬家)。华生认为,这次实验表明,小阿尔伯特的情绪反应会在很长的一段时间里存在,尽管其强度会有所减弱,但这种条件作用会在一生中始终存在,并改变他的个性。

在实际教育中,许多学生的态度就是通过经典性条件作用而习得的,如许多学生不喜欢外语,因为老师在课堂上要求他们大声翻译句子或回答问题,引起了他们的焦虑,他们将外语与这种不愉快的体验联系起来,形成了对外语的恐惧反应,并可能将这种条件作用泛化为对其他课程,及至对学校的恐惧。

(三)对经典性条件作用理论的评价

总体看来,巴甫洛夫和华生提出的经典性条件作用学习理论是有重要意义的。巴甫洛夫把比较精确而又客观的方法引入对动物学习的研究,把心理与生理统一起来,对高级心理活动进行了卓有成效的研究,从而对心理学的发展产生了巨大的影响。由于他的研究有助于心理学摆脱心灵主义和内省法的束缚,因而为美国行为主义心理学所关注,条件反射成了行为主义的一个主要部分,几乎成了20世纪上半叶学习理论的基础。在俄国,以经典性条件作用为基础的理论更是曾在相当长的时间内在心理学界占据统治地位。华生作为行为主义心理学的创立者,强调心理学研究的客观性、科学性,强调使用客观方法研究心理。他将巴甫洛夫的经典性条件反射的研究引进学习领域,对有机体后天获得经验的过程作出了系统的解释,形成了经典性条件作用的学习理论,促进了学习理论的发展。

然而,经典性条件作用理论有较大的局限性。正如许多心理学家所说的,经典性条件作用原理只可以解释部分较简单的、低级的学习,而且即使是简单的学习,也不能完全用这种条件反射理论来解释。而对于复杂、高级认识过程的学习,用这种条件反射原理来解释,就会犯简单化和机械论的错误。毕竟,学习远远不局限于条件反射式学习一种形式。

三、斯金纳的操作性条件作用学习理论

斯金纳(B. F. Skinner,1904—1990)是新行为主义学派的代表人物之一,是操作条件作用理论的创立者,是行为主义发展后期对学习心理学影响最大的心理学家。他遵循科学、客观、控制的研究精神,以动物实验来研究学习规律,在前人研究的基础上,建立起独具特点的操作性条件理论。他所提倡的行为塑造和程序教学对教育实践产生了巨大的影响。1958年,美国心理学会授予斯金纳杰出科学贡献奖,评价他为"对心理学的发展和年轻一代心理学家产生深刻影响的极少数心理学家之一"。1968年获美国政府颁发的最高科学奖——国家科学奖。

(一)操作性条件作用

斯金纳认为,一切行为都是由反射构成的,任何刺激—反应都应看成是反射。心理实验者的任务就在于给予已知的刺激并观察学习者的行为,从而探究学习的规律。

斯金纳提出有机体的行为可分为两类,一是应答性行为,另一类是操作性行为。应答性行为是由已知的刺激所引起的反应,无条件反应就属于一种应答性行为,它们是由无条件刺激所引起的,如遇针刺手马上缩回、遇强光眼睛即收缩等行为。操作性行为则不是由已知刺激引发的,而是由有机体本身发出的,好像是自发的反应,亦称自发性行为。比如吹口哨、起立、放下一物又拿起另一物等,日常生活中的大部分行为都属这一类。操作性行为并不取决于其事先的刺激,而是由其结果控制的。

根据这两种行为,斯金纳区分出了两种条件作用:应答性条件作用(与经典性条件作用相对应,又称刺激性条件作用或S型条件作用)与反应型条件作用(又称操作性条件作用或R型条件作用)。前者适用于应答性行为,强调刺激对所引起期望的反应的重要性;后者适用于操作性行为,强调行为反应及其后果。

1. 操作性条件作用的过程

操作性条件作用是根据斯金纳自己发明的一种学习装置"斯金纳箱"做的经典实验提出的。"斯金纳箱"(图3.5)是20世纪30年代他在桑代克迷箱的基础上改装成的。箱内装有一操纵杆,操纵杆与一个能提供食丸的装置连接。把饥饿的实验白鼠放到箱内,当它偶然踏到操纵杆,就会落下一粒食丸。经过多次尝试,白鼠就学会了不断按压操纵杆获取食物,直到吃饱为止。这个过程就是操作条件反射过程。由于按压操纵杆变成了获得食物的手段或工具,所以人们又把操作条件反射称为工具条件反射。

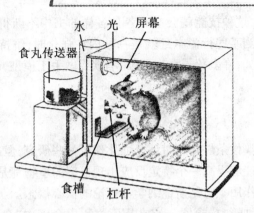

图3.5 斯金纳箱

斯金纳认为,操作性条件作用与两个基本原则相联系:第一,任何反应如果紧随强化刺激,该反应具有重复出现的趋向;第二,任何能够提高操作反应率的刺激都是强化刺激。根据这两个原则,与经典性条件作用的 S－R 过程相比,操作性条件作用是(S)－R－S 的过程。这一过程中,重要的是跟随反应之后的刺激。斯金纳认为人类的大多数学习是操作学习,人不是被动地等待刺激,而是积极主动地对环境进行探索,先有反应,然后才知道结果,再根据结果去调节行为。

2. 操作性条件作用的消退与维持

(1)消退。

操作性条件反射形成之后,如果停止强化,反应概率会发生变动,这就是行为的消退。行为的消退对控制有机体的行为有重要意义,有时改变一个行为不是提供什么强化,而是去掉原来的强化。例如,一个儿童以前会经常往地板上躺,研究者在观察后发现,每当他躺在地板上时,母亲都会去抱他,而在孩子做其他事情时,母亲则不抱他。母亲的抱对儿童的这种行为产生了一种强化作用。后来,研究者指导母亲当孩子再往地上躺时不去抱他,多次反复,儿童就不再躺在地板上了。这个例子说明去掉某些坏习惯是一个消退的过程。

(2)维持。

维持就是行为的保持。操作性条件作用形成后,为了永久保持所获得的行为,应当逐渐减少强化的频次,或者使强化变得不可预测。例如,一个学生每次解完数学题,老师都给予表扬,根据消退原则,一旦停止表扬,他就可能停止解答数学题。根据维持原则,如果逐渐增加解答题数才给予表扬,并且以随机的时间间隔给予表扬,那么,他就可能在老师没有给予强化或给予很小强化的情况下,仍然能够长时间解答数学题。人类生活在一个比较复杂的世界里,对于大多数在学校中学到的技能和行为,我们的世界充满了自然的强化。比如阅读行为,可能一开始学生还会要求经常强化他们的这种行为。但是一旦学会了阅读,他们就具备了浏览整个世界图书的能力,这种技能就会在看各种各样的书中不断得到强化,因为书的内容本身就维持了这一行为。当某些行为本身就是一种内在强化时,维持也会发生,就是说参与这一行为本身就愉快。例如,许多孩子喜欢画画、唱歌或做手工模型,即使他们从来没有因此而得到强化。

（二）强化

虽然巴甫洛夫用经典性条件作用对部分强化作了一些研究,但是斯金纳却对强化问题作了较全面的研究。任何能够提高一个特定反应出现概率的事物都是强化,强化在有机体条件反应的形成中起着关键作用。它是斯金纳学习理论的核心概念。斯金纳发现,没有形成条件反射的饥饿动物在斯金纳箱中"探索",它在探索过程中会多次"自发地"出现按压杠杆的操作,每次按压杠杆后都可在食盘中得到一次强化。一般来说,起初几次强化是无效的,但在第四次强化以后,反应的速度就会迅速地提高。斯金纳指出,行为之所以发生变化,是由于强化作用,直接控制强化物就是控制行为。只要一项操作出现后,继之呈现一个强化刺激,操作的强度就会上升,因此,练习与强化是建立高速度按压杠杆反应的基本因素,但练习本身不会使反应速度上升,只能为强化的重复出现提供机会。强化决定了动物的行为是否会发生变化,新的行为模式要练习多少次才能形成,以及形成后能保持多久。

1. 强化的类型

（1）正强化和负强化。

强化按其性质有正强化和负强化之分。正强化是通过呈现想要的刺激或事件来增强反应频率。用作正强化的刺激物有食物、水、表扬等。在教学过程中,几乎每个教师都在自觉或不自觉地运用正强化的原理使学生的行为达到一定的教学目的。每当学生答对了一道题、做了一件好事,教师们都会以微笑、表扬等手段,鼓励学生再接再厉,保持这些良好的行为规范。

负强化是通过消除或中止厌恶、不愉快刺激来增强反应频率。比如喝酒过度会头痛,头痛反应本来可以制止喝酒过度。止痛片能消除头痛,那么,止痛片就有可能成为喝酒这一行为的负强化物,因为它会强化喝酒行为。负强化的一个显著特点,就是在某种行为反应之后,本来应继之而来的消极刺激被"移走"了,从而间接地使该行为反应得到了强化。用作负强化的刺激通常是大声、强光、极度的冷和热、疼痛、电击等。

与强化相对的是惩罚。凡是能够减弱行为或者降低反应频率的刺激或事件叫作惩罚。其中,Ⅰ型惩罚是通过呈现厌恶刺激来降低反应频率;Ⅱ型惩罚是通过消除愉快刺激来降低反应频率。

（2）一级强化和二级强化。

按强化物的来源还可分为一级强化和二级强化两类。一级强化满足人和动物的基本需要,如食物、水、安全、温暖与性等。二级强化是指任何一个中性刺激与一级强化反复结合,自身获得强化效力,可分为社会强化(拥抱、微笑)、实物(如钱、奖品等)和活动(玩游戏、听音乐等)。

在实际教育中,每个学生可能对不同的强化做出反应。教师要注意观察和了解学生对什么强化物感兴趣,针对不同学生提供不同的强化物。在选择强化物时,可以遵循普雷马克原则(Premack principle),即用高频的活动作为低频活动的强化物,或者说用学生喜爱的活动去强化学生参与不喜爱的活动。如果一个儿童喜爱做航空模型而不喜欢阅读,可以让学生完成一定的阅读之后去做模型,等等。这一原则有时也叫祖母的法则(Grandma's rule):首先做我要你去做的事情,然后才可以做你想做的事情。如"你吃完这些青菜,就可以去玩"。

2. 强化程序

强化程序指强化出现的时机和频率也能增强或减弱行为。强化程序可以分为连续强化程序和断续强化程序两种类型(图3.6)。如果在每一个适当反应之后呈现一个强化,这叫连续强化程序。如果只在有些而非所有反应之后呈现强化,这叫作断续强化程序。断续强化程序又可分为间隔程序和比率程序。间隔程序是根据历次强化之间的时间间隔而安排强化。比率程序是根据历次强化之间学习者做出适当反应的数量而安排强化。间隔程序和比率程序既可以是固定的(可预测的),也可以是变化的(不可预测的)。

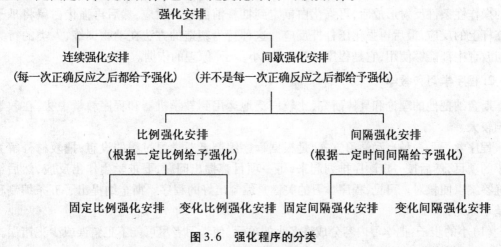

图3.6 强化程序的分类

每种程序产生相应的反应模式。当学生学习新行为时,如果给予连续强化,他们就学得比较快。当他们掌握这个新行为时,如果给予断续强化,他们就能很好地维持这一行为。断续强化程序比连续强化程序可获得更高的反应率和更低的消退率。在断续强化程序中,比率程序比间隔程序更能提高行为获得的速度。如果根据学生做出反应的数量给予强化,学生积累正确反应的数量越快,强化就来得越快。变化强化程序比固定强化程序更能有效地维持行为。学生对行为的维持取决于强化的不可预测性。因为在变化的程序中,强化的出现是无规律可循的,学生必须始终如一地做出反应。稍有松懈,可能就不符合暗中的强化条件,可能需要付出更大的代价。

(三)操作性条件作用理论的应用

1. 行为塑造

斯金纳的学习理论强调,对所想要的行为进行即时强化是学习的关键。但是,当所想要的行为学生一下子做不出时,强化什么呢?

一个幼儿教师是否要等到幼儿背出全部字母之后才给予强化呢?肯定不是。最好的方法是先对学生说出一个字母进行强化,然后是对说出几个字母进行强化,最后是说出全部字母给以强化。当老师通过强化每一步的成功引导学生达到目标时,他就正在使用一种发展新行为的技术——塑造。

在斯金纳看来,"教育就是塑造行为,塑造在不久的将来会对个人和别人有利的行为"。所谓塑造,就是通过小步反馈帮助个体达到目标。具体来说,将目标分解成一个个小步子,每完成一小步就给以强化,直到获得最终的目标行为。这种方法也叫作连续接近法。例如,要形成的最终反应是白鼠的按杠杆反应,首先可以在白鼠将头转向杠杆时就进行强化,这一反应的操作性条件反射形成后,再强化白鼠走到杠杆前面这一反应,然后再强化白鼠将爪子搭在杠杆上的反应,最后再强化压杠杆反应。这种行为塑造的方法在动物训练、人类的行为治疗与教育中都能够使用,它是程序学习中的"小步子"原理的依据。

2. 程序学习和教学

斯金纳把他的理论和具体研究,比较广泛地运用到教学机器和程序教学中去,在教学上影响较大。

程序学习是一种自动学习方式,是根据程序编制者对学习过程的设想,把教材分解为许多小的项目,然后按一定顺序排列起来,每一项目都提出问题,要求学生作出反应,然后给予正确答案以便核对。可见,程序学习的关键是编制出好的程序。斯金纳提出了五条编制程序的基本原则:

(1)小的步子:把学习内容分成许多小的单元,使学习者尽可能不犯错误或少犯错误。

(2)积极反应:要求学生对每个问题都进行积极主动的回答。

(3)及时反馈:对学生的回答及时提供答案。

(4)自定步调:让学生根据自己的情况安排学习速度。

(5)低错误率:所提问题尽可能使学生每次都能做出正确反应,使错误率降至最低。

作为一种个体化的学习方式,程序学习有其进步的方面:

(1)从学生的实际出发,不超越学生的理解限度,循序渐进。

(2)学习速度与学习能力相一致。

(3)这种学习和教学不仅能根据学生的错误提供补充教材,帮助其及时纠正错误,还可帮助教师了解学生学习的过程和其中的问题,加速了学习的进程。

(4)学生自己安排学习进度,因而能够发挥学生的积极性和主动性。

(5)要求学生在学习过程中既动脑又动手,自己学习,自己练习,自己测验,有利于学生形成自学的能力和习惯。

但我们也应该看到这种学习形式的不足之处:首先,使学生学习比较刻板的知识,难于培养学生的智力。其次,由于缺少班集体的人际交往,不利于儿童社会化。最后,程序学习不能够很好地发挥教师的作用,无法体现教师的主导性。

尽管存在着这样或那样的问题,程序教学和学习在国内外曾经风行一时,我国从20世纪60年代开始进行的"初中数学自学辅导教学"实验,就是一个突出的实例。至今,程序教材编制的基本原则仍被应用于各类教材的编写之中,如计算机辅助教材的编写。

(四)对斯金纳学习理论的评价

斯金纳对学习理论领域的研究做出了重大贡献。他通过严格的实验对操作条件作用进行了深入细致的研究,提出了操作性条件作用学说,并以此为基础建立了操作性条件作用学习理论,从新的高度上扩展了联结派的眼界,将联结派学习理论推向了一个新的高度。他对强化的精细研究加深了人们对行为习得机制的理解,使人们能成功地预测和控制行为,也为行为塑造矫正提供了一种可信的理论基础。斯金纳提出的程序教学理论,在实际的教学活动中独具魅力,对学校教育产生了极为深刻的影响,成为计算机辅助教学技术的理论基础之一,为CAI技术的发展提供了基本的原则和思路。

然而,同正宗的行为主义者一样,斯金纳把意识排除在科学之外,不承认人类学习具有任何特别的属性,把人类学习简单地归结为机械的操作条件反射,从而把人的学习同动物学习等同起来,抹杀了人类学习的本质。他创立的程序教学理论,不注意人的学习的内部过程和内部机制,把人看成了学习机器。许多教育家和心理学家认为,根据这种方法培养的学生,知识技能很扎实,但对整个知识的统摄能力较差,创造性较差,综合分析的能力较弱。

四、班杜拉的社会学习理论

班杜拉(A. Bandura,1925—)是社会学习理论、社会认知理论的奠基人。他原本信奉新行为主义,但是随着认知心理学和人本主义的挑战,在20世纪60年代后,在大量实验研究的基础上,他逐渐从传统的行为主义研究中脱离出来,提出了一系列新的思想,建立起一套注重外在与内在因素结合、综合而广为接受的模仿学习理论,这一理论最初被称为社会学习理论(social learning theory),现在被看作是社会认知理论(social cognitive theory)。1972年,班杜拉获美国心理学会授予的杰出科学贡献奖;1974年当选为美国心理学会主席。班杜拉一生论著甚丰,主要代表著作有:《青少年的攻击》(1959)、《社会学习理论》(1971、1977)、《思想与行为的社会基础:一种社会的认知理论》(1986)等。

(一)社会认知理论

班杜拉认为,儿童的大多数学习发生在社会环境中,儿童通过观察生活中重要人物的行为而学得社会行为,这些观察以心理表象或其他符号表征的形式储存在大脑中,来帮助他们模仿行为。儿童没有必要在学习过程中表现这些行为,外在强化也不是绝对必要的。

社会认知理论对学习和行为表现提出了这样三个假设:个体、行为和环境之间是相互作用的;学习与表现是不能等同的;学习可以分为参与性学习与替代性学习。

1. 三元交互作用论

在社会认知理论看来,人类的行为既不是只受内部因素驱动,也不是仅由外部环境刺激自动塑造和控制。个体(信念、期望、态度、知识)、环境(资源、行动结果、他人和物理条件)和行为(个体行为、选择和言语表述)三者之间是相互作用、互为因果的关系,如图3.7所示。

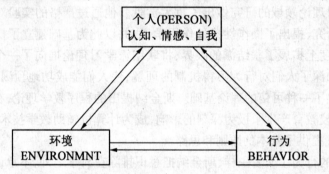

图3.7 个体、环境、行为三元交互作用

例如,攻击性强的儿童期望其他儿童对他产生有敌意的反应(个人认知因素),这种期望使该儿童产生攻击性反应(行为),其后果是其他儿童对该儿童的行为更具有攻击性(环境),从而又强化了该儿童的最初期望(个人认知因素)。

2. 学习和表现

为了说明行为主义的局限性,班杜拉将新的学习(learning)与习得行为的表现(performance)区分开来,强调知识的获得(学习)与基于知识的可观察的表现(行为表现)是两种不同的过程。人所知道的要比所表现出来的多,学习和表现并不是一回事。

3. 参与性学习和替代性学习

社会认知理论把学习分为参与性学习和替代性学习。参与性学习(enactive learning)是通过实做并体验到行动后果而进行的学习,实际上就是做中学,也即直接经验的学习。试误学习、条件作用学习均属于该类学习。替代性学习(vicarious learning)是通过观察别人而进行的学习。在学习过程中,学习者没有外显的行为。人类的大部分学习是替代性学习,因为个体在多数情况下不可能通过亲手做并体验行为结果来进行学习,替代性学习可以大大提高学习的速度。替代性学习还可以避免人去经历有负面影响的行为后果,如我们可以通过听他人讲述、看书和看电影等来了解面临火灾时的逃生办法。

(二) 观察学习

1. 观察学习实验

班杜拉以儿童的可观察的外部行为作为研究的出发点,通过一系列实验,对儿童大量的社会性行为和学习活动作了观察和研究后明确指出,人的思想、情感和行为,不仅受直接经验的影响,而且往往还通过观察别人的行为表现及其后果进行学习,进而提出观察学习的理论。下面介绍班杜拉关于观察学习的两个经典实验。

第一个实验分两个阶段进行。第一阶段先把儿童分成两组,让他们分别看一段录像片。甲组儿童看的录像是一个大孩子在打一个玩具娃娃,过一会儿来了一个成年人,给大孩子一些糖果作为奖励。乙组儿童看的录像片开始也是一个大孩子在用力打一个玩具娃娃,过一会儿来了一个成年人,为了惩罚这种不好的行为,打了那个大孩子一顿。看完录像后,班杜拉把两组儿童领进一间放着一些玩具娃娃的小屋里,结果发现,甲组儿童都会学着录像片里大孩子的样打玩具娃娃,而乙组儿童却很少有人敢去打一下玩具娃娃。这一阶段的实验说明,榜样的作用能使儿童很快学会攻击性行为。在实验的第二阶段,班杜拉鼓励两组儿童学录像片里大孩子的样打玩具娃娃,谁学得像就给谁糖吃,结果两组儿童都争先恐后地使劲打玩具娃娃。这说明通过看录像,两组儿童都已学会了攻击行为。第一阶段乙组儿童之所以没有人敢打玩具娃娃,是因为他们害怕打了以后会受到惩罚,一旦条件许可,他们也会像甲组儿童一样把学到的攻击行为表现出来。

班杜拉的另一项实验研究,比较了口头劝说和榜样行为对儿童利他行为的影响。实验是这样进行的:先让小学三、四、五年级的儿童做一种滚球游戏,作为奖励,他们在游戏中都得到了一些现金兑换券。然后,把这些儿童分成四组,第一组儿童和一个自私自利的榜样(榜样都由实验者的忠实助手担任)一起玩,这个榜样向儿童宣传要把好的东西留给自己,不必去救济他人,同时也带头不把得到的现金兑换券捐献出来。第二组儿童和一个好心肠的榜样一起玩,这个榜样向儿童宣传自己得了好东西还要想到别人,并且带头把得到的兑换券放入捐献箱。第三组儿童和一个言行不一的榜样一起玩,这个榜样口里说人人都应该为自己考虑,实际上却把兑换券放入了捐献箱。第四组儿童的榜样则是口里说要把得到的兑换券捐献出来,实际上却只说不动。实验结果清楚地表明,劝说只能影响儿童的口头行为,而对他的外部行为则毫无影响。如果面前有个慷慨的榜样,儿童们的捐献行为就会大大增强。很明显,在决定外部行为方面,实际行动比说教更有力量。

2. 观察学习理论

在一系列实验研究的基础上,班杜拉逐渐形成了他的观察学习理论。他认为,观察学习是人类的主要学习方式之一,其核心就是替代性学习和替代性强化。替代性学习实际上就是指观察学习,亦称模仿学习,指通过观察环境中他人的行为及其后果而发生的学习。学习者如果看到别人的行为受到奖励,就会增强产生这种行为的倾向;如果看到别人的行为受到惩罚,则会削弱或抑制发生这种行为的倾向。

班杜拉认为,观察学习具有五种功能:

(1)习得功能。

通过观察学习可以获得新的行为模式。人的社会行为主要是通过观察学习获得的。观察学习在社会经验传承中具有独特作用。如语言、习俗、生活风格的社会传递,在无示范的情况下进行将是不可想象的。

(2)抑制和去抑制功能。

当观察者看到某种行为受到社会谴责时,就会抑制他已经获得的同种行为,这是观察学习的抑制功能。当观察者看到他人的预期会受到惩处的不良行为居然没有受到社会惩处时,其原本受到抑制的同样的不良行为,会重新表现出来,这就是观察学习的去抑制功能。

(3)反应促进功能。

观察学习可以促进新的学习,也能加强过去已经习得的行为及其表现。

(4)刺激指向功能。

通过观察榜样行为,学习者会将自己的注意指向特定的刺激。

(5)情绪唤醒功能。

看到原型在某一情境中产生某种情绪反应时,也会在观察者身上触发类似的情绪。如果此时观察者将观察的结果个人化(想象本人处在类似情境中),会比想象原型有何感受来,能够触发更强烈的情绪。

3. 观察学习的过程

观察学习是一个复杂的过程,由注意、保持、运动再现和动机四个阶段组成。

(1)注意过程。

注意过程决定一个人在显示给他的大量范例中,选择什么来进行观察,以及在这些范例中把哪些东西抽取出来。

影响注意过程的条件包括示范行为的特征和观察者的特征。如原型的人际吸引力,示范行为的显著性、复杂性、流行性,都能影响人们对其注意的程度。此外,观察者的信息加工能力、知觉定势、情绪触发水平等,也都会影响观察学习的速度和水平,影响他们从示范行为中抽取什么信息和如何对所见所闻做出解释。

(2)保持过程。

保持过程指学习者将观察到的信息以符号的形式保存在记忆里,以便以后在适当的时机将其表现出来。正是这种符号化的高级能力使得人能够从观察中学会很多东西。

对信息的保持通常借助两种表征系统来完成,即表象系统和言语系统。当儿童处于发展早期阶段,尚缺乏言语技能,难以用言语描述示范行为时,视觉表象编码就显得特别重要。班杜拉指出,对于示范的反应模式的保持来说,真实演练或心理演练可以成为重要的记忆支柱。对于某些行为模式,由于缺少机会,不能用外观的、真实的手段形成时,利用符号进行心理练习就具有特别的意义了。

(3)运动再现过程。

运动再现过程是指符号的表象转换成适当的行为。要把观察学习到的东西付诸行动,在行为水平上还会存在障碍。观念在第一次转化为行为时,很少是正确无误的,所以仅仅通过观察,还不能使技能完善。在大多数日常学习中,人们一般是通过模仿一个非常近似的新行为,然后经过自我矫正,把这一近似的行为加以精炼。

影响示范行为再现的条件有:观察者是否具有所示范的复杂行为中所包含的更基本的从属技能(附属反应的有效性);观察者能否对自己的反应作全面观察(再现的自我观察);外部是否提供正确的反馈。

(4)动机过程。

动机过程的作用是认识示范行为的价值,形成动机、意向,在生活中表现出与示范行为相匹配的行动的过程。

影响动机过程的主要条件有:一是学习者对自己行为所产生的评价反应,他们总是表现那些自我满意的行为,拒绝那些感到厌恶的行为。二是各种强化,包括直接强化、替代强化和自我强化。直接强化指观察者因表现出观察行为而受到的强化;替代强化是指观察者因看到榜样受强化而受到的强化,从而引起与榜样一致的行为变化;自我强化指人为自己确定标准,用自己控制的奖赏物促进和维持自己行为的过程。

这四个阶段是相互联系的,其中任何一个阶段发生认知不协调,都将阻碍学习的顺利进行。在特定的情境中,如果一个观察者不能再现原型的行为,很可能是由于没有注意原型的表现,或记忆表象中对示范动作的编码不合适,不能保持所学的东西,或没有能力再现原型行为,或没有足够强的动机。

(三)对班杜拉社会学习理论的评价

社会学习理论20世纪70年代在西方崛起,它在联结派条件反射学说的反应学习途径之外,提出了有机体尤其是人的行为习得的观察学习的途径,注重观察学习中的认知中介因素,将认知过程引进自己的理论体系,因而超出了联结派的范畴,融合了联结派和认知派学习理论的思想,形成了一种认知-联结主义的模式,对学习理论的发展起了重要的促进作用。班杜拉揭示了观察学习的基本规律及社会因素对个体行为形成的作用,该理论对环境、个体和行为三元交互决定的观点,关于强化的见解,对于我们从整体上认识人的行为的学习过程具有重要的启示。班杜拉的社会学习理论建立在设计严密的实验研究基础上,与联结派其他学说不同,他的实验研究主要是以人作为被试进行的,因此,他的理论对人的学习的解释就很有说服力。

但他的研究成果更多来自于实验研究,对于教育情境中的观察学习现象缺乏具体研究,与教育情境中的具体运用还相差一定距离。

第三节 认知派学习理论

与行为主义对立的是认知派学习理论,该理论的主要代表人物有苛勒、布鲁纳、奥苏伯尔、加涅等。认知派学习理论的基本观点是:学习过程不是简单地在强化条件下形成刺激与反应的联结,而是有机体积极主动地形成新的完形或认知结构。有机体经验获得的过程,是通过积极主动的内部信息加工活动形成新的认知结构的过程。

一、古典的格式塔学习理论

格式塔学派于1912年发端于德国,其代表人物有韦特海墨(M. Wertheimer,1880—1943)、苛勒(W. Köhler,1887—1967)和考夫卡(K. Koffka,1883—1924)等人。他们的工作是从研究似动现象的知觉实验开始的,在对知觉的实验研究中,逐渐形成了关于学习的性质的一般理论。

格式塔,是从德文gestalt直译而来,其含义是"完形",或者说形状、结构、图形,有人又称格式塔心理学为完形心理学。这一学派与冯特的结构主义相对立,强调心理反应的整体性,提出"整体永远大于部分之和"的著名论断。同时也反对行为主义的思想,认为心理学应该研究意识,进而提出了与联结主义相对立的观点。

(一)相关实验研究

格式塔学派的创始人之一苛勒从上述观点出发,根据对动物的实验,来说明学习的过程。

苛勒用高级的灵长类动物黑猩猩做了大量的实验,他认为桑代克的实验情境太复杂,结论是不可靠的。在他的实验设计中,目的是判明黑猩猩的学习行为中是不是有所谓的理解力。实验情境的要求是,在这种情境中,黑猩猩的目的不能直接达到,只能间接地达到,动物能够完全了解整个情境。这一要求与桑代克的问题箱不同。在这种实验条件下,苛勒给黑猩猩从简到繁设置了一系列问题情境,进行了多个实验,除去一个实验外,其他的17个实验都很成功。这里简要介绍其中的两个实验情境。在一个实验情境中,将黑猩猩关在笼中,把香蕉挂在关黑猩猩的笼子顶棚。笼内有两个木箱,黑猩猩在任何个木箱上都取不到香蕉,只有将两个木箱叠在一起,然后站在叠起的木箱上才能拿到香蕉(图3.8)。

另一种情境是,将香蕉放在笼子的外面,黑猩猩直接够不着水果。笼中有两根棍子,用任何一根棍子都够不着香蕉,只有将两根短棍接在一起,才能拿到香蕉。苛勒在实验中发现,在各种与之类似的情境中,黑猩猩并未表现出乱动、摸索等尝试与错误的行为,而是对情境进行观察,突然间就把问题解决了,表现出对解决问题的顿悟。

图3.8 黑猩猩解决问题

(二)格式塔学派的学习理论

苛勒根据黑猩猩的实验结果,得出如下见解。

1. 学习即完形

格式塔心理学认为,学习的本质就在于组织一种完形。这里所说的完形指的是对事物的式样和关系的认知。学习过程中问题的解决,是由于对情境中事物关系的理解而构成一种完形来实现的,是主动积极地对情境进行重新组织的过程,即认知重组。在苛勒的实验中,黑猩猩不是单独看到香蕉、棍子或箱子,而是将这些事物联系在一起,对它们之间的关系加以理解,把木棍或箱子看成是达到目的的工具,这就构成了目的物与工具的完形。

2. 学习即顿悟

完形派根据他们的实验,以"顿悟"来说明学习过程,他们认为没有"盲目的学习",学习是一种突然的领悟和理解。领悟是对情境全局的知觉,是对问题情境中事物关系的理解,也就是完形的组织过程。

完形派用来证明学习过程是领悟而非试误的主要证据是黑猩猩在解决问题时表现了从不能到能的突然转变。在桑代克的研究中,动物的学习时间曲线是波动而缓慢的,完形派认为这是因为桑代克所设置的问题情境不明确,动物不能够了解整个情境,从而导致了盲目的尝试错误学习。桑代克把学习看成是盲目的试误过程的另一根据是,动物在做出若干次正确反应后仍会出现错误,而完形派则指出这是因为动物没有完全领悟其反应,如果动物领悟其反应,那么学到的东西就会出现良好的保持。

(三)对格式塔学习理论的评价

作为重要的理论学派之一,格式塔学派无论是在理论创建还是在教育实践中,都有其独到的价值和意义。虽然格式塔学习理论并不完整,也不系统,但因其对桑代克学习理论的批判使认知派与行为派的区别明确化,从而促进了学习理论的发展。格式塔学派认为刺激情境与反应之间的联系不是直接的,而是以意识因素为中介,强调了意识在环境与有机体相互作用过程中的能动作用,这恰恰是桑代克学习理论的缺陷之所在。

人们至今仍然公认顿悟是学习的一种表现形式,但格式塔学派在肯定顿悟的同时,否定试误的作用,是片面的。现代心理学的研究表明,试误与顿悟是学习过程的不同阶段。在很多学习中,前期会表现出试误,后期会表现出顿悟。试误与顿悟也可以看成是不同水平的学习类型,学习情境本身的复杂程度和学习者主体水平决定学习者进行哪类行为。

二、布鲁纳的认知-发现学习理论

布鲁纳(J. S. Bruner,1915—)是认知派的代表人物之一,是一位研究知觉与认知发展的心理学家。他早年受到皮亚杰学术观点的影响,在知觉、概念获得等方面进行了富有成效的研究,于1962年获美国心理学会颁发的杰出科学贡献奖,并被美国教育界推崇为继杜威(J. Dewey)之后最具影响力的人物。他所著的《教育过程》一书引起了美国及世界各国教育界的震动,在20世纪60年代掀起了一场课程改革运动,并对我国70年代末以来的教育改革产生了很大影响。应该说,他本人对学习并没有系统的论述,而他关于学习的见解散见于他的一些与学习有关的论述之中。

(一)布鲁纳的学习理论

1. 学习的实质在于主动形成认知结构

布鲁纳十分强调学习的主动性和认知结构的重要性。他认为,学习的本质是主动地形成认知结构。认知结构是个体关于现实世界的内在编码系统,表现为一系列相互关联的、非具体性的类目,是反映事物间稳定联系的内部认知系统,是用来感知和概括新事物的一般方式,它通过学习形成和改变。

布鲁纳认为,形成和发展认知结构是一个主动的过程,是在内在动机的推动下,根据已有经验对新知识加以选择、转换、储存和应用的过程。所以,不论是掌握一个概念,还是解决一个问题,都是一个学习者主动参与的过程。在这一主动形成和发展认知结构的过程中,已有经验是至关重要的。也可以说,学习就是一个把新的知识与已有的知识结合起来,发展认知结构的过程。

认知结构的一个重要特征是对相关的类别做出有层次结构的安排,其中概括性水平较高的类别处于高层,较具体的类别则处于低层。布鲁纳认为,个体就是根据类别或分类系统来与环境相互作用并认识外部世界的。通过借助环境中已有的类目编码系统感知和处理新信息,个体扩展或形成新的编码系统并获得对新事物认识的过程,就是类目化的过程。通过类目化过程,学习者将知识纳入一种有组织有层次的结构中,经过组织化和结构化,知识也更便于保持和提取。因此,个体对具体知识的学习是为其形成类目化的编码系统服务的。通过将新知识纳入原有的编码系统中,再借助编码系统的形成和关联进一步将低层次的类目过渡到高层次的类目,个体的认知结构就得以不断充实和拓展。布鲁纳进一步指出,这种类目化的过程应该是自下而上归纳性的,即从具体的、特殊的和包摄性水平低的类目到一般的、概括的、包摄性水平高的类目。因此,教育活动的目的就是向学生提供较低层次的类目或事物,让学生"发现"高层次的类目编码,这也是其"发现学习观"的理论基础。

2. 儿童认知发展阶段

布鲁纳认为,个体不是直接对刺激进行反应,而是首先将环境中的事物转换为内在的心理事件,这就是认知表征(cognitive representation)或知识表征的过程。他指出,人类学习知识的过程就是形成表征系统并最终增长智慧的过程。个体的表征能力随年龄而发展,表现为三种不同的认知表征形式。

(1)动作表征。

动作表征指个体通过直接作用于周围的环境来认识和再现世界的方式。布鲁纳认为,三岁以前的儿童处于一种依赖自身的动作去认识和把握事物、再现事物表象的时期。这一时期个体认知发展的主要形式是动作表征,儿童通过摸、抓、舔和咬等方式学会认识周围的事物及其特性,最终形成一种与刺激反应建立联结的认知结构,即"从动作中认知"。对人类而言,动作表征具有高度的操作性,是个体获得知识的基础。

(2)表象表征。

随着年龄的不断增长,个体认知发展的形式更为复杂,六七岁到十岁儿童对事物的认识开始由动作表征发展为表象表征,即通过物体留在记忆中的心理表象或依靠图片、照片等获取知识。这个时期的儿童不再依赖直接的动作去获得知识,而是通过翻看图画、在头脑中想象事物或动作的表现状态来认识事物,这样当新事物真正出现时,儿童便能够迅速反应出它的名称和特征。需要注意的是,表象表征建立在内部表象的基础之上,以此方式获得的知识也是以映像的形式进行储存的。表象表征的出现,意味着个体的求知方式已开始进入抽象水平。

(3)符号表征。

青少年期个体的认知表征方式逐渐走向成熟,语言符号日益成为思维的重要工具。符号表征以抽象、主观和更为复杂的思维系统为基础展开,是个体通过语言等符号来表征事物并获取知识的方式。此时,个体通过使用一定的逻辑规则将复杂的图像转化成简洁的语言符号,并据此去推理和解释周围的事物,最终发现解决问题的原理和原则。符号表征是认知的最高形式,个体借此获得对事物本质及事物间逻辑关系的认知。

布鲁纳指出,认知成长的过程就是个体将动作、表象和符号不断内化的过程。同时,即使在个体能够运用符号表征后,动作、表象的表征方式仍会在认识新事物的过程中发挥作用。因此,教师在实际教学中,教学内容的表征方式应符合学生认知表征的发展水平,并结合知识的特点,教会学生采用适当的表征方式,完善其认知结构。

3. 新知识的学习环节

布鲁纳通过对学生学习活动的具体过程的研究发现,在学习各门学科时,包括新知识的获得、知识的转化和对知识的评价三个差不多同时发生的过程。

(1)新知识的获得。

新知识的获得指个体运用已有的认知经验,在新知识与已有知识间建立联系或进行区分,以理解新知识所描绘的事物及其意义的过程。新知识与已有知识之间的联系是多种多样的,它们可能是相反的,也可能是相互替代的,还可能是相一致的。总的说来,新知识可以使已有知识进一步提高。

(2)知识的转化。

知识的转化指对新知识的进一步分析和概括,用新知识重新建构原有认知结构的过程。知识的转化可以通过扩展或变换等方法,把知识整理成适合于新任务的形式。转化的作用在于习得更多的知识,转化后的知识成为个体所掌握的知识。

(3)对知识的评价。

对知识的评价是对知识转换的一种检验,通过评价人们可以了解到处理知识的方法是否适合于新任务或概括得是否恰当,扩展得是否合理等,并在以后的学习中做出进一步调整。

布鲁纳指出,在学习新知识的过程中,教师要注意对学生学习过程的评估与指导。由于个体已有的认知结构、理解能力及学习动机间存在差异,他们对知识的掌握情况也不尽相同。如果不进行评估,教师就会忽略学生学习知识的动机和结果,使其得不到及时的反馈,影响其对新知识的学习与掌握;同时,评估也能帮助教师随时调整教学方法,更好地对学生进行指导。

(二)布鲁纳的教学理论

1. 结构教学观

布鲁纳强调学习的主动性和认知结构的重要性,认为教学活动应该最大限度地促进学生主动地形成认知结构,教学的最终目的是促进"对学科结构的一般理解"。"不论我们选教什么学科,务必使学生理解该学科的基本结构"(Bruner,1989)。学科的基本结构指一个学科围绕其基本概念、基本原理以及基本态度和方法而形成的整体知识框架和思维框架。比如物理中的牛顿三定律,数学中的代数交换律、分配律和结合律等,这些基本内容能够帮助学习者形成良好的认知结构,为获得新的知识、解决新问题提供非常有价值的思维框架。布鲁纳提倡将学科的基本结构放在编排教材和设计课程的中心地位。他还认为,好的学科结构可使"任何科目都能按照某种正确的方式教给任何年龄阶段的任何儿童"。布鲁纳认为,编排教材的最佳方式是以"螺旋式上升"的形式呈现学科的基本结构,这样,一方面便于儿童尽早学习学科的重要知识和基本结构,避免浪费年轻一代宝贵的学习时间;另一方面,也有利于学生认知结构形成的连续性、渐进性。

布鲁纳认为学习学科基本结构具有以下重要作用:
(1)懂得基本原理使得学科更容易理解。
(2)有利于学习内容的记忆。
(3)能够促进迁移。
(4)能使学生产生内在学习动机。

2. 发现法教学模式

布鲁纳认为,学习、了解一般的原理原则固然重要,但尤为重要的是发展一种态度,即探索新情境的态度,做出假设,推测关系,应用自己的能力,以解决新问题或发现新事物的态度,这是一个发现的过程。"发现是教育儿童的主要手段",学生掌握学科的基本结构的最好方法是发现法。所谓发现,当然不只限于发现人类尚未知晓的事物的行动,而且还包括用自己头脑亲自获得知识的一切形式。发现法教学模式,是指教师要为学生提供问题和材料,创设问题情境,让学生独立思考、组织材料、自行发现知识、掌握原理原则的教学方式。也就是说,在发现学习的过程中,不是把现成的结论告诉学生,而是要学生参与到学习过程中,这样有利于学生发展认知结构。例如,他根据儿童踩跷跷板的经验,设计了一个天平,让儿童调节砝码的数量和砝码离支点的距离,以此让儿童发现学习乘法的交换律,如 $3 \times 6 = 6 \times 3$。他让儿童动手,然后使用想象,最后用数字来表示。

与传统的以教师讲授为主的接受学习相比,发现法有两个特点:第一,不是由教师将现成的结论性知识讲授给学生,而是由学生自主地抓住自然事物、现象去进行探索,获得知识。第二,不强调获得学习的结果,而是注重学习的过程,让学生亲身尝试科学家发现原理原则所经历的过程,学会发现的方法。

布鲁纳强调发现学习有以下四点作用:
(1)发展学生的智慧潜力。
他认为:"强调学习中的发现,确实影响着学生,使之成为一个建构主义者。"即学生力图发现现象后面的规律和联系,并使新旧知识很好地结合起来。

(2)使外部奖赏向内部动机转移。

他认为,最好的动机莫过于学生对所学材料具有内在兴趣,有新发现的自信感。

(3)学会将来做出发现的最优方法和策略。

人只有通过练习解决问题和努力发现,才能学会发现的方法,这些方法可以应用于各种情境。

(4)帮助信息的保持和检索,即有助于所学材料的保持与记忆。

一个人按自己的兴趣和认知结构组织起来的材料,是最有希望在记忆中自由出入的材料。所以,学生自己动脑发现的东西便于记忆与保持。

(三)对布鲁纳学习理论的评价

布鲁纳在推动美国的认知运动,特别是以认知结构学习理论为指导改革教学的运动中是极重要的人物,在心理学为教育教学服务方面做出了显著的贡献。他强调学习的主动性、强调学习者独立思考、在内在动机基础上发展认知能力的这些观点,比行为主义的学习理论更能说明人类学习的特点。

布鲁纳所倡导的发现学习,成为一种广泛研究和应用的教学方法。它启发人们在教学中要善于启发学生思考,引导学生产生认知上的矛盾,积极主动地进行学习。

但发现法只是教学方法之一,过分强调发现法而忽视其他方法是有失偏颇的。同时,在促进儿童发展的问题上,布鲁纳忽视了社会因素的影响,这一点他本人在70年代也认识到了。这说明他对学校教育的特点考虑得还不充分。

三、奥苏伯尔的认知-接受学习理论

奥苏伯尔(D. P. Ausubel,1918—2008)是美国当代著名的认知派教育心理学家,他从20世纪50年代中期开始致力于有意义的言语材料的学习研究,在60年代提出了有意义学习理论。这一理论着眼于寻求有意义的课堂学习的规律,引起了教育心理学家的重视,并受到中小学教师的欢迎。奥苏伯尔因此获美国心理学会1976年颁发的"桑代克奖"。

(一)有意义学习

奥苏伯尔根据新知识与学习者认知结构中已有知识间的关系,将学习划分为机械学习和有意义学习。

1. 有意义学习的实质

奥苏伯尔认为,有意义学习是指在学习知识的过程中,符号所代表的新知识与学习者认知结构中已有的适当观念建立非人为的和实质性的联系。有意义学习的实质是学习者将新知识纳入已有的认知结构,并经过分析、比较,最终整合成新的认知结构的过程。

认知结构是认知心理学中经常使用的一个概念。所谓认知结构,简单地说就是学生头脑中的知识结构。从广义上讲,认知结构是学生已有观念的全部内容及其组织;从狭义上讲,认知结构是指学生在某一学科的特殊知识领域内的观念的全部内容及其组织。所以,认知结构主要是由两部分构成的,一是指人在以前学习和经验的过程中所形成的知识经验本身,它是以观念的形式存在于人脑当中;二是指对这些知识经验的组织,即在组织方面所具有的特点。

要判断学生的学习是机械的还是有意义的,必须了解符号所代表的新知识与学习者认知结构中原有的观念的联系(简称为新旧知识的联系)的性质。新旧知识联系的性质既受学习者原有的知识背景的影响,也受学习材料本身的性质的制约。

在有意义学习的定义中有两个关键点,即实质性联系和非人为的联系。所谓实质性联系,指新知识与学习者认知结构中已有的表象或符号间存在内在的、本质的联系;非人为的联系则指新知识与认知结构中相关观念间的联系是在某种合理的或逻辑的基础上的联系,而不是任意附加上去的。例如,在学习"有一个角为直角的菱形是正方形"这个新知识时,学生可以将新知识"正方形"与原有认知结构中的"菱形"建立实质性联系,从而借助菱形的性质来理解正方形,属于有意义学习。

无意义音节和配对形容词只能机械学习,因为这样的材料不可能与人的认知结构中的任何已有观念建立实质性联系,必须在逐个字母或项目之间建立联系。这样的学习完全是机械学习。在获得数概念前的幼儿,凭借他们发展较快的机械记忆能力,可以将乘法九九表口头背得烂熟,倘若从中抽出一句问他们,他们将不知所云,这也是机械学习。

2. 有意义学习的条件

有意义学习的产生既受学习材料性质的影响,也受学习者自身因素的影响。我们称前者为有意义学习的外部条件(外因),称后者为有意义学习的内部条件(内因)。

有意义学习的外部条件是学习材料本身必须具有逻辑意义。这种逻辑意义指的是材料本身与人类学习能力范围内的有关观念可以建立起非人为的和实质性的联系。

有意义学习的内部条件包括:

(1)学习者必须具有有意义学习的心向。有意义学习的心向,是指学习者积极主动地把符号所代表的新知识与学习者认知结构中原有的适当知识加以联系的倾向性。

(2)学习者认知结构中必须具有适当的知识,以便与新知识进行联系。如果学习材料本身具有逻辑意义,而学习者认知结构中又具备适当的知识,那么这种学习材料对于学习者就构成了潜在的意义。

(3)学习者必须积极主动地使这种具有潜在意义的新知识与他认知结构中有关的旧知识

发生相互作用,结果,旧知识得到改造,新知识就获得实际意义,即心理意义。

3. 有意义学习的过程

有意义学习的过程即学习者认知结构中原有的适当观念对新观念加以同化的过程。在新知识的学习过程中,认知结构中原有的适当观念起决定作用。新观念与认知结构中起固定作用的观念可构成三种关系,构成三种有意义学习的模式(表3.2)。

表3.2 新知识意义获得的同化模式

1. 下位学习(类属学习)
  A. 派生类属
  B. 相关类属
	原有的概念
	A
	新的内容 → a_5 a_1 a_2 a_3 a_4
	
	原有的概念
	X
	新的内容 → Y U V W

2. 上位学习(总括学习)	原有的概念 新学习的概念 A → A 原有的概念 a_1 a_2 a_3
3. 并列结合学习	新学习的概念 A → B—C—D 原有的概念

(1) 下位学习又称类属学习。

认知心理学假定,人的认知结构是在观念的抽象、概括和包容程度上按层次组织的。当学生原有的观念在概括和抽象的水平上高于新学习的观念时,新学习的观念归属于旧知识而得到理解,新旧知识所构成的从属关系就是下位学习。

下位学习有两种形式:一种是派生类属学习,即新学习的内容仅仅是学生已有的、包摄面较广的命题的一个例证,或是能从已有命题中直接派生出来的。例如,儿童已知道"猫会爬树",那么"邻居家的猫正在爬门前那棵树"这一新命题,就可以类属于已有的命题。另一种是相关类属学习。其特征是,通过新旧知识相互作用,新观念获得意义,原有观念被扩展、修饰、限定并精确化。在相关类属学习中,新旧观念虽有类属关系,但新观念不能单纯从原有观念派生出来。新观念为原有观念增加了新的属性或特征,因而在某种程度上改变了对原有观念的理解,深化、扩充了原有的观念。例如,儿童已知"平行四边形"这一概念的意义,那么,我们可以通过"菱形是四条边一样长的平行四边形"这一命题来界说菱形。在这种情况下,通过对"平行四边形"予以限定,产生了"菱形"这一概念。

派生类属学习和相关类属学习的主要区别在于学习之后原有观念是否发生本质属性的改变。前者是新的观念纳入原有观念中,原有观念的本质属性不发生改变;而后者是新知识与原有观念有一定的联系,新知识的学习同时也引起原有观念的扩展、深化、精确化和修改。

(2) 上位学习又称总括学习。

当学习者认知结构中已经形成了几个观念,现在要在这几个观念的基础上学习一个抽象程度更高的观念时,便产生总括学习。由于认知结构中的原有观念在包摄和概括的水平上低于新学习的知识,新旧知识便构成上位关系,相应的学习就称为上位学习。例如,儿童往往是在熟悉了"胡萝卜""豌豆""菠菜"这类下位概念之后,再学习"蔬菜"这一上位概念的。总括学习实际上是一种常见的由特殊到一般,由具体到抽象的归纳式学习。

在总括学习中,新旧知识之间的关系表现为,上位观念寓于各个下位观念之中,是对下位观念实质意义的概括和抽象,下位观念则是上位观念的具体的特殊的例证和派生事实。

(3) 并列结合学习。

当新的观念与认知结构中原有的观念既不能产生类属关系,也不能产生总括关系时,由于具有某种共同属性,就会出现并列结合学习。这时,新的观念与认知结构中起固定作用的观念不是从具体意义上进行连接,而是在广阔的信息背景上存在着一般相关,或者说具有某种类比。奥苏伯尔认为,学生在各门自然学科、数学、社会学科和人文学科中学习的许多新概念,都可以作为并列结合学习的例子,例如,质量与能量、热与体积、遗传与变异、需求与价格之间的关系。

(二) 接受学习

奥苏伯尔根据学习者进行学习的方式将学习分为接受学习与发现学习。接受学习是他人将学习内容以定论的形式直接呈现给学习者,而且多采用言语讲授的方式。教师讲授,学生接受,自实行班级授课制以来,一直是课堂学习的主要形式,但多年来一直被批判为机械学习。奥苏伯尔指出,接受学习既可以是有意义学习,也可以是机械学习,只是因为有一些教师使学生进行的是机械学习而采取的又是接受学习方式,才使接受学习被误认为是机械学习。

同样,发现学习可以是有意义学习,也可以是机械学习,只发现点滴的事实而不理解其中的规律便是机械的发现学习。

奥苏伯尔认为学校中的学习应该是有意义的接受学习和有意义的发现学习,但他更强调前者,因为有意义的接受学习可以在短时间内使学生获得大量的系统知识,这正是教学的目标。有意义接受学习的优点还有,通过它所获得的知识是系统的、完整的,便于记忆,学习者将新知识与认知结构中适当的观念建立联系的同化过程有助于理解能力的发展。

(三)教学原则与策略

1. 教学原则

根据有意义学习的过程,为了促进学生进行快速高效的有意义学习,奥苏伯尔提出了逐步分化和综合贯通两条教学原则。

(1)逐步分化原则。

教学要先教一般或广泛的观念,再将其一步步分解成具体的或初级的概念,通过逐步分化,直到最广泛的观念分解为最初级的观念。奥苏伯尔提出两个基本的假设:第一,学生从已知的包摄性较广的整体知识中掌握分化的部分,比从已知的分化部分中掌握整体知识难度要低些。这实际上就是说,下位学习比上位学习更容易些;第二,学生认知结构中对各门学科内容的组织,是按包摄性水平组成的。包摄性最广的观念在这结构中占据最高层次,下面依包摄性程度下降而逐渐递减。运用这一原则进行教学的过程就是演绎教学,它所依据的是下位学习的规律。

(2)综合贯通原则。

教师在教学中要比较观念间的相同点与不同点,在观念间建立起联系。通过综合贯通,使分化的观念相互联系起来。这一原则保证了总括学习和并列结合学习过程的进行。如果不贯彻该原则,会产生下列不良后果:第一,学生不知道许多表面上不同的术语实际上代表了本质上相同的概念,造成认知上的混淆;第二,使学生看不到不同课题之间的共同性;第三,学生不能利用先前学得的知识作为后继学习的基础;第四,学生不能区别相似概念之间的显著差别,甚至把不同的概念作为相同的概念来理解和掌握。

2. 先行组织者策略

为了贯彻"逐步分化"和"综合贯通"原则,奥苏伯尔提出了具体应用的技术:设计先行组织者。这是奥苏伯尔提出的一种重要的教学策略。

所谓"先行组织者",是指先于学习任务本身呈现的一种引导性材料,它要比学习任务本身有较高的抽象、概括和综合水平,并且能清晰地与认知结构中原有的观念和新的学习任务联系。设计"组织者"的目的,是为新的学习任务提供观念上的固定点,增加新旧知识之间的可辨别性,以促进类属学习。也就是说,通过呈现"组织者",给学习者已知的东西与需要知道的东西之间架设一道知识之桥,使他更有效地学习新材料。

"先行组织者"可分为两类:一类是陈述性组织者,其目的在于为新的学习提供最适当的类属者,它与新的学习产生一种上位关系;另一类是比较性组织者,用于比较熟悉的学习材料中,目的在于比较新材料与认知结构中相类似的材料,从而增强似是而非的新旧知识之间的可辨别性。

奥苏伯尔认为,先行组织者不仅能够帮助学习者学习新知识,而且可以帮助其保持知识。

具体表现在几个方面:首先,能够把学生的注意集中在将要学习的新知识中的重点部分;其次,突出强调新知识与已有知识的关系,为新知识提供一种框架;再次,能够帮助学生回忆起与新知识相关的已有知识,以便更好地建立联系。

(四)对奥苏伯尔学习理论的评价

奥苏伯尔立足于课堂教学实际,提出有意义学习理论。为了促进学习者进行有意义学习,他倡导进行逐步分化的演绎教学,提出了"先行组织者"的教学策略。这些观点和见解与当代认知心理学是一致的,被看成是组织学校教学的有效方式之一。他强调教师讲授、学生接受的教学方式也比较符合学校教学的实际。

但是,奥苏伯尔过分强调类属学习和演绎教学是片面的,而且他强调由教师安排层次结构使学生接受,忽视了学习者的创造性。

四、加涅的信息加工理论

现代学习理论由于受信息加工理论的影响,许多心理学家在研究人类的学习时,把学习的过程用电脑加工信息的过程作比拟。现代心理学家一般把人类的学习过程看成信息加工过程,提出了各种各样的学习的信息加工过程模型,其中以加涅为代表。

(一)学习过程的基本模型

1974年,加涅根据现代信息加工理论提出了学习过程的基本模式(图3.9),把学习过程看成是由三个系统协同作用的过程。

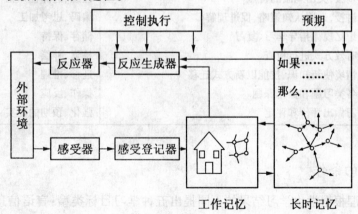

图3.9 加涅的学习模式

学习的第一个系统是加工系统或操作系统,包括信息的接收部分。研究表明,外界输入的信息在感觉登记器中保持一个很短的时期,这一阶段的信息暂存称瞬时记忆或感觉储存。瞬时记忆系统只暂存信息,不对接收的信息作任何加工。暂存的信息只有一部分被保存下来,其他的信息则丧失了。保存下来的信息进入到短时记忆中去。短时记忆的最大特点是保持时间短和容量有限。一般情况下,成人的保持时间是 10~20 秒,容量是 $7±2$ 个组块。只有经过复述、精细加工和组织编码等,信息才能进入长时记忆进行储存。储存在长时记忆中的信息可以保持很长时间,提取这些信息时需要检索。一些心理学家认为之所以后来回忆不起来,是因为没有找到检索的线索。被检索的信息进入反应生成器。反应生成器组织反应序列,组织好的反应通过反应器进行反应,作用于环境。

学习模型的另两个系统是执行控制和预期系统。执行控制即已有的经验对现在学习过程的影响;预期即动机系统对学习过程的影响,整个学习过程都是在这两个结构的作用下进行的。

(二) 学习过程和教学阶段

加涅把复杂的学习过程概括为八个阶段,并指出每一阶段有它自己的内部过程和影响它的外部条件(表 3.3)。他认为,学习的内部状态(心理状态)不是自发的,是在教学环境影响下出现的。教师的指导应依据这些阶段的特点进行。

表 3.3 学习过程与教学各阶段及其相互联系的模式

学习、教学阶段	心理状态
①动机阶段:用引起兴趣的方法、教材,激发学生的动机	预期、期待
②了解阶段:提供刺激,突出刺激的特点	注意、选择性知觉
③获得阶段:通过讲授,运用认知策略,促进理解	编码、思考加工
④保持阶段:根据记忆规律指导学习、复习	储存、保持
⑤回忆阶段:采取有效方式进行检查	检索、补偿
⑥概括阶段:提供情境使新知识、技能以新方式迁移	迁移、推理
⑦作业阶段:布置各类习题和操作课题	操作、反应
⑧反馈阶段:对学习做出评价和评定	强化、预期的证实

(三) 学习的条件

1977 年,加涅根据学生学习结果的不同提出五种学习目标类型:言语信息、智力技能、认知策略、动作技能和态度,并指出学习目标不同,所需的内部条件和外部条件也不尽相同。

1. 内部条件

加涅认为,学习的内部条件一般存在于学习者自身,是学习者本身在学习前就具有的能力、经验或知识,也就是学习者先前习得的技能。

2. 外部条件

除了受内部条件的影响之外,学习还会受到外部条件的影响。加涅认为,与内部条件相比,外部条件是独立于学习者存在的,一般是指由于学习内容不同而构成的不同条件,如教学环境、教师教学时提供的信息、教学媒体及其他因素等。

(四)对加涅学习理论的评价

加涅学习理论的精华在于注意到了学习的内部条件和学习的层次,不仅考察了影响学习过程的各种条件,还提倡要根据学习的不同层次采取循序渐进的教学指导方式,为控制教学提供了一定的依据。此外,加涅提出的有关学习的结构模式和八个学习阶段的观点都对实际教学具有积极的意义和参考价值。他还强调已有认知结构在学习中的作用,对教学内容必须与学生的能力相适应提出了要求。同时,加涅将各个学派的思想观点相融合,以此解释学习的种类、过程和结果,反映了西方学习理论发展的一种趋势。

但是,加涅的学习理论较少考虑情绪、意志等因素对学习过程的影响,将能力仅仅归结于大量有组织的知识,忽视了思维和智力技能的作用,具有一定的片面性。

第四节 建构主义与人本主义学习理论

教育心理学理论从行为主义到认知心理学再到建构主义的这一贯穿20世纪的理论发展脉络,从总体上反映了心理学理论在20世纪的整个发展过程,即从科学心理学兴起初期的学派林立、各执一端的形势,发展到近代当代的逐渐克服片面极端性、相互吸收融合的趋势。本节主要介绍建构主义和人本主义的主要学习观点。

一、建构主义学习理论

(一)建构主义学习理论概述

建构主义(constructivism)在20世纪80年代兴起,在教育领域产生了深远的影响。建构主义不是一个学习理论,而是众多理论观点的统称,其思想来源颇杂,流派纷呈,被称为继"日心说、进化论、潜意识"之后对人类心理的第四次重大冲击。用乔纳生(Jonassen)的话说,建构主义是向客观主义(objectivism)更为对立的另一个方向的发展。

行为主义学习理论是以客观主义的哲学传统为基础的,即把知识和意义看成是存在于个体之外的东西,是完全由客观事物本身决定的,而学习就是要把外在的、客观的内容转移到学习者身上。认知派的信息加工论改变了行为主义不谈内部过程的做法,把研究的中心放在认知活动的信息流程上,它看到了人对信息的主动选择、编码和存储等。但是信息加工论假定,信息或知识是以某种先在的形式存在的,个体首先必须接受它们才能进行认知加工,那些更复杂的认知活动也才能得以进行。即便它看到了已有的知识在新知识获得中的作用,也基本不是把它看成是新旧经验间的反复的、双向的相互作用过程。所以,与行为主义一样,信息加工的学习理论基本上也是与客观主义传统相一致的。行为主义学习观和认知学习观都把学习看作学习者个体的活动,二者所不同的是行为观指向个体的外部(行为反应),认知观指向个体的内部(信息加工过程)。

建构主义学习观则将学习作为个体原有经验与社会环境互动的加工过程。在教育心理学中建构是指学习者通过新旧知识经验之间反复、双向的相互作用,形成和调整自己的经验结构的过程。建构主义是与客观主义相对立的,它强调,意义不是独立于我们而存在的,个体的知识是由人建构起来的,对事物的理解不是简单由事物本身决定的,人在以原有的知识经验为基础来建构自己对现实世界的解释和理解。不同的人由于原有经验的不同,对同一种事物会有不同的理解。学习是积极主动的意义建构和社会互动过程。教学并不是把知识经验从外部装到学生的头脑中,而是要引导学生从原有的经验出发,生长(建构)起新的经验,而这一认知建构过程常常是通过参与共同体的社会互动而完成的。

(二)个体建构主义和社会建构主义

建构主义是一种庞杂的社会科学理论体系,很多研究者都认为自己的理论是建构主义的理论,但他们之间却有很多分歧和不同。一般来说,心理学上的建构主义可区分为个体建构主义和社会建构主义。

个体建构主义所关注的是学习者个体是如何建构某种认知方面的(如知识理解、思维技能)或者情感方面的(如信念态度、自我概念)素质的,其基本观点是:学习是一个意义建构的过程。这种取向的建构主义主要是以皮亚杰的思想为基础发展起来的,与原来的认知学习理论(如布鲁纳、奥苏贝尔的理论)有很大的连续性。根据皮亚杰的思想,学习是学习者通过新、旧经验的相互作用,来形成、丰富和调整自己的认知结构的过程,新旧知识经验的双向相互作用表现为同化和顺应的统一:一方面,学习者需要将新知识与原有知识经验联系起来,从而获得新知识的意义,把它纳入已有的认知结构中;另一方面,原有的知识经验会因为新知识的纳入,而发生一定的调整和改组。

社会建构主义所关注的是学习和知识建构背后的社会文化机制,其基本观点是:学习是一个文化参与过程,学习者通过借助一定的文化支持参与某个共同体的实践活动来内化有关的知识。这种建构主义主要是在维果斯基的思想基础上发展起来的,同时也受到了当代科学哲学、社会学和人类学等的影响。知识不仅是在个体与物理环境的相互作用中建构的,社会文化互动更加重要,知识的建构过程常常需要通过学习共同体的合作互动来完成。学习者与其助学者(包括教师、专家、辅导者等)彼此之间经常在学习过程中进行沟通交流,分享各种学习资源,共同完成一定的学习任务,因而在成员之间形成了相互影响、相互促进的人际联系,形成了一定的规范和文化。

(三)当代建构主义的基本理论观点

1. 知识观

在知识观上,建构主义在一定程度上对知识的客观性和确定性提出了质疑,强调知识的动态性。建构主义者一般强调:

(1)知识并不是对客观现实的准确表征,它只是一种解释、假设,不是最终答案。这种解释处在不断的发展中,会随着人类的进步而不断地被"革命"掉,并随之出现新的假设。

(2)知识并不能精确地概括世界的法则,不是解释现实的模板,在具体问题中,我们并不能拿来就用,一用就灵,而是需要对具体情境进行再创造。

(3)知识不能以实体的形式储存于个体之外。

个体的知识是个体建构起来的,对事物的理解不仅取决于事物本身,它同时取决于个体原来的知识经验背景。不同的人原有经验不同,对同一种事物就会有不同的理解。尽管我们通过语言符号赋予了知识一定的外在形式,甚至这些命题还得到了较普遍的认可,但这并不意味着学习者会对这些命题有同样的理解,因为这些理解只能由个体学习者基于自己丰富的和独特的经验背景而建构起来的,这取决于特定情境下的学习历程。

2. 学生观

在学生观上,建构主义强调学生经验的丰富性和背景的差异性。学生不是空着脑袋走进教室的,在日常生活和以往的学习中,他们已经形成了丰富的经验。近年来,关于儿童早期认知发展的研究表明,即便年龄很小的孩子也已经形成了远比我们所想象的要丰富得多的知识经验。比如,一个3~4个月大的婴儿已经懂得一个东西需要支撑才不会下落;静止的东西被活动的东西碰撞时会改变位置。他们还能够发现有生命和无生命的东西的区别:有生命的东西可以自己移动,而无生命的东西不能自己移动,它们需要有外力才可以动,等等。一个婴儿尚且如此,当他慢慢成长,进幼儿园,上小学,升初中……他的头脑中会形成多么庞大的经验体系。

当有些问题他们没有接触过,没有现成的经验时,他们往往也可以基于相关的经验,依靠自己的推理判断能力,形成对问题的某种解释。而且这种解释并不都是胡乱猜测,而是从他们的经验背景出发推出了合乎逻辑的假设。所以教学不能无视学生的这些经验另起炉灶,像往瓶子里灌水一样从外界直接装进新知识,而是要把现有的知识经验作为新知识的生长点,引导学生从原有知识经验中"生长"出新的知识经验。

由于经验背景的差异,学生对问题的理解常常各异,他们可以在一个学习共同体之中相互沟通、相互合作,对问题形成更丰富的、多角度的理解。因此,学生经验世界的差异本身便是一种宝贵的学习资源。教师应该使学生学会尊重不同于自己的看法,看到不同看法所具有的特殊价值与长处,增进学习之间的合作,从而促进了学习的进行。

3. 学习观

在学习观上,建构主义体现出来三个密切相关的重要倾向:学习的主动建构性、社会互动性和情境性。

(1)主动建构性。

建构主义认为,学习是个体学习者基于自己的经验背景建构知识的过程,不是教师向学生传递知识的过程。因此,学生是主动的信息建构者,不是被动的刺激接受者。学习过程中的核心认知活动是高水平思维(higher-order thinking)。高水平思维是需要学习者付出较高的认知努力的思维活动,它需要学习者对知识进行分析、综合、评价和灵活运用,解决具有一定复杂性和不确定性的问题。解决问题的方法不循规蹈矩,解决问题的方案常常是多元化的,解决方案的标准常常也是多元的。学生要不断地思考,对各种信息和观念进行加工转换,基于新、旧知识进行综合和概括,解释有关的现象,形成新的假设和推论,并对自己的想法进行反思性的推敲和检验。学习者作为学习活动的主人,承担着学习的责任,需要对学习活动进行积极的自我管理和反思。

(2)社会互动性。

学习不是每个学生单独在头脑中进行的活动,学习者也并非是一个孤立的自然的研究者,而是一个社会的人。学习者的学习总是在一定的社会文化环境下进行的。传统观点往往忽视了学习活动的社会情境,或者至多是将它看作是一种背景,而非实际学习活动的一部分。建构主义强调,学习是通过某种社会文化的参与内化相关的知识和技能、掌握有关的工具的过程,这一过程常常需要通过一个学习共同体的合作互动来完成。所谓学习共同体(learning community),是由学习者及其助学者(包括教师、专家、辅导者等)共同构成的团体,他们彼此之间经常在学习过程中进行沟通交流,分享各种学习资源,共同完成一定的学习任务,因而在成员之间形成了相互影响、相互促进的人际联系,形成了一定的规范和文化。学习共同体的协商、互动和协作对于知识建构有重要的意义。

(3)情境性。

传统教学观念对学习基本持"去情境"的观点,认为概括化的知识是学习的核心内容,这些知识是从具体情境中抽象出来的,让学生脱离具体物理情境和社会实践情境进行学习,而所得的概括化知识可以自然地迁移到各种具体情境中。建构主义者提出了情境性认知(situated cognition)的观点,强调学习、知识和智慧的情境性,认为知识是不可能脱离活动情境而抽象存在的,学习应该与情境化的社会实践活动结合起来。并且,情境总是具体的、千变万化的,抽象概念和规则的学习无法灵活适应具体情境的变化。因而,建构主义者提出,知识是生存在具体的、情境性的、可感知的活动之中的。它不是一套独立于情境的知识符号,不可能脱离活动情景而抽象地存在。它只有通过实际情境中的应用活动才能真正被人所理解。个体的学习应该与情境化的社会实践活动联系在一起,如同手工作坊中的师傅带徒弟一样。

(四)建构主义提倡的主要教学设计

1. 随机通达(Random Access)教学设计

建构主义认为,知识结构不是加涅所指的直线结构或如布鲁纳、奥苏伯尔等人所提倡的层次结构(高度结构化的知识),而是围绕关键概念而建构起来的网络结构的知识(包括结构性知识和非结构性知识),包括事实、概念、策略、概括化的知识。建构主义还认为,学习可以分为低级学习和高级学习。低级学习属于结构良好领域,要求学生懂得概念、原理、技能等,所包含的原理是单一的,角度是一致的,此类学习也叫非情境化的或去情境化的学习。高级学习属于结构不良领域,每个任务都包含复杂的概念,各种原理与概念的相互作用很不一样,是非结构化的、情境性的学习。网络结构的知识是打通的,而认知主义的层次结构的知识是封闭的。所以在高级学习领域直线结构和层次结构是无能为力的。传统学习领域混淆了低级、高级学习的划分,把原理等作为学习的最终目的,而真正的学习目的应是要建构围绕关键概念组成的网络结构。

基于这样的思想,建构主义代表人物斯皮罗(Spiro)等人提出了认知灵活性理论(Cognitive Flexibility Theory)。该理论认为,学习者在学习过程中对信息意义的建构可以从不同角度入手,从而获得不同方面的理解。据此,他们提出了"随机通达教学"。所谓随机通达教学,是指学习者可以随意通过不同途径、不同方法进入同样教学内容的学习,从而获得对同一事物或同一问题的多方面的认识与理解。它认为,传统的教学设计只适合于低级学习,而对于高级学习是无能为力的。根据知识是由围绕关键概念的网络结构所组成的观点,这种教学设计主张,真正的学习可以从网络的任何部分随意进入或开始,而且这种进入可以是多次的;这种多次进入,不是像传统教学那样,只是为巩固一般的知识、技能而实施的简单重复,而是伴随新知识的建构;学习者每次进入都有不同的学习目的,每次的情境都是经过改组的,都有不同的问题侧重点;从不同的角度入手,分别着眼于同一问题的不同侧面,形成对同一概念的多维度理解,同时能够与具体情境联系起来,产生与丰富的背景经验相关的大量复杂图式。因此多次进入的结果,是使学习者获得对事物全貌的理解与认识上的飞跃。

2. 支架式(Scaffolding)教学设计

支架式教学的思想来源于维果斯基的"最近发展区"理论。支架的概念来源于建筑行业的"脚手架",当建筑工人建造大楼时,会在大楼四周建脚手架,为工人的工作提供支持,当大楼建造好后,脚手架就不大需要了,可以逐渐撤去。

在教学中,某个学生无法独立解决问题的情境里,教师最初要承担大部分的工作,在这之后,学习者和教师分担责任,当学生逐渐变得更有能力时,教师逐渐撤去支架,从而使学生得

77

以独立完成任务,其中的关键是保证支架一直在使学生处于其最近发展区之内。在学生能力有所发展的时候,这个支架要有所调整,使学生在最近发展区范围内学习有挑战性的内容。这样,学生可以沿着支架由最初的教师引导多一些逐步过渡到自己调控而一步步攀升,不断进行更高水平的认知活动,最终完成对所学知识的意义建构,同时其智力水平也得以不断提高。通过这种脚手架的支撑作用,不停地把学生从一个水平提升到另一个新的更高的水平,真正做到使教学走在发展的前面。

3. 抛锚式教学(Anchored Instruction)设计

抛锚式教学是实现情境性学习的一种手段。首先,这种教学应使学习在与现实情境相类似的情境中发生,以解决现实生活中遇到的问题为目标。学习的内容要选择真实性任务,不能对其做过于简单化的处理,使其远离现实的问题情境。由于具体问题往往都同时与多个概念理论相联系,所以,他们主张弱化学科界限,强调学科之间的交叉。其次,这种教学的过程与现实的问题解决过程相类似,所需要的工具往往隐含于情境之中,教师并不是将提前已经准备好的内容教给学生,而是在课堂上展示出与现实中专家解决问题相类似的探索过程,让学生能够完整地看到专家的思维过程,以对学生起到引导、示范的作用。最后,情境性教学不需要独立于教学过程的测验,而是采取融合式测验,在学习中对具体问题的解决过程本身就反映了学习的效果。

这种教学要求建立在有感染力的真实事件或真实问题的基础上,学习的内容要选择真实性的任务,确定这类真实任务或问题就像是"抛锚",因为一旦这类事件或问题被确定了,整个教学内容和教学进程就被确定了(就像轮船被锚固定一样)。

1990年,设在范德比尔特(Vanderbilt)大学的认知和技术小组提出,信息丰富的电视、光盘环境可以为解决复杂而又实际的问题提供一种支持性情境。例如他们制作名为"贾斯伯·伍德伯里问题解决系列"光盘。电视中出现一男孩名叫贾伯斯(Jasper),他面对各种需要解决数学问题的情境。如在一个场景中为了救助一只被困的老鹰,他必须计算,用超轻量级的飞机,飞到遥远的树丛地区需要耗多少油。这样的问题情境可以激发学生对知识的深层理解,并提高他们的探究能力。

4. 自上而下(Top-Down)教学设计

建构主义者批判传统的自下而上的教学设计,认为它是使教学过程过于简单化的根源,主张自上而下的教学设计模式,即首先呈现整体性的任务,同时提供用于更好地理解和解决问题的工具,让学生尝试进行问题的解决。在这个过程中,学生可以自己发现完成任务所需首先完成的子任务,以及完成各级任务所需的各级知识技能,在掌握这些知识技能的基础上,最终使问题得以解决。因为在教与学的活动中,知识是由围绕着关键概念的网络结构所组成的,因此不必要组成严格的直线型层级,学习可以从网络的任何部分进入或开始,教师既可以从要求学生解决一个实际问题开始教学,也可以从一个规则入手等。当然在实际操作中这些都必须适应一定的教学目的,根据具体的教学目的和条件而确定。

(五)对建构主义的评价

建构主义学习理论主张个体是根据自己的经验建构知识的;强调学习与教学的中心是学生;学生是知识意义的主动建构者和主体,教师只是促进者;并提出了知识结构的网络模式。这些见解都丰富和深化了学习理论的研究。此外,建构主义还提出了随机通达教学、自上而下教学、抛锚式教学、支架式教学等富有创见的教学设计模式。这些都对教育实践有重要的启示。总的来看,建构主义理论对于进一步推动学习理论的发展有重要的意义,对于指导教育实践也具有积极的作用。

然而,建构主义学习与教学理论过于强调了知识的相对性,否认知识的客观性;过于强调学生学习过程即个体知识再生产过程的信息加工活动的个别性,而否认其本质上的共同性;过于强调学生学习知识的情境性、非结构性,完全否认知识的逻辑性与系统性,这显然又走向了另一个极端。

二、人本主义学习理论

20世纪中叶,有一些心理学家感到,现有的心理学(主要是指行为主义心理学)没有恰当地探讨人类的思维能力、情感体验和主宰自己命运等问题。这种心理学往往过于关注"严格"的研究方法,以致忽视了人之所以成为人的实质性的东西,因此把对白鼠、鸽子、猫和猴子的研究结果应用于人类学习。这些心理学家主张像精神分析学家那样采用个案研究方法,而不是用实验步骤来揭示人的本质。但他们批评精神分析学家只关注有精神障碍的人,而不去研究心理健康的人。到了20世纪60年代,这些心理学家的观点已形成一种学派,并构成了一场对传统心理学挑战的运动,这就是所谓的人本主义心理学。

人本主义心理学家认为,心理学应该探讨的是完整的人(the whole person),而不是把人的各个从属方面(如行为表现、认知过程、情绪障碍)割裂开来加以分析。由于人本主义主要是在对新行为主义和精神分析学派的批判中形成和发展的,所以常常被人称为第三势力心理学。

人本主义心理学,最初并不是从对学习和学习过程的研究中形成的,而是从一些从事心理学应用的工作者——临床心理学家、社会工作者和心理咨询工作者——的研究中产生的。由于大多数人本主义心理学家并不是以研究学习为己任,因而并没有提出一种系统的学习理论。相比之下,罗杰斯(Carl R. Rogers)对学习的论述较多,他的《自由学习》一书一版再版,专门探讨学习的问题。而且他也参与了与其他学习理论的论战。因此,本部分主要以罗杰斯对学习的论述为探讨对象。

(一)教学目标观——知情统一

人本主义心理学家认为,人的潜能是自我实现的,教学的最终目的和结果就是使学生成为一个完善的人,一个充分起作用的人,也就是使学生整体人格得到发展。罗杰斯指出,"多年来我们所受的教育只是强调认知,摒弃与学习活动性联系的任何情感。我们否认了自身最重要的部分",是一种知、情严重分离的教育。罗杰斯认为,情感和认知是人类精神世界中不可分割的有机组成部分,彼此是融为一体的。因此,罗杰斯的教育理想就是要培养"躯体、心智、情感、精神、心力融为一体"的人,也就是用情感的方式也用认知的方式行事的情知合一的人,即"全人"。

鉴于对世界迅速变化这一客观事实的认识,他们进一步指出,"只有学会如何学习和适应变化的人,只有意识到没有任何可靠的知识,唯有寻求知识的过程才可靠的人",才能适应社会的激烈变化而生存下来,并能充分实现自我。所以,一个具有极高适应变化的能力,具有内在自由特性的人是当今学习的最终和唯一合理的结果。

(二)学习观——有意义学习

1. 学习的类型

罗杰斯认为,根据学习对学习者的个人意义,可以把学习分为无意义学习和有意义学习两类。

无意义学习,是指学习没有个人意义的材料,不涉及情感或个人意义,仅涉及经验积累与知识增长。这是一种认知学习,只涉及心智(mind),是一种"颈部以上(from the neck up)"发生的学习,与完整的人(知情合一)无关。在罗杰斯看来,学生在课堂里学习的很多内容对于学生来说都是具有这种无意义的性质,如无意义音节的学习,它们是没有生气、枯燥乏味、无关紧要、很快就会忘记的东西。它们一方面不容易学,另一方面又很容易忘记。

有意义学习,是指一种涉及学习者成为完整的人,是个体的行为、态度、个性以及在未来选择行动方针时发生重大变化的学习,是一种与学习者各种经验融合在一起的、使个体全身心的投入其中的学习。如当一个刚学步的小孩的手碰到取暖器时,他就学会了"烫"这个词的意义,他也学会了以后对所有类似的取暖器要小心,而且一般不易遗忘。这不同于学校教学中对"烫"这个词的只涉及理智的学习,这里的学习不仅是对"烫"这个词的意义的理解,还包括体验和对今后生活的意义,是一种全身心投入的学习。

罗杰斯的有意义学习和奥苏伯尔的有意义学习的内涵是不同的。前者关注的是学习内容与个人之间的关系,而后者是强调新旧知识之间的联系。按照罗杰斯的观点,奥苏伯尔的有意义学习只是一种"颈部以上发生的学习"。

罗杰斯批判传统的学校教育把儿童的身心劈开来了:儿童的心(mind)到了学校,躯体和四肢也跟着进来了,但他们的感情和情绪只有在校外才能得到自由表达。在他看来,我们不仅完全可以使整个儿童(情感和认知)都进入学校,还可以借此促进学习。

罗杰斯认为,有意义学习主要包括四个要素:第一,学习具有个人参与的性质,即整个人(包括情感和认知)都投入学习活动;第二,学习是自我发起的,即便在推动力或刺激来自外界时,但要求发现、获得、掌握和领会的感觉是来自内部的;第三,学习是渗透性的,也就是说,它会使学生的行为、态度,乃至个性都会发生变化;第四,学习是由学生自我评价的,因为学生最清楚这种学习是否满足自己的需要,是否有助于导致他想要知道的东西,是否明了自己原来不甚清楚的某些方面。

2. 学习的过程和实质

罗杰斯认为,人本来就有学习的自然潜能,教师必须利用学习先天的内驱力,进行意义学习,而不应该逼迫学生去学习那些对他们缺少意义的学习材料。在教学过程中,教师应尊重学生的个人经验,帮助学生理解教学内容对个人的意义,那么他们就会"愿意学习,想得到发展,寻求发现,希望独立,要求创造"。

人本主义学习理论认为,学习的过程就是学生在一定的条件下,自我挖掘其潜能,自我实现的过程。而这一过程又必然地与"自我"的形成与发展息息相关。据此罗杰斯认为,学习是一种经验学习,它以学生经验的生长为中心,以学生的自发性与主动性为学习动力。

3. 有意义学习的条件

人本主义心理学家提出了促进有意义学习的基本条件。

(1)强调以学生为中心,突出学习者在教学过程中的中心地位。

人类具有学习的自然倾向或学习的内在潜能,只要有适当的条件,这种潜能就能够释放出来。所以,在教学过程中教师不是权威,而是学习过程的促进者,是学习条件的提供者。要让学生自己选择学习方向,参与发现自己的学习资源,阐述自己的问题,决定自己的行为路线,自己承担选择的后果,自我评价学习效果等,这样学生就能自由地学习,最大程度上促进学生的有意义学习,使学生在学习中感到自信,独立性、创造性和自主性就会得到发展。

(2)让学生觉察到学习内容与自我的关系。

在罗杰斯看来,一个人只会有意义地学习他认为与保持或增强自我有关的事情。如果学习者是被有意义的和有关的材料所激励,那么他所能获得的学习速度要比一般人快3~5倍。

(3)让学生身处一个和谐、融洽、被人关爱和理解的氛围。

这种气氛由师生之间逐步扩大到学生之间。在这种促进学生成长的气氛中,不仅学习更深入有效,而且会影响学生的生活。罗杰斯认为,处在这样一种氛围中学习,学习过程对学习者自我的威胁会降低到最低程度,学生会利用各种条件进行学习,以便增强和实现自我。然而,如果在学习中受到羞辱、嘲笑、辱骂、蔑视或轻视等,则严重威胁到学生的自我,威胁到学生对自我的看法,会严重干扰学习。

(4)强调要注重从做中学。

在罗杰斯看来,促进学习的最有效的方式之一,是让学生直接体验到面临实际问题、社会问题、伦理和哲学问题、个人问题和研究的问题等。这可以通过设计各种场景,让学生扮演各种角色,以便让学生对各种角色有切身的体会。这样的做法是极为有效的,因为学生现在是在处理他们正在体验到的问题,这样就会促使学生全身心地投入学习活动。

(三)教学观——学生中心

在罗杰斯看来,教师的任务不是教学生学知识(这是行为主义所强调的),也不是教学生怎样学(这是认知学派所关注的),而是要为学生提供学习的手段和条件,促进个体自由的成长。因此,罗杰斯提出废除传统意义上的教师角色,以促进者取而代之。

人本主义心理学家认为,教师最富有意义的角色不是权威,而是"助产士"与"催化剂",教师应由衷地相信学生有潜在的能力,注重发挥学生的潜力,强调教育中建立师生密切关系,强调将学生视为教育的中心,学校为学生而设,教师为学生而教。罗杰斯认为,学生们各有求知向上的潜在能力,只需创设一个良好的学习环境,他们就会学到所需的一切。因此,他将其非指导咨询理论中的三个条件引进教育领域:

(1)真诚一致(congruence),即在师生关系中,教师应该是一个表里如一、真诚、完整而真实的人。

(2)无条件积极关注(unconditional positive regard),即对一个人表示看重、认可、欣赏其价值,而这种感受并不以对方的某个特点、某个品质或者整体的价值为取舍、为依据。

(3)同理心(empathy),即设身处地,感同身受。

罗杰斯认为,积极的人际关系可以促进个人成长,而教师的角色就是辅导者,只要师生关系良好、观念共享、坦诚沟通,学生就会对自己的学习负责。罗杰斯还认为,教育是具有整合目的的、不断充实的、具有生活意义的成长历程。

(四)对人本主义的评价

总的看来,罗杰斯等人本主义心理学家从他们的自然人性论、自我实现论及其"患者中心"出发,在教育实际中倡导以学生经验为中心的"有意义的自由学习",对传统的教育理论造成了冲击,推动了教育改革运动的发展。这种冲击和促进主要表现在:突出情感在教学活动中的地位和作用,形成了一种以知情协调活动为主线、以情感作为教学活动的基本动力的新的教学模式;以学生的"自我"完善为核心,强调人际关系在教学过程中的重要性,认为课程内容、教学方法、教学手段等都维系于课堂人际关系的形成和发展;把教学活动的重心从教师引向学生,把学生的思想、情感、体验和行为看作是教学的主体,从而促进了个别化教学运动的发展。人本主义的观点和主张从理论上说无疑是方向正确的,值得我们思考和借鉴,但是,在教育实践中实施起来也是相当不容易,即使在人本主义思潮处于鼎盛时期,他们自身的教学主张,如"开放课堂"等也没有得到真正实现。

【思考题】

1. 什么是学习?通常对学习的分类有哪几种?
2. 如何评价桑代克的试误学习理论?
3. 经典性条件作用和操作条件作用的区别有哪些?
4. 班杜拉观察学习理论的主要观点是什么?
5. 布鲁纳的学习理论及结构教学观的主要内容是什么?
6. 奥苏伯尔有意义学习理论的主要内容是什么?
7. 比较发现学习、接受学习以及和有意义学习之间的关系。
8. 建构主义学习理论的主要观点有哪些?
9. 比较建构主义教学理论与传统教学观的主要差异及其对现代课程改革的影响。
10. 人本主义学习理论的主要观点是什么?

第二编　学生的学习

第四章
Chapter 4

知识的学习

知识的积累和创新推动了人类历史的进步和发展,知识的学习与教学历来是教育心理学研究的一个中心问题,也是学校智育的核心内容之一。本章主要介绍传统知识学习与教学观点及现代认知心理学对知识学习的观点,以便教师更有效地帮助学生掌握知识。

第一节 知识学习概述

一、知识与知识分类

(一)知识的含义

知识历来是哲学认识论的研究对象,被认为是人们在改造世界的实践中所获得的认识和经验的总和。① 从心理学的观点看,知识是一种内部状态。20世纪50年代,行为主义心理学占统治地位,由于行为主义只关心有机体的行为变化,拒绝研究知识,认为研究知识是哲学家的专利,因此对知识的认识仅停留于哲学层面。80年代以后,现代心理学受信息论、计算机等学科的影响,对知识有了全新的认识。

当代著名的认知心理学家皮亚杰认为,知识是主体与环境或思维与客体相互交换而导致的知觉建构,知识不是客体的副本,也不是由主体决定的先验意识。根据皮亚杰的思想和当代信息加工心理学的观点,我们把知识定义为主体与其环境相互作用而获得的信息及其组织,它可以以概念、命题、表象、图式等形式储存于个体头脑内部,即为个体的知识,也可以以

---

① 中国社会科学院语言研究所词典编辑室.现代汉语词典[M].北京:商务印书馆,2005:1746.

语言文字、音像制品等媒体形式储存于个体之外,即为人类的知识。这是人们对知识的广义的理解。

狭义的知识,也就是我们传统理解中的知识,一般仅指能储存在语言文字符号或言语活动中的信息或意义,如各门学科的事实、概念、公式、定理等。

(二)知识的分类

不同研究者从知识学习的角度对知识所做的分类各不相同,根据不同的维度做出了不同的分类。

1. 传统知识的分类

由于对知识的概念有不同的理解,人们对知识的分类角度也不同。

在学校教育中,一般把知识分为语文知识、数学知识等学科知识。心理学主要从知识学习过程的心理实质或特点等角度对知识进行分类。奥苏伯尔将知识分为表征、概念、命题、问题解决和创造五类。加涅将知识分为连锁、具体概念、抽象概念、规则及高级规则六类。这些心理学家力图根据知识获得过程的性质对知识进行分类,使知识的类型能反映出学习的不同心理过程。但他们对知识获得的信息加工过程缺乏深入研究,因此对知识类型的划分还带有较多的思辨色彩。

2. 现代认知心理学的知识分类

(1)安德森的分类。

随着信息加工心理学的崛起,知识成了信息加工心理学的一个中心概念。当代著名认知心理学家安德森(J. R. Anderson)从信息加工的观点出发,把广义的知识分为两大类:一类为陈述性知识(declarative knowledge),另一类为程序性知识(procedural knowledge)。

陈述性知识也叫描述性知识,是关于事物及其关系的知识,或者说是关于"是什么"的知识,包括事实、规则、事件、态度等。陈述性知识是一种相对静态的知识。这类知识大致与我们传统上讲的知识概念(即狭义的知识)相当。

程序性知识,即操作性知识,是关于完成某项任务的行为或操作步骤的知识,是关于"怎么做"的知识,实际上就是传统意义上的技能。

(2)梅耶的分类。

在加涅和安德森的基础上,另一位认知心理学家梅耶(R. E. Mayer)则提出,鉴于认知策略是关于人类元认知的特殊的智慧技能,应该将知识分为三类:

①言语知识,相当于安德森所言的陈述性知识。

②程序性知识,包括智慧技能和动作技能等一般性的程序性知识。

③策略性知识(strategic knowledge),是关于如何学习和如何思维的知识,即个体关于运

用陈述性或程序性知识去学习、记忆、解决问题的一般方法和技巧,如知道如何写好作文。

从本质上看,策略性知识也是一种程序性知识,但和一般的程序性知识有所不同。一般的程序性知识是完成某种具体任务的操作步骤,而策略性知识是用来调控学习和认识活动本身的,其目标是更有效地获取新知识和运用已有知识来解决问题。只有在策略性知识的指导下,陈述性知识和一般的程序性知识才能被有效地加以应用。

二、影响知识学习的因素

知识学习的过程是一个系统的过程,教师不仅要考虑到学习者方面的内部因素的影响,例如学生的先前经验和动机等,还要考虑到学习材料和教师指导等外部环境的影响,这两方面多个因素的共同作用,影响着学习者对新知识的建构。

（一）内部因素

1. 先前知识

在学习知识的过程中,个人接受的速度和程度都不同,除去智力的因素之外,主要是因为学生本身具备的先前知识经验不同。学生的先前知识经验和年龄、思维发展阶段、经历相关,年龄越大,经历越广,先前知识经验越丰富,相应地在建构知识的过程中,越能把新知识与旧知识联系起来。

2. 认知结构

现代认知心理学者普遍认为,学生已有的认知结构是影响学生学习的重要因素。在学习中,这种由知识经验组成的心理结构的质量,如知识经验的准确性、知识经验间联系的丰富性和组织性等都影响学生在学习新知识、解决新问题时提取已有知识经验的速度和准确性。

3. 学习动机和态度

如果学习知识时能认识到所学知识的重要性,学生就更可能积极投入当前的学习。学生对学校及学习的态度影响其自身的投入程度,从而影响知识学习的效果。

4. 学习定势

学习定势是一种由先前学习引起的,对以后的学习活动能产生特殊影响的心理准备状态。学生已有的生活经验、知识结构、思维方式,以及需要、愿望、态度等都能构成其学习的心理准备状态,对学习发生定势作用,从而使学习活动有一定的方向性。定势既可以成为积极学习的心理背景,提高知识学习的效率,也可能会使学生处于消极的心理准备状态,降低学习的积极性,阻碍学生的知识学习。所以,需要具体问题具体分析。

（二）外部因素

1. 学习材料的内容与形式

学习材料内容的安排以及表达形式都会影响到学习者对知识的理解。选择合适的内容，适当的复习都是激发学生先前经验的重要手段。一般来说，直观呈现内容为抽象内容提供了具体信息的支持，更容易被学生接受。但也要注意不能为直观而直观，那些包含了正确的原理原则、有一定概括性的知识有利于学习者在学习新知识或解决新问题时的积极迁移。

2. 教师指导

教师在教学时有意识地引导学生发现不同知识之间的关系，启发学生概括总结，指导学生监控自己的学习或教会学生如何学习，对知识学习和迁移都会产生良好的影响。

3. 学习情境

学习的情境如学习时的场所、环境的布置、教学或测验人员等的相似，都能成为学生学习、迁移时的线索，提高学习和迁移的质量。

三、知识学习的标准

知识学习是个体获得知识的一种专门活动，要求学习者能将储存在语言文字符号等载体中的知识转化为个人的精神财富。个体解决问题能力的高低取决于个人所获得的有关知识的多少及其性质和组织结构。学生对知识的学习只有实现概念化、条理化、结构化、自动化和策略化之后才能真正促进问题的解决。[①]

（一）概念化

所谓概念化，是指学生在学习时能将媒体传递的信息在头脑中真正建立起科学的概念，即能够真正揭示概念的内涵。促进概念化的根本措施是训练学生在学习时将新学的内容与头脑中已经存在的有关经验建立起内在的科学的联系。

（二）条件化

所谓条件化，是指不仅学会所学的知识，而且知道所学知识在什么情况下有用。现代学者认为，当人面临问题时，能否及时在大脑中搜索、提取和应用与任务有关的知识，既是衡量智力发展水平的重要标志，也是检验知识掌握程度的重要指标。

---

① 张庆林,杨东.高效率教学[M].北京:人民教育出版社,2002:20－29.

（三）结构化

所谓结构化，是指将逐渐积累起来的知识加以归纳和整理，使之条理化、纲领化，做到纲举目张。所谓知识的掌握就是通过一系列心智活动在头脑中建立起相应的认知结构的过程。知识是逐渐积累的，不应该是堆积的。学生头脑中的知识的组织性、系统性、层次性对知识学习具有重要作用，因为知识以一种层次网络结构的方式进行储存时，可以大大提高知识应用时的检索效率。

（四）自动化

所谓自动化，是指对最基本的知识达到熟练掌握的程度，能够在运用该知识时不假思索，脱口而出，达到自动化程度。大量研究发现，如果某类或某方面知识的各部分经过练习而紧密地联系在一起，并达到自动化的程度时，那么这类知识就会以知识组块的形式储存在头脑中，运用时在个体工作记忆中所占据的空间较少，从而节省出更多的空间用于考虑问题的其他方面。

（五）策略化

所谓策略化，是指学习者在学习学科知识时，必须运用关于学习策略和思维策略的有关知识指导自己高效地学习。有的学生通常具备解决问题的知识和具体方法，却不能有效地加以运用，主要在于缺乏分析问题和解决问题的一般思维策略。国内外大量研究表明，对这样的学生进行分析问题、解决问题的思维策略训练，能在短时间内使这些学生解决问题的成功率显著提高。

第二节 传统观点的知识学习

一、概念学习

（一）概念的含义及种类

1. 概念的含义

概念这个术语在不同的学科有不同的含义。在心理学中，概念是指"符号所代表的具有共同关键特征的一类事物或性质"。如"三角形"这一概念，就是对任何具体的三角形所具有的共同的关键特征的抽象与概括。概念是观念的、抽象的，在现实世界中并不存在，但存在于个别的事例之中。

2. 概念的种类

人们从不同的角度,对概念进行了不同的分类,大致有以下几种:

(1)日常概念和科学概念。

维果斯基根据概念定义的严格程度,把概念分为日常概念和科学概念。日常概念又叫前科学概念,它是没有经过专门的教学,在日常生活中通过辨别学习,积累经验而掌握的概念。这种概念可能具有一定的局限性和片面性,如认为"鸟"是会飞的,所以鸡不是鸟。科学概念是在教学过程中通过揭示概念的内涵而形成的概念。

(2)初级概念和二级概念。

奥苏伯尔根据概念的抽象程度,把概念分为初级概念和二级概念。通过直接的具体经验获得对同类事物的定义特征,这种抽象称为一级抽象,或称之为初级概念,如通过观察正反的例子得出:"垂直"即两条直线相交为90度。二级概念是直接用定义的形式获得的概念,如等腰三角形是有两个边相等的三角形。

(3)具体概念和定义概念。

加涅根据概念获得的方式,把概念分为具体概念和定义概念。具体概念是指可以通过观察直接获得的概念,它能够用具体事物来表示,如上下等。而定义概念是指只能通过对概念下定义而获得的概念。定义概念涉及几个概念之间的关系,它比具体概念更抽象,更难掌握,如物理学中的概念。

(二)概念的结构

概念的结构主要包括概念名称、概念定义、概念属性和概念例证等几个方面。

1. 概念名称

概念名称指人们用某个符号或词汇来代表某些具有共同属性的事物。如"三角形"一词代表了各种各样的三角形,它是这一类别范畴的概念名称。一个词可以作为不同的概念名称,而不同的词也可以代表同一概念。

2. 概念定义

概念定义是指对同类事物共同的本质特性的概括。在概念定义的描述中,要明确界定该概念的范畴与特征。当然,并不是所有概念都有明确的定义,特别是在心理学中,许多概念难以下定义,对于这些概念的界定只能借助于具体的情境。

3. 概念属性

概念属性是指概念的具体例子所具有的共同属性,即通常所指的概念的内涵。正是由于这些属性,人们才能区分各种不同的概念。一些概念可能还有别的属性,但如果是非本质属性,则与概念的界定无关。

4. 概念例证

概念例证是指概念所包括的一些具体例子。凡符合某个概念的定义特征的例子无论其他特征如何,都属于该概念的实例。

(三)概念的获得

概念的获得是指学生获得和理解一类事物共同的关键特征或定义特征的心理过程。儿童获得概念有两种基本形式,即概念的形成和概念的同化。

1. 概念的形成

概念的形成是指学习者从大量的同类事物的具体例证中,通过归纳的方式抽取出一类事物的共同属性,从而获得初级概念的过程。这是幼儿获得概念的典型方式,但不是成人获得概念的典型方式。如幼儿对"叔叔"这一概念,不可能通过下定义的方式获得。因为他们的知识经验具体而贫乏,还不能理解"叔叔是爸爸的弟弟",或"叔叔是指比父亲年龄小的同辈男人"的真正含义,只能在生活中,成人不断要求幼儿向这类人称呼"叔叔",而不能向其他人称呼叔叔,从而使幼儿获得"叔叔"的初级概念。

2. 概念的同化

学生在教学条件下学习概念,完全不同于日常生活中获得概念和人工概念的学习,他们要接受系统的教学。因此,学生学习概念的主要形式是概念的同化。所谓概念的同化,就是利用学习者认知结构中原有的概念,以定义的方式直接向学习者提示概念的关键特征,从而使学习者获得概念的方式。例如,学生学习"直角三角形"这一概念,教师直接告诉学生直角三角形的定义:"直角三角形是有一角为90度的三角形。"学生首先接受新概念(直角三角形),并与自己认知结构中原有的知识(三角形)联系起来,把新概念纳入原有概念(三角形)中;其次,他们必须精确分化新概念和原有的有关概念(如锐角三角形)的区别与联系;最后,他们还需要使新旧知识相互融合,形成一个整体结构,以便于记忆和运用。由此可见,在以下定义的方式进行的概念的同化中,学生必须积极地进行认知活动,而不是被动地接受知识。

(四)概念的教学

根据概念学习中的概念形成和同化两种基本形式,在概念教学中可相应采用两种方法,一种是归纳法,即在教新概念时给学生呈现概念的正例和反例,根据正例和反例,要求学生总结概念的关键特征或定义特征,最后归纳出这个新概念的定义。如"果实"这个概念,可以先呈现正例苹果、橘子、梨等,然后呈现反例萝卜、马铃薯等;将正反例进行比较,让学生认识到果实是有种子的那个部分,并可以进行繁殖,最后归纳出定义"果实是植物能进行繁殖的那个部分"。另一种方法是演绎法,即学习新概念时,先把定义教给学生,然后分析该定义的主要特征,举出正例和反例,根据正例和反例再陈述和讨论定义,使学生掌握定义的基本含义和概念的关键性特征。

为了更有效地进行概念教学,在教学上要注意以下几点:

1. 以准确的语言明确揭示概念的本质特征

教师在概念教学中,应以准确的语言把概念的本质特征明确地揭示出来。一方面要指出新概念所隶属的更一般的类别;另一方面要指出新概念的定义特征。如等边三角形是一个平面的简单的封闭图形(一般)及三个相等的边和角(定义特征)。

2. 突出有关特征,控制好无关特征的数量和强度

大量的实验研究和教学经验证明,概念的关键特征越明显,就越容易学习;概念的无关特征越多,越明显,学习就越困难。因此,在概念教学中,教师要设法突出概念的关键特征,将其放在引人注目的位置,消除无关特征的干扰。如学习"鸟"这个概念,主要突出有喙而不是会飞,喙是关键特征,而"会飞"是无关特征。有些鸟不会飞,如鸵鸟,但它有喙,因此属于鸟。教师在教学开始时,必须注意强调有关特征,弱化无关特征,以使学生顺利把握概念的实质,然后逐渐增加无关特征,指导学生对无关特征和有关特征进行辨别和区分,使其获得的概念更加准确。

3. 注意采用变式和比较

变式是指概念的正例在无关特征方面的变化。凡是概念的正例都具有该概念的关键特征,而其无关特征可能各不相同。提供变式,使学生牢固掌握概念的关键特征,舍弃无关特征,使获得的概念更精确、稳定和易于迁移。变式是从材料上促进学生理解概念,而比较则是从方法上促进理解,让学生确定哪些是所有正例的共有的关键特征,哪些是个别正例所特有的变化着的不同的无关特征。通过比较,使学生更加清晰地理解概念的关键特征和无关特征。

4. 正确运用正例和反例

在概念教学中,为了帮助学生更好地理解概念,教师要同时呈现正例和反例。呈现正例,有利于概括出共同的规律或特征,使学生认清概念的关键特征。列举若干反例,有利于辨别,加深对概念的本质特征的认识,消除无关特征的干扰。如当学生知道蝙蝠不是鸟时,他会更清晰地明白"会飞"是鸟的无关特征。

邓尼森等人(Tennyson & Park,1980)指出,在运用例子说明概念时,可以采用以下三条原理:①按由易到难的顺序呈现例子;②选择彼此各不相同的例子;③比较正例和反例。如教"液体"这一概念,可以由易到难举例,先举水、果汁,然后举黄油、香波。黄油、香波在无关特征上彼此各不相同,黄油较黏稠、不透明,香波则不能吃。这样以防外延缩小。然后举出几个反例,如沙子、稀泥,虽然它们也能倾泻,但不是液体。这样以防外延扩大。

5. 形成概念网络

概念是相互联系的、具有层次结构的网络系统。概念教学的目标是让学生正确掌握所学概念的本质,并将所学概念和认知结构中已有概念联系起来,形成一个相互联系的概念网络。利用学生已有概念组成一个"概念地图",来表示概念与概念之间的关系。概念网络可以由教师事先画好呈现给学生,也可以由教师用语言引导学生自己形成相应的想象。最好是让学生掌握概念网络的构成方法,形成能自主支配的独立知识体系。

6. 在实践中运用概念

概念学习的根本目的是能够在实践中运用概念,同时运用概念也是使概念具体化的过程。通过概念的运用,学生学习的概念会进一步丰富和深化,从而使学生对概念的理解更加全面而深刻。学生运用概念多采取做练习、阅读、写作和解决问题等活动,在这些活动中,教师要尽量启发学生,让学生积极主动地、独立地进行,促进学生更牢固地掌握概念。

二、原理学习

原理学习又称规则学习,是建立在概念学习之上的,它与概念学习有许多相同之处,但是,作为比概念学习更高层次的原理学习,它有着自己的特点和规律。

(一)原理学习的性质

原理是指对两个或两个以上概念之间某种关系的表述,也就是对概念之间关系的言语的说明。因此,概念学习是原理学习的基础,它说明的是概念之间的关系,而且这种关系是相当持久不变的。如"风是由空气流动而形成的",说明了"空气""流动"与"风"等概念之间的关系。这就是一个原理。

原理学习实质上是学习若干概念之间的关系,或者说,学习由几个概念联系所构成的复合意义。学生通过原理学习,掌握了概念间的关系,根据这样一种关系就可以解决同类的问题。如学生掌握了距离和速度、时间的关系,就可以根据这样一种关系或规则去解决或运算有关的路程问题。

原理学习在学校教学中占有很重要的地位,对学生的学习有重要的作用。原理学习能使学生通过纷繁复杂的事物和现象,了解事物之间的关系和联系,找出事物内在的联系和规律,不至于被事物表面现象所迷惑。同时,通过原理学习可以使知识系统化、概括化和简化。当学生真正掌握了原理后,就可以用来指导自己的行为并能够解决新遇到的问题。同时,一些原理的学习可以为其他原理或更复杂的原理的学习打下基础,使复杂原理的学习变得容易。

(二)影响原理学习的因素

原理学习是比较复杂的学习活动,它要受到学习者内部因素和外部因素的影响。具体来说,原理学习主要依赖于以下条件。

1. 学习者的内部条件

(1)对原理所涉及概念的学习和理解。

原理是对概念之间关系的揭示,因此,在学习原理时,学习者掌握和原理有关的概念,是学习原理的前提条件。如果与原理有关的概念掌握不清晰或不牢固,就会影响到原理的学习。如关于柱体体积的原理"底面积与高的乘积"。在这样一个原理学习过程中,学生首先必须真正理解底面积、高、乘积这三个概念,只有知道面积、高、乘积的含义,才可以理解这三者之间的关系,才可能掌握这一原理。概念的学习是掌握原理的基础。因此,在教学中强调基础概念、基础知识的训练和掌握是非常重要的。

(2)学习者的认知发展水平。

由于原理的学习涉及对概念之间关系和联系的认识,因此需要学习者具有一定的认识水平。原理学习要根据学生的认识水平来考虑原理的抽象程度和深度。一般来说,年龄越低,所能掌握的事物联系越简单低级,所能掌握的原理也就比较简单。越是抽象的原理,要求高度概括水平的概念和原理,对低年级学生学习的限制越大。只有到小学高年级以至中学阶段才能真正学习和运用许多抽象的原理。因此,在教学中一定要根据学生的认识发展水平,考虑原理学习的内容和教学方法,帮助学生真正获得和理解原理。

(3)学习者的言语能力。

由于原理的学习涉及对概念之间关系的言语表述,因此言语能力对于掌握原理也有重要影响。如果学生不能正确地用言语表述原理,就会影响到对这一原理的正确理解。这在数学原理学习中显得尤其重要。因此,在教学中教师要注意在学习原理的过程中,应培养学生用言语表述原理的能力,不仅要求学生理解和掌握原理,还必须要求学生能用精确的言语进行表述。

(4)学习者的学习动机。

学习者在原理学习中有强烈的学习动机也是重要的内部条件。当学生认识到原理的理解与掌握对于学好本学科和其他学科的重要意义,具有强烈的学习动机时,就会提高学习的积极性,力求克服学习中的各种障碍,从而利于原理的学习。因此,教学中教师要注意向学生阐明原理的意义,运用合理有效的教学方法,调动学生学习的兴趣。

2. 原理学习的外部条件

原理学习的外部条件主要体现在言语指令中,教师的指导语对学生掌握和理解原理有着重要的作用。原理学习是以言语描述为开端的。如"什么是圆柱体""怎样能得到圆柱体的体积呢""什么叫底面积""什么叫高"等。教师通过这样的语言启发学生头脑中已经获得的概念,并使学生带着这些问题,进一步思考这些概念之间的关系,达到掌握原理的目的。指导语可以唤起学生对某一原理的一组关系概念的回忆,如"长方体由哪几个边组成""正方体的几个边是相等的吗",这样学生就能较好地掌握长方体的体积是长、宽、高的乘积,而正方体是棱长的立方。言语指导还可以提供线索帮助学生理解和掌握整个原理。如"两条直线相交形成一个角"这个原理,我们可以用这样的言语线索来说明,帮助学生理解原理:"这里有两条直线,它们相交,有一个角。"这样的言语线索虽不像定义言语那样确切,但它可以帮助学生理解这一原理的实质,更加生动、形象,而且贴近学生的生活。用言语要求学生演示或证明原理,也是言语指导的重要方面。学生只有通过演示或证明原理才可能真正理解和掌握原理的实质,也才可能运用原理,所以教师要经常用言语要求学生演示或证明原理。

(三)原理教学的措施

在原理教学中,除了要考虑影响原理学习的因素外,教师还应采取以下措施以促进学生的原理学习。

1. 了解学生对概念的理解和掌握水平

原理学习是在概念学习的基础上进行的,学生对有关概念的理解和掌握水平直接影响着原理学习的效果。因此,在原理教学中,教师首先要了解学生对原理所涉及的各种概念的理解和掌握的水平。如果学生对相关概念的学习存在着不扎实,甚至错误的情况,会直接影响他们对抽象原理意义的掌握。因此,在教学中教师要引导学生对相关概念进行正确的认知,防止在建构意义的过程中因为提取了不正确的信息而影响自己对所学原理的理解。

2. 根据学生认知发展水平组织教学

学生认知发展水平主要表现为学生思维发展的水平。由于学生思维发展水平不同,对原理接受和理解是有很大差异的。小学低年级学生思维主要是具体形象的,因而掌握具体的原理比较容易,而掌握用抽象的符号概括的原理就比较困难。因此,在原理教学内容、方法等方面都要考虑学生的思维发展水平和特点。

3. 创设问题情境,采用合理有效的教学方法

为了激发学生对原理学习的内在兴趣,教师可以采取多种创设问题情境的方法,如在正式授课前给学生呈现与某原理有关的现实生活现象或向学生提出与其学习、生活密切相关的问题。问题情境的创设能激发学生学习的内在动力,使学生形成主动探索知识的心向。当然,原理学习的具体方法,要视原理本身在学习层级中的地位、概括程度而定。教师在原理教学中,应根据原理的特点和学生的认识特点,采用合理有效的教学方法。如可以采用由例子概括出原理的归纳法,也可以采用先阐述原理,再进行论证的演绎法。但无论采取什么方法,教师都要积极鼓励学生自己去发现原理,培养学生独立探索、积极发现的精神。

4. 设置言语指令,唤起对相关概念的回忆

学生对新知识的学习是在已有知识经验的基础上进行的,只有当新学的知识和认知结构中相关的内容建立起一定联系时,学生才能理解所学原理的具体意义。因此,在原理学习过程中,教师有必要运用课前预习、课堂提问等形式唤起学生对各种相关概念的回忆,使这些内容从记忆中提取出来并处于激活状态。

5. 注重原理的应用,促进对原理的理解

在原理教学中,教师不仅要使学生理解原理,还要引导学生应用原理。如学生学习"热空气上升,冷空气下降"的原理后,要求学生用这个原理来说明和解释生活中的问题,如雨的形成、冰箱的安装等。这样使学生对原理的理解会更深入,而且能解决现实生活中的问题,使学生认识到知识的价值。原理的应用形式多种多样,可以要求学生用原理回答课堂提问,用以解释事实和现象,也可以运用原理解决日常生活或科学研究中的实际问题。

第三节 现代认知心理学观点的知识学习

一、知识的表征

(一)陈述性知识的表征

知识的表征是指知识在头脑中储存和转化的方式。现代认知心理学认为,陈述性知识主要以命题、命题网络和图式等方式在头脑中表征。

1. 命题

命题这个术语来自逻辑学,指表达判断的语言形式,由系词把主词和宾词联系而成。例如"小狗过马路",这就是一个命题。

在认知心理学中,命题指语词表达的意义的最小单位,即信息的基本单位,用于表述一个事实或描述一个状态。一个命题是由一种关系(relation)和一组论题(arguments)构成的,关

系限制命题。关系一般由动词、副词和形容词表达,论题一般指概念,通常用名词和代词表达。如"小明走了"这一命题中,"小明"是论题,即命题谈及的话题或主题,而"走了"则是这一命题的关系,对我们所知道的有关小明的全部情况这一主题做了限制,使得我们只注意到小明走了这一情况,而不关注小明的其他情况。

命题用句子来表达,一个句子可以包含一个或多个命题。如"同学们正在热烈地讨论数学问题",这个句子至少包含了三个基本命题:"同学们正在讨论问题","讨论是热烈的","问题是数学方面的"。虽然命题可以由句子表达,但命题不等同于句子。现代认知心理学认为,词、短语或句子是交流思想的工具,它们是思维的物质外壳或载体。但人的思想在头脑中不是以词语而是以命题来表征和记录的。人思考的对象不是词语而是命题。

认知心理学家用了许多不同方法来表示命题。常用的方法是,用一个圆(或椭圆)表示一个命题,用箭头指出命题的论题和关系。如"蚂蚁吃了甜果酱"这个句子中包含两个命题,即"蚂蚁吃了果酱"和"果酱是甜的"。(图中S代表主体,O代表客体,它们都是论题;R表示关系)

命题1:(简作P_1)

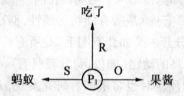

命题2:(简作P_2)

2. 命题网络

如果多个命题具有共同成分,就可以把若干命题彼此联系起来组成命题网络。一个复杂的句子常常会表征为一个简单的命题网络。如上两个命题中有共同成分"果酱",通过它可以把两个命题联系起来组成如下命题网络:

现代认知心理学家运用自由回忆法和反应时法,证实了命题或命题网络是知识表征的重要方式,而且这些命题通常是按一定的层次结构进行储存的。一般来说,较为抽象、概括的知识处于高层,而较为具体的内容处于低层。科林斯和奎廉(A. M. Collins & M. R. Quillian)的一个经典实验支持了知识以命题网络的层次结构储存的观点。他们认为对动物、鸟、鱼等分类的知识,是以图4.1的层次结构在人们头脑中组织和储存的。[1]

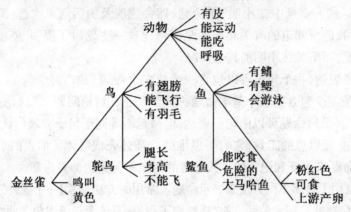

图4.1 知识的层次结构储存

在这一结构中,不同动物的知识概括水平不同。在同一概括水平上储存了可以用来区分其他水平的物体的属性。例如,"有皮"是所有动物的属性,储存在最高水平。用这一属性可以把动物与矿石"没有皮"等区分开。又如,"有羽毛"是所有鸟的属性,储存在比"动物"低一级水平上,可以用来区分鸟与非鸟的动物(如鱼、狗没有羽毛)。并且,由于储存在知识网络中的事实的距离不同,提取它们的反应时也将不同。研究发现,人们对"金丝雀会唱歌吗""金丝雀会飞吗""金丝雀有皮肤吗"三个概括性水平不同的问题的反应时依次增长。同样,人们对"金丝雀是金丝雀吗""金丝雀是鸟吗""金丝雀是动物吗"三个问题的反应时也依次增长。在这种存储中,"金丝雀是金丝雀"相对于"金丝雀是动物"来说所表达的关系较近,所以反应时较短。这项研究支持了知识信息以命题网络的形式分层次进行组织的假设。

(二)程序性知识的表征

1. 产生式

现代认知心理学运用产生式理论来解释程序性知识获得的心理机制。"产生式"(production)这一术语来自计算机科学,美国信息加工心理学创始人西蒙和纽厄尔(Simon & Newell)首次将它用于心理学来说明程序性知识的表征形式。他们认为,人和计算机一样,都是物理信号系统,其功能都是操作信号。计算机之所以具有智能,能完成各种运算和解决问题,是由于它储存了一系列以"如果……那么……"(if…then…)形式编码的规则。人经过学

---

[1] COLLINS A M, QUILLIAN M R. Retrieval time from semantic memory[J]. Journal of Verbal learning and Verbal Behavior,1969(8):140-247.

习,人脑中也储存了一系列以"如果……那么……"形式表示的规则,这种规则称为产生式。

产生式是所谓的条件-行动(condition - action)规则(简作 C - A),其中包含了"如果某种条件满足,那么就执行某种行为"的知识,它表明了所要进行的活动以及发生这种活动的条件。它与前面的命题和命题网络不同,它具有自动激活的特点,一旦存在、满足了特定的条件,相应的行动就会发生,这常常不太需要明确的意识。例如实施强化和识别三角形的产生式表示如下:

产生式1:实施强化的产生式

  如果(C) 目标是要增加儿童的注意行为

      且儿童注意时间比以前稍微延长

  那么(A) 对儿童进行表扬

产生式2:鉴别三角形的产生式

  如果(C) 已知一个图形是两维的

      且该图形有三条边

      且三条边是封闭的

  那么(A) 识别此图形为三角形,并说"三角形"

产生式的 C - A 规则与行为主义的 S - R 公式有相似之处,但也有原则上的区别。相似之处是,每当 S 出现或条件满足时,便产生反应或行动。不同的是,C - A 中的 C 不是外部刺激,而是信息,即保持在短时记忆中的信息,A 也不仅是外显的反应,还包括内在的心理活动或运算。

2. 产生式系统

通常解决一个简单的问题只需要一个产生式,而解决一个复杂的问题则需要若干产生式,而且第一个产生式的结果可以作为第二个产生式的条件,从而引发其他的行动,这样,控制流从第一个产生式流向第二个产生式,相互联系的产生式就构成了复杂的产生式系统。例如分数加法的部分产生式系统如下:

产生式1:如果(C) 目标是要将分数相加

      且现在有两个分数(1/2、1/3)

  那么(A) 建立一个子目标,求最小公分母(6)

产生式2:如果(C) 目标是要将分数相加

      且现在有两个分数(1/2、1/3)

      且公分母已知,为6

  那么(A) 用最小公分母除以第一个分数的分母

产生式3:如果(C) 目标是要将分数相加

      且现在有两个分数(1/2、1/3)

且公分母已知,为6

且最小公分母除以第一个分数的分母(3)

那么(A) 第一个分数的分子和分母分别乘3

产生式4……

产生式5……

产生式6……

对于形成产生式系统的各产生式而言,只要符合了第一个产生式的条件项,则后面的产生式会自动依次执行其动作项,直到所有的动作步骤完成并得出最后结果,即条件与行动间的联系熟练化之后,动作步骤能够无须意识过多的监察,不用占据工作记忆空间而快速进行。这就是为什么对于我们已经熟练的运算和操作,我们常常并不需要有意识地思索每一步该做些什么,而是顺理成章、流畅自如地完成整个任务的原因。

(三)图式

认知心理学家安德森认为,命题对于表征小的意义单位是合适的,但对于表征较大的有组织的信息组合就不合适了。为了探讨有综合性质的知识的表征方式,认知心理学家提出了图式(schema)的概念。

大多数心理学家普遍认为,图式是人们对客体和事件有关属性组合的知识储存方式。例如,人们有关房子的知识,如果用"房子是人的居住处"这一命题,则不足以表征与人有关的"房子"的全部知识,因而人会用图式的方式表征,"房子"的部分图式如下:

上位集合:建筑物

组成部分:房间

材料:石头、木头、砖头等

功能:供人居住

形状:方形、三角形

大小:40~150平方米

现代认知心理学区分了两类图式,一类是关于客体的图式,如房子、动物、古玩等的图式;一类是关于事件的图式,如人们进餐馆、去医院就诊、上电影院看电影,如果这样的事件反复出现,人们就会形成关于多次出现的有时间顺序的事件的图式表征,又称脚本(script)。

可见,图式不仅含有命题的或概念的网络结构,也含有解决问题的方法步骤,即程序性知识。所以,图式不仅适用于陈述性知识,而且在程序性知识中也有图式。

二、陈述性知识的学习

(一)陈述性知识的一般学习过程

当代认知心理学认为,陈述性知识的学习过程一般分为三个阶段:第一阶段,新信息进入短时记忆,与长时记忆中被激活的相关知识建立联系,从而出现新的意义建构;第二阶段,新建构的意义储存于长时记忆中,如果没有复习或新的学习,这些意义会随着时间的延长而出现遗忘;第三阶段,意义的提取与运用。

皮连生根据奥苏伯尔的同化理论和安德森的激活理论,把陈述性知识的掌握过程分为六个阶段。[①]

(1)注意与预期。

预期是指学生对要学习的内容进行预测和估计,可以被看作是学生准备学习的一种反应心向,它会引导学生的注意指向学习目标。

(2)激活原有知识。

根据同化论和激活论的观点,为使新知识获得意义,并达到预期的学习结果,学生需要在原有认知结构中找到适当的原有知识,使之处于激活状态。

(3)选择性知觉。

学生不论是通过阅读教科书还是听教师讲课,都是在适当的背景下有选择地进行的。如果缺乏适当的背景知识,学生即使听了、读了也不知所云。

(4)新旧知识的相互作用。

被选择性知觉的知识要进入长时记忆长时间的保存,必然要与原有的有关观念产生联系且发生相互作用,找到适当的固定点,否则很快就会消失。

(5)认知结构的改组或重建。

新信息的进入,不是静态、被动的储存,而是继续与原有知识相互作用,导致原有认知结构的变化。

(6)根据需要提取信息。

当学生面临各种任务时,就需要根据不同的线索提取储存在长时记忆的知识。

(二)陈述性知识的掌握方式

陈述性知识的掌握方式以用奥苏伯尔提出的三种有意义学习的方式,即表征学习、概念

---

① 皮连生.智育心理学[M].北京:人民教育出版社,1996:123.

学习和命题学习来解释。

1. 表征学习

表征学习又称符号学习,是指学习单个符号或一组符号的意义,或者说学习它们代表什么。表征学习的主要内容是词汇学习,即学习单词代表什么。表征学习的心理机制是符号和它们所代表的事物或观念在学习者认知结构中建立了相应的等值关系。例如,"狗"这个符号,对初生儿来说是完全没有意义的,在家长或其他人多次指着狗(实物)说狗以及儿童与狗多次打交道的过程中,他们逐渐学会用"狗"(语言)代表他们实际看到的狗。那么"狗"这个声音符号对于儿童来说获得了意义,即"狗"这个声音符号所引起的认知内容与实际的狗引起的认知内容是大体一致的,同为狗的表象,如图4.2所示。

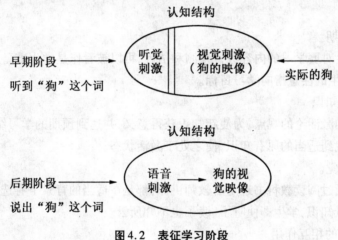

图4.2 表征学习阶段

由于在任何语言中,词汇所代表的事物和观念是约定俗成的,所以个体在获得陈述性知识时,首先要掌握符号所代表的意义。

2. 概念学习

概念学习是指掌握概念的一般意义,其实质上是掌握一类事物的共同的本质属性和关键特征。例如学习"三角形"这一概念,就是掌握三角形有三个角和三条相连接的边这样两个共同的关键特征,而与它的大小、形状、颜色等特征无关。如前节所述,同类事物的关键特征既可由学习者从大量同类事物的不同例证中独立发现(概念形成),也可以用下定义的方式直接向学习者呈现,让他们利用已掌握概念来理解(概念同化)。它们的具体掌握机制和更复杂的命题学习在本质上是相同的。

3. 命题学习

命题学习是指获得由几个概念构成的命题的复合意义,实际上是学习表示若干概念之间关系的判断。命题是知识的最小单元，它既可以陈述简单的事实，也可以陈述一般规则、原理、定律、公式等，因此它被看成是陈述性知识掌握的高级形式。它旨在反映事物之间的联系和关系，是一种更加复杂的学习。奥苏伯尔根据新知识与原有认知结构的关系，将概念学习和命题学习分为下位学习、上位学习和并列结合学习三种不同的意义获得模式。（详见第三章）

三、程序性知识的学习

（一）程序性知识的一般学习过程

根据认知心理学家的分析，程序性知识学习的一般过程包括以下三个阶段。

1. 习得陈述性知识

程序性知识的学习往往是从接受对程序性知识的陈述性描述开始的，即学习者首先要理解有关的概念、规则、事实和行动步骤等含义，并以命题网络的形式把它们纳入个体的认知结构中。如教师教学生学习汉字书写的规则，首先要告诉学生汉字的一般书写规则是"从上到下，从左到右"。此时学生只是获得了该知识的有关命题，此时的程序性知识尚未在实际操作中转化为动作和运算行为。这一阶段的知识掌握过程与陈述性知识的掌握是一致的。

2. 陈述性知识向程序性知识转化

这一阶段中，学生通过各种规则的变式练习，将程序性知识从规则的陈述性形式转化为可以表现到实际操作中的程序性形式，即该阶段是产生式系统的形成过程。在大量练习中，知识的准确性和速度均得到不断提高，直到成为高度灵活、纯熟的技能、技巧、技艺。例如学生通过教师的讲解或阅读教材，了解了英语动词的一般现在时态改为一般过去时态的规则，并能陈述这些规则，在经过大量的练习后，当学生看到表示过去的词或短语时，就能立即根据规则将句中的动词改为适当的过去式。这说明规则开始转化为支配行为的程序性知识。

3. 程序性知识的自动化

这是程序性知识掌握的最高阶段。在此阶段，规则对人的行为的支配是在无意识状态下完成的，即自动化程度。如学生不必考虑汉字书写的规则而完全熟练、快速、准确地书写汉字，或者学生不必有意识地思考就可以随口说出符合时态规则的英语句子等。

（二）程序性知识的掌握方式

程序性知识主要有两种掌握方式，即模式识别和动作步骤。

1. 模式识别学习

模式(pattern)是由若干元素按照一定关系组成的一种结构,在实际生活中,各种物体、字母、图形、声音和人脸都可以是模式。模式识别(pattern recognition)指学习者对某一特定内外刺激模式进行辨别和判断,即将输入的刺激(模式)的信息与长时记忆中有关的信息进行匹配,从而辨认出该刺激属于什么范畴的过程。模式识别是用来回答"如何确定某物是什么/不是什么"的问题。可见模式识别的主要任务是把握产生式的条件项,其心理机制是概括和分化。

概括(generalization)指对同类刺激模式的不同个体做出相同的反应,即在同类事物中抽取出共同特征,同时舍去个别特征。这样,抽取出来的共同特征均是必不可少的,但不能保证必不可少的特征全部包含在内了。从产生式的角度来分析,安德森认为,当两个具有相同动作项的产生式同时出现在工作记忆时,概括会自动发生,将两个产生式的条件项中的不同部分舍去,保留共同部分作为概括之后的条件项,以两个产生式共同的动作项作为新的动作项,从而形成了一个减少了条件项的产生式。比如,在学习识别"浮力"现象时,教师先在水中放了木块、塑料碗、纸船、橡皮球等,告诉学生它们会受到水的浮力,学生就可能得出判断一个物体在水中是否受到浮力的产生式 P_1;然后教师放铁块、瓷碗、沙包、铅球进水中,告诉学生它们也会受到水的浮力,学生得出判断一个物体在水中是否受到浮力的产生式 P_2,之后由于概括的作用,学生会将 P_1 和 P_2 概括为产生式 P_3,继而能对任何置于水中的固体是否受到浮力做出正确的判断。[①]

P_1 　如果　某固体置于水中
　　　　且该物体浮于水面
　　那么　该物体受到水的浮力,并说出"某物体受到水的浮力"

P_2 　如果　某固体置于水中
　　　　且该物体沉于水下
　　那么　该物体受到水的浮力,并说出"某物体受到水的浮力"

P_3 　如果　某固体置于水中
　　那么　该物体受到水的浮力,并说出"某物体受到水的浮力"

在模式识别的学习中,正例(变式)越充分、越典型,学习者通过概括得到的概念的本质特征越精确,产生式的条件项越精练,数量越少,适用范围就越大,避免了将"是"判断为"不是"。

分化(discrimination)与概括相反,它是指对不同类的刺激做出不同的反应。通过概括形

[①] 莫雷.教育心理学[M].广州:广东高等教育出版社,2002:204.

成的模式识别的产生式中,所有条件项均必不可少,但是可能还有一些必要的条件没有被意识到或未被列入产生式的条件项,这时可以通过提供适当的反例,将漏掉的条件项加上,导致产生式的条件项增加,适用范围减小。如学生对"平行线"的识别,教师先在黑板上画上各种长长短短、远近距离不等、角度不同的平行线,告诉学生这些都是平行线,学生就会形成产生式 P_1,然后教师指着粉笔盒盒盖的长和盒底的宽两条棱边,告诉学生这两条线没有相交,但它们不是平行线,这样学生意识到另外一个被忽略的条件(同一平面内),并将此条件加入产生式的条件项,导致产生式适用范围减小,避免了把"不是"判断为"是"。

P_1　　如果　　两条线永不相交
　　　　那么　　判断为平行线
P_2　　如果　　两条线永不相交
　　　　　　　　且在同一平面内
　　　　那么　　判断为平行线

2. 动作步骤学习

动作步骤(action sequence)是指顺利执行、完成一项活动的一系列操作序列,这种学习主要是对产生式中的动作项的学习。实际是对做事、运算和活动的规则和顺序的现实运用能力。动作步骤的学习的前提是模式识别的学习,即把握好产生式的条件项,才能准确地对模式进行识别,动作步骤的执行才能有效解决问题,否则就会造成"解题时胡乱套用公式"的现象。

动作步骤的学习经过了两个阶段:程序化和程序的合成。

(1)程序化。

程序化是指将陈述性知识的表征转化为程序性知识的表征,形成清晰的产生式。要完成这一目标要通过两个步骤来实现:

①建立规则或步骤的命题表征,以供学习者执行动作步骤时的行为的指示。如果这时建立的命题表征有误,那么依此进行的动作步骤也一定不正确。

②将陈述性命题表征转化为程序性的产生式表征。这一过程需要经过反复练习,使学生不再依靠教师或自己的逐步提示,顺利地依次自动执行并熟练地完成每个动作步骤。

(2)程序的合成。

程序的合成是指把若干个产生式合成为一个产生式,把简单的产生式合成为复杂的产生式。程序的合成要求两个有关联的产生式同时进入工作记忆,并且一个产生式的动作项是另一个产生式的条件项,则此时保留前一产生式的条件项,将两个条件项的动作项按顺序合并为一个复杂的动作项,并通过大量练习使之成为一个巩固的技能组块。如下面是分数加法前两步的产生式系统。

P_1　如果　目标是要将分数相加
　　　　且现在有两个分数(1/2、1/3)
　　那么　建立一个子目标,求最小公分母(6)

P_2　如果　目标是要将分数相加
　　　　且现在有两个分数(1/2、1/3)
　　　　且公分母已知,为6
　　那么　用最小公分母除以第一个分数的分母

P_3　如果　目标是要将分数相加
　　　　且现在有两个分数(1/2、1/3)
　　那么　建立一个子目标,求最小公分母(6)
　　　　用最小公分母除以第一个分数的分母

产生式的合成因为减少了产生式的数量而缩短了激活的时间,同时也减少了工作记忆的负担,使复杂的动作步骤更为流畅。但是这并不是说我们要把所有的能组合的产生式都合并在一起,因为产生式的合成可能导致操作定势,使人固守一套解决问题的模式,缺少灵活性。因此,在学校教育中,对那些最基本的、变化较少的、以后会大量使用的动作步骤才考虑合成。

【思考题】

1. 什么是知识?影响知识学习的因素有哪些?
2. 知识学习的标准是什么?
3. 什么是概念学习?它的结构如何?它是如何获得的?
4. 如何进行概念教学?
5. 什么是原理学习?其影响因素有哪些?
6. 简述原理教学的措施。
7. 根据现代认知心理学的观点,知识分为几类?
8. 什么是知识的表征?举例说明陈述性知识和程序性知识的表征方式。
9. 简述陈述性知识学习的一般过程。
10. 陈述性知识学习的类型有哪些?
11. 程序性知识的一般学习过程分为几个阶段?其掌握方式有哪些?
12. 程序性知识学习的一般条件有哪些?

第五章
Chapter 5

问题解决与创造力培养

学生知识学习的目的在于解决生活中面临的各种各样问题,解决问题是学习的高级形式。加涅认为,教育有一个重要的终极目标,那就是培养学生解决问题的能力,无论数学问题、物理问题、健康问题、社会问题,还是个人适应的问题,都是如此。而问题解决的最高水平是创造性地解决问题。问题解决和创造力培养是学校学习的核心内容之一。本章主要介绍问题解决及创造力培养的相关内容。

第一节 问题与问题解决

一、问题及其分类

(一)问题的定义

问题和问题解决是心理学研究的一个老课题,不同的心理学派对问题和问题解决有不同的观点。目前,人们比较同意信息加工心理学家的观点,把问题定义为:"给定信息和目标之间有某些障碍需要被克服的刺激情境。"问题具有客观和主观两个方面。问题的客观方面称课题范围,指课题的客观陈述。问题的主观方面是解题者对问题客观陈述的理解,称问题空间。问题空间由三个成分构成:第一,任务的起始状态,即任务的给定条件;第二,任务的目标状态,即任务最终要达到的目标;第三,任务的中间状态,即任务从起始状态向目标状态转化的若干可能的解答途径。每一解答途径又由若干步骤构成。这种使问题从起始状态向目标状态转化的操作称作算子(operator)。

(二)问题的类型

1. 结构良好(well-structured)问题与结构不良(ill-structured)问题

根据问题状态的清晰程度即问题结构的完整性,可将问题分为结构良好的问题与结构不良的问题。在结构良好的问题中,问题的初始状态、目标状态和解决问题的方法都是明确的。例如,"求225的平方根",其初始状态和目标状态,以及问题解决的方法都是明确的。学生在学科学习中遇到的绝大多数问题都是结构良好的问题。而结构不良的问题指那些没有明确的初始状态、目标状态和解决方法的问题。在这里,结构不良不是指这个问题本身有什么错误或是不恰当,而是指它没有明确的结构或解决途径。例如,让学生考察当地城市的污染状况并写出一篇论文,其初始状态、目标状态、甚至问题解决方案都不明确,是名副其实的结构不良问题。

2. 常规(routine)问题与非常规(non-routine)问题

根据问题解决者对问题的熟悉程度,可将问题分为常规问题与非常规问题。常规问题是指那些个体以前解决过且只需要对答案直接进行提取的问题。例如,对于中学生来说,解方程 $5x+7=37$ 就是一个常规问题。非常规问题则是个体没有解决过类似问题且不能产生一个已存在答案的问题。例如,对于一个三年级的小学生来说,解方程 $5x+7=37$ 就是一个非常规问题。

3. 一般领域(domain-general)的问题和专门领域(domain-specific)的问题

根据解决问题所需的算子质量,可将问题分为一般领域的问题和专门领域的问题。一般领域的问题是指解决问题所需要的特定领域的专业知识相对较少,习惯上又称为知识贫乏领域的问题。例如,以往研究常用的传教士与野人过河问题、河内塔问题等,都属于一般领域的问题。专门领域的问题则包含了大量特定学科领域的专业知识,因此习惯上又称为知识丰富领域的问题。个体要解决这类问题所受到的限制很多,但如果是知识丰富、训练有素的人,则有更多有效的算子可以利用。例如,下围棋对于不具备大量围棋知识的初学者来说,就属于一般领域的问题,而对于围棋高手来说就是典型的专门领域的问题。因此,这两类问题是相对而言的,而且也是可以转化的。

二、问题解决及其模式

(一)问题解决的定义

现代信息加工心理学认为,问题解决是一种以目标定向的搜寻问题空间的认知过程。其中原有知识经验和当前问题的组成成分必须重新改组、转换或联合,才能达到既定目标。这一定义包括四个要点。

（1）问题解决是以目标定向的,目的是求得问题的答案,因此,无目标的幻想不是问题解决。

（2）问题解决是在头脑内或认知系统内进行的,只能通过解题者的行为才能间接推测它的存在。

（3）解题活动包括一系列心理运算,因此,像回忆一个朋友的电话号码这样的简单活动不是解决问题。

（4）问题解决是个人化的,如"7 + 2 = ?"对成人不构成问题,但对学前儿童就构成了问题。

（二）问题解决的模式

长期以来,许多心理学家通过对不同类型问题解决过程的探索研究,提出了问题解决的不同模式。

1. 华莱士的四个阶段模式

华莱士(G. Wallace)是英国心理学家,他通过对名人传记的研究,于1926年写出《思维的艺术》一书,在这本书中提出了问题解决的心理过程可以分为四个阶段,即准备、酝酿、明朗和验证。

（1）准备阶段。

寻找解决问题的线索,掌握必要的信息资料,提出假设并试图验证假设。准备阶段是任何问题解决必须经历的,并且是一个艰苦而长期的过程。

（2）酝酿阶段。

发现问题解决的线索后,如果问题不太复杂,可能很快就能找到问题解决的方法,使问题得到解决。如果问题很复杂,往往需要经过一定时间的酝酿。在酝酿阶段,常需要问题的解决者把问题放置一段时间,也许有一天会突然找到了问题解决的方法,这一现象常被称为酝酿效应。

（3）明朗阶段。

在经过酝酿阶段后,常因无意遇到某种刺激情境的启示,突然找到了问题解决的方法,即突然明朗起来。明朗阶段的获得有其主客观原因。在客观方面,有重要的刺激信息的启示;在主观方面,有紧张和重压后的心理放松。

（4）验证阶段。

在明朗阶段得到的解决方法,不一定都是正确而有效的,所以一般还需要经过实践来验证。只有经过验证,才能认为问题解决了。

华莱士的模式,显然适用于创造性地解决问题的过程中,许多科学发明、发现也证实了这一点。

2. 奥苏伯尔和鲁宾逊的问题解决模式

奥苏伯尔和鲁宾逊(F. G. Robinson)以几何问题的解决为原型,于1969年提出了一个解决问题的模式(图5.1)。

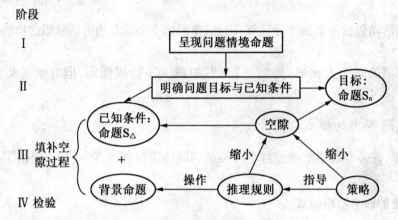

图 5.1 奥苏伯尔和鲁宾逊解决问题模式

他们认为问题解决经历四个阶段。

(1)呈现问题情境命题。

奥苏伯尔认为,问题是由有意义的言语命题构成的,其中包含了目标和已知条件。但不是任何情境都构成问题。一组命题之所以构成问题情境,是因为从已知条件到问题之间包含了认知空隙,学生已有知识结构中没有现成可以用于达到目标的步骤和方法。

(2)明确问题目标和已知条件。

问题情境命题是客观存在的刺激材料,它们可以激发学生回忆有关的背景命题。学生把这两种命题相联系,从而理解问题的条件和要达到的目标。这是一种有意义的接受学习形式。

(3)填补空隙过程。

这个过程是问题解决的核心。学生看清了"已知条件"(他当时的状况)和目标(他必须达到的地方)之间的空隙或差距。

(4)解答之后的检验。

问题一旦得到解决,通常便会出现一定形式的检验,查明推理时有无错误,空隙填补的途径是否最为简捷,以及可否正式写下来供交流之用等。

这一模式的特点是不仅描述了解决问题的一般过程,而且指明了解题者原有知识结构中各成分在解决问题过程中的不同作用,为培养解决问题能力指明了方向。但是,这一模式是以数学中的问题解决为原型的,并不全部适应于其他学科的问题解决,因而缺乏一般性。

第二节 问题解决的过程

一、问题解决的过程

问题解决的过程可以划分为以下四个阶段。

(一)理解并表征问题

在实际教学中,理解和表征问题就是审题或理解题意。这个过程要完成三个任务:一是识别已知问题情境中的有用信息和无用信息。并不是当前面临的问题情境中的所有信息和已知条件对于解决问题都是必不可少的,有些信息甚至起干扰和迷惑作用。二是整理所有有用的信息,完成对问题情境的正确理解。有时候问题情境中的每一个信息分别都能理解,可是对整个问题的理解仍然会发生偏误。三是在理解的基础上对问题形成最有效的表征。对于一个问题情境,可能有多种表征的方式,有些表征方式可能会妨碍问题的顺利解决,或者使问题情境复杂化。

在实际的问题解决中,学生常常一看题目就很快能明白问题是什么,这主要是因为他们头脑中已有的相应图式被迅速激活,自然会联想出一个顿悟式的解决方案,直接进入第三阶段,即执行计划的阶段。如果没有现成的图式可循,就必须先进入第二阶段——拟订计划的阶段。

(二)拟订计划的阶段

有效的解决问题者通常在实施某些策略和战术之前先进行评价。这一步骤的重要性在于帮助解题者对具体方法的应用结果形成预期并避免无谓的错误。确定一个可行策略,执行受挫后就需要学习者对问题关系的心理表征进行评价和重组。

在此阶段实际上是对问题的表征进行操纵,寻找出一条线路以顺利达到目标的过程。对问题的表征不同,所确定的解决计划也不同。假如一个问题相对简单,在长时记忆中已经储存该类型问题的图式,那么经过模式再认,就可直接提取适当的解决方法。但若问题比较复杂,解决方法不能直接提取或不为问题解决者所知,就要使用更为复杂的解决问题的策略。

(三)执行计划的阶段

选择了解答方案后,就要尝试这种方案,即执行计划。在执行解答方案时,学生常常会犯错误。有研究表明,学生常常是很有逻辑地或者很有规律地犯"聪明的"错误。比如,在做减法时,总是用大的去减小的,而不管谁是被减数,谁是减数。学生之所以经常不能正确地解决问题,是因为他们没有监督自己对所选策略的执行。监督对于追踪已采取的步骤和要完成的行动是相当重要的。因此,教师对学生在运算或解答过程中出现的错误仅仅做到一般性的提醒或将错误归因于学习习惯和学习动机,可能是不够的。

(四)评价结果阶段

执行计划后,学生还应对解决问题的过程和结果进行检验和评价,以确认该办法是否有效,结论是否可靠。评价结果的方法之一,就是寻找能够证实或证伪这种解答的证据,对解答进行核查。在解决数学问题时,常常采用验算的方法来评价解答。如以减法验算加法,以加法验算减法,改变相加的顺序验算连加算式等。

二、问题解决的策略

问题解决的策略是指解决问题的一般途径和方法。现代认知心理学认为,人们解决问题的策略主要分为两大类:算法式策略和启发式策略。

(一)算法式策略

算法式策略是指对一个问题解决的所有可能途径都加以尝试的一种策略。它通常与某一特定的课题领域相联系。在解决某一问题时,如果你选择的算法合适,并且你又能正确地完成这种算法,那么保证能获得一个正确的答案。也就是说,算法式策略的特点是如果解存在的话,就一定能找到解,而且能找出所有的解,选出最佳的解。

但是,在采用算法式策略解决问题时,学生常常无规则地应用算法,他们一会儿这样试,一会儿那样试,即使偶尔碰巧得到了正确答案,但并没有真正理解是如何得到的解。同时,当遇到非常复杂的问题时,算法式策略对所有的可能都进行尝试,太费时费事,有时简直办不到。例如,要开一个四位数的密码锁(每位数字号0至9),就要进行10^4次尝试。

(二)启发式策略

启发式策略是人们根据已有的知识经验,理解问题情境中事物间的关系,探索解决问题方法的一种策略。用启发式策略解决问题,并不探索所有可能途径,仅仅对经验中认定的最有可能成功解决问题的途径进行探索。其优点是能提高问题解决的效率;缺点是,如果受到已有经验的误导,走了错误的途径,往往导致解决问题的失败。

常用的启发式策略有以下几种:

1.手段-目的分析策略

"手段-目的"中的"目的"就是"目标";"手段"就是用什么活动去达到这个目标。

手段-目的分析就是将目标划分为许多子目标,将问题划分为许多子问题,寻找解决每一个子问题的手段。这种策略的核心是发现问题的当前状态与目标状态之间的差别,并采取一定的步骤来缩小这种差别,也就是说,采取一系列措施,逐步缩小给定条件与目标状态之间的差距,最终使问题得到解决。

2. 爬山法策略

爬山法是手段-目的分析法的一种变式,它以渐进的步子向目标状态靠近。爬山法策略的基本思想是设立一个目标,然后选取与起始点邻近的未被访问的某一节点,向目标方向运动,逐步逼近目标。就像爬山一样,如果在山脚下,要想爬到山顶,就得一点一点往上走,一直走到最高点。有时需要先爬上较矮山顶,然后再下来,重新爬上最高的山顶。因此,爬山法只能保证爬到目前山上最高点,而不一定是真正的最高点。

3. 反推法策略

反推法是指从问题的目标状态开始,一步步反过来推到问题的已知条件或初始状态。这种策略适合于解决那些从起始状态出发可以有多种走法,但是只有一条路能够达到目标状态的问题。这种方法有时对解决几何证明题非常有效。例如,已知矩形 $ABCD$,求证,$AD=CB$,如图 5.2 所示。在解决这个问题时,学生会自问:"怎样才能证明 $AD=CB$ 呢?如果我能证明三角形 ACD 等于三角形 BCD,就能证明 $AD=BC$。"这样,学生就会从证明线的全等推出要证明三角形全等。他进一步还会推想,如果能够证明两条边和夹角相等,那么,就能证明三角形 ACD 与三角形 BDC 全等。这就是利用反推法来解决几何问题。

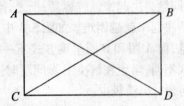

图 5.2 证明全等三角形问题

反推法和手段-目的分析法都要考虑目标,并且确定运用何种操作去达到目标。但手段-目的分析要考虑目标状态与当前状态之间的差别,而反推法却不用考虑这点。因此,手段-目的分析在搜索问题空间时受到的约束较大。如果通向目标状态的途径很多,假途径较少,手段-目的分析则是一种很有用的搜寻方法。当问题空间中从初始状态可以引出很多途径,而从目标状态返回到初始状态的途径相对较少时,用反推法就相对容易些。

4. 类比法

类比法是将先前解决问题的经验运用到理解新问题上的策略。有学者认为,类比法是人们在解决不熟悉问题时的主要策略。运用类比法时,首先要对问题进行表征,然后到与当前问题有关而我们又比较熟悉的领域中提取相关的解决办法,最后再评价方法的适当性。虽然类比法和联想法都涉及使用以往的经验,但类比法往往是跨领域的,而联想法则大多在同一领域内发生。例如声纳技术的发明就是类比的产物。当人们发明潜艇后,工程师们就思考如何让舰艇确定潜艇在海下的隐藏位置。通过对蝙蝠的分析,人们发现了其导航机制可以应用于这一问题,这样就导致了声纳技术的发明。尽管类比法被看作一种重要的问题解决策略,但研究者们发现人们似乎并不擅长使用这一策略,他们很容易受到问题表面相似程度的影响。学者们推论,一个重要的原因就是个体对类比所涉及的那个领域缺乏足够的了解。因为即使是专家,在自己不熟悉的领域内使用类比法的表现也并不比新手好许多。具体领域知识影响了人进行类比的能力。

启发式策略实施的困难在于绝大多数问题都需要运用具体领域知识来解决。再就是启发式策略不一定是解决该问题所需要的关键性思维加工。

三、影响问题解决的因素

问题解决主要是通过学生的思维活动进行的,而学生问题解决的思维过程受到多种因素的影响。

(一)问题情境

问题情境就是问题呈现的知觉方式。问题呈现的知觉方式与人们已有的知识经验越接近,问题解决起来就越容易;反之,问题呈现的知觉方式与人们已有的知识经验相差越远,问题解决起来就越困难。如图 5.3 中 A 和 B 提供了相同的信息,但 A 图和 B 图呈现方式不一样。由于问题呈现的方式不同,学生在解决图 A 问题时错误较多,而在解决图 B 问题时出错较少。

图 5.3 求正方形面积图

(二)定势

定势(set)是指心理的一种暂时的准备状态。最初由德国心理学家缪勒和舒曼于 1889 年提出,原指对某一特定的知觉活动的直接准备性。定势的种类很多,在此主要指思维定势。所谓思维定势是指在问题解决的过程中作了特定加工方式的准备。思维定势在问题解决过程中一般起限制作用,容易使解决问题的思维活动刻板化,它限制着形式假设的范围,并使所尝试的问题解决方法固定化。

如果问一个人:"由两个 1 组成的最大数字是多少?"他马上会说出是 11。如果问他:"由三个 1 组成的最大数字是多少?"他马上也会说出是 111。这时,如果再问他:"由四个 1 组成的最大数字是多少?"他可能会说出是 1 111。

这个人对前两个问题的回答是正确的,但是对第三个问题的回答是错误的。因为,由四个 1 组成的最大数字不是 1 111,而是 11 的 11 次方,这个数字要比 1 111 大得多。出现这种错误的原因就是定势所引起的。

(三) 功能固着

功能固着这个概念是由德国心理学家邓克尔(K. Duncker,1945)提出的。它是指一个人看到某个物体的一种惯常的用途后,就很难看出它的其他新用途。初次看到的物体的用途越重要,也就越难看出它的其他用途。功能固着对问题解决只会起阻碍作用。如邓克尔1945年做的实验。

问题:有三个小纸盒子,一个装火柴,一个装图钉,一个装小蜡烛。要求大学生把蜡烛点燃置于木屏风上。

这个问题的解决并不难。先用图钉把小纸盒钉在木屏风上作小台子,然后将蜡烛点燃,把它粘到小台子上就行了。但是,在实际的实验中,当把火柴、图钉和蜡烛分别装在各自的盒子里时,许多大学生感到束手无策。在规定时间内只有61%的学生解决了此问题。只有把火柴、蜡烛和图钉都从纸盒子里拿出来,把空盒子放在桌子上,这时多数大学生才会想出解决问题的办法来。在此条件下解决问题的成功率上升到98%。之所以会这样,是因为纸盒子里装了东西后,会使人们认为它是容器,由于功能固着作用,而忽略了盒子也可作为实验物品,从而影响了问题的解决。

(四) 知识经验

知识经验是保证问题解决的重要因素。这里所指的知识经验主要包含两层含义。

第一,指个体所拥有的知识经验的数量。一般说来,个体所拥有的知识经验的数量越多,越有利于问题的解决。西蒙等人的研究曾提出,一个象棋大师至少储存有五万个(知识)组块。解决问题实质上就是对有关知识经验的综合运用。与当前问题有关的知识越多,成功解决问题的可能性也就越大。多数情况下,知识经验的多少与个体的年龄密切相关。年龄越小,所拥有的知识经验常常越少。因此,年龄小的人一般比年龄大的人解决问题的能力差。

第二,指个体所拥有的知识经验的质量,即在实践活动中积累起来的知识经验(专家知识)。瑞夫(E. Reif,1979)通过对专家所具有的知识经验进行分析,发现专家的知识是按层次分门别类地组织起来的。当专家遇到新问题时,他能组织知识经验,很快找到问题的关键所在,从而快速地解决问题。进而瑞夫设想,如果按专家的知识经验编写教材,不仅有利于学习,而且有利于问题解决。

(五) 元认知过程

元认知过程能够帮助学习者认识到问题解决策略的适用条件,从而更加灵活地使用问题解决策略。实际上,元认知过程就是指导和调节学习者的认知过程,它不仅帮助学习者更好地表征问题情境、识别问题解决的障碍、设计出有效的解决方案,而且适时地监控和评估问题解决的进程。因此,教师要善于培养学生的元认知意识。如让学生介绍解决问题的过程和原因,并在小组内对解决问题的策略展开讨论。

第三节 问题解决能力的培养

自20世纪60年代人工智能兴起以来,人们逐渐对专门知识的个体差异产生了浓厚的兴趣。人们通过对专家和新手在问题解决能力方面的差异研究,提出专家之所以能够高效率地解决问题,是因为他们具备不同于新手的问题解决能力。

一、专家与新手解决问题能力的差异

格拉泽和齐(R. Glaser & M. T. H Chi,1988)对有关的研究做了系统的概括,他们认为,专家与新手解决问题的能力差异表现在六个方面。[①]

(一)有意义的知觉模式的差异

测量知觉模式的典型方法是:给被试呈现某个方面的信息,然后请他们复现这些信息。例如,有人以国际象棋专家和新手为被试,给他们呈现一典型的对弈棋局,看5秒。然后要求他们在空棋盘上复现看到的棋子位置。结果表明,国际象棋大师看一眼能复现20多个棋子及其位置,新手只能复现4~5个棋子及其位置。这说明,专家能知觉较大的有意义的刺激模式,新手不具备这样的能力。类似的实验在许多领域进行了重复。齐还以优秀的儿童棋手与成人新手、儿童新手进行对比实验,结果表明,优秀儿童棋手比成人或儿童新手有更大的棋子的知觉模式。这一研究表明,年龄不是决定棋子的知觉模式的关键因素,关键因素是专门知识的水平。

(二)短时记忆和长时记忆的差异

如前所述,人的短时记忆容量为7±2个信息单位。研究表明,通过专门训练,人的短时记忆容量可以扩大。典型的例子是切斯和埃利克森(C. Chase & Ericsson)的研究。他们发现一位短跑运动员记忆数字的能力很强。通过仔细研究发现,该运动员记住了大量的跑步比赛成绩的数字记录。他利用已知的大量有意义的数字模式帮助记忆。他的短时记忆可以达到记住80个数字的水平,大大超过常人只能记住约7个数字的水平。

一般认为,成人的短时记忆容量是不会改变的。该运动员之所以能有超乎常人的短时记忆力,按现代认知心理学的解释,他利用已有的数学知识,将要记忆的单个信息单位扩大。通常一个数字是一个信息单位,但利用有意义的数字模式,10个数字可能仅构成一个信息单位。

[①] 邵瑞珍. 教育心理学[M]. 上海:上海教育出版社,1997:139–142.

这样,表面看来,他从短时记忆中回忆出来的具体数字增加了,但其信息单位未变。由此看来,决定短时记忆力的是原有知识和利用原有知识将新信息组成较大组块的记忆策略。

同样,专家在他熟悉的领域有较优越的长时记忆能力。现代认知心理学的研究表明,人的长时记忆能力决定于他的知识的加工深度。知识加工程度越深,记忆效果越好。而加工深度又决定于他采用的策略。策略的适当性又与个人在专门领域的知识基础密切相关。

(三)技能执行速度的差异

某一领域的专家,如物理学家、数学家等,他们在基本技能方面的掌握已达到高度熟练的程度,有的已达到自动化。在解决复杂问题中,由于这些基本技能自动执行,便减轻了他们的短时记忆负担,他们可以把精力集中于运用策略,完成需要高水平思维方面的任务。这样他们技能执行的速度就比新手快得多。

除了基本技能熟练之外,专家有时解决问题速度快的另一个原因是,他们不必一步一步地进行推理。格拉泽提出了机遇推理(opportunistic reasoning)概念。这种推理是专家在收集信息到一定程度之后,偶然抓住的。如电子工程专家在检测机器故障时,不必预先计划每一步,在检测过程中,他们可能偶然出现某种想法,而这种想法与已经收集的信息一致,由此而导致问题迅速解决。

(四)用于表征问题的时间差异

在解决常规问题时,专家比新手快得多。但在解决困难的新问题时,专家用于表征问题的时间比新手要长一些。原因是他们有更多可利用的知识,他们需要思考与当前问题最有关的是什么知识。例如,有人曾给苏联问题专家与新手这样一个问题:"为苏联企业提出一项政策以增加企业的产量。"对专家的解题过程的原始记录分析表明,他们解题时间的1/4用于表征问题,如他们利用自己有关苏联政策的知识,对解答的结果可能是什么加上了一些限制条件。而新手仅用解题时间的1%表征问题。许多数学教师发现,代数学得好的学生在解题前常常给问题创造有意义的表征,而代数学得差的学生通常不思考问题的意义就开始把数字代入公式。

(五)表征的深度差异

当遇到一个新问题时,专家能很快抓住问题的实质,根据问题的内存结构表征问题,如齐等研究具有博士学位的物理学专家和刚学过一门物理学课程的大学生之间在物理问题表征上的差异。研究者给出 20 个描述物理学问题的名称。当请新手和专家将问题分类时,新手使用的典型名称是"斜面上的木块",专家使用的典型名称是"牛顿第二定律"。在研究计算机编程序专家和新手表征问题时也发现了同样的差异。编程序专家按用于解决问题的算法将问题分类,而新手则根据该程序能做什么,如产生一系列英文字母表上的字母来将问题分类。因此,根据问题得以解决的原理对问题进行表征被认为是问题的深层表征。

(六)自我监控技能的差异

研究表明,专家倾向于更频繁地检查自己对问题的解答,而且这种检查的效果比新手更好。专家在解决问题之前更可能产生其他的假设,在解题过程中更可能迅速抛弃不恰当的解决方法。而且研究也证实,他们能更为准确地判断出问题的难度,在问题解决的各个阶段,能始终保持反思,给自己提出一些恰当的疑问,这表明专家能较好地监督自己的问题解决过程。

二、问题解决能力的培养

(一)创造良好的课堂气氛,培养学生问题解决的内在动机

培养学生问题解决的能力,教师应注意创造良好的课堂气氛,培养学生主动质疑和解决问题的内在动机。教师要鼓励学生在课堂上主动提问题,减少各种各样的限制,形成自由探究的课堂气氛。教师提出的问题要有一定的难度,要根据学生已有的知识基础提出问题。问题过难,学生难以理解,并且不知道如何下手解决,会使学生失去信心和解决问题的兴趣;问题过易,也起不到应有的作用。难度适中的问题则使学生对问题产生解决的期待,有信心和兴趣,就会主动探索,积极参与。

(二)提供难度适当的问题

培养学生问题解决能力,要求教师在给学生设置问题时要考虑到问题的难度要适当。教师事先要了解学生的起点行为,即要对已有知识、原理进行重新组合,而不是重新学习新知识。问题的难度的设置应当有一个从较易到较难,从简单到综合的渐进的过程。当学生刚学原理或所学不多时,难度太大的问题会挫伤学生的解题积极性,但总是解决容易的问题也不利于问题解决能力的培养。

(三)帮助学生正确理解和分析问题

培养学生问题解决的能力,要求教师在教学过程中应注意教给学生理解和分析问题的一些方法,如画草图、列表、列方程式等,给学生提供一定的线索,或者补充必要的知识。学生只有始终对问题进行分析、了解,牢固掌握问题的目的与主要情境,将精力集中于解答的目的及标准,才有可能获得正确的答案。因此,教师要帮助学生发展系统考虑问题的方式及系统分析的习惯。

在帮助学生正确理解和分析问题过程中,教师要注意两种倾向。一是不能因让学生自己找出答案,就采取放羊态度,让学生进行盲目的尝试与错误练习;也不能过分热心,越俎代庖,

把结论抢先告诉学生。要使学生主动投入解题过程,鼓励学生提出多种解法,而不只是教学生解答。在学生实在有困难时,给学生提供适当的线索,或者补充必要的知识,以弥补其起点行为的不足。

(四)指导学生善于从记忆中提取信息

解决问题需要学生对原有概念、原理进行重新组合,而学生在对知识进行重新组合过程中常常遇到困难,这就需要教师给学生提供一定的线索,帮助学生从记忆中迅速提取与解决问题有关的信息,并能很快找出可利用的信息,这样就有利于问题的理解,找出解决问题的途径和方法。但也要防止学生养成总是重复过去的方法,鼓励学生从不同的角度看待问题,用新的方法去解决同类问题,突破已有的定势,以利于问题的解决。

(五)训练学生陈述自己的假设和步骤

在训练学生解决问题时,不仅仅要求学生能解决问题,还要培养学生从引用别人的言语指导到自行指导思考,然后再要求学生自己用言语表达出来。如果学生能够清楚地意识到自己的解题过程,就能自觉地对自己的解题过程和方法加以指导,明白自己理解上的错误和偏差,也能理清自己的思路,有利于及时、正确地归纳和总结解题的经验与策略,进行自我指导和监察。这样做能使学生学会调控自己的行为,并对自己进行自我强化,使问题的解决更加自觉、更加有意识地进行。

(六)提供结构不良问题,培养解决实际问题的能力

培养学生问题解决能力,要改变过去只是注重结构良好问题练习的倾向,教师要向学生提供一些结构不良的问题,如问题情境中有多余信息,或者缺失必要的信息,或者问题未明确等。学生要解决这种结构不良的问题,必须灵活运用过去所学的知识,并且,通过对这些问题的解决,学生能够重新建构知识,将解决问题的能力迁移到实际领域中去。

第四节　创造力的培养

一、创造力概述

(一)创造力的含义

关于什么是创造力,心理学界始终存在着分歧与争议。在有关创造力的早期研究中,研究者们倾向于将创造力视为一种个体特质、一种思维方式或者一种能力,他们从各自的角度

出发，往往只强调了创造力的某一层面。例如，心理测量学家认为，创造力是一种独特的思维方式，并将创造力概念化为一套发散性和聚合性思维的技巧。人格心理学家则认为，创造力是一种人格机制。认知心理学家认为，创造力是一种创造性地解决问题、产生新颖而适用的产品的能力。

目前，研究者们意识到，创造力是一种复杂的心理现象，很难依靠某种单一的概念框架得以解释，因而他们试图将创造力看作一种认知、人格和社会层面多因素的整合体。例如，斯腾伯格在他的创造力三层面模型中，提出了创造力的智能层面、智能风格层面和人格层面，即将创造力视为认知、倾向性和人格多层面因素相互作用的结果。梅耶（R. E. Mayer）在《创造力研究50年》一文中，提出了一个多数心理学家都赞同的定义：创造力意味着产生独特而有用的产品，这种产品包括想法也包括具体的物品。总之，目前的心理学家认为创造力是认知、人格和社会层面多因素的整合体，是不同于能力的另一种更复杂的心理结构。综合以上观点，我们认为，创造力是根据一定目的，运用已知信息，产生出某种新颖、独特、有社会或个人价值的产品的能力。

从本质上说，创造也是一种问题解决的过程，是最终产生新的产品的活动过程，因此，可以将它看作是问题解决的最高形式。创造有真创造和类创造之分。真创造是指科学家和其他发明创造者最终创造对人类而言是新颖的、且具有社会价值的产品的活动；类创造则是对个体而言的，也就是说，思维的产品对于个体而言是新的，但对于人类而言是已知的。个体在真创造和类创造活动中表现出的能力就是创造力。

（二）创造性思维及其特征

个体的创造力有着较为复杂的心理结构，是一种包含多种智慧品质的综合能力。其中创造性思维是创造力的基础。创造性思维是思维活动的高级过程，是在个人已有经验的基础上，发现新事物、创造新方法、解决问题的思维过程。创造性思维和再造性思维相对。再造性思维重复过去在类似情境中学会的方法来解决问题，而创造性思维要求打破惯常的解决问题的方式，将过去的经验重新加以综合，给问题以新的解答。一些心理学家将创造性思维与发散式思维联系起来，但是创造性思维并不完全等同于发散式思维，而是发散式思维和聚合式思维的统一。发散思维指产生尽可能多的观点和答案的能力，而聚合思维则是确定一个答案的能力。

一般认为，创造性思维具有流畅性、变通性和独创性三个特征。流畅性是指在限定时间内产生观念数量的多少。在短时间内产生的观念多，表明思维的流畅性大。变通性指从不同的方向和角度以及较多的渠道和较大的范围去灵活地考虑问题。如学生做数学题时的一题多解，学生作文时就同一命题写出不同的文章等。独创性指善于对信息加以重新组织，产生不同寻常、与众不同的见解的能力。此外还有重新定义或按新的方式对所见所闻加以组织的能力。

二、创造力与智力、人格的关系

(一)创造力与智力的关系

一般认为,智力是保证人们有效进行认知活动的那些稳定的心理特点的综合。因此,从功能上来讲,智力和创造力是有区别的:智力能使人们有效地进行认知活动,而创造力的功能在于产生出某种新颖、独特的产品。因此,创造力是一种更高水平的能力。

创造力与智力之间的关系非常复杂。长期研究表明,它们之间是一种相对独立的、在一定条件下又有相关的非线性关系(图5.4)。具体来说,低智力的人不可能有高的创造力;高智力的人既可能有高的创造力,也可能有低的创造力;低创造力的人其智力水平可能高,也可能低;高创造力的人必须具有高于一般水平的智力。也就是说,高智商虽然不是高创造力的充分条件,但却是高创造力的必要条件。并且,这种非线性的关系还揭示出:创造力具有一般的智力测验无法测出的智慧品质,正是由于这些特殊品质的参与,才实现了单纯智力无法完成的创造。

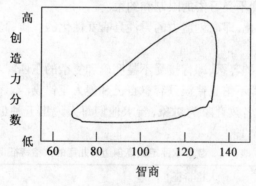

图5.4 创造力与智力的关系

(二)创造力与人格的关系

创造力与人格的关系非常密切。高创造力的人具有一些有利于其创造力发展和创造性地完成任务的人格特点。艾曼贝尔(Amabile)等指出,创造性个体具有某些特殊的人格特征。巴隆(Barron,1981)为了验证这一假设,将被认为有创造性的名人和普通人进行对比,结果发现他们在某些人格特质上确实存在显著差异,这些特质包括独立性、自信心、对困难的兴趣、审美倾向和冒险性等。斯腾伯格研究指出,人格的某些因素在个体创造性活动中起着与认知因素同样重要的作用,其中克服困难的意志力、动机、求知欲、冒险精神及对认可的期望等人格特质是创造性个体的典型特征。

创造性人格特征在创造性中有着不可忽视的地位和作用。创造性人格特征的研究主要在创造性认知研究的基础上,通过把创造性思维测验中得分较高的被试与其他被试进行比较,总结出高创造性被试所具有的典型人格特征。

吉尔福特(J. P. Guilford)等通过对创造性个体的研究发现,其典型人格特征主要有:
(1)有高度的自觉性和独立性,不肯雷同。
(2)有旺盛的求知欲。
(3)有强烈的好奇心,对事物的机理有深究的动机。
(4)知识面广,善于观察。
(5)工作中讲究条理性、准确性和严格性。
(6)有丰富的想象力、敏锐的直觉,喜好抽象思维,对智力活动与游戏有广泛的兴趣。
(7)有丰富的幽默感,表现出卓越的文艺天赋。
(8)意志品质出众,能排除外界干扰,长时间地专注于某个感兴趣的问题之中。

索里等人认为,高创造力者具有如下人格特点:
(1)观念的灵活性,即思想开放。
(2)个人的独立性,即不受习俗的限制和约束。
(3)性别角色的相反化,即高创造力的男性具有女性化的气质,高创造力的女性具有男性化的气质。
(4)对暧昧不明事物的容忍,即肯接受不甚明确和复杂的东西
(5)对错误的容忍,即不怕犯错误且容忍自己和他人犯错误。

托兰斯(1967)以87名教育家为对象,要求他们每人说出五种创造型儿童的行为(即人格)特征,具体结果见表5.1。

表5.1 教育家评定的高创造力儿童的人格特征

人格特征	百分比
好奇心,不断提出问题	66%
思维和行动的独创性	58%
思维和行为的独立性、个人主义、自足	38%
想象力丰富、喜欢叙述	35%
不随大流、不依赖集体的公认	28%
探索各种关系	17%
主意多	14%
喜欢搞实验	14%
灵活性	12%

续表 5.1

人格特征	百分比
顽强、坚韧	12%
喜欢虚构	12%
对事物的错综性感兴趣,喜欢用多种思维方式探讨复杂的事物	12%
敢于幻想	10%

三、创造力的测量

创造力的测量就是根据一定的理论和标准,采用一定的方法和手段,对个体的创造力进行评价的过程。

(一)创造力测验

1. 南加利福尼亚大学发散思维测验

20 世纪 50 年代,吉尔福特根据其三维智力结构模型和关于"创造性思维的核心是发散思维"的观点,与他的同事经过研究,编制出了一套发散性思维测验。该测验包括 14 个分测验:分为 10 个语言测验和 4 个非语言测验两部分。该测验主要适用于初中以上年龄的个体,主要考察思维的流畅性、变通性和独特等方面。

2. 芝加哥大学创造力测验

20 世纪 60 年代,芝加哥大学的心理学家盖泽尔斯和杰克逊(J. W. Getzels & P. W. Jackson)根据吉尔福特的理论对创造力展开了大量研究,编制了一套创造力测验,包括词汇联想测验、物体用途测验、隐蔽图形测验、寓言解释测验、组成问题测验五套测验。

3. 托兰斯创造性思维测验

1966 年,明尼苏达大学的托兰斯(E. P. Torrance)编制并出版了托兰斯创造性思维测验。该测验共三套,包括了 12 个分测验,是目前影响较大、应用较广的创造力测验。

第一套是关于言语的创造性思维,包括七项活动。前三项是问与猜,要求被试猜测画中的情境和以后可能发生的事情。后四项分别是成品改进测验、非凡用途测验、非凡问题测验和推断测验。

第二套是关于图画的创造性思维,包括三项活动。第一项活动要求被试把一个颜色鲜艳的图形贴在一张白纸的任意位置,然后以此为出发点画出一幅画并说出一段故事;第二项是完成图画,要求被试以简单的线条为开端完成一幅画;第三项要求被试用成对的、短的平行线或圆尽可能多地画出不同的图画。

第三套是听觉形象方面的测验,包括两项活动。第一项活动是音响想象;第二项活动是象声词想象。

该测验适用于从幼儿园儿童直至研究生的各年龄段的个体,四年级以上则可采用集体施测,主要从反应的流畅性、变通性、新异性和精致性四个方面进行计分。

(二)创造性人格测验

创造性人格测验主要是基于高创造性个体的共同人格特点进行归纳总结而编制的。其中,高夫(G. H. Gough)编制的"修饰词检查创造性个性量表"、托兰斯编制的"你是哪一种人"量表、戴维斯(G. A. Davis)和里姆(S. Rimm)编制的"发现创造性才能的团体调查表"等都颇具代表性。

此外,常用于创造性人格测验的工具还有卡特尔16种人格因素调查表(16PF),该量表中的情绪稳定性、自制、狂狷、自我满足等因素都与创造性人格有关。罗夏(H. Rorschach)墨迹测验、主题统觉测验等也常用于创造性人格的测量。

四、创造力的培养

(一)影响创造力发展的因素

1.家庭因素

家庭环境、父母的教养方式和态度对个体的创造力发展具有重大影响。概括来说,有利于个体创造力发展的家庭因素有:

(1)家庭比较民主,父母对孩子不专制。
(2)家长对孩子的好奇、探求精神和行动给予积极的鼓励和支持。
(3)父母信任孩子的能力,对孩子给予引导并提供独立锻炼的机会。
(4)孩子在家里与父母之间不拘束、不怕犯错误、有安全感。
(5)父母具有独立性和创造性,孩子在家受到父母思想行为潜移默化的影响。

不利于个体创造力发展的家庭因素有:

(1)父母专制,孩子凡事得经父母同意,养成听话顺从的习惯。
(2)家长对孩子过于溺爱,为孩子考虑太多,包办代替,剥夺孩子独立锻炼的机会。
(3)父母对儿童的好奇心、求知欲和探索行为不支持或简单粗暴处理。
(4)家庭缺乏民主自由气氛,孩子缺乏安全感。

2.学校教育因素

学校教育对学生创造力的影响主要体现在教师和学校开展的课程活动等方面。
(1)教师的教育观念会影响学生创造力的发展。

教师的一些不利于创造力培养的教育观念会阻碍学生创造力的发展。这些观念主要表现在：

①过分追求成功。在许多教师的心目中，考试得高分数的学生是好学生。有的学生只为了获得高分数而学习，不去独立思考。由于只为了好分数而学习的动机是外部动机，而不是内部动机，不是通过自己发现新方法解决问题，因此，会导致学生缺乏创造的动力。

②以同龄人的行为为楷模。教师经常教育学生要向同龄人学习，这样每个学生必须小心控制自己的行为，使自己的行为与他人保持一致，也就是让学生没有个性，没有自我，没有勇气，总觉得自己不行，导致学生觉得自己不能进行创造性活动。

③禁止学生提问。有时教师不喜欢学生提问，或者不鼓励学生提问。在教学过程中实行满堂灌，限制学生的创造力。

④权威式教育。传统上教师一直强调师道尊严，教师教学按课本和教学大纲，教师要求学生读课本并相信自己所教的内容，不鼓励学生对教材内容和教师讲授内容进行质疑，即不鼓励学生反权威，压抑自己的创造性。

(2) 教师的素质会影响学生创造力的发展。

教师对学生创造力的培养起主导作用，一个教师自身的素质会直接影响学生的创造力。日本学者恩田彰(1987)提出有利于学生创造力发展的教师具有下列特征：

①自己本身具有创造力。
②有强烈的求知欲。
③努力设法形成具有高创造性的班集体。
④创设宽容、理解、温暖的班级气氛。
⑤具有与学生们在一起共同学习的态度。
⑥创设良好的学习环境。
⑦注重对创造活动过程的评价以激发儿童的创造渴望。

(3) 学校组织的各种针对创造力开发的训练项目、课程和活动有助于促进学生创造力的发展。

3. 个性因素

心理学研究表明，具有创造力的个体都有充沛的精力、对风险的高忍耐力、信任自己控制自己的能力，尽管他们也需要得到人们的最终赞同，但必要时仍能承受孤单。心理学家费斯特(G. J. Fister)的研究表明，艺术家和科学家都比常人更加开放、自信、有支配欲、有野心、冲动和更少循规蹈矩。同时，科学家更尽责，艺术家则更容易表现出情绪不稳定性和不守常规的特点。威廉姆斯(W. M. Williams)将创造性个性概括为好奇心、想象力、冒险性和挑战性四个方面。

4. 社会文化因素

许多跨文化研究表明,在倡导和鼓励独立性、创造精神、主张男女平等的民主开放的社会文化环境下,个体的创造力普遍发展较好,且男女差异较小。同时,心理学家们还指出,不同历史时期的社会需要也对创造力发展有巨大影响,如有的历史时期创造性人才辈出,有的历史时期则人才枯竭。

(二)创造力培养的措施

1. 创设一个民主开放的教学环境

创造力的发展需要民主、自由的环境,为了培养学生的创造力,教师要努力营造一种民主、开放、宽松的教学环境;要改变教师全能的传统观念,积极尊重学生的观点、想法;要改变原有僵化的以分数为主的评价标准,鼓励学生进行创造性学习。

2. 培养好奇心,激发求知欲

好奇心和求知欲与创造性紧密相关。好奇心强的人对新奇事物总要主动探究,好奇心是激励人们进行创造的内部动力。求知欲旺盛的人,对所面临的问题不满足于现成的答案或书本上的结论,而是积极地去思考、去探索,试图发现新问题,做出新解释。可见,好奇心和求知欲的激发对培养和发展学生创造力十分必要。为了培养学生的好奇心、求知欲,可以不断创设变化的、能激起新异感的学习环境,多创设适当的问题情境,或组织、引导学生去观察大自然,考查社会生活,启发他们自己发现问题和寻求答案。

3. 鼓励学生进行独创,敢于标新立异

独创性是创造活动的最本质特征之一。为发展学生的创造力,必须注意培养他们的独创精神,鼓励直觉思维和大胆想象,允许学生按照自己的猜想去探索问题,鼓励他们用超出书本的知识去创造性地解决问题,按照自己的设想去进行实验,使他们在自己思想认识和行动表现上与众不同时,不是感到不安,而是感到自豪。此外,还可以树立创造力的楷模,为学生提供不同领域创造性人物的模范,如著名的科学家、艺术家等。

4. 积极开展创造性活动

学校可以为学生组织各种培养创造性的课外活动和比赛,让学生的能力在不同领域内得到鼓励和锻炼。创造性课外活动和比赛可在科学、数学、文学、艺术、计算机等许多领域开展,比较容易实施,每个学校和班级都可随时随地进行。例如,由学生自己办报纸、画刊、出诗集,亲自动手设计和制造各种模型与产品,撰写科技小论文等。通过这些活动,均能有效地发展儿童、青少年的各种创造才能。

5. 训练学生的发散思维

发散思维的训练应当有意识地从培养思维的独创性、灵活性和流畅性入手,给学生提供

开展发散思维的机会,安排一个刺激学生发散思维的环境,逐渐养成学生多方向、多角度认识事物和解决问题的习惯。如可以通过"一题多解"和"一题多变"的练习,培养学生思维的灵活性和变通性;还可通过学生自编应用题,以发展思维的独特性和新颖性;也可以通过班级集体讨论的方式培养发散思维。此外,也要重视展开性思维的训练,将材料、功能、结构、组合、因果、关系等方面作为"展开点"进行展开性思维训练,以培养学生的创造性思维能力。如材料展开训练:尽可能多地写出回形针的各种用途;因果展开训练:尽可能多地写出造成玻璃破碎的各种原因,等等。

6. 培养创造性的个性

如前所述,具有高创造性的个体一般都有优良的个性品质。因此,在培养学生创造力的过程中,教育者应关注学生个性的培养。要注重培养学生独立、勤奋、自信、有恒、谦虚、细致、好进取、好探究等有利于创造力发展的个性特征,注意及时消除和矫正怠惰、怯懦、自卑、骄傲、粗心、安于现状、墨守成规等不利于创造力发展的个性特征。

【思考题】

1. 什么是问题与问题解决?
2. 简要描述问题解决的过程。
3. 问题解决的主要策略有哪几种?
4. 影响问题解决的因素有哪些?
5. 专家和新手问题解决的差异主要表现在哪些方面?
6. 举例说明如何在教学中培养学生的问题解决能力。
7. 什么是创造力?创造力与智力、人格的关系是什么?
8. 影响创造力的因素有哪些?如何培养学生的创造力?

Chapter 6

学习策略的学习

学会学习和终身教育的理念在当今信息社会的发展中广为普及,学习策略源于学习方法的研究,其目的是要提高学习效率,实现有效教学。这个关于如何学习的问题成为教育心理学中一个相当热门的话题。学习策略、元认知等方面的研究为学会学习提供理论和实践的指导。在这一章里,我们将着重讨论学习策略及其教学的问题。

第一节 学习策略概述

一、学习策略的界定

在有关学习策略的研究中,学习策略的界定始终是一个基本的问题。对于什么是学习策略,人们从不同的研究角度和方法,提出了各自的看法,归纳起来大致可以分为三类。

第一类,学习策略即学习方法。这种观点认为学习策略属于信息加工部分,是学习过程中信息加工的程序、方法或者规则,即学习策略就是学习方法。如计算方法、记忆方法。例如,里格尼(Rigney)认为,学习策略是学生用于获取、保存与提取知识与作业的各种操作的程序;达菲(Duffy)认为,"学习策略是内隐的学习规则系统";梅耶认为,"学习策略是学习者有目的地影响自我信息加工的活动","是在学习活动中用以提高学习效率的任何活动",这些活动包括记忆术、划线、做笔记、概述等方法的使用;琼斯(Jones)等认为,学习策略是被用于编码、分析和提取信息的智力活动或思维步骤。[①]

第二类,学习策略即调节监控策略。这种观点认为学习策略是信息加工模式的调控部分,指学习者在认知过程中,对信息加工过程实行调节和监控的一系列技能。如对阅读过程

---

① 史耀芳.二十世纪国内外学习策略研究概述[J].心理科学,2001(5).

的领会监控和学习方法的调整。加涅认为,学习策略是学习者从内部进行组织起来的用来调节自己注意、记忆、思维等过程的一般技能,学习策略脱离了具体的学习材料和学习内容,其功能在于指导学习者反省自己的认知活动。

第三类,学习策略是学习方法和调控策略的结合。这种观点认为学习方法和学习的调节和控制同属于学习策略的范畴,是相互联系的、具有不同功能的学习策略。一般而言,学习方法直接作用于信息加工过程,用于编码、保持、提取和运用信息的方法;学习的调控则作用于个体,用以维持、调节和控制学习者的内部状态,使学习方法能够有效地发挥加工信息的作用。斯滕伯格(Sternberg)指出,学习中的策略(他称为"智力技能")是由执行的技能(executive skills)和非执行的技能(non-executive skills)整合而成,其中前者指学习的调控技能,后者指一般的学法技能。丹瑟洛(Dansereau)认为,学习策略包括两个相互联系的策略:基本策略和辅助策略。基本策略是一种操纵策略,用来帮助学习者发现合适的信息加工的方式和方法,以便直接操作信息。辅助策略则是一种调控策略,用来帮助学习者维持一种合适的内部心理定向,以保证基本策略实施的有效性。

综合不同观点,我们认为学习策略是指在学习过程中,学习者为了达到有效学习的目的而采用的规则、方法、技巧及其调控方法的总和,它能够根据学习情境中的各种变量、变量间的关系及其变化,对学习活动和学习方法的选择与使用进行调控。[①] 其中,学习过程中用来进行信息加工的学习策略被称为学习认知策略;用来调节和控制学习过程、保障信息加工过程有效进行的学习策略则被称为学习监控策略,即元认知策略。

二、学习策略的特点

(一)操作性和监控性的有机统一

学习策略涉及的是学习方法(怎样学习)及对学习过程的调节技能(怎样有效学习)问题,因而属于程序性知识。学习策略作为一套规则系统一旦自动化之后,就能够自动为学习者提供相应的方法和技能,从而供学习者在学习过程中加以选择和调控。学习策略的这种操作性体现在学生认知过程的各个阶段,能够为有效认知提供各种方法和技能。

学习策略的监控性体现在内隐的认知操作之中,从先前的学习经验得来的学习策略在不同的学习情境下的适用性并不相同,因此学习者需要在整个学习过程中对它进行有效的监控和及时的调整。在这种监控机制中,元认知是最主要的动力系统。

---

① 张大均.教育心理学[M].北京:人民教育出版社,2011:170.

(二)外显性和内隐性的有机统一

从学习者的学习活动和认知过程的可观察性来看,在实际的学习中,我们可以直接观察到学习者在使用哪种或哪些外部的学习操作,并对此做出适当的监控,因此学习策略具有外显性的特点。同时,学习策略对学习的调控是在头脑中借助内部语言进行的内部意向活动,它支配和调节着外部操作,这就是学习的内隐性的体现。

从学习过程的意识性来看,学习者在学习过程中对学习策略的运用和对整个学习过程的监控在某些时候是能够意识到的,但在某些情况下,却不能够直接意识得到,只有当学习活动出现明显的无效或者错误时才能够意识到,然后对学习过程进行调控。

(三)主动性和迁移性的有机统一

学习时,学习者在分析学习任务和自我特点的基础上,制定适当的学习计划,并随时进行调整,体现了学习策略是学习者对学习活动的能动把握。由此可见学习策略的主动性的特点。同时,学习策略具有一定的一般性,这是学习者从具体的学习活动和过程中抽象出来的,独立于学习的内容之外,可以广泛地用于许多学习任务上,即从某种学习情境中获得的学习策略,能够有效地迁移到类似的或不同的学习情境中去。

三、学习策略的分类

尽管研究者们自20世纪50年代就开始关注学习策略的研究,但由于研究者对学习策略本质的看法存在差异,因此有关学习策略的结构和层次也就存在着很大的争议。可以说,有多少种学习策略的定义,就有多少种学习策略分类的观点。

(一)麦基奇等人的分类

麦基奇等人(McKeachie, et al., 1990)将学习策略区分为三种,并对它们之间的层次进行了分析。他认为,学习策略可以分为认知策略、元认知策略和资源管理策略三种。[①] 认知策略是信息加工的策略;元认知策略是对信息加工过程进行调控的策略;资源管理策略是辅助学生管理可用的环境和资源的策略,它对学生的动机具有重要的作用。成功的学生使用这些策略帮助他们适应环境及调节环境以适应自己的需要,如图6.1所示。

[①] MCKEACHIE W. Teaching and learning in the college classroom: A review of the research literature[M]. Ann Arbor: University of Michigan, 1990.

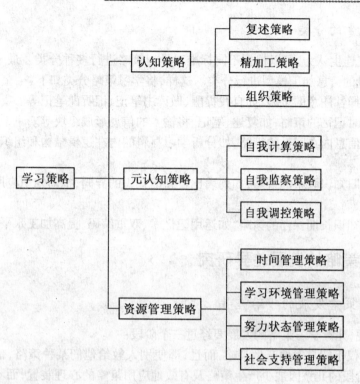

图 6.1 麦基奇的学习策略分类

(二)丹瑟洛的分类

丹瑟洛(Dansereau)等人认为,学习活动是一个由多种紧密关联的活动构成的复杂的活动系统。[①] 在学习过程中,认知活动无疑扮演着最为关键的角色,但与此同时,还需要适宜的认知气氛来支持认知活动的进行,使之更为有效。这样,丹瑟洛认为学习策略是由相互作用的两种成分组成:基本策略(primary strategies)和辅助性策略(support strategies)。基本策略直接用于学生的认知活动,是学生在学习过程中使用的主导性策略,包括获得和存储信息的策略及提取和使用这些存储信息的策略。辅助策略被用来维持合适的进行学习的心理状态,如专心策略。辅助性策略包括计划和时间安排、专心管理以及监控与诊断。这些辅助性策略帮助学生产生和维持某种内在状态,以使学生有效完成基本策略。不论基本策略有效性如何,如果学生的心理状态不是很佳,那么,它们对学习和操作的作用也不会最佳。

---

① DANSEREAU D F. Learning strategy research. In J. W. Segal, S. F. Chipman, &R. Glaser(Eds.)[M]. Thinking and learning skills:Relating instruction to research. Hillsdale,NJ:Erlbaum,1985.

(三)皮连生的分类

我国学者皮连生认为,可以根据不同标准对学习策略进行多种分类。最一般的学习策略分类是依据学习的信息加工模型进行分类。这样,将学习策略分类如下:

(1)促进选择性注意的策略,如自我提醒、做读书笔记、记听课笔记等。

(2)促进短时记忆的策略,如复述、笔记、将输入的信息形成组块等。

(3)促进新信息内在联系的策略,如分析学习材料的内在逻辑结构和组织结构,多问几个为什么等。

(4)促进新旧知识联系的策略,如列表比较新旧知识的异同,把新知识应用于解释新的例子等。

(5)促进新知识长期保存的策略,如运用记忆术、双重编码、提高加工水平等。

四、学习策略的发展差异研究

(一)学习策略发展的年龄差异

研究者发现,儿童学习策略的发展要经过三个阶段:

(1)儿童不仅不能自发地产生策略,而且,即使别人教给他们某种策略,他们也不能有效地使用。这一阶段的儿童因缺少产生策略及有效地应用策略的心理装置,而不能对认知活动进行合理的调节。

(2)虽然儿童仍不能自发地产生某种策略,但却可以在他人的指导下学会某种策略,从而提高认知活动的反应水平,这一阶段的儿童已具有使用某种策略的能力,但如果离开外力的帮助,自己不能产生策略。

(3)儿童可以自发地产生并有效地使用策略。初、高中时期,某些青少年在他们熟悉的知识领域,可以在无人指导的条件下,自觉运用适当的策略改进学习,而且能根据任务的需要来调整策略。

学习者掌握和运用学习策略的能力是在学习中随经验的增长而逐渐发展起来的。学习者对自己学习系统的了解及对进入学习系统的信息怎样处理做出决定,是有效运用学习策略的基础和前提。

(二)学习策略发展的个别差异

学生对学习策略的掌握和选择存在明显的个别差异。研究发现,智商水平较高的比智商水平较低的更能自发地获得有效的学习策略。学习动机则决定学习者选择何种策略,动机强的学生倾向于经常使用已习得的策略,动机弱的则对策略使用不敏感;具有内在动机的学生较多使用意义学习的策略,而具有外部动机的学生更多采用机械学习的策略。

五、掌握学习策略的意义

(一)掌握学习策略是学会学习的必然要求

在"知识就是力量"的号召下,有效传授知识一直是教师努力的方向,而知识本身也是一个学科的基石。尽管知识掌握是重要的教学目标,但教师的工作不只是传授知识,对于教师而言,直接传授知识还不如让学生掌握如何进行学习、如何获得知识更为重要。这样,学习策略的掌握就成为一项重要的教学目标。

(二)掌握学习策略是主体性教学的要求

学生是学习活动的主人,他们的学习积极性是保证达到学习目标的基础。学习策略具有主动性,即学习者在分析学习任务和自我特点的基础上,制订适当的学习计划,并随时进行调整,这是学生积极主动地学习和自主发展的体现和要求。

(三)掌握学习策略能够有效提高学习的质量

学习策略是关于学习的方法和调控的技能,它解决的就是如何学习和如何有效学习的问题。有效的学习策略能够提高学习效率和获得更好的学习效果,使学生的学习取得事半功倍的效果。

第二节 认知策略

一、认知策略与学习策略的关系

(一)认知策略的概念

认知策略这个术语最初是由布鲁纳(Bruner)在其著名的人工概念的研究中提出的,随后心理学家纽厄尔(Newell)等利用计算机有效地模仿了人类的问题解决策略,从而形成"学习策略"的概念,这引起了心理学家尤其是教育心理学家的极大兴趣。

加涅认为,认知主要是人脑对信息的加工过程,如对信息的编码、转换、储存。而认知策略则是如何对信息进行认知加工,即学习者用来调节自己内部注意、记忆、思维等过程的技能。其功能在于使学习者不断反省自己的认知活动,调控对概念和规则的使用。可见,认知策略是学习过程中对信息进行加工的一些方法和技术,有助于有效地从记忆中提取信息。如记忆一篇诗歌,可以机械记忆,也可以理解后记忆;可以采用过度学习的方法,即在记住的基础上多学习几遍,把它记熟,也可以把这些时间分为几个时间段来进行记忆。又如练习英语听力,可以采用泛听的方法(听大量不同的英语材料),也可以采用精听的形式(即在听某个材料的时候能够做到把它记下来或者默写下来)等。

从信息加工的角度出发,人们的学习过程实质上是信息的解码、编码、识记、保持、提取等一系列过程,而认知策略也就是学习过程中对信息进行加工的方式方法。那么,我们从信息加工流程(信息的选择、获得、建构、综合)的角度,将认知策略分为精加工策略、复述策略、组织策略。

(二)认知策略与学习策略

认知策略与学习策略紧密联系,又有很大区别。

学习这一概念的外延大于认知这一概念的外延,因而学习策略的外延也大于认知策略的外延。学习策略是针对学习活动的整个过程,而认知策略仅涉及信息加工过程。学习的过程除了信息加工外,还表现出许多与信息加工有关的学习者自身生理的、情绪的、社会性的影响因素,学习策略也包括对这些因素的处理和控制的方式。学习策略包括信息流程中所有环节所使用的方法和技术,如注意、复述、精加工、组织编码等过程以及对它们的控制过程。其中复述、精加工和组织是直接对信息进行的加工,属于认知策略。而对信息加工的控制过程则控制着信息的流程,监控和指导认知过程的进行,属于元认知策略。此外,还有涉及对时间、环境、努力等因素进行管理的自我激发动机的资源管理策略。可见,将学习策略等同于认知策略无疑是缩小了学习策略的外延。

学习策略的目的是帮助学习者控制学习的信息加工系统,以便更好地存储和提取信息,在这一点上,学习策略与认知策略是一致的。而且学习活动虽不等同于认知活动,但学习活动的主要活动就是认知活动,所以认知策略是学习策略的重要组成部分。

二、学习中主要的认知策略

(一)精加工策略

精加工策略指一种将新学材料与头脑中已有知识联系起来,从而增加新信息的意义的深层加工策略。这种策略是一种理解记忆的策略,旨在建立信息间的联系,这样可以帮助学习者将信息储存到长时记忆中去,并且便于信息的提取。

根据学习材料自身意义性的强弱,可以将精加工策略分为两大类:对意义性不强的信息进行精加工的策略称之为人为联想策略,而对意义性较强的信息进行的精加工策略则称作内在联系策略。

1. 人为联想策略(记忆术)

对意义性不强的信息进行精加工的策略叫人为联想策略。这种策略通过视觉形象或寻找语义之间的联系人为地给识记材料安排一定的联系来帮助记忆。这一策略的基本原则就是通过精加工和联想使无意义的材料意义化,使抽象的内容形象化,使分散而无内在联系的材料系统化。

(1)位置记忆法。

位置记忆法是一种传统的记忆术。这种技术在古代不用讲稿的讲演中曾被广泛使用,而且沿用至今。使用位置记忆法,就是学习者在头脑中创建一幅熟悉的场景,在这个场景中确定一条明确的路线,在这条路线上确定一些特定的点,然后将要记的项目全部视觉化,并按顺序和这条路线上的各个点联系起来。回忆时,按这条路线上的各个点提取所记的项目。位置记忆法对于记忆有顺序的系列项目特别有用。

(2)形象联想法。

形象联想法是通过人为联想,使无意义的难记的材料和头脑中的鲜明奇特的形象(视觉表象)相结合,从而提高记忆效果。联想时,想象越奇特而又合理,记忆就越牢固。例如可以将"飞机——箱子"想象为"飞机穿过箱子","牛——球"想象为"牛追逐跳起的球","橘子——狗"可以想象为"一个比狗还大的橘子砸中了一条狗"等。有一种用想象来增强记忆的古老方法,就是创造一个故事,将所有要记的信息编在一起。例如,人们一直在用希腊有关星的神话来帮助回忆星的名字。

(3)谐音联想法。

谐音联想法是学习一种新材料时运用联想,通过谐音线索,运用视觉表象,假借意义,进行人为联想。例如,印度洋的面积约为7 496万平方千米,可以记成"旗子旧了"。圆周率3.1415926535编成"山巅一寺一壶酒(3.14159)尔乐苦煞吾(26535)"。值得注意的是,关键的谐音词只起"检索"的作用,它不能代替对知识本身的精确感知,应该在谐音和需要学习的材料之间进行有效的转换。

(4)首字连词法。

首字连词法是利用每个词语的第一个字形成缩写,或者用一系列词描绘某个过程的每个步骤,然后将这一系列词提取首字作为记忆的支撑点。例如二十四节气歌:春雨惊春清谷天,夏满芒夏暑相连,秋处露秋寒霜降,冬雪雪冬小大寒。这样就把二十四个节气都记住了。还有,例如记忆北美五大湖:休伦湖(Huron)、安大略湖(Ontario)、密歇根湖(Michigan)、伊利湖(Erie)、苏必利尔湖(Superio),可以记成"HOMES"。

2. 生成策略

生成策略强调的是在理解的基础上,对学习的新信息进行提炼和组织,这样的学习效果要好于单纯的记忆效果,其主要方式有以下几种。

(1)画线、摘要、作注释。

这种方式就是在学习过程中,将众多的学习内容中的重点和难点内容勾画出来,便于理解。这样勾画出来的内容一般是关键的词句,但信息并不完整充分,这样可以在画线或摘要的旁边作注释,以提高效率。但是,研究表明,当学生无法确定什么材料是最重要的,而只是单纯地在很多地方画线,这对学习没有太大的促进作用。

(2) 标题目、写提要。

这一策略需要学习者对新信息进行精加工和整合,对材料的中心思想进行心理加工,具体表现为学生要用自己的语言对材料的中心思想进行组织和简短陈述。

3. 记笔记策略

记笔记策略是生成策略中使用较为普遍的精加工策略,所以将其单独列出来。记笔记不仅是一种用以复习的信息的外部存储,而且能促进新信息的精细加工和整合。

记笔记的效果是不一致的,笔记的种类将影响整合和组织信息的方法。逐字逐句地记笔记是对材料的一字一句地编码;记总结性笔记将增进对材料的再组织和整合。用自己的话记简要笔记,组织和总结讲演中的要点,这可能使笔记更适合于自己。有人发现,用自己的话记笔记(用不同的词表达中心思想)和为了准备教别人而记笔记是很有效的,因为,它们要求对信息进行高水平的心理加工。在复杂的理论性材料中,关键的任务又是找出思想大意时,记笔记似乎效果更佳。要求有一定的心理加工的笔记比纯粹笔录阅读材料要有效得多。

记笔记的方法很多,其中流传较广的是康奈尔笔记技术(图6.2)。

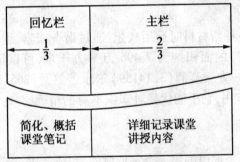

图6.2 康奈尔笔记模式

其操作步骤如下:

第一步,听课前的准备工作。记笔记前,将笔记本的每一页分成两栏,比较宽的一栏为主栏,记录讲课;较窄的一栏为回忆栏,用关键词和短语将主栏的内容恰当概括,记录在回忆栏。听课前,花几分钟复习前面的笔记,以便与新讲座内容建立联系。

第二步,听课中记笔记。尽量抓住重要观点,尽可能记下有意义的概念和要点,这比记下详细例子更重要。记录中可以使用一些缩写和自己明白的符号代码。

第三步,听课后整理。听课后尽早整理笔记。首先通过读笔记,修改潦草字迹使它更清楚,填补听课时有意留下的、来不及记录的空白,找出主要观点并标示出来。然后,在回忆栏写下关键词或短语。用自己的话归纳出关键词,实际是在头脑中对所听课内容的组织和建构。

完成以上三步后,马上盖住主栏只留下回忆栏,以此作为线索,尽可能用自己的话对主栏内容包括观点和论据进行恰当的复述,然后打开笔记,检查对照自己刚才所说是否正确。最后要对几天来的笔记进行整理复习,对一个单元的知识形成一个相对完整、清晰的认知结构。

(二)复述策略

复述策略是指在工作记忆中为了维持信息而对信息进行重复识记的过程,它是短时记忆的信息进入长时记忆的关键。复习是复述的一种重要形式,它对学习有重要的促进作用。

1. 复习时间的合理安排

(1)及时复习。

心理学家艾宾浩斯等人发现,遗忘的进程是先快后慢。在识记后的 20 分钟,就差不多遗忘了 40%,不过几天,就忘得差不多了。如果过了很长时间,直等到考试前才复习,就几乎等于重新学习了。前苏联著名的教育家乌申斯基曾指出,我们应当"巩固建筑物",而不是要等待去"修补已经崩溃的建筑物"。所以根据这一规律,复习最好要及时进行。复习的黄金 2 分钟是指学习后 10 分钟就进行复习,只用 2 分钟就能取得良好效果。

(2)分散复习。

由于消退、干扰等因素,学习的材料都会随着时间的推移而出现不同程度的遗忘。因此,对于大多数学习,分散学习更有益于长期保持。学生学习之后要复习四五次才能将所学内容长期牢固地储存在头脑里。一般认为开始学习的时候,时间间隔要短,以后可以长些。大体时间安排为:10 分钟、一天、一周、一个月、二个月、半年之后对同一材料各复习一次。

(3)限时记忆。

限时记忆主要应用于临时需要记住大量材料的情况。当我们对记忆的时间加以限制时,随着限制时间的来临,大脑的兴奋度就会提高,它的机能因此被调动起来,记忆效果就会提高。

2. 复习次数的合理安排——过度学习

过度学习是指在"记得""学会"的基础上,再增加一些学习的时间,以便对学习材料的掌握达到更高的程度。一般来说,过度学习的次数保持在 50%~100% 最好。当然,过度学习在教学实践中的应用也不是无限的,过度学习对那些必须能长期地准确回忆而且又没有什么意义的操练信息最为有用,如乘法口诀、汉字书写、英语单词的拼写。

3. 复习方法的合理选用

(1) 整体练习和部分练习。

对于某种知识技能,进行整体学习,可以减少别的事情对学习的干扰,如教孩子学自行车。但是对于长且复杂的内容,更适合部分学习,即将长长的一段内容分成一小段一小段来学习。如教师教学生乘法口诀表,总是让学生先背乘2的一列,然后教乘3的一列。

(2) 自问自答。

这是指学生在学习一篇材料时,一面阅读,一面自己提问自己回答。这样做的好处是,根据自己回答的情况,检查自己的错误和薄弱环节,从而重新分配努力。因此,学习印象深刻,记忆牢固。如果只是简单重复阅读,平均使力,犹如小和尚念经有口无心,只是空虚的口头功夫,学习效率难以提高。

(3) 尝试背诵。

复习时可以采取阅读与回忆相结合的方法。阅读两遍自己觉得记住了,就合上书,回忆书中的内容,回忆时用自己的话说出来效果更好。回忆后再对照书或笔记看哪些地方有错,有难点,就多下点功夫,直到熟练回忆出为止。

(4) 形式多样化。

将所学知识进行背诵、抄写、实验、总结、讨论等多种形式的复述。这样有利于多角度地理解知识,比单调重复更有利于理解和记忆。某一领域的专家之所以能记得住很多专业知识,是因为他们在反复地应用这些知识。只有善于在不同的情境下反复应用所学的知识,才能加深对知识的理解和保持。

(5) 多感官协同活动。

在知识学习中,可以边听边看、边说边写、边听边做、边想边动手,这样运用多感官协同记忆,可以在大脑中留下多方面的回忆线索,从而提高记忆效果。

(三) 组织策略

组织策略指整合所学新知识之间、新旧知识之间的内在联系,形成新的知识结构的策略。一方面,组织就是把信息组合成具有一定意义的整体,这样比较容易记住。另一方面,组织是把学习材料分解成一些较小的单元,再把这些单元归在适当的类别之中,这样,每项信息就都能够同其他信息联系在一起进行记忆,这将大大有助于信息的提取。组织策略和精加工策略是密不可分的,如记笔记和写提要等实际上是两者的结合。下面是一些常用的组织策略。

1. 归类策略

归类是把材料分成小单元,再把这些单元归到适当的类别里。例如要外出购买的东西很多:盐、葡萄、蒜、苹果、胡萝卜、橘子、胡椒、豌豆、辣椒粉、姜,可以将它们分别归在"水果""蔬菜"和"佐料"等概念之下,再分门别类地记忆。

研究表明,某一领域的专家的特征之一,就是在他们的长时记忆中拥有一个组织良好的、金字塔结构式的知识体。在记忆大量信息时,他们会迅速地识别和处理,将它们归成不同的"组块",安插在自己的知识体系里。在需要这些信息时,他们又会用各类别的标题作为提取的线索,从而很快地找到信息。总之,组织使记忆量大大减少,从而大大减少了识记与回忆的负担。

2. 列提纲

列提纲是以简要的语词写下主要和次要的观点,也就是以金字塔的形式呈现材料的要点。列提纲时,先对材料进行系统的分析、归纳和总结,然后,用简要的语词,按材料中的逻辑关系,写下主要和次要的观点。所列出的提纲要具有概括性和条理性,其效果取决于学习者是如何使用它的。

列提纲可以分为四个步骤:①学习教材,判断教材学习的主要目标,理解基本思想;②勾划或摘录出要点;③考虑信息之间的关系,可用大小数码表达它们之间的层次结构(一、二、三、……1、2、3……);④记住提纲,使用提纲解答问题。

3. 作图表

（1）系统结构图。

研究表明,存储在长时记忆中的信息就是以金字塔的结构组织的。在金字塔结构里,较具体的概念要放在较抽象的概念之下,这种结构对学生的理解特别有帮助。这种组织对专家来说,能够很有效地在短时记忆中管理材料,能很快地在长时记忆中找到所需要的信息,如图6.3所示。

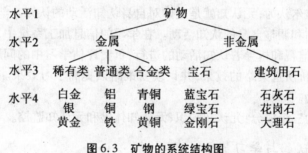

图 6.3 矿物的系统结构图

（2）概念关系图。

建构概念关系图的过程是一个把自己头脑中的知识外显化的过程,是用来图解各种观点是如何相互联系的,也就是先指出中心思想然后图解它们之间的关系。不仅如此,对于程序性知识的学习采用流程图的形式,对于复杂的信息,采用各种形式的表格都可以对信息起到组织的作用。有利于形成信息的视觉化,能促进对信息的记忆和理解,如图6.4所示。

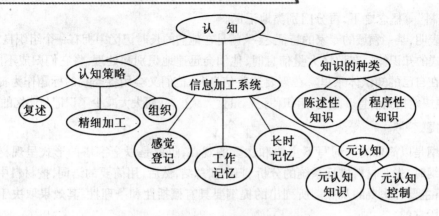

图6.4 有关认知心理学知识的关系图

第三节 元认知策略

一、元认知与学习策略

(一)元认知概述

元认知的概念是由美国心理学家费拉维尔(J. H. Flavell)1976年在《认知发展》一书中首先提出来的。费拉维尔认为,元认知就是主体对自身认知活动的认知。学习者可以通过元认知来了解、检验、评估和调整自己的认知活动。在学习的信息加工系统中,存在着一个对信息的执行控制过程,它监视和指导着认知活动的进行,负责评估学习中的问题,确定用什么学习策略来解决问题,评价所选策略的效果,并且改变策略以提高学习效果。这种执行监控就是元认知的功能和活动。

元认知可以分为三个成分:元认知知识、元认知体验和元认知监控。

(二)认知、元认知与学习策略

1. 认知与元认知

元认知和认知都属于人的认识和思维活动,二者的区别主要表现在以下几个方面:

(1)认识和思考的对象不同。

认知活动的对象是外在的、具体的,如记忆的对象是某个具体的事件或某篇文章,阅读的对象是某段具体的文字;而元认知的对象是内在的、抽象的,是主体自身正在进行的认知活动。

(2) 活动的内容不同。

认知活动的内容是对认识对象进行某种智力操作,例如,阅读某一篇文章,通过对这篇文章的字词进行辨认,句子、段落进行理解,最后达到对文章的整体把握。元认知活动的内容是对认知活动进行调节和监控,如阅读中的元认知活动有明确阅读目的、集中注意力、对阅读活动的调节、自我提问以检查阅读效果、采取修正策略等。

(3) 作用方式不同。

认知活动可以直接使认知主体取得认知活动的进展,例如,个体阅读一篇文章,就可以知道这篇文章的大意、中心思想;而元认知只能通过对认知活动的调控,间接地影响主体的认知活动,例如,通过自我检查确认主体的阅读是否达到预期目标。

(4) 发展速度不同。

从个体认知发展看,元认知落后于认知的发展。研究表明,婴儿出生以后就有了一定的认知能力。而幼儿到了学前期才开始获得一些零星的、肤浅的元认知能力,这是元认知能力才开始发展。在大学生中,元认知能力存在着极大的个体差异,通过加强对元认知的学习和培养,能使大学生的元认知能力获得迅速发展和提高。

从本质上讲,元认知是不同于认知的另一种现象,它反映了主体对自己"认知"的认知。同时两者又是相互联系、不可分割的,认知是元认知的基础,没有认知,元认知便没有对象;元认知通过对认知的调控,促进认知的发展。元认知和认知共同作用,促进和保证认知主体完成认知任务,实现认知目标。

2. 元认知与学习策略

元认知与学习策略之间的关系,我国学者陈琦认为,学习策略是储存在长时记忆中的元认知知识。元认知过程则是在工作记忆中进行的、运用储存在长时记忆中的元认知知识(学习策略)来管理和控制认知活动的过程,即元认知过程是使用学习策略的过程。这就是说,学习策略是有关学习的动态过程的静态知识,而元认知过程则是使用静态知识的动态过程。

二、学习中的元认知策略

元认知策略,是指学生对自己学习过程的有效监视和控制。概括起来,学习中的主要元认知策略有以下几种。

(一) 计划策略

合理的学习计划是顺利完成学习活动和提高学习效率的前提。根据认知活动的特定目标,在一项认知活动之前计划各种活动,预计结果,选择策略,想出各种解决问题的办法,并估计其有效性,这就是计划策略。学习中的计划策略包括设置学习目标、浏览阅读材料、设置思考题以及分析如何完成学习任务。给学习作计划就好比是足球教练在比赛前针对对方球队的特点与出场情况提出对策。不论是完成作业,还是为了应付测验,学生在每一节课都应当有一个一般的"对策"。如学习者设置学习目标、分析如何完成学习任务,估计方法是否有效等等。通过这些设定的计划,学习者对自己的学习过程进行监控,经常对学习过程与原先的计划设想进行比较,及时发现问题,进行调整。

(二)监控策略

监控策略是指在认知过程中,根据认知目标及时检测认知过程,寻找两者之间的差异,并对学习过程及时进行调整,以期顺利实现有效学习的策略。具体包括以下几种策略。

1. 领会监控

领会监控是一种具体的监控,一般在阅读中使用。在阅读过程中,学习者将自己的阅读领会过程作为监控对象,不断对其进行积极的监视和调整。领会监控就是不断监控自己是否达到了对学习材料的领会。如果找出了重要细节,或抓住了课文的要点,熟练的读者会因达到目标而体验到一种满足感。如果没有找到达成理解的重要信息,或者没有理解关键概念,则会出现一种短暂的认知困惑,领会监控策略就会指导认知系统去采取一定的补救措施。

在阅读时,有些学生常常以重复(如再读、抄笔记等)为主要的策略。为了帮助这类学生,德文(Devine)对他们提高领会的监控提出一些建议,如变化阅读的速度、容忍模糊、猜测含义、重读较难的段落等。

SQ3R 是最常见的帮助学习者学习教材内容的阅读领会策略,其步骤如下。

(1)浏览(survey):浏览全书,大致了解阅读材料的主要内容。浏览范围包括:

①看封面信息,即书名、作者、出版商及出版日期。

②查阅目录和内容提要,以确定哪一部分是你感兴趣的。

③浏览前言和后记,以了解作者写作的背景和意图。

这一步不要超过 1 分钟,而且要抓住阅读材料的 3~6 个核心观点,这可以帮助学习者在后续阅读中组织观点。

(2)提问(question):怎样提问?最简单的方法是将标题转换成疑问句。如标题是"教育心理学的研究对象",可转换成"教育心理学的研究对象是什么"。将标题转换成疑问句实际上是确定了一个阅读目的,带着问题阅读会帮助学习者在阅读中区分重要信息与次要信息,使学习者更快地理解本章内容。

(3)阅读(read):首先细读第一部分,回答上一步提出的问题,不要逐字逐句地读,而要积极地寻找答案,抓住实质内容。

(4)陈述(recite):读完第一部分后,合上书尝试简要回答上面提出的问题,最好能用自己的语言举例说明。如果不能清晰地陈述答案或者举例说明,那么就要再阅读再尝试陈述。进行这一步时,最好能结合使用记笔记法,摘记一些短语作为陈述的提示。完成第一部分的学习后,按照以上三步(question,read,recite)学习后续的章节,直至完成整本书的阅读。

(5)复习(review):按以上步骤通读全书后,查看笔记,浏览全部观点以及它们之间的关系,然后合上笔记尝试回忆主要观点及每一主要观点之下的次级要点。

SQ3R阅读策略的关键在于提问和回答促进了学习者对教材的意义加工和精致加工。

2. 注意监控

注意监控是指学习者在学习过程中对自己的注意力或行为进行自我管理与自我调节。在信息加工过程中,只有得到注意的信息才能够进入我们的工作记忆,得到进一步的加工,从而获得较好的学习效果。而没有加以注意的信息则会出现自然衰退和主动抑制,从而不为学习者所感知。注意是有限的资源,因此要提高学习效果,就必须集中注意力。

在课堂中,有些同学往往很难把注意集中在教学任务上,而分心于那些有吸引力的、能分散注意力的事物。因此,应该教学生一些抑制分心的学习策略,来帮助他们对注意进行监控和调节,具体建议如下。

第一,告知学生本课的目标。在上课之前,告诉学生所注意的目标,学生学得会好一些。

第二,使用标示重点的线索。有些教师增高或降低他们的声音,表明他们正要说关键的信息,有些教师可能使用手势,重复或在显要位置表达同样的信息,课本常常用不同的颜色或不同的排版指明要点。

第三,增加材料的情绪性。有些宣传媒体常常选择情绪色彩浓的词来赢得注意。这就是为什么报纸的标题说"某某议员枪毙了某教育法案"而不说"某某议员否决了某教育法案"。有人发现使用情绪深厚的词,比使用中性的同义词更能赢得学生的注意力。

第四,使用独特或奇特的刺激。例如,自然科学的教师上课时,经常可以演示,以引起学生的好奇心,从而吸引学生的注意力。

第五,让学生相信学习内容对他们非常重要。许多学生常常会预期在随后的测查中会有什么问题,或者所学内容对个人的生活有什么帮助,以此来确定课中重要的信息。

3. 调节监控

调节监控是在学习过程中根据对认知活动监视的结果,找出认知偏差,及时调整策略或修正目标;在学习活动结束时,评价认知结果,采取相应的补救措施,修正错误,总结经验教训等。

要能够有效进行学习活动中的调节监控,对学习活动进行及时评价是一种重要的策略。学习中的评价是指把学习进程或学习阶段性结果同既定目标比较,以确定学习进展和质量,决定是否接受下一步的学习任务。

元认知的策略的几个方面总是相互联系在一起而工作的。在学习过程中,学习者一般先认识自己的当前任务,然后使用一些标准来评价自己的理解、预计学习时间、选择有效的计划来学习或解决问题,然后执行学习计划,并同时监视自己的进展情况,并根据监视的结果采取补救措施。

第四节 学习策略的教学

一、策略学习的特殊性

学习策略是教学生"怎样学习",属于程序性知识,其学习的过程与一般的程序性知识相同。但是,学习策略不是一般的知识,具有其特殊性。

(一)学习策略具有内潜性

学习策略是对内调控的技能,所涉及的概念和规则反映人类自身认识活动的规律。人类的认识活动潜藏于人脑内部,不能直接观察,难以用直观演示的方法呈现给学生。所以,学习策略的教学的一个难点就是教师如何通过具体实例向学生示范策略应用的情形。

(二)学习策略具有较高的概括性和灵活性

学习策略反映的是人类认识活动的规律,具有很高的概括性。要使这些一般性的规则去支配学生的某一具体认知行为,是需要一个长期、反复的练习过程的。如写作策略中的"按一定顺序写"和"抓住事物特点写"的规则非常概括。这些规则的应用必须随描写的对象和写作目的的变化而变化,具有一定的灵活性。要使这样的规则支配自身的认知行为,提高自身认知活动的效率,不可能通过短时间的训练与教学就能收到广泛的迁移效果,而必须经历一个长期、反复的应用和练习的过程。

(三)学习策略的学习受个体心理发展水平的制约

学习策略的学习与整个认知发展水平密切相关,如果儿童尚没有分类的概念,就不可能教会他们应用分类记忆的策略。而且学习策略中含有一个极为重要的成分——元认知,它取决于个体自我意识发展水平的高低,学前期的儿童才开始获得一些零星的、肤浅的元认知能力,所以一些监控策略的教学只有对高年级的学生才会产生效果。

二、学习策略教学的原则

学习策略的目的是提高学习的效率,但是学习策略的使用并不总是有效的,即学习策略的价值依赖于其具体情况和使用,主要遵循以下几项原则。

(一)主体性原则

主体性是学习策略的主要特征,指学生在学习目标、过程、方法、评价等方面能发挥积极主动性。这是学习策略的目的,也是必要的方法和途径。教师要在学习策略教学中向学生阐明策略教学的目的和原理,教学生何时、何地与如何使用策略,给他们充分的运用学习策略的机会,并指导他们分析和反思策略使用的过程和效果。

(二)内化性原则

从学习策略的学习过程来看,学习策略的教学分为三个阶段。
(1)学生理解和认识学习策略。
(2)学习者通过练习构成策略的概念、规则与程序。
(3)促进策略运用的泛化和灵活性。

可见,在学习策略的学习过程中,学生能够不断实践各种学习策略,逐步将其内化为自己的学习能力,熟练掌握并达到自动的水平,并且能够在新的情境中灵活运用。这一内化过程需要学生将所学的新策略与头脑中已有的相关策略知识整合在一起,形成新的认识和能力。

(三)特定性原则

学习策略的有效性是针对特定的学习目标和学生类型的。同样的学习策略,不同类型的学生,完成不同的学习任务,其学习效果是不尽相同的,也就是通常所说的具体情况具体分析。此外,还要考虑到学习策略的层次性,教给学生的策略,不仅要有一般的学习策略,还要有具体的学习策略。

(四)生成性原则

生成性原则是指在学习过程中要利用学习策略对学习材料重新进行加工,产生新的东西。这要求学习者进行高度的心理加工,即学习者应该利用学习策略对学习材料进行生成加工,而不是简单利用别人已有的知识经验。生成性程度高的策略有提问、列提纲、写提要、图解知识要点等。

(五)有效监控原则

教学生何时、何地与为何使用策略似乎比学习策略本身的学习更加重要。在学习策略的学习过程中,学生要监控自己使用每种学习策略所导致的学习结果,即学习策略的使用是否有效。只有这样学习者才可以了解何时、何地、怎样使用学习策略是合理的,最大程度地发挥学习策略的有效性。

（六）效能感原则

效能感原则是指学生在执行某一任务时对自己的胜任能力的判断和自信程度。学习者即使知道何时、何地、何种情况使用策略是有效的，但是如果学习者不愿意使用这些策略，或者认为自己对学习策略的使用不会对成绩产生影响，那么学习者的一般学习能力也不会提高。所以，在策略教学时，要给学生一些机会使他们感觉到策略的效力。

三、学习策略教学的条件

（一）原有知识背景

从信息加工过程的理论来看，策略对整个信息加工过程起调控作用。策略的应用与它加工的信息有着密切的联系。研究表明，策略的应用离不开被加工的信息本身，儿童在某一领域的知识越丰富，就越能应用适当的加工策略。例如，邵瑞珍等人曾在小学一年级进行实验，要求学生利用生成表象策略记忆配对词组。这些配对词组被分为两组，A组由被试所熟悉的动物所组成，B组则由被试不熟悉的动物组成。

A组例子：大象——强壮，松鼠——灵巧，狗熊——愚蠢，乌龟——长寿。

B组例子：猞猁——敏捷，伯劳——凶猛，树獭——迟缓，考拉——可爱。

研究发现，当被试记忆熟悉动物的配对词组时，能较好地利用生成表象策略，记忆成绩也比较好。而当他们记忆陌生动物的配对词组时，策略应用明显存在困难，记忆效果也较差。由此可见，学生的原有知识背景是策略学习与应用的一个重要条件。

（二）自我效能感

它是指学习者对策略应用效能的信任和自信程度。简单地教学生执行某一策略，并不能保证学生理解运用策略所带来的效益，这种理解是学生在教学之后继续运用策略的关键因素，它能起激励作用，激励学生运用学过的策略。因此，在学习策略教学中，教师应该让学生体验到应用策略所带来的成功感。

（三）元认知发展水平

学习策略的掌握受制于个体的心理发展水平，尤其是元认知发展的水平。一般说来，儿童先有对外部事物的发展，然后才有自我意识的发展。如果儿童自我意识发展水平较低，对他们来说，策略的应用达到反省水平相对比较困难，这也是低年级儿童使用策略效果较差的原因之一。研究表明，元认知能力是个体在学习中随经验的增长而逐渐发展起来的，要经历一个逐步提高的过程，不可能一夜之间或经过几次教学就能达到元认知能力的改进。正是由于元认知发展水平的这种限制,使我们不可能随意对儿童进行策略训练。

(四)练习情境的相似与变化

学习策略是概括性的一套规则,而越是高度概括的规则,越要提供更多的例子,进行更多的练习。有的教学理论强调学生的自发学习,反对将例子作系统安排。这种理论只看到了极少数聪明的学生自发发现的能力,忽视了大多数学生缺乏这种能力的事实。为了帮助大多数学生发现支配策略的规则,教学提供的例子要精心选择,而且必须要在相似情境和不同情境中进行练习。练习必须要有连续性,没有连续性,学习者将无所适从,认知图式不能形成。练习要有变化,只有经过在变化的情境中的练习,认知图式才能深化,策略才能灵活使用。

(五)一套外显的可操作的技术

学习策略是对内调控的技能,但是可以从学生的外部认知行为中得到反映。那么,我们就可以通过一套外显的可操作的技术来控制学习者的认知行为。这样,我们就可以培养学生良好的认知或学习习惯,改变其不良的认知行为和习惯,进而培养他们的学习策略。

【思考题】

1. 什么是学习策略?人们对学习策略有哪些不同的看法?
2. 学习策略有哪些特点?
3. 学习策略有哪些不同的分类?
4. 研究学习策略有何意义?
5. 认知策略与学习策略有什么关系?
6. 学习中的主要认知策略有哪些?
7. 什么是元认知?什么是元认知策略?
8. 学习中的主要元认知策略有哪些?
9. 策略学习有哪些特殊性?
10. 在学习策略教学中需要遵循哪些原则?
11. 学习策略教学的条件有哪些?

第七章
Chapter 7

动作技能的学习

社会的发展要求人们不仅具有丰富的知识，高度发展的智力，而且要求掌握熟练的动作技能。因此，学校培养的学生，不仅要善于"动脑"，也要善于"动手"，以适应现代社会的需要。本章重点介绍动作技能的性质与特征、动作技能的形成与保持以及影响动作技能的因素。

第一节 动作技能概述

一、动作技能的概念

关于动作技能的定义，心理学家们有不同的见解。克伦巴赫（J. Cronbach）认为，动作技能是习得的，能相当精确执行且对其组成的动作很少或不需要有意识地注意的一种操作。伍尔福克（A. E. Woolfork）把动作技能看成是完成动作所需要的一系列身体运动知识和进行那些运动的能力。加涅认为，动作技能是协调运动的能力，或者与动作的选择有关，或者与动作的顺序有关。

虽然心理学家们对动作技能的定义不尽相同，但都认为动作技能的构成包括三种成分：

(1) 动作或动作组。

动作是人体的一种空间造型以及驱动这种空间造型的内部冲动。动作并非动作技能，只有当人们用一组动作去完成一项具体任务，如用一组身体动作去表现感情，这时才能称为动作技能。

(2) 体能。

体能主要包括耐力、力量、韧性、敏捷性等。

(3) 认知能力。

认知能力包括视觉、听觉、触觉、动觉等多种知觉能力,其中手脚协调、身体平衡对完成动作技能意义更大。因此,我们认为,动作技能是指在练习基础上,将一系列的实际动作以合理完善的方式组成的操作活动方式。如日常生活中的写字、绘画、骑自行车;音乐方面的吹、拉、弹、唱;体育运动方面的游泳、体操、打球;生产劳动方面的锯、刨、车、钳等活动方式,都属于动作技能。动作技能是人类一种习得的能力,是人类有意识、有目地选用身体动作去完成一项任务的能力。个体越是经济、有效、合理地利用身体动作完成任务,其动作技能的水平就越高,其能力就越强。

二、动作技能的种类

动作技能的分类是相对的,人们根据不同的标准可以把动作技能分成不同的类型。

(一)连续性动作技能和非连续性动作技能

根据主体对外部刺激的调节方式,动作技能可以分为连续性动作技能与非连续性动作技能两类。连续性动作技能一般是指需要完成的动作序列较长,在完成活动任务的过程中,较多受外部情境制约的,需要根据外部情境中的信息不断调整操作者与外部关系的动作技能,如开汽车、打活动靶等。其特点是动作的延续时间较长,动作与动作间没有明显可以直接感知的起点和终点,难以精确计数。

非连续性动作技能是指包含较短的动作序列,可以进行精确计数,并对一个特定的外部刺激做出一个特定反应的运动技能。非连续动作技能一般是自我调节的,较少受外部情境控制,如射击静止的目标、跳高、举重等。其特点是动作延续时间短,动作与动作间可以直接感觉到起点和终点。

由于两类动作技能控制的性质不同,完成任务所需的能力和策略也不同,比如赛车运动员和举重运动员完成任务的策略就不相同。事实上,有些人偏向于完成连续性运动任务,而有些人则更喜欢完成不连续的运动任务。

(二)封闭性动作技能和开放性动作技能

根据环境的稳定性,可以将动作技能区分为封闭性动作技能和开放性动作技能。这是英国心理学家剖尔顿(E. C. Poulton)1957年最早提出的。

封闭性动作技能面对的外界环境是稳定的、可预测的。封闭性动作技能发生在固定的、环境不变的条件下,完全依赖肌肉的内部反馈信息来进行指导,如跳水、投铁饼等。这种动作技能的特点是不需要外部环境作为参照,而且具有相当固定的动作模式。该技能与预测性高的稳定环境因素有关。

开放性动作技能面对的外界环境是不断变化的、不可预测的。开放性动作技能发生在时间或空间条件不断变化的条件下,练习者必须根据外部刺激的变化而相应调节自己的动作,如开车、踢球、击剑等。其特点是必须参照外部环境刺激来调节动作。该技能与不稳定、预测性低的环境因素有关。

(三)粗大动作技能和精细动作技能

根据动作的精确性可以把动作技能分为粗大动作技能和精细动作技能两种。

粗大动作技能在较大空间范围内进行并要求做大幅度动作的技能,如跑步、打球、游泳等。其特点是需要整个躯体和大块肌肉群的运动才能完成活动。成功完成这种活动对动作精确性的要求相对较低,但是动作的流畅、协调则是必需的。

精细动作技能是指在狭小空间范围内进行并要求动作协调、精致、幅度小地展开的技能,如打字、雕刻、刺绣等。其特点是仅仅靠身体或四肢小肌肉群的运动来完成活动,通常涉及手眼的协调,对动作的精确性要求较高。

三、动作技能形成的结构模式

(一)辛普森的动作技能的七层次结构理论

辛普森(E.J.Simpson)提出了动作技能的七层次结构理论。这七个层次结构是:

(1)知觉。

知觉指运用感官获得信息以指导动作。知觉活动是动作活动的必要但不是充分条件。知觉是导致动作活动的"情境-解释-行动"连锁中基本的一环。知觉包括感觉刺激(听觉、视觉、触觉、味觉、嗅觉、动觉)、线索的选择和转化。

(2)定向(定势)。

定向是为了某种特定的行动或经验而做出的预备性调整或准备状态,定向包括心理定向、生理定向和情绪定向。

(3)有指导的反应。

这是形成技能的最初一步,这里的重点放在较复杂的技能成分上。有指导的反应是个体在教师指导下,或根据自我评价表现出来的外显的行为行动。

(4)机械动作。

机械动作指学习者的反应已成为习惯,能熟练地、自信地完成动作。这一行动是他对刺激和情境要求能够做出种种反应的行为库的一部分,并且是一种适当的反应。这种反应比前一层次的反应更复杂,它在完成任务过程中也可能包括某种模仿。

(5)复杂的外显反应。

复杂的外显反应指包含复杂动作模式的熟练动作操作。操作的熟练性以迅速、连贯、精确和轻松为指标。在这一层次上,学习者已经掌握了技能,并且能够进行得既稳定又有效,即花费最少的时间和精力完成这一动作。

(6)适应。

适应指技能的高度发展水平。学习者能调整自己的动作模式以适应特殊装置或满足具体情境的需要。

(7)创新。

根据在动作技能领域中形成的理解力、能力和技能,创造新的动作行动或操作材料的方式。

(二)克拉蒂的知觉-动作技能的三层次理论

克拉蒂(B. J. Cratty)于1964年提出知觉-动作技能的三层次理论。根据这个理论,动作技能的模式如下。

(1)第一个层次为动作技能的一般支柱。

它包括:抱负水平、毅力水平、唤起或动机水平、分析工作技艺的能力、各种知觉能力等。这些因素稳定程度较大,但仍可能受个体经验的影响或修正。

(2)第二个层次是能力品质。

它包括力量、耐力、伸缩性、速度、平衡和协调。这是每个人都能发展的潜能,而且影响其动作技能水平的品质。

(3)第三个层次是工作和情境所特有的各种因素。

如工作所需能量的要求、操作者赋予工作的价值、以往的经验和操作情境的社会特征。在生活实践中,实际可以观察到的动作技能是在这个层次上出现的。

(三)蔡斯的信息加工模式

蔡斯运用动作信息加工的观点分析了动作技能的结构,并提出动作技能的信息加工模式,如图7.1所示。该模式把动作技能看作是由感受器系统、中枢加工系统和效应器系统构成的一个完整的信息加工系统。

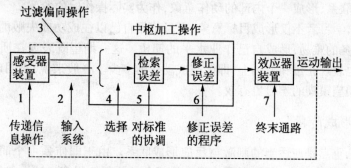

图7.1 动作技能的信息加工模型

该模型强调了中枢加工机能的作用,其各部分的功能如下:
(1)感受器装置接收并做好传递外界信息的准备。
(2)信息通过视、听等感官通道输入。
(3)中枢信息加工系统接收感受器装置输入的信息,并以适当的信息进行反馈,把感受器内的信息引向一定的方向。
(4)选择特定的信息。
(5)输入的信息与内存标准做比较,并检验其误差。
(6)通过修正误差的程序修正误差。
(7)修正的信息经效应器装置转变成肌体运动的功率,这种功率通过运动输出对感受器装置进行反馈,并控制输入的信息。

第二节 动作技能的形成

一、动作技能形成的阶段

动作技能的形成是指通过练习逐渐掌握某种外部动作方式并使之系统化的过程。动作技能由初步学会到熟练掌握,一般需要经历相互联系的三个阶段。

(一)认知阶段

认知阶段也称知觉阶段或定向阶段。这一阶段主要是理解学习任务,并形成目标意象和目标期望。目标意象主要是指学习者对自己解决问题的目标模式反应和动作形式,在头脑中形成一个表象,即明确解决问题的目标模式。而目标期望则是对自己的作业水平的估价,即明确自己能做得如何。这两种期望都起着学习定向作用。

学习者在学习的起始阶段,通过观察动作示范,了解该动作的结构、特点,以及各组成部分之间的关系和联系,形成一个内部的动作意象,作为实际操作时的参照。

在认知阶段,学习者不仅形成目标意象,而且依据自己以往成功或失败的经验,依据自己的能力和目前任务的难易,形成自己作业水平的期望。这一期望既表现在质的方面,即动作质量的好或坏,也表现在量和范围上,即能完成动作的多少。一般来说,有明确目标期望的学习,较之于目标期望模糊的学习更有效。

(二)联系形成阶段

在这一阶段,重点是使适当的刺激与反应形成联系。由于即使是一个简单的动作,所包含的刺激和反应也非常复杂,所以联系的形成比想象的要复杂得多。这一阶段主要经过三个环节:首先是掌握局部动作阶段,即将整个动作分解为局部动作,一个动作一个动作地进行练习,练习每个动作时,都是独立的。在这个阶段,由于学习者对动作技能不了解,注意范围小,只集中于个别动作,不能控制动作的细节和局部,在学习中难以发现错误和缺点,常表现出全身肌肉紧张,动作忙乱、僵硬,动作速度缓慢、不协调、呆板,有许多多余动作。其次是动作的交替阶段,即将各个局部动作联系起来反复交替练习。在此阶段,局部动作虽然已经形成了联系,但动作之间的联结尚不够紧密、牢固,在实现动作转换时,常常出现短暂的停顿现象。同时,学习者注意的紧张度有所下降,动作之间的矛盾和干扰减少,多余动作逐渐消失,发现和矫正错误动作的能力增强。最后是动作的协调阶段,这一阶段的主要任务是使得动作更协调、动作之间的联系更紧密、整套动作更趋于完善。在这一阶段,必须排除过去经验中的习惯的干扰。学习者视觉控制作用逐渐减弱,而肌肉运动感觉的调节作用逐渐增强,并能运用来自外部情境的外部反馈信息和来自效应器官肌肉活动的内部反馈信息来调节主体自身的动作。

(三)自动化阶段

技能学习进入这一阶段时,一长串的动作系列似乎是自动流出来的,无须特殊的注意和纠正。此时,动作技能已达到自动化程度。达到自动化的行动方式对各种变化了的条件具有高度的适应性,意识的控制水平大大降低,人们可以一面从事熟练的活动,一面考虑其他的事情。如有经验的司机,在正常开车时,可以顺利地与别人交谈。在此阶段,执行动作时,技能从由大脑高级中枢控制逐步向小脑较低级中枢控制转变,意识成分的参与减少,多余动作和紧张状态消失,注意范围扩大,并能根据情境变化灵活、准确、迅速地完成整套动作。

二、动作技能形成的标志

动作技能形成的标志是达到熟练操作。所谓熟练操作指动作已达到较高速度、准确、流畅、灵活自如,且对动作组成成分很少或不必有意识注意的状态。研究表明,熟练操作具有以下主要特征。

(一)意识调控减弱,动作自动化

在动作技能形成初期,各种动作都受意识支配调节。通过反复练习,一旦动作达到熟练程度,意识调控被自动化所取代,动作是无意识进行的。

(二)能利用细微线索

任何动作都受情境中的线索指导。指导运动的线索大致可分为三类:第一类是基本线索,即人要进行成功的反应所必须注意的线索;第二类是有助于调节反应的线索;第三类是无关的线索。以棒球游击手的动作为例,球棒的摆动、球的初始速度是他要做出反应的基本线索;球的转动和场内条件对初学者没有帮助,而熟练的运动员则有助于预测球的弹跳;裁判员的位置、人群的喧闹则是无关线索。在初步掌握动作技能时,学习者只能对那些很明显的线索发生反应,不能觉察自己动作的全部情况和错误。而动作熟练后,学习者能觉察到自己动作的细微差别,仅凭细微的线索就能改进调整自己的动作,做出恰如其分的反应。

(三)动觉反馈作用加强

动作技能的反馈包括两类:一类是外部反馈,即对反馈结果的知悉;另一类是内部反馈,即是以肌肉活动本身的动觉刺激形式出现的。在初步掌握动作技能时,学习者主要依据外部的视觉反馈来调节自己的动作,而在动作技能的熟练期,学习者主要依据内部的动觉反馈来操作或调节自己的动作。如汽车司机在开车时并不能沿着路边或中线笔直行驶,时而偏左,时而偏右,他需要不断地调整,实际走的是锯齿形路线。司机是根据其运动的反馈来调整他的操作的。心理学家希金斯(J. R. Higgins)等的研究发现,熟练的专家甚至尚未等到肌肉信号的到来,便能预料到他给自己的肌肉发出了不正确的指令,在错误发生之前,能收回这个指令。

(四)形成运动程序的记忆图式

所谓运动程序的记忆图式,是指经过长期的练习而在长时记忆中形成的关于动作的有组织的系统性知识,它使完整的操作流畅地执行。拉斯罗(J. I. Laszla,1967)的研究表明,运动技能的熟练程度达到某一阶段时,人的头脑中就会产生运动的指导程序,并以此程序来控制运动。

内部储存运动程序的存在可以用下例说明。在20世纪60年代,日本有人发明了一种特殊方法教儿童学习拉小提琴。在婴儿出生后几个月,便向他反复演奏一段乐曲,这段乐曲也许要重复几个月,直到该乐曲产生安抚效果。此时说明婴儿能识别该曲调了。以后再选另一段乐曲重复给婴儿演奏。如此训练,直到儿童4岁时被送往音乐学校学习。儿童能完全根据听觉学习音乐。研究者推测,儿童是将奏出来的声音与婴儿时起就储存在头脑内的样板(template)进行比较,使其运动模式得到矫正的。当这种技能获得后,儿童发展了演奏其他乐曲的极强的能力。据特拉韦斯(R. M. W. Travers)报道,用这种方法培养出了国际上知名的音乐家。

(五)在不利条件下能维持正常操作水平

检验动作的熟练程度,更重要的是考察在不利条件下表现出来的操作水平。一般来说,越熟练的动作,越能在外界情况变化下或面临紧急情况时维持正常操作水平。如最优秀的飞行员能在恶劣的气候条件下维持协调的和准确的操作;著名的篮球明星在有对手贴身防守时,甚至由于对手犯规而自己身体失去平衡时,仍然可以投篮命中。紧急情况的突然出现,可能使不熟练者手足无措,但能使熟练者的技能发挥至高峰。

三、动作技能的保持

动作技能的学习与知识的学习有差别,动作技能一经学会以后,便不易遗忘。即使有少量遗忘,一经练习,便可完全恢复。许多心理学家的实验研究都证实了这一点。

李特斯和斯克拉斯贝格(H. J. Leavitt & H. Schlosberg,1944)让被试先学习 15 个无意义音节,然后学习一种追随回转轴(rotor)的操作技能,每种任务都练习 32 次。实验结果发现,动作技能的保持效果优于言语材料的记忆,如图 7.2 所示。

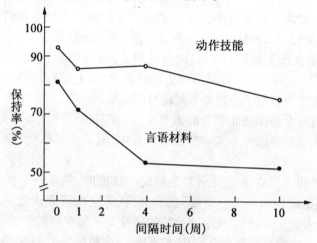

图 7.2　动作任务与 15 个无意义音节记忆任务的比较

为什么动作技能不易遗忘呢？目前,对此现象的原因解释主要集中在以下几个方面。

第一,动作技能一般是经过大量的练习之后获得的。一般来说,经过过度学习的任务是不易遗忘的。研究表明,动作技能越复杂,练习量越多,遗忘发生得越少;动作技能越简单,练习量越少,遗忘也越明显。

第二,许多动作技能是以有序连续的局部动作为基础的,有序连续的动作只要出现某一局部动作,动作的其他连锁就会相应出现,因此有序连续的动作序列构成的动作系统不易遗忘。如果动作技能是由许多完全不同的孤立的动作成分构成的,有人估计,其遗忘的程度大致会同言语材料的遗忘程度相近。

第三,动作技能的神经中枢在小脑和脑低级部位,其保持动作痕迹的能力可能比言语中枢的保持能力强。

第三节 影响动作技能学习的因素

一、影响动作技能学习的内部因素

(一)成熟与经验

大量的研究与日常的观察表明,学习者掌握动作技能的能力随着年龄和经验的不断增加而提高。例如,希克斯(J. A. Hicks)1930年发表的论文中介绍,他曾对3~6岁儿童进行过下列测验:穿孔测验(即在纸上挖圆孔)、肌肉力量测验、追踪测验、掷准测验(投中活动的靶标)。以后在完全没有给予指导的情况下再次进行测验时,上述四种测验中有三种得分增加了。这种技能的改进主要是由于成熟和平时练习的结果。

这个研究强调成熟对动作技能学习的重要性,但也有些研究观点与此完全相反。例如,在日本的游泳、滑冰、竞技体操等不同年龄的运动队中,研究人员认为,动作技能训练开始越早的,成绩越好。

福勒(W. Fouler)也主张在学习特别复杂的动作技能时,越从小开始训练,成绩就越好。他反驳了"强调成熟比经验和训练更重要"的研究,认为这些研究让受试者学的技术是简单的;对控制组的经验未能充分控制;关于实验前的经验大多没有资料予以说明。

一般来说,成熟与经验存在着相互作用,它们对动作技能的学习的影响也是相互的。比如像游泳、舞蹈等比较复杂的动作技能,从小开始学习为好,但不能违背个体的发育阶段;像登楼梯、玩积木等比较简单的动作技能,成熟的作用占主要地位。

(二)智力

关于智力和动作技能学习的关系,已有许多研究者进行了探讨。大量相关研究表明,在正常人身上没有发现智力与动作技能的学习存在显著的相关,主要原因是:

(1)现行的智力测验所测出的智力,由于受测验构成和实施上的限制,没有包括大肌肉的活动和复杂的协调动作技能,也没有包括必须动员持续的意志努力和长期的记忆才能解决的课题。

(2)在实验室内进行的动作学习,要求掌握的技能的结构,大多未达到必须有高度的智力才能完成的复杂程度。

(3)大多数的研究都是选择智力分布面窄的受试群体为对象而进行的。

(三)人格特征

研究表明,人的人格特征不同,在进行某种动作时的行动方式也各不相同。而且,人格特征也影响到个人选择什么动作项目。

调查人格特征对动作技能学习有什么影响的研究,大都以优秀运动员为对象。例如奥吉利夫(B. Ogilive)和塔特科(T. Tutko)在1967年的研究表明,与出色完成竞赛有关的人格特征有下列几项:

(1)达到目标的动机。
(2)忍耐力、坚持性。
(3)抗干扰、承受打击和注意稳定的能力。
(4)控制能力。
(5)任劳任怨、吃苦耐劳的精神。
(6)自信、大胆,心胸开阔。
(7)智力高于大学生平均水平。由此可见,竞赛成功和人格特征关系密切,良好的人格特征,对动作技能的学习和掌握起着促进作用。

另外,人格类型也会影响动作技能的学习。"外向性"和"内向性"人格类型对动作技能的学习会造成不同的影响。内向性的人,其兴奋过程迟且弱,而且难以持续进行,其抑制过程消失得也迟,而且持续的时间也长;而外向性的人,则与此完全相反,这对动作技能的学习可能有影响。

二、影响动作技能学习的外部因素

(一)有效的指导与示范

动作技能的学习必须经过认知阶段,教师在指导学生学习动作技能时,应首先帮助学生理解动作技能。

1. 理解学习情景和任务的性质

相关研究表明,动作技能的学习首先必须正确理解学习情境和任务的性质,并由此形成一个基本判断,继而采取一定的策略。动作技能通常是以完成一定的任务为目标的,并在一定学习情境中进行。因此,教师首先要指导学生理解学习任务,并在此基础上形成一定的作业期望。指导学生理解学习任务,既涉及对学习任务本身的界定,说明或演示学习任务的性质,也涉及指导学生积极利用以往相关的经验,让现时的学习与以往的经验相联系。教师还应明确作业所应达到的目标,使学生对自己的作业有一个明确的期望和目标。一般说来,有明确的期望和目标的学习较无明确期望、目标模糊的学习有效。在指导中要注意目标的可行性和期望的现实性。有些学生往往偏向于过高估计自己的能力而提出不切实际的目标,而有些学生则对自己的能力估计不足,提出过低的目标。目标和期望的提出既要考虑到任务的难易,也应熟悉学生的实际情况。教师可将某些复杂的学习任务的目标分解成一些具体目标,分步达成。

2. 对完成任务的学习策略的指导

动作技能的学习也包括学习策略问题。在尝试完成一个动作任务时，专家与新手用的策略不同，不同的专家使用的策略也不相同。通常，专家使用较有效的策略，同时专家使用策略时的熟练程度也较新手高，完成动作任务涉及的策略面也很广。在动作学习过程中，学生会有意无意地表现出自己采用的策略。这种学生自发产生的策略，称为自发性策略。许多研究发现，自发性策略并非是有效的策略。因而，学生有必要得到策略方面的指导。教师提供给学习者的策略称为外加的策略。外加的策略通常是在成功完成任务的基础上总结出来的，一般比较有效。教师可以通过演示、解说、放有关录像等方法对学生进行策略方面的指导。一旦学生利用外加的策略有效地完成任务后，这些策略便会成为学生的经验，并有可能自发地在后续学习中进行使用。

3. 进行有效的技术指导

关于动作技能的学习，着重技术指导与着重学生自己发现，往往产生不同的效果。早在1945年，心理学家戴维斯（D. R. Davies）曾做过比较研究。在实验中，被试分两组，学习射箭。甲组受到详细指导：演示如何站立，如何握弓，如何放箭；乙组自行尝试，未受严格指导。经18次练习，指导组射中率为65%，尝试组射中率为45%。研究者指出，指导组更多地注意了技术和正确的姿势，而尝试组更多地注意目标，只有当他们的预期未成功时，才考虑到姿势，这对他们改进技能并无帮助，似乎他们对改进技术的必要性未认识到。这一研究表明，在动作技能学习时，有效的指导是不可缺少的。

4. 示范与讲解相结合

对动作技能采用不同指导方法的效果也是不同的。汤姆森（L. Thompson）曾对不同的演示方法做过比较研究。他将被试分成五组，分别学习装配锯齿形的七巧板。主试先给被试不同的指导，然后由被试独立拼装，直至无错误为止。各组被试的学习成绩见表7.1。

表7.1 不同指导方法的不同效果

组别	在观察时儿童的活动	示范者的言语解释	拼七巧板所需的时间（容易的）	拼七巧板所需的时间（困难的）
1	连续加2至100	无	5.7	25*
2	说出示范者所演示的	无	3.1	22
3	静默观看	不完整的描述	3.5	16
4	静默观看	完整的描述	3.2	14
5	说出示范者所示范的	纠正儿童叙述中的错误	2.2	12

*25名儿童中仅有3名完成了任务

由表7.1可见，不同组的指导条件是不同的。第一组在观看示范时，由于大声数数，他们不能对自己复述。第二组和第五组都要说出示范者所示范的东西,这就迫使他们努力注意示范者的演示。示范者对各组的言语指导也不完全相同,第一组和第二组无言语描述,第三组与第四组有言语描述但完整程度不同,唯有第五组示范者除了说出所示范的东西外,还纠正学生讲述中的错误,结果这组的学习效果最好。

这个实验说明,在学习动作技能的认知阶段,教师要使学生注意观察并理解他所演示的动作技能。采取"纠正儿童叙述中的错误"的方法(见第五组)之所以成绩最佳,其原因可能就是示范者不仅要求儿童注意观察,而且使其理解得正确(不正确的部分被纠正)。这个实验还说明,言语指导结合示范是帮助学习者理解动作技能最有效的方法。

5. 防止信息负担过重

许多研究表明,在动作技能学习的初期阶段,要使示范有效,示范动作必须慢速进行。这是因为初学者在刚刚接触一个新的动作时,往往顾了手顾不了脚,他们很容易因新的信息量过多而超载。当超载发生时,学习便终止了。有人比较过两种演示打结的方法的效果:一种方法是在电影中呈现完整的打结过程;另一种方法是给学习者提供一套部分打完的结。前一种方法不能顾及学习者的个别速度,当学习者在中途遇到困难时,影片不易停下来;后一种方法可以照顾学习者的个人需要,当他在某个部分发生困难时,可以来回研究,反复琢磨,其效果较好。也有人将上述影片的呈现与练习做不同的安排,研究结果表明,影片连续放映两遍,让学生仔细观察,其效果最好。这一研究表明,学习者的知识未达到某一关键点时,其练习是无效的。

(二)练习与反馈

1. 练习与练习曲线

动作技能是通过练习而形成的。练习是指以掌握一定的技能为目标而进行反复操作的过程,或是刺激与反应的重复操作。练习是动作技能形成的基本途径。练习的结果可以用"练习曲线"来表示。所谓练习曲线,是描述动作技能随练习时间或次数的变化而变化的图形。借助练习曲线,可以考察技能随练习量的增加而改进的一般趋势。

2. 练习的一般趋势

虽然各种动作技能形成的进程不尽相同,但它们之间又具有某些共同特点和规律,具有一般的发展趋势。练习曲线表明的技能形成的一般规律有:

(1)总的趋势是练习成绩逐步提高,表现在速度和准确性提高上。

常见的练习曲线有三类:一是单位时间内所完成的工作量有所增加,如图7.3(a)所示;二是每次练习所需时间减少,如图7.3(b)所示;三是每次练习的错误减少,如图7.3(c)所示。图7.3(a)和图7.3(b)表明动作技能的练习速度加快;图7.3(c)表明动作技能的准确性提高。

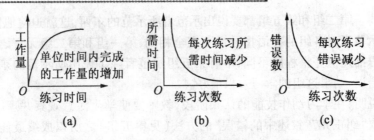

图7.3 常见的练习曲线

练习成绩随练习进程而逐步提高的趋势具体表现为以下三种形式:一是练习进步的速度先快后慢,如跳高、射箭、跳远等,大多数情况下,技能在练习初期的成绩提高较快,以后逐渐变慢。二是练习进步的速度先慢后快,如投铅球、投标枪、游泳等,在多数情况下,练习初期的进步比较缓慢,以后逐步加快。三是练习进步的速度先后比较平均。在极少的情况下,练习的进步既没有明显的先快后慢现象,也没有明显的先慢后快现象,练习进步的速度比较均匀,在练习曲线图上表现为接近于直线。

(2)练习过程中,存在着高原期现象。

所谓高原期现象,是指练习中后期出现的成绩暂时停顿的现象。高原期现象主要是在下列两种情况下发生的:一方面是由于练习者长期练习疲劳而导致注意分散;另一种情况是初建立的旧动型的干扰,练习的效果就不可能有显著的提高。但更重要的是它意味着技能结构的改变和实现技能动作新方式方法的准备状态。

(3)练习成绩的起伏现象。

在练习成绩随着练习而提高的总的发展趋势下,练习成绩也会出现时而上升、时而下降、进步时快时慢的起伏现象。造成练习成绩起伏现象的原因主要有:第一,客观环境的变化,如练习条件、工具、训练方法的改变等;第二,学习者主观状态的变化,如健康状态欠佳、苦闷消极的情绪体验、注意涣散、缺乏兴趣和动机等。只有克服这些消极因素,暂时的停滞才会消除,练习成绩才会进一步上升。

(4)练习成绩相对稳定的现象。

在动作技能发展的最后阶段,出现练习成绩相对稳定不再继续提高的现象,通常称为动作技能发展的极限。从人的生理素质和机能来看,每个人掌握某种技能都有一定的发展限度。动作技能之所以有生理限度,是因为动作是身体的机能,是通过骨骼、肌肉的运动来实现的。身体有其固定的物质结构,动作的准确性、速度、灵活性不能超越身体的物质结构的许可限度。但在实际生活中,真正达到生理限度的情况是极少的,动作技能发展的"极限"是相对的,因此提高技能的潜力很大。

(5)练习过程中存在着个别差异。

练习的进程有共同的规律,但由于练习者的个性特点不同,已经具有的基础不同,学习态度和准备程度不同,技能的形成和掌握也有所不同,即练习过程中存在着个别差异。这就要求教师在指导学习者进行练习时,既要考虑练习的一般规律,又要考虑学习者的个别差异。

3. 合理地组织有效的练习

要顺利而迅速地掌握动作技能,必须合理组织有效的练习。

(1)明确练习的目的和要求,即明确为什么要练习,练习应达到什么效果。

这是影响练习效率的最重要因素。有无明确的练习目的也是区分练习与简单重复的基本特征。练习目的明确,要求具体,可以调动学习者的学习热情,提高练习的主动性和积极性,使练习常处于意识控制之下,排除干扰,克服困难。同时,具体明确的练习要求,难度适中的练习目标对提高练习有更大的促进作用。

(2)合理分配练习时间。

动作技能的学习需要充足的时间进行练习,因此要制定合理的时间分配表。练习时间的正确分配对于练习效果有着重要的影响。根据时间分配上的不同,可以把练习分为集中练习和分散练习两种。集中练习是指长时间不间断地进行练习,直到掌握某种动作技能为止,中间不安排休息时间。分散练习指把练习分成若干阶段,在各阶段之间插入适当的休息时间。研究表明,分散学习的效果优于集中学习。如果在一段很长时间内连续地进行相同的练习,就会疲劳,从而降低练习效果;如果每次的练习间隔太短,成绩提高得也不会快。因此每次练习持续的时间不宜过长,但各次的练习时间间隔又不宜太短。

(3)掌握正确的练习方法。

获得动作技能的练习方法主要有整体练习和部分练习。所谓整体练习,是指把要学习的动作技能作为一个整体重复加以训练的练习形式。所谓部分练习,是指把一套完整的动作技能分解成同时或按先后次序出现的许多部分,每次分别进行其中一个部分的训练,最后获得完整的动作技能的练习形式。采用整体练习还是部分练习,应视动作技能的性质及复杂程度而定。一般认为,当动作技能的各部分的独立性较大,或动作技能较为复杂时,采取部分练习的效果较好;当动作技能较为简单,或动作技能的结构严谨、完整,需要细心整合时,则采用整体练习效果较好。

(4)及时反馈。

练习不是动作的简单重复。大量研究表明,给学习者在练习过程中提供适当的反馈信息是提高练习效果的有效方法。反馈有外反馈和内反馈两种。外反馈是通过对行为结果的知悉而实现的反馈。内反馈是通过肌肉运动的刺激所提供的信息而实现的反馈。在动作技能学习的初期,学习者主要通过外反馈来改进自己的技能,如学生自己观察动作的结果或由教师提供反馈信息,也可以通过录像或其他手段提供真实与客观的信息,以帮助学生纠正不正确的动作。在动作技能学习的后期,学习者主要通过内反馈即运动感觉来协调自己的动作。

反馈信息可以是及时的,也可以是延后的。任务的性质不同,及时的或延后的信息反馈的效果也不同。一般认为,连续的任务,及时知道行为结果是重要的;而不连续的任务,对结果的知悉可以延后数秒、数分钟,甚至若干时间而不失去其效果。

(5)进行心理练习。

身体实际进行活动的练习,称身体练习。同身体练习相对,仅在头脑内反复思考动作技能的进行过程的练习形式,称心理练习。心理练习不受时间、地点、器械的限制,而身体几乎不会产生疲劳。关于心理练习的效果,有很多人做了研究。早在1952年,哈比(S. F. Harby)曾对动作技能学习中的心理练习与身体练习做了比较。他发现,心理练习在自由投篮的动作技能的发展中有显著影响,若能将心理练习与身体练习相结合,其效果最好。以后陆续有人做过这方面的研究。

1967年,里查逊(A. Richardson)评述了11个有关心理练习的研究。这些研究涉及许多不同技能,如打网球、倒车、掷标枪、肌肉耐力、玩魔术。他的一般结论是,心理练习与作业改进有一定的相关,若能将心、身两者的练习相结合,其效果最佳。决定心理练习有效性的关键是学习者要对练习的任务熟悉。从未进行过身体练习的动作,不可能做心理练习,若练习,也只能是错误的练习。另外,心理练习的时间不能太长,否则容易产生厌烦情绪,使作业水平下降。此外,在心理练习时,外界起妨碍作用的刺激应当少,要专心致志于想象的动作,这样才能取得最好效果。

心理练习的效果也取决于任务的性质。若任务中认知因素起的作用较少,反应主要依靠肌肉的线索,则心理练习作用甚微。例如,有人研究了心理练习对单腿站在高杆上突然起跳的影响,结果表明,心理练习对这项技能的改进无帮助,因为这个动作可能主要是由脑的较低级中枢和小脑控制的。

【思考题】

1. 什么是动作技能?动作技能常见的类别有哪些?
2. 结合某一具体动作技能,分析其达到熟练操作的主要特征。
3. 比较动作技能学习与知识学习的保持规律的异同,并分析其原因。
4. 结合某动作技能的学习,分析如何进行有效的指导与示范。
5. 根据某动作技能的学习过程,绘制相应的练习曲线,并分析练习曲线中表现出的一般特征。
6. 如何合理地组织好动作技能的练习?
7. 什么是心理练习?

第八章

Chapter 8

态度与品德的学习

态度和品德的形成与培养是学校教育的重要组成部分,是学校情感领域的教育目标。本章主要阐述态度与品德的性质及其关系,品德形成的理论,态度与品德学习的心理过程和条件及态度和品德的培养。学生在学校中所形成的态度和品德对他们的学习与生活具有切实而深远的意义。

第一节 态度与品德的概述

一、态度的性质

(一)态度的含义

关于态度的定义,社会心理学家奥尔波特(G. W. Allport)将其描述为:通过经验组织的一种心理和神经的准备状态,它对个人的反应具有指导性的或动力性的影响。加涅在其《学习的条件》一书中认为,态度是通过学习形成的影响个体的行为选择的内部状态。邵瑞珍将态度定义为习得的、影响个人对特定对象做出行为选择的、有组织的内部准备状态或反应的倾向性。[1]

从这些定义可以看出,对态度的理解主要是从以下几个方面展开的。

(1)态度是一种反应的内部准备状态。

它决定反应的倾向性,而不是决定特定的行为,这表明态度仅仅使某些类型的行为的出

---

[1] 邵瑞珍.教育心理学[M].上海:上海教育出版社,1997:181.

现成为可能,但并不一定做出实际的行动来。

(2)态度是一种行为选择状态。

态度往往表现为对一些类型行为的趋向与回避、喜爱与厌恶、接受与排斥等。它决定人们愿不愿意去完成某些任务。

(3)态度是学习的结果。

纯生物学意义的人是无所谓态度的,只有在与他人、群体、社会相互交往的活动中,人们才可能形成一定的态度,并根据情况的变化而改变自己的态度。因此,态度是通过经验组织或学习而产生的心理倾向。

(二)态度的构成

一般来说,态度包括以下三个成分。

(1)认知成分。

认知成分指个体对态度对象所持的认识和评价,是态度得以形成的基础。对于同一对象,不同个体的态度中的认知成分是不同的,有些态度是基于正确的信息和信念的,而有些可能基于错误的信息和信念。如一个人认为数学成绩优异可以带来荣誉。

(2)情感成分。

情感成分指个体对态度对象的情感取向,也就是态度对象是否满足人的情感需要而引起的主体的内心体验。表现为人对态度对象的喜爱或憎恶、亲近或冷漠等。它伴随着态度的认知因素而产生,通常被认为是态度的核心成分。如数学成绩优异时获得的尊重需要的满足感,或者是解题顺畅时的兴奋感。

(3)行为倾向成分。

行为倾向成分指个体对态度对象可能产生某种行为反应的倾向。它构成态度的准备状态,表现为接近或回避、赞成或反对等倾向。行为倾向不等于行为本身,有行为意向并不等于一定会发生实际行为。如学生偏爱数学的行动的预备倾向。

态度受到情感、认知和行为倾向各成分之间关系的影响。根据各成分的强度、范围或包含的内容,可以区分出一个人同另一个人在态度上的差异。比如,情感成分相同,认知成分、行为倾向成分却可以完全不同。一个对数学抱有消极情感的学生,可能会在学习上一无进展,并最终归于失败;另一个学生却可能置消极情感于不顾而努力学习,因为他知道升学需要数学的高分。

态度中的情感倾向成分可以独立于其他两个成分,这一点对教学设计非常重要。许多所谓的态度教学,其实只是态度的认知成分或情感成分的教学,而这些成分可能同行为毫无关系。

二、品德的性质

(一)品德的含义

1. 道德

道德是一种社会现象,指由社会舆论力量和内心驱使来支持的行为规范的总和。

在社会生活中,人们为了维护共同的利益和协调彼此的关系,制定了共同遵守的行为规范。人们按照这些行为规范来支配和调节自己的言行,也以此来要求和评价他人的举止。这些行为规范主要分为社会强制执行的法律规范和非强制执行的道德规范。法律规范是国家根据统治阶级的利益所制定并由国家强制施行的,个体违反了法律规范,就会受到权力机关的制裁。道德规范则不同,它是一定社会群体约定俗成并由公众舆论来监督执行的,如果个体按他所处的社会群体的道德规范去行动,便会受到舆论的赞许;反之,就会受到社会舆论的谴责。这种社会舆论的压力还要通过个体的内心信念才能发挥作用,如果个体形成了道德信念,那么他违反了道德规范时会感到内疚,受到自己良心上的谴责,而按照道德规范行动时会心安理得,觉得对得起自己的良心。

在阶级社会中,道德规范具有阶级性。如我国道德规范体系的核心是集体主义,最基本的道德规范就是爱祖国、爱人民、爱劳动、爱科学、爱社会主义。道德还具有时代性和文化性,时代性表现在不同时期人们遵循不同的行为规范,文化性表现在不同文化条件下生活的人们遵循着不同的行为规范。但是,也存在一些在不同社会中都适用的最基本的行为准则,如诚实、勤劳、善良、讲礼貌等。

2. 品德

品德是道德品质的简称,是一种个体现象,指个体依据道德规范在一系列行为中表现出来的比较稳定的心理特征和心理倾向。

品德具有两个基本特征:第一,表现为稳定的道德行为。品德不只是有某种观念,而是要表现在行为之中,道德行为是判断品德的客观依据。但是,一个人偶尔表现出来的道德行为代表不了他的品德,只有在不同时期、各种场合都表现出某种一贯的道德行为才意味着某种品德的形成。如助人为乐这种优秀的品德不是体现在只帮助某个人,或只在某一时期助人,而是时时处处都有所表现。第二,以道德观念为基础,是道德观念和道德行为的有机统一。品德表现为自觉的行为,是在道德观念的控制下进行某种活动,参与某件事情或完成某个任务。如果没有道德观念,即使行为符合社会规范,也不能称之为道德行为,反之亦然。例如,精神病患者不具有道德观念,所以他们的行为即使不符合社会规范,也不能称之为不道德行为。实际上,如果没有形成道德观念,也不可能表现出稳定的道德行为。

品德是人的个性特征中含有社会价值观的部分,当人们评价行为是非善恶时所涉及的就是品德。如诚实、明辨是非等都是优秀品德,而虚伪、冷酷无情等都是不良品德。

3. 道德与品德的关系

道德与品德是既有联系又有区别的两种现象。

(1)道德和品德的区别。

首先,道德是一种社会现象,它的产生和发展都服从社会发展的规律,它不以某个人的存在或个别人品德的优劣为转移。而品德是一种个体现象,它的形成和发展依赖于某一个体的存在,它既依存于客观的社会因素,受社会发展规律特别是道德发展规律的制约,又依存于人的心理因素,受到人的心理活动规律的制约。其次,道德是伦理学和社会学的研究对象,而品德是心理学和教育学的研究对象。心理学研究品德所包含的心理成分、形成过程、年龄发展特征等心理活动规律;教育学则根据某一社会的要求和心理发展的规律探索如何培养青少年的道德品质,如道德教育的内容、原则、方法、途径等。

(2)道德和品德的联系。

首先,离开社会的道德就谈不上个人的品德,品德的内容来源于道德,是社会道德规范内化后在个体身上的表现。所以,当我们分析一个人为什么会表现出这样或那样的品德内容时,就需要到社会上去寻找原因。而道德教育的内容,也就是使人们形成哪些品德,也是由某一社会的道德规范体系所决定的。其次,社会道德也必然要通过每个人的品德表现出来,许多个人的品德构成或影响着社会道德的面貌和风气,社会的道德也就是对无数个人道德品质的概括和集中。所以,道德教育要从每个人的身上入手,要根据心理活动的规律去培养个体的品德,这也表明了研究品德的形成、发展等心理学规律是非常重要的。

(二)品德的心理结构

品德的心理结构是指品德这种个体心理现象的组成成分,要培养学生的品德,首先要了解品德所包含的心理成分。品德是在多种要素相互制约的影响下形成的一个复杂的心理结构。关于其组成成分,在心理学界有不同的观点。我国心理学界大都认为,品德是由道德认识、道德情感、道德意志和道德行为构成的有机整体。

1. 道德认识

道德认识亦称为道德观念,是指对于道德原则、规范及其意义的认识,并能据此进行正确的评价与判断。它是人的认识过程在品德上的表现,一般成为品德的理智特征。

道德认识的产物是个人的道德价值观念的发展,道德价值观念作为认知结构中的一种成分,又会影响进一步的道德认识。道德价值观念是对各种涉及他人利益的行为的价值的概括化。在一定的道德价值观念中,某些行为的价值高于另一些行为的价值。道德价值观念是一种标准观,个人按照自己的道德价值观念,判断自己或他人行为的是非、善恶和好坏。道德价值观念是道德价值的内容,道德价值的内容直接受不同文化背景的影响。在我国,有人做了研究,发现道德价值主要包括集体、真诚、尊老、律己、报答、责任、利他、平等这八个独立的内容。

2. 道德情感

道德情感是人的道德需要是否得到满足而引起的一种内在体验,它是伴随着道德认识而产生的。如对一些模范人物的钦佩,对自己过失行为的羞愧,在做好事时所感到的自豪与满足,这些都是道德情感。道德情感是人的情感过程在品德上的表现,一般成为品德的情感特征。

道德情感在品德中的重要性已受到心理学家的重视,但有关的研究材料仍十分贫乏。20世纪90年代初,我国有人研究心境对助人行为的影响,发现积极、愉快的心境能够促进助人行为。当与道德观念相伴随的道德情感成为推动个人产生道德行为的内部动力时,就成了道德动机。

3. 道德意志

道德意志是在自觉执行道德义务的过程中,克服所遇到的困难和障碍时所表现出来的意志品质。道德意志是调节道德行为的内部力量,它是人的意志过程或主观能动性在品德上的表现,一般成为品德的意志特征。

人们在具有了道德认识与道德情感的条件下,是否会产生相应的道德行为往往取决于道德意志。道德意志使人能够抵御现实中的各种诱惑,不以外界环境为转移,选择道德目标,并能够克服困难,坚持道德行为,最终达到目标。

4. 道德行为

道德行为是人在一定的道德意识的支配下表现出来的,对待他人和社会的有道德意义的活动。它是一个人道德意识的外部表现形态,一般成为品德的行为特征。

道德行为是衡量品德的重要标志。看一个学生的品德,主要不是看他认识到什么,而是看他是否言行一致。在品德不良的个体中常见到,有的人欲望强烈而缺乏自制,在行为上可能与他的是非观念相矛盾。所以,在评定一个人的品德时,更多的是依据这个人的道德行为。正是出于这样的考虑,教育部门制定了一系列的中、小学生的行为条例和规范,作为学校教育中的德育目标。

品德结构中的这些心理成分是彼此联系、互相促进的。缺乏正确的道德认识,道德行为则容易产生盲目性;没有良好的道德情感,就不能产生积极的道德态度;失去坚定的道德意志,就无法调节道德情感和行为,知与行也难以一致;若无恰当的道德行为,道德认识、情感、意志就无法表现。可见,这四个特征是相互联系、相互制约的。

三、态度和品德的关系

通过对态度和品德两个概念的定义及其构成成分的分析,我们可以发现,两者所涉及的问题基本上是同质的,有时我们甚至难以把两者严格区分开来。例如说某学生有尊老的品德,这里所说的品德也是指这个学生遇到老人时做出行为选择的内部准备状态或反应的倾向性,我们也可称为尊老的态度。

但是,态度和品德两个概念仍有区别。

第一,价值的内化程度不同。克拉斯沃尔(D. R. Krathwohl)和布卢姆提出,因价值内化水平不同,态度可以从轻微持有和不稳定到受到高度重视且稳定之间发生多种程度的变化。从态度的最低水平开始依次是接受,即注意;反应,即超出单纯注意的一种行动;评价,即行动后获得满意感,赋予行动以价值,并显示出坚定性;组织,即价值标准的组织,通过组织判断各种不同标准间的相互联系,克服其间的矛盾与冲突,最后达到性格化的高水平;性格化,即价值性格化。上述价值内化的五级水平,也就是态度变化发展的水平,只有价值内化到最高级水平的态度,也就是价值标准经过组织成为个人性格系统中的稳定态度,方有可能称作品德。

第二,所涉及的范畴不同。在诸如对祖国、对集体、对学习、对劳动、对事物、对事件以及对人、对己的态度中,只有涉及社会道德规范的那部分稳定的态度,才能称为品德。个人的品德是其性格系统中与道德感、道德观有关的部分,简言之,品德是性格的一个重要方面。

第二节 品德形成的理论

一、道德认知发展理论

(一)皮亚杰道德认知发展理论

1. 皮亚杰道德认知发展理论的基本观点

皮亚杰认为,儿童道德判断的发展有一个有序列、合逻辑的模式。儿童道德的发展源于主体与环境的积极的相互作用。一方面,儿童是一个哲学家,是自己道德观念的构造者,道德发展是儿童自己积极思维的产物。成人和权威的影响只有通过儿童自己的道德思维和道德活动才能发挥作用。随着儿童在智力上越来越能够应付同他们相互作用的环境,他们就自然地发展了新的更高层次的道德准则,通过主动理解周围世界和组织自己的社会经验,产生出是非观念。另一方面,同伴之间的相互作用(外部环境)也对道德发展有一定的影响,为儿童的新的道德认识提供一定的信息。

皮亚杰在他的《儿童的道德判断》一书中,根据他的理论和大量临床研究的事实,分析了儿童对游戏守则的理解及遵守过程,并通过一些对偶故事的观察实验,把儿童的品德发展划分为四个阶段。

(1)自我中心阶段(2~5岁)。

这一阶段是从儿童能够接受外界的准则开始的。儿童在游戏中总是自己玩自己的,按照自己的想象去执行规则。这是因为儿童还不能把自己同外在环境区别开来,而是把外在环境看作是他自身的延伸。规则对他来说,还不具有约束力。

(2)权威阶段(6~8岁)。

这一阶段的儿童绝对地尊敬和顺从外在权威。儿童尊重道德的权威,认为服从有权威地位的人就是好的。正因为这样,他们把人们规定的准则看作是固定的、不可变更的。

(3)可逆性阶段(8~10岁)。

该阶段的儿童已不把准则看成是不可改变的,而把它看作是同伴间共同约定的。儿童一般都形成了这样的概念:如果所有的人都同意的话,规则是可以改变的。儿童已经意识到一种同伴间的社会关系,且应相互尊重。准则对他们来说已具有一种保证他们相互行动、互惠的可逆特征。同伴间可逆关系的出现,标志着品德由他律开始进入自律阶段。

(4)公正阶段(11~12岁)。

儿童的公正观念是从可逆的道德认识发展而来的。他们开始倾向于主持公正、平等。公正的奖惩不能是千篇一律的,应根据各人的具体情况进行。

按照皮亚杰的观点,第三、第四阶段的儿童处于自律道德时期。自律期的儿童已能在思想上理解道德观念,具有一种受观念上的法则所支配的特征。皮亚杰认为,这种观念上的法则是儿童品德的核心,儿童只有达到自律的水平,才可能具有真正的道德品质。

2. 皮亚杰道德认知发展理论对德育工作的启示

(1)儿童的道德认知发展不是来自生物成熟,也不是将外部道德灌输和奖惩直接内化的结果,而是在与环境相互作用,进行积极思维,对其道德经验进行建构的结果。这对于学校中常见的企图单纯依靠灌输、说教和奖惩而忽视儿童的活动、道德推理作用的道德教育具有一定的警示作用。

(2)儿童的道德认知发展是一个主客观交互作用的渐进的过程,这与儿童的道德认知能力和其社会道德经验的获取有关,所以德育应该从认知和社会关系两个方面促进儿童道德发展。

(3)儿童的道德认知发展是一个由他律向自律转化的过程,所以在低龄儿童的道德教育中,以特定的行为规范教育为主,以使儿童表现适当的行为;随着认知的发展成熟,逐步引导其加深对道德含义的认识。此外,成人权威的强制性的教育不利于儿童由他律道德向自律道德的转化;相反,自我管理、同伴合作、同伴间冲突问题的解决,以及成人同儿童沟通中的非权威态度,有利于发挥儿童的自主性,减少对权威的依赖,发展相互尊重的平等关系。

（二）柯尔伯格道德发展理论

1. 柯尔伯格道德发展理论的基本观点

在皮亚杰之后，柯尔伯格（L. Kohlbery）继承了皮亚杰的理论，在20世纪60年代提出了道德发展阶段论，并开创了用道德两难故事法来研究道德发展问题的先河。

柯尔伯格是通过询问儿童一些假设的故事中的问题来搜集资料的，其中的一个经典故事是"海因茨偷药"。

有一位妇女患了癌症，生命垂危。医生认为只有一种药可以救她。这种药成本很高，但制药师却以十倍于成本的价格出售，一剂索款2 000元。病妇的丈夫海因茨，向所有的熟人借钱，凑起来还缺一半。他请求制药师便宜些卖给他或赊给他，过些日子再还清欠款。在遭到制药师的拒绝后，海因茨就闯进制药师的屋里，为他的妻子偷取了这种药。海因茨应该去偷药吗？

他测试了十来个国家大量的6、7岁至21岁的被试，发现尽管种族、文化、社会规范等各方面都不相同，但道德判断能力随年龄发展而发展的趋势却是一致的。他把儿童的道德判断分为三个水平，每个水平又各包括两个阶段。

水平一：前习俗水平。

该水平的主要特点是：个体着眼于人物行为的具体结果及其与自身的利害关系，包括第一、第二两个阶段。

阶段1：服从与惩罚的道德定向阶段。这一阶段儿童的道德价值来自对外力的屈从或逃避惩罚。他们衡量是非的标准是由惩罚来决定的，对成人或规范采取服从的态度，缺乏是非善恶的观念。判断善恶时，注意行为的物理形式（谎言的程度）和行为的结果（损害的程度），不注意行为的动机。

阶段2：相对与功利的道德定向阶段。该阶段儿童的道德价值来自对自己需要的满足，偶尔也来自对他人需要的满足。在进行道德评价时，开始从不同角度将行为与需要联系起来，但具有较强的自我中心性，认为符合自己需要的行为就是正确的。判断善恶时，根据行为是否有满足他人或自己需要的工具性价值，不注意行为的客观结果。

水平二：习俗水平。

该水平的主要特点是：个体着眼于社会的希望和要求，能够从社会成员的角度来思考道德问题，已经开始意识到人的行为必须符合群体或社会的准则，已能够了解、认识社会行为规范，并遵守、执行这些规范，包括第三、第四两个阶段。

阶段3：人际协调的道德定向阶段。这个阶段儿童的道德价值是以人际关系的和谐为导向，顺从传统的要求，附和大众的意见，谋求大家的称赞。在进行道德评价时，总是考虑到他人和社会对一个"好孩子"的期望和要求，并总是尽量按这种要求去思考道德问题。判断善恶时,根据行为的动机,有利他人的动机为善,利己的动机为恶。

阶段4:维护权威或秩序的道德定向阶段。这一阶段的道德价值以服从权威为导向,服从社会规范,遵守公共秩序,尊重法律的权威,以法制观念判断是非,知法守法。行为只要违反了规则,并会给他人带来伤害时,不论何种动机都是不好的。

水平三:后习俗水平。

该水平的主要特点是:个体不只是自觉遵守某些行为规范,而是以普遍的道德原则为行为的基本准则,考虑人类的正义和个人的尊严,其道德判断超出世俗的法律与权威的标准,包括第五、第六两个阶段。

阶段5:社会契约的道德定向阶段。处于此阶段的人们认识到,法律或习俗的道德规范仅仅是一种社会契约,是由大家商定的,可以因大多数人的要求而改变。在判断善恶时,认为只有兼顾他人权利的行为才是道德的,错误的行为可以根据动机减弱其受责难的程度,但并不因为动机良好而将其错误的行为也看成是正确的。

阶段6:普遍原则的道德定向阶段。这个阶段以价值观念为导向,有个人的人生哲学,对是非善恶的判断有独立的价值标准,思想超越了现实道德规范的约束,行为完全自律。由于认识到了社会秩序的重要性与维持这种共同秩序所带来的弊病,看到了社会准则与法律的局限性,所以,在进行道德评价时,能超越以前的社会契约所规定的责任,以正义、公正、平等、尊严这些最一般的原则为标准进行思考。在根据自己选择的原则进行某些活动时,只要动机是好的,行为就是正确的。

2. 柯尔伯格道德发展理论对德育工作的启示

(1)教师对儿童道德思维和行为水平的预期应符合儿童的年龄。

学前与小学低年级儿童在判断别人的行为时主要是看结果,而不关心他们的意图。教师应该给他们列举一些日常生活中的例子,如不小心撒落东西,或者在操场上打架等,告诉他们不小心搞破坏和故意搞破坏是不同的。小学高年级和初中学生大多处于柯尔伯格提出的习俗道德推理水平,他们很愿意在班会上共同讨论制定出班级内的"社会规则"。高中教师可以让学生思考是否存在普遍的道德原则。文化或者社会科学的主题很适合学生对道德推理进行讨论。

(2)教师在课堂上可以组织学生讨论两难问题,可以帮助学生发展道德推理。

教师可以利用假想的或真实的道德两难情境,进行道德推理训练,可以使儿童学会综合考虑当事人的行为动机和行为结果、个人利益与社会责任,以及道德情境条件,经过权衡,做出适当的道德选择。

(3)按照"加一原则"提升儿童道德推理水平。

柯尔伯格从理论上提出,在引导儿童发展其道德认知能力时,一次只提升一个阶段。儿童与比自己高一个阶段,至多高两个阶段的人相互作用,可以有效地提高其道德推理水平。

二、道德行为的社会学习理论

(一)道德行为的社会学习理论研究

在前面的学习理论中我们讨论过班杜拉的观察学习理论。这里介绍一下他在道德行为方面的研究。

班杜拉对道德行为问题的基本观点是:道德行为的决定因素是环境、社会文化关系以及各种客观条件、榜样和强化等。他认为只要利用一定的条件与方法,奖励学生的适当行为,就有助于学生良好行为的形成与发展。他主要采取实验法来研究品德形成问题。

1. 抗拒诱惑实验

所谓"抗拒诱惑",就是在具有诱惑力的情境之下,个人能依据社会规范的禁忌,对自己的愿望、冲动等行为倾向有所抑制,使自己在行动上不致做出违犯社会规范的行为。抗拒诱惑实际上就是个人将学得的社会规范在生活情境中的运用。如何抗拒诱惑?榜样的作用是十分明显的。

此类实验很多,如阿隆弗里得(ArDnfreed)做了这样一个实验。在儿童面前有两个玩具,一个新奇好玩,对儿童特具诱惑力,另一玩具则是玩过、熟悉的,无吸引力。实验者要儿童取其中一个并编一个故事说明该玩具的特色。实验分三种情境,每次以一个儿童进行,一、二两组为实验组,处理情境不同,三组为控制组。第一组儿童取新奇玩具时(正想取,还未取到),实验者立即厉声地给予制止:"不行,那是留给大孩子的!"被试只好取另一玩具。第二组则在儿童取到玩具后再以同样方式来制止。目的是了解不同情况的惩罚对抗拒诱惑的自制力所发生的效果。第三组是控制组不给予限制。这一实验等于是进行抗拒诱惑的训练,明明自己喜欢那个玩具,因为要留给大孩子,只好控制自己。

训练后再在无人监管情况下,任凭儿童拿喜爱的玩具以检验训练的效果,主试只在暗中记录。结果是在抗拒诱惑的自制倾向上,第一组最大,第二组其次,第三组最差。根据实验结果,实验者建议,为使儿童能抗拒诱惑,惩罚不仅要适度,而且要适时。

2. 赏罚控制实验

这是运用赏罚的办法培养品德。当道德行为合于预期标准的行为时,给予奖赏,以期同样情境重现时,再出现同样的行为;当道德行为不合于预期标准的行为时,给予惩罚,以使学生从害怕惩罚而学习到逃避惩罚,从而建立道德。这一基本概念是来自行为派的联结原理,由这一概念出发,不重视道德行为的认知成分。这种方式同班杜拉后来自己一再强调的学习中认知成分的重要性是不一致的。

3. 榜样学习实验

榜样学习实验或称观察学习。这个问题前面已经论述过(详见第三章)。榜样学习的真正意义在于儿童生活的环境中,对他产生影响最大的人所表现的以身作则的"身教"的作用。有些不良行为也可通过榜样学习而养成。如有一个实验,先让两组被试品尝饼干,吃下很多后渴了。这时主试把他们两组分开到两个休息室,室内有饮水器,但旁边挂的一块牌子写着"禁止使用"。其中一组有一个人(是主试的助手)带头犯禁,结果大家都去喝了,而另一组则没人犯禁。

观察学习是通过学习者观察榜样的示范进行的,榜样的条件会影响到学习者观察学习的结果,榜样应具有以下五个条件:第一,榜样的示范要特点突出、生动鲜明,这样才能引起学习者的注意。第二,榜样的示范要符合学习者的年龄特征。第三,榜样示范的行为对于学习者来讲要具有可行性,即学习者能够做得到,这是最基本的条件。如果榜样的行为标准太高或很少出现(如救火),对学习者的影响会受到限制。第四,榜样示范的行为要具有可信任性。第五,榜样的行为要感人,使学习者产生心理上的共鸣,这时学习者才会表现出相类似的行为。

(二)社会学习理论对德育工作的启示

1. 社会学习理论为学校道德教育中的榜样教育提供了理论支持

班杜拉的研究显示,学生的道德行为可以通过观察学习形成和改变。观察学习同亲历学习一样,可以使个人或通过观察榜样的行为及其后果,或在自己道德实践中体验行动的后果,了解到哪些行为是有价值的、有意义的。这样为提高榜样教育的成效提供了思考框架。

2. 重新认识教师言行一致的教育作用

学校提供的榜样主要来自教材、同伴和教师。教师因其知识优势及奖惩学生的权利而成为学生观察和模仿的主要榜样。当教师言行一致时,其示范行为能对学生产生更有效的影响,而当教师言行不一致时,学生会根据教师行为表现去做,而不是根据教师言语教导去做。

3. 警惕体罚带来的负面效应

体罚是某些教育者在对儿童教育过程中采用的一种手段。父母或教师对子女或学生的错误行为实行体罚,有可能暂时抑制子女或学生的错误行为表现,却有可能为他们提供了侵犯行为的榜样。因此,教育者应慎重使用体罚。

4. 注意大众传媒对儿童道德行为的影响

据中国互联网络中心发布的《中国互联网络发展状况统计报告》显示,截至2012年12月底,我国网民规模达到5.64亿,互联网普及率为42.1%,其中中小学生也占了较大比例。大众传媒和计算机网络传播的内容是符号化了的人和事,这也是榜样的一种。信息时代的到来凸显了大众传媒的优势,极大地扩展了榜样的示范作用。电视和计算机网络具有娱乐性、便捷性、信息量大的特点,提供了大量的示范行为,对于儿童青少年和成人的道德面貌的转变产生着重大的影响。如何防止大众传媒和网络中不健康的、暴力的、淫秽的内容对儿童青少年道德行为和道德价值的腐蚀性影响,应成为我们时刻关注的问题。

5. 注意学生自我调节能力在道德教育中的地位

班杜拉非常重视认知因素、自我强化、自我调节能力在社会行为调控中的作用。他说:"如果行动仅仅由外部奖励和惩罚来决定,那么人们就会像气象风标那样不断地改变自己的行动方向以顺从施于其身的一时的影响。"但是,人可以通过自我反应、自我强化来使自己的行动达到自己确定的标准。如何确定合适的自我评价标准,培养学生自我调控能力,是道德自我教育和自我修养中必须深入研究的一个问题。

第三节 态度的形成与改变

一、态度学习的条件

(一)内部条件

1. 对态度对象的认识

在态度学习之前,学习者的认知结构中首先要有关于新态度对象的观念或认识。例如,要使学生形成对"互敬互谅"这种规范的态度,那么学生必须先了解"互敬互谅"的意义。如果学生事先没有关于这一规范的认识或观念,那么必须通过指导来形成这个观念。

此外,学习者还必须具有一套关于行为与其相应情境的关系的观念。例如,不接受某种观点可能会受到团体的惩罚、教师和家长的责备等。因为许多态度教学是通过为学生提供模仿的榜样来进行的,此时,榜样及与榜样相关的所有概念都是一种情境的观念。

2. 认知失调

许多态度理论都假设人类具有一种"一致性的需要",需要维持自己的观念或信念的一致,从而获得心理平衡。如果处于认知失调状态,个体就会努力改变自己的观点或信念来求得新的平衡。因此,认知失调就成为进行态度学习的必要条件。

3. 主体要求形成或改变态度的心向

具备前两类条件并不能确保学生就能形成或改变某种态度。此时还可能存在的事实是:学生还不能解决生活中的诸多甚至大部分的失调;许多人的愿望、观念与行动根本不一致;很多人不想去努力解决这种不协调。这些情况说明,在特定条件下,学生可能会没有或者失去形成、改变态度的心向。这种心向是一种习惯倾向,有着持久的影响,对于态度教学来说是非常重要的。

(二)外部条件

1. 强化

强化也可以导致态度的形成和改变。强化大致可以分为两种:一种是直接强化,即一般所说的奖励或惩罚。奖励对态度有正向诱发作用,而惩罚对态度有负向抑制作用。另一种强化是间接强化,特定的环境氛围、群体的舆论、群体成员的评价等以潜移默化的方式影响着态度的形成和改变,可以说,强化因素增强了学生对客体趋向的内部准备倾向。

2. 榜样人物的选择

许多态度是由模仿他人的行为而习得的。在观察他人的态度的形成与改变时,学生获得了关于榜样行为、行为情境以及行为结果的知识,从而获得替代性强化,影响自身的态度形成与改变。为此,在进行态度教学时,榜样的选择就显得至关重要。有较大影响的榜样多具有这些特征:榜样的行为达到了要求并得到了奖励,而其他人也常去效法他们的行为;榜样有权力、有能力奖励学习者,尤其是已经奖励或鼓励过学习者的榜样,如教师、同伴等;榜样与学习者有类似之处,即这些榜样可以反映学习者的自我概念和志向。

二、态度形成与改变的方法

(一)条件反应法

条件反应法就是利用经典条件反应和操作条件反应原理进行态度教学的方法。这种方法就是要个体在条件作用下形成或改变态度。

借助经典性条件反应的作用,在实际教学中,可使学生逐渐理解"100分""第一名""优秀"等标记与教师的赞扬、父母的疼爱、同学的羡慕之间的关系,从而形成他们对这些标记的积极态度;相反,也可形成对"不及格""留级生"等标记的消极态度。

在操作性条件反应原理的应用方面,教师通常可以采用的技术是,适当地操纵学生行为之后的强化,如使学生有学习成功感,避免失败感,进而对学习产生积极的态度。

(二)提供榜样法

榜样对态度的影响是巨大的。在学校教学中,教材中提供了各种任务及其生活方式,或者作者的态度,这些都可以成为影响学生态度形成和改变的榜样。教师也是重要的榜样人物,知识渊博、富有爱心、兴趣广泛的教师的言行对学生更易产生示范作用。此外,教师还可以根据学生心目中有关榜样的特点,按照班杜拉的社会学习理论来选择榜样、设计榜样、示范榜样行为,以及运用有关的奖惩,引导学生学习某种合乎要求的态度。

(三)说服性沟通法

说服性沟通法就是通过言语说服方法来改变学生的态度。在说服过程中,教师要向学生提供对其原来态度的支持性和非支持性的论据,使学生获得与教师要求的态度有关的事实和信息,或深化已有态度,或形成新的态度,或改变原来的态度。

有效的说服需要有一定的技巧:

(1)选择合适的证据。根据学生的受教育程度、年级和有无相反观点等选择合适的证据。

(2)情理服人。在说服时,要么以理服人,要么以情动人。

(3)逐渐缩小态度差距。根据原有态度和要求态度之间的差距,确定说服步调,不可急于求成。

第四节 品德的形成与培养

一、品德的形成

(一)品德形成的实质

皮亚杰认为,发展的实质是主体对客体的适应,在于取得有机体与环境的平衡。因此,品德发展的实质是个体对社会生活(规范)的适应。品德的发展就是在与环境相互作用中,机体不断将社会规范内化,并修改自己已有的社会规范认知图式,逐渐达到平衡,从而更好地适应社会。

班杜拉认为,发展是观察的结果。个体观察榜样的社会规范遵从行为与结果来进行社会规范的学习。个体吸取榜样示范行为的一定模式,把它内化、符号化。

综上,人类个体品德的形成过程即品德学习的过程,亦即社会规范的学习过程,其实质是个人在社会生活实践过程中,在家庭教育、学校教育以及社会道德舆论的影响下,内化社会道德规范和道德价值,形成个人社会行为的心理调节机制的过程。这种内化的过程不是对社会规范的直接接受,而是在人际交往过程中,对个人道德经验进行积极建构的过程。

(二)品德形成的心理过程

国内有学者提出,品德的形成过程就是内化社会道德规范、道德价值,确立社会规范的遵从态度的过程。这一过程是逐步完成的,按内化水平的不同,分为三个层次或阶段:对社会规范的依从、认同和信奉。

1. 对社会规范的依从

对社会规范的依从是遵从态度确立或品德形成的初级接受水平，一般是指行为主体对别人或团体提出的某种行为要求的依据和必要性缺乏认识，仅仅认识与体验到这是维持某种安全需要的手段或工具，仍然遵照执行的一种遵从现象。这种社会规范的内化程度是肤浅的，遵从态度机制是薄弱而不稳定的，相应的规范行为也是不巩固的。这一阶段仅仅是接受的开始，而不是接受的终结。

依从现象有从众和服从两种表现或类型。

作为社会规范的一种初级接受水平，依从水平具有以下特点：

(1) 盲目性。

主体以其依从行为作为获取安全需要的工具，并非出自对行为本身必要性的认识与体验，这对规范行为是一种盲目的表现，因而行为依据具有盲目性。

(2) 被动性。

行为的被动性与行为依据的盲目性是一种表里关系，即行为被动性的内在原因是行为依据的盲目性，由于主体对某种行为的必要性缺乏明确的认识与相应的体验，这就失去了这种行为的内在驱动力，因而行为似乎表现为受外力左右，显示出行为的被动性。

(3) 工具性。

依从行为是为满足某种需要而产生的一种工具性行为，其直接原因就是避免违背权威或与众相悖所导致的危险，这本身就是一种取得安全的工具和手段。

(4) 情境性。

依从行为的发生依赖于产生实在压力或潜在压力的情境，一旦情境消失，这种行为也不复存在，即表现为一种"时过境迁"效应。

2. 社会规范的认同

社会规范的认同是指行为主体在认识上、情感上与行为上对规范趋于一致，从而产生自愿对规范的遵从现象。认同是社会规范接受以及品德形成的一个关键阶段，但不是最高阶段。认同源于对榜样的仰慕或对规范本身意义的认知，是规范的一系列要求或作用具体化为内在的认知与情感体验，是规范内化的深入阶段，是确立自觉遵从态度的开端。但是，认同的动机系统不够稳定，其认知与情感体验往往带有具体性、零散性的特点，有待于深入提高，形成系统化与概括化的价值意识。

社会规范的认同分为偶像认同和价值认同两种基本类型。

(1) 偶像认同。

出于对某人或某团体的崇拜、仰慕等趋同心理而产生的遵从现象，其基本含义就是主体企图与榜样一致。

(2)价值认同。

个体出于对规范本身的意义及必要性的认识而发生的对规范的遵从现象。如果偶像认同和价值认同同时建立,其认同度就高,就容易向信奉转化。

作为社会规范的一种关键的接受水平,认同水平具有以下特点。

(1)自觉性。

认同行为是有其认知或情感依据的,而不是对外部情境或权威命令的直接或间接压力的屈从,这种内部动因的存在决定了认同行为并非盲目依从,而是一种自觉行动。

(2)主动性。

认同的发生是受主体内部认知因素与情感因素的驱使,而非奖励或惩罚等外部压力,认同行为有其内在驱动机制,是主动发起的,有选择性的,而不是被动地取决于情境。

(3)稳定性。

认同是建立在对榜样或偶然的情感趋同或对规范本身的必要性认识基础上的,这种内部的心理因素不会随情境而改变,具有相对的稳定性。

3. 社会规范的信奉

社会规范的信奉是指主体的规范行为的动机是以规范本身的价值信念为基础,其规范行为是由社会规范的价值信念所驱使的。规范的信奉是规范的一种高水平接受或高度遵从态度,是品德形成的最高阶段。

信奉作为规范的一种高级接受水平或高度遵从态度,具有下列特征。

(1)高度自觉性。

这种行为由主体对规范的价值信念所引起,而且同主体的价值体系相一致,是高度自觉的。

(2)高度主动性。

信奉行为由主体对规范的价值信念及内在奖励所引起,这种行为的动机是"内在的",不受外力制约,不受外因暗示,完全是一种"自主性行为",具有高度的主动性。

(3)坚定性。

信奉行为与主体的价值体系相连,其动机具有深远性,因而这种行为不仅具有高度的稳定性,而且具有高度的灵活性。

(三)品德形成的一般条件

1. 一般认知能力

人的行为总是受人的认识的支配,人的态度和道德行为也不例外地受到人的认识的影响。认知心理学家认为,儿童逻辑推理能力是其道德判断能力发展的基础。儿童从单方面服从权威的他律道德转向双方互相尊重的自律道德,与其思维的去中心化能力发展有关。智力是一个人的一般的认知能力,它虽不是道德发展的充分条件,却是道德发展的必要条件。

2. 交往需要与合作经验

交往需要是最基本的社会性需要,是个体社会性发展的基础。人的本质在于其社会性,个体要获得交往的成功,使自己为他人与社会所接受,就必须学习社会规范,并以此作为行动的指南。并且,在不断的交往与合作的过程中,逐渐内化道德规范,形成品德。

3. 原有信念

就知识和技能而言,最重要的内部条件是学生原有知识基础。而就态度和品德而言,最重要的内部条件是个人的信念。信念是人对自己和对外界的带有情感色彩的主观认识。信念可以来源于亲身经历、替代经验、社会评价,而班杜拉最为重视的是替代性经验。

4. 社会道德环境

社会道德环境主要由社会风气、大众传媒和榜样人物等方面构成。儿童不可能与社会隔绝,随着年龄的增长,他们与社会的接触越来越广泛。首先,社会风气有着广泛性、复杂性等特点,儿童的识别能力较差,他们往往会自发地、偶然地、不知不觉地接受社会风气的影响。其次,大众传媒对儿童的成长产生着越来越深刻的影响。美国帕克等人的研究表明,在其他社会条件相同的条件下,观看暴力电影的学生比其他学生表现出更多的攻击性行为。最后,教师、父母、同伴、社会精英人物、公众人物等作为榜样人物,他们的言行对儿童潜移默化地产生示范的作用。

5. 强化

与认知学习、运动技能学习一样,品德的学习也离不开强化因素。在班杜拉的社会学习理论中已经提及无论是亲历学习,还是观察学习,强化都会产生重要影响。班杜拉提出三种强化形式:直接强化、替代强化和自我强化。

二、道德认识的形成与培养

(一)道德概念的掌握

掌握道德概念指儿童对道德规范有了正确的理解,能够概括地掌握是非善恶的道德标准,知道什么是道德的,什么是不道德的。只有掌握了道德概念,才能够评价别人和自己的行为并指导自己的行为。

道德概念的形成与其他概念的形成一样,需要经过感性认识与理性认识这两个阶段才能实现,所以,掌握各学科知识概念的许多规律在掌握道德概念的过程中也同样起作用。但是,道德概念不仅是一种知识,他与人的社会行为相联系。学生的道德概念表现为三种水平:

(1)具体的道德概念。这种水平的道德概念与具体的道德行为或一定的道德形象相联系。

（2）知识性的道德概念。这种水平的道德概念是作为一种知识来理解，没有内化为自己的道德观点，不能指导自己的言行。

（3）内化了的道德概念。这种水平的道德概念已形成了概括化，并内化成为自己的道德观点，成为进行道德评价和指导自己言行的标准。

（二）道德评价能力的发展

道德评价指学生根据已掌握的道德规范，对自己或他人的行为所做的是非善恶的道德判断。道德评价能力的发展是学生道德品质形成的重要标志之一，它是道德认识的外部表现，并能够巩固和加深道德认识。道德概念也正是在道德评价过程中形成、丰富和得以发展的。

道德评价具有两个特点：第一，它是一种价值判断，即在了解事实的基础上对自己与他人"应该怎样做"所进行的评价；第二，它包含着情感的成分。人们进行道德评价的事是那些与之有关的事，在评价时会带上一些感情色彩。道德评价这两个特点可以促使人们自觉、主动、积极地依据所掌握的道德规范调节自己的行为。道德评价是道德认识转变为道德行为的重要环节，道德评价能力的发展是道德品质发展中的关键因素。

道德评价能力发展一般经历以下过程。

1. 从他律到自律

即从重复别人，特别是重复教师和家长的道德评价，逐步学会独立进行道德评价。学生的道德评价是在别人评价的影响下形成的，年龄越小受成人评价的影响越大。

2. 从评价他人到评价自己

中小学生对自己的道德评价往往落后于对别人的评价，他们常常对别人评价很低，对自己评价却偏高。一些研究表明，初中学生中大部分不能正确进行自我评价，大部分学生的自我评价与活动结果不相符合。

3. 从结果到动机

国内的一项研究（李伯黍，1990）验证了我国儿童道德判断的发展也是从依据行为的外部结果过渡到依据行为的动机和意向。我国儿童从小学三年级开始，大多数已能根据行为的原因或从行为的因果关系上做出判断，这一结果比皮亚杰的研究结果早了一年。

4. 从片面到全面

片面的道德评价表现为对一个人或对某个行为下绝对肯定或绝对否定的结论。随着年龄的增长、道德知识和经验的丰富，儿童逐步学会对自己和别人进行比较全面、客观的评价。

5. 从依据道德情境到依据道德原则来进行评价

小学生和初中生比较容易依据具体的道德情境，对同一行动在不同情境下有不同的评价。如对有问题的同学,他们能够识别;可是对同学中的好朋友犯了错误,就不能说出来。他们认为这是"讲哥们儿义气","不能出卖朋友"。这就需要教师引导学生从依据情境的评价过渡到依据原则来进行评价,而不是一般地去进行指责。

在教育教学的实践中,教师要使学生经常运用自己已有知识来进行评价,提供实践机会,这样才能扩大和丰富学生的道德经验,加深对道德意义的理解;具体做法,可以通过班会、板报、作文、优秀生评选等活动,使学生的评价能力从肤浅到深刻,从片面到全面,由具体到概括,从表面到本质地得到发展。

(三)道德信念的培养

道德认识的结果是形成有关的道德观念,尤其是道德价值观念。道德的实质涉及道德行为的意向和理由,即不仅要知道应该做什么,更要知道为什么这样做,一个人若无意间做了有利于他人的事,其行为是不能归属于道德行为的。因此在品德培养方面,必须使学生形成一定的道德价值观念,学会用道德价值观念来调节自己的行为。

一种社会行为有无价值、是否重要、是否恰当、是否应该、是善是恶,实际是作为客体的社会行为是否满足主体的道德需要的问题。故品德形成的关键就是道德需要的形成。

道德信念就是坚信行为规范的正确性并伴有情绪色彩与动力性的观念,是一种主动要求得到维护与实现的道德需要,即观念动机。道德信念的确立是道德品质形成的心理实质。有了道德信念的人,对道德规范及其意义具有概括性的认识,赋予社会道德规范以价值,坚信其正确性,并愿意在行动上加以贯彻。

道德认识转化为道德信念有赖于多种条件。

第一,教育者的言行一致。心理学研究表明,教育者的言行是否一致,对于学生能否遵守道德规则有明显的影响。教育者言行一致,学生会确定行为规范的正确性,并付诸行动;否则,学生会对行为规范产生质疑,甚至是形成错误认识。

第二,在道德实践中获得与道德规范要求相符合的道德经验。在道德实践中,学生如果能获得与道德规范相符的道德经验,可以使学生获得相应的道德体验,体验道德行为,增强道德意志,更加坚信道德规范的正确性,并增强其动力性。

第三,培养学生的道德判断能力。道德判断能力是个体评判自己的道德认识以及他人对自己的道德要求的正确性所必需的。道德判断能力的培养和提高,有利于道德经验得以概括和整合,从而增强道德观念对自己今后的行为的支配力。

第四,获得社会反馈。学生获得的道德行为的反馈信息可以是他人的评价和教师的奖惩,也可以是社会舆论的褒贬,这些都给学生传递了关于道德行为价值的信息。这些信息可以使学生更加坚信道德规范的正确性,也可以给学生对道德知识的确证带来困难。

(四)提高道德认识的措施

道德概念和道德评价是道德认识形成的最基本环节,要提高儿童的道德认识就要从这两个方面入手。

1. 在道德教育中要注意将抽象的道理与具体事例相结合

学生在学习道德知识时,结合事例不仅有利于儿童理解道德知识,而且能够防止道德知识与道德实际脱节。具体生动的事例还有助于唤起学生的道德情感,增强道德教育的力量。为了引导学生领会道德概念的本质,要运用变式的方法举例。如在举勇敢行为的事例时,不能只举战争时期革命英雄的事迹,这样会使学生误认为只有在危险时刻才能表现出勇敢行为。在举例时还要注意结合儿童的实际经验,不能远离他们的生活。

2. 通过提供榜样的形式来促进学生道德认识的发展

班杜拉(1963)在实验中,让儿童对皮亚杰对偶故事中人物的行为进行道德判断,其中有一部分儿童在评价故事时有一个成人做他们的榜样,经过一段时间训练之后,儿童道德判断的水平得到了明显的提高。在学校当中,教师要注意道德评价的示范,可以利用教材或学生日常生活中的事例做出自己的道德评价。

3. 运用强化的手段去促进儿童道德认识的发展

岑国桢和李伯黍(1982)比较了"表扬+奖励"和"表扬+说理"这两种道德教育方式在促进儿童道德判断发展中的作用。当儿童在做出正确的道德判断时,"表扬+奖励"组会得到实验者口头上的表扬并得到奖品,"表扬+说理"组则没有奖品,但实验者讲清为什么说他们的判断是正确的。研究结果表明,这两种强化方式都是有效的,其中"表扬+说理"的方式效果更大一些。

4. 运用分析道德两难推理事例的形式来提高儿童的道德认识

陈欣银(1988)采取班级集体讨论的方式来提高学生的道德判断水平。在实验中,学生对道德两难问题提出解决方法,并讲出理由,然后进行集体讨论。在讨论中,最终也没有"正确"的答案,只是通过这种方式来促进学生对有关道德问题的思考。研究结果表明,这一方式效果明显。教师在运用这种方式对儿童进行教育时要注意加强引导,但不一定要强迫儿童接受有关的道德规范。

5. 教育者要有良好的行为示范,做到言行一致

心理学者曾做过一个实验:把儿童分为四组,主试与儿童的关系很好,儿童很信任主试。第一组,主试向儿童宣传慷慨救济孤儿的意义,同时自己也捐出钱来;第二组,主试向儿童宣传不去救济孤儿,把钱留给自己,同时自己也不捐钱;第三组,主试向儿童宣传救济孤儿的意义,但是自己不捐钱;第四组,主试劝儿童不要捐钱但自己却慷慨捐款。实验结果是,第一组儿童全部捐了钱;第二组儿童全部不捐钱;第三组儿童不相信主试的宣传,却学习他的行为,绝大多数不捐款;第四组儿童不相信主试的话,却学习他的行为,绝大多数捐了钱。由此可见,儿童道德认识在很大程度上受成人道德行为的影响。教育者言教与身教相一致的教育方式,更有助于学生纠正错误的道德概念,形成正确的道德认识。

6. 消除儿童在接受道德知识时的"意义障碍"

意义障碍指妨碍学生理解道德知识的心理因素,分为认知障碍和情感障碍。认知障碍指学生不同意或不理解教育者所讲的道德知识;情感障碍指学生对教育者或对教育者所传授的道德知识具有消极的情感体验。学生产生意义障碍的常见原因有:

(1)教师的要求脱离了学生的水平或需要。
(2)提出要求的方式具有强制性或触伤了学生的感情。
(3)要求频繁而又不严格执行。
(4)教师在处理某些问题时不公正。
(5)教育者本身言行不一。

教师在发现学生具有意义障碍的情况下,要及时了解并设法消除它们,避免从局部发展成全局,以致发展到不接受一切教育的地步。

三、道德情感的培养

(一)道德情感的种类

从内容上来看,道德情感是极其多样的,而且与道德认识交织在一起。它大致可分为对自己的荣誉感、羞耻感;对他人和工作的友谊感、公正感和责任感;对社会的集体主义感、爱国主义情感和国际主义情感。

道德情感从形式上来分,主要有三种:直觉的道德情感,是由某种情境直接引起而迅速发生的道德情感。形象性的道德情感,是与具体道德形象相联系的情感体验。理性的道德情感,是意识到社会道德要求和意义所产生的道德情感。

(二)培养道德情感的措施

丰富道德情感对于道德品质的培养来说是非常重要的,它可以通过多种方式和途径进行。

1. 将儿童的道德观念与一定的情绪体验相结合

教师可以通过生动的言语表述激起学生的情绪,使他们在领会道德要求的同时,伴有积极的或消极的情绪体验。例如,在讲述一些道德要求时,如果教师满怀激情地使用赞扬、颂扬的词句,那么就会使学生产生羡慕、向往的情感;而如果教师用一些批评指责的话语,就会使学生产生愤慨、不愉快的情感。

2. 充分利用优秀文艺作品与具体、生动的榜样引起学生道德情感上的共鸣,扩大儿童道德实践的间接经验与情感内容

由于儿童对童话、故事、小说、戏剧等文艺作品容易发生兴趣,教师可以把这些文艺作品用作道德情感教育的工具。但选择文艺作品在注意具有思想性的同时,必须考虑其内容贴近学生的生活实际,远离学生生活的内容很难引起学生的情感共鸣。

3. 在具体情感的基础上阐明道德规范,引导学生的情感体验不断概括和深化

学生在生活中形成了许多具体的情感,教师可以在此基础上阐明道德规范,以深化学生的道德情感,如在热爱父母、热爱老师、热爱家乡的情感基础上培养学生的爱国主义情感和热爱人类的国际主义情感。要使儿童的道德情感达到更高的层次,就一定要把它与正确的道德认识结合起来。

4. 通过移情训练的方式来促进道德情感

移情是由真实或想象中他人的情绪、情感状态引起的并与之一致的情绪、情感体验,是一种替代性情绪、情感反应能力。在社会生活中,人会面临各种涉及他人情绪、情感状态的情境,人能否体验到他人的情感体验,分享他人的情感,这会影响人的道德行为。只有当人从他人的角度看待所处的情境,才能出现移情,产生相应的情感体验。

四、道德意志和道德行为的培养

(一)道德意志的培养

培养道德认识、道德情感的过程都会影响道德意志的形成,道德行为的训练更是与道德意志的锻炼密切关联。但培养道德意志需要注意以下几个问题。

1. 使儿童获得道德意志的概念和榜样,产生锻炼道德意志的愿望

在培养儿童道德意志的过程中,教师应注意为儿童讲解有关道德意志的概念。例如,通过讨论的方式使学生了解什么是道德意志、道德意志在学习和生活中的表现、道德意志的必要性与意义,这样有利于学生形成道德意志的概念。

2. 通过实践有意识地锻炼道德意志

整个教学与教育活动都能够锻炼学生的道德意志,因而它应该成为锻炼道德意志的基本途径。例如,从专心上课到认真完成作业,从课内学习到课外学习,从参加劳动、体育锻炼到各项集体活动,教师都应抓住时机去锻炼学生的道德意志。意志是同克服一定的困难联系在一起的,在实践中可以有意识地为学生创造一些困难的道德情境,并注意运用一些强化措施,激发学生进一步锻炼道德意志的动机。

3. 培养儿童抗拒诱惑的能力

学生常有明知故犯、管不住自己的现象,这是因为他们在外界一些条件的诱惑下会产生一些不符合道德要求的行为,如违反纪律、考试作弊、拾物归己等不良举动。社会学习理论的研究已表明,榜样及所受到的强化会影响儿童的抗诱惑行为。因此,应有效地运用榜样对学生进行教育,可以引导学生从别人的不道德行为及其后果中吸取经验教训,学会抵制不同诱因的方法,增强抵抗诱惑的能力。

(二)道德行为的训练

品德形成最基本的心理过程就是从知到行的过程。品德教育的根本问题,就是使学生的道德认识转化为相应的行动并成为习惯。把道德认识转化为经常的道德行为必须经过道德行为的训练,主要包括以下三方面。

1. 道德动机的激发

道德动机是推动人们产生和完成道德行为的内在原因或动力。研究表明,学生的行动,由于他们的道德动机不同,就会具有不同的道德意义。教师要对学生的行为进行正确的评价,就应当调查他们行为的道德动机。针对学生道德动机发展的特点,教师应从学生的需要结构及其矛盾运动的规律出发,不断调整学生的需要,使他们高级的精神需要不断扩大,运用表扬、鼓励、竞赛等手段,来激发学生的道德动机,促进其道德行为的形成。

2. 道德行为方式的掌握

道德行为方式的掌握是道德行动的必要条件。一般来说,道德动机和道德行为效果是一致的,但有时由于学生缺乏知识经验,缺乏完成任务的技能,或不善于组织自己的行为去完成任务,因此出现动机与效果不一致的情况。

对学生进行道德行为方式的指导可采取多种形式,主要有:道德行为方式的讲解;榜样的道德行为方式展示;道德行为步骤的讨论;道德行为方式的练习;对比正确的与错误的道德行为方式等。通过这些指导可以使学生知道在什么情境下采取什么样的行为方式才符合道德规范。

3. 道德行为习惯的养成

道德行为习惯是学生由不经常的道德行为转化为道德品质的重要因素,它不仅能使某些行为方式得到巩固,而且会在新的情境中发生迁移。

在学校的各项教育、教学活动中,要有意识地养成学生的道德行为习惯。培养道德行为习惯的方式很多,如创设重复良好行为的道德情境,杜绝不良行为重复发生的机会;提供良好的榜样供学生模仿,注意矫正不良的行为习惯;使学生了解行为的社会意义,从而产生自愿练习的愿望;让学生了解行为的结果和练习的进步,及时给予强化,使学生获得成败的各种体验等。

道德行为的训练必须和道德动机的教育有机地结合在一起,才能成为促使学生形成道德行为习惯的有力因素。否则,单纯地依赖练习和重复不能形成新的道德品质。这一点教师在指导学生进行道德行为训练时必须注意。不论是养成学生的好习惯,还是矫正坏习惯,都是一个长期的过程,因此,教师必须坚持不懈地对学生进行教育。

五、学生品德不良的矫正

品德不良是指个体具有的、不符合道德要求的品质,经常发生违反道德准则的行为或出现道德过错。在我国学校中这类学生虽属少数,但必须认真对待和正确处理。

(一)品德不良学生的心理特点

1. 道德认识错误,行动盲目

品德不良学生绝大多数道德观念都十分模糊,他们缺乏正确的道德判断能力,甚至是非、善恶颠倒。比如,他们分不清什么是勇敢,什么是正义感,法制观念非常淡漠,往往出于好奇及寻求刺激,做出不轨之事。但是,教师必须清楚地看到,多数品德不良学生的思想、认识等还在很大程度上受外界环境的制约,还不巩固,只要采取有效的措施,还是容易改造的。

2. 缺乏道德情感,情绪消极多变

品德不良学生一般都缺乏正确的道德情感,往往爱憎颠倒,荣辱不分。他们贪恋低级情趣,重视江湖义气,缺乏真正的正义感。由于这些学生经常受人们的批评、斥责及嫌弃,在精神上,他们常与教师对立,对自己既自尊又自卑。他们有时自己瞧不起自己,但不允许别人瞧不起自己,更不允许别人轻视自己。这些学生的情感还不稳定,具有很大的情境性。他们的自尊心很强,也希望能得到别人的尊重。所以,在良好的道德情境中,在受到表扬或鼓励时,会感到羞愧、激动而控制自己的错误行为,尽力去完成教师交给的任务。对真心爱护、关心他们的人也能表现出尊敬和依恋的感情。

3. 道德意志薄弱

品德不良学生往往意志薄弱,缺乏自制能力。一方面表现在履行道德义务时,不能坚持用正确的道德动机战胜错误的道德动机,不能用正确的思想约束自己,常常屈从个人的欲望和情绪冲动,产生不道德行为;另一方面表现为犯了错误经过教育,有了悔改之意,甚至暗下决心,要坚决改好。但由于缺乏坚强的意志和毅力,往往经不起考验,在同伙的怂恿下动摇,因而时改时犯,反复无常。

4. 道德行为习惯不良

在品德不良学生身上,存在着很多不良的行为习惯,如厌学、嗜赌、说谎等。这些学生在学习上,大多没有明确的学习目的和自觉的学习习惯;在劳动上,不能自觉遵守集体的规章制度。对待学生不良的道德行为习惯,教师和家长要特别注意,忽视或者采用粗暴的方法,都可能导致比较严重的后果。

(二)学生品德不良的原因

学生的品德不良是外在的环境因素与内在的不良心理因素相互影响、相互结合的产物。分析品德不良产生的原因,有利于对品德不良学生进行教育。

1. 学生品德不良的客观原因

(1)社会环境的不良影响。

广义的社会环境,指整个社会关系和社会风尚。狭义的社会环境,则指学校和家庭以外的学生的朋友、邻居、社区,以及影响个体的各种社会活动等。从总体看,我们的社会环境是有利于学生品德健康成长的,但是,对于那些形形色色的腐朽思想和不正之风对学生可能产生的侵蚀和影响也不能低估。处于成长发展中的青少年、儿童缺乏较为全面、深刻的分析能力,一些社会允许但不适宜于儿童接触的文艺作品、一些不良的网站都可能对学生品行的发展产生副作用。对此,教育工作者应该注意防范和引导。

(2)家庭的不良影响。

不良的家庭环境和教育对学生品德的不良影响主要表现在以下几方面:

①父母的溺爱、迁就。这很容易养成子女任性、优越感、自我中心、自私、专横、懒散、依赖等消极的性格特点,以至逐渐发展成为不良的品行。

②父母对子女要求过高,管教过严,又缺乏正确的教育方法和措施。这会使子女感到在家庭中没有温暖,因而就容易转向外界寻求友情。这时,他们极易受社会不良影响的诱惑而走上邪路。

③家长在教育方式、方法上的不一致,或单凭个人情绪来处理和教育子女的行为问题。这会使子女养成乖巧的行为反应,或会造成他们对教育要求无所适从。

④家长的表率作用,无视或忽视自己的一言一行所产生的不良后果。这使孩子在不知不觉中受到了不良影响。

⑤家庭成员本身的恶习或家庭结构的剧变,如父母离异、有偷拿或赌博等行为,会使儿童受到腐蚀,或使儿童心灵受到创伤而引起性格变异,导致品行不良。

(3)学校教育上的失误。

学校是培养人才的场所,是培养优良品德,预防、抵制和矫正学生品德不良的主要阵地。但是,教育工作者教育思想上的错误,教育方法上的不当和教育管理上的混乱,也会给学生的品德造成不良影响。如有的教师管教不管导,狠抓智育,甚至只抓升学率,忽视了对学生思想品德的教育;有的教师对学生缺乏感情,不了解学生,教育工作不深入;有的教师对学生要求过高或过低,教育方法不适当,使学生产生厌烦反感的情绪,教育效果甚微;有的教师不能正确对待品德不良学生的"反复"过程,没有看到他在反复前的进步,对矫正品德不良问题缺乏信心、恒心和毅力;有的教师对品德不良学生睁一眼闭一眼,发现问题不能及时与家长等有关方面联系,或一推了之,结果把品德不良学生推向更不好的方向。

2. 学生品德不良的主观原因

除了上述的客观原因外,造成学生品德不良的还有种种主观上的心理因素。主要有以下几方面。

(1) 缺乏正确的道德观念和道德信念。

不良品德的形成与学生道德认识上的错误或无知常有密切的联系。有的学生不理解或不能正确理解有关的道德要求和道德准则,如把违反纪律视为"英雄行为"、把敢打群架等同于"勇敢"。有的学生虽知道什么能做、什么不能做,但这种认识没有转化为指导行为的信念,一旦在富有诱惑力的不良环境因素影响下,就有可能走上邪路。

(2) 道德意志薄弱。

有些品德不良学生在道德认识方面并非无知,他们对是非、善恶的判断是清楚的,甚至也想做好事,但他们的道德意志薄弱,正确的道德认识不能战胜不合理的个人需要,个人欲求在外界某种诱因的影响下占了优势,结果做出了违背社会道德规范和侵犯他人或集体利益的行为。

(3) 受不良行为习惯的支配。

如果个体已经形成了某种不良行为习惯,他就会在类似情境中自然而然地采取相应的行动,并因此而产生愉快的情绪体验。如有些学生无视行为规范、不遵守社会公德等行为往往与已经形成了的不良习惯有关,而且他这样做了还觉得无所谓或挺痛快。不良行为习惯如不予以根除,任其发展,就必然会导致品德不良。

(4) 性格上的某些缺陷。

性格是一个人在对己、对人、对事的态度和行为方式上的稳定的心理特征。学生已经形成的性格特征制约着他们的行为。例如,学生身上的执拗、任性、骄傲、自私等消极的性格特点,很容易使他表现出无视他人和集体的利益,为个人私利而我行我素,甚至做出破坏集体纪律和社会公德的行为。

(5) 某些需要没有得到满足。

人有各种需要,其中之一是归属于某个群体,要求参加群体的活动和得到群体的关心和尊重的需要。在学校生活中,学生的归属需要如果由于某种原因而没有得到满足,他就会转向从校外生活中寻求这种需要的满足。这就有受社会不良影响的可能。进入少年期后的学生,精力充沛,求知欲旺盛,好胜心强,好奇心更强,他们什么都想学,什么都想试着干。家庭和学校对此应有正确的认识和积极的引导,否则在其他不良因素影响下,他们的时间、精力就可能用到邪路上去,出现不良的行为问题。

(三)学生品德不良的矫正措施

1. 消除疑惧心理和对立情绪

品德不良的学生,由于经常受到教师的训斥或惩罚,同学的歧视或耻笑,因而对周围的人往往产生一种对立情绪。特别是对教师和进步同学有戒心或敌意,常常以沉默、回避、疑惧或粗暴的态度对待教师或同学。在这种心理状态下,一般的说教是无济于事的。

为了消除品德不良学生的心理障碍,使他们接受教育,首先要求教师满腔热情地多方面关心他们,真心实意地帮助他们,公正无私地对待他们,进行耐心细致的工作,既要"动之以情",又要"晓之以理",以情达理,情理交融,使他们亲身体察教师的善意,信任教师,把教师当作自己的贴心人。只有在这种情况下,他们才会解除对教师的疑惧心理,乐于接近教师,接受教导,从而受到教益。其次,教师要引导集体正确对待和热情帮助犯有错误的学生,改善同学的关系,使他们处处感受到集体的温暖和同学们的信任,从而激发他们的自信心和上进心。

2. 保护自尊心,培养集体荣誉感

学生的自尊心是一个人要求受到社会和集体尊重的情感,是自我意识的表现。它促使学生爱护自己在集体中的合理地位,保持自己在集体中的声誉,它是学生积极向上、努力克服缺点的内部动力之一。个人自尊心的片面发展,也有可能产生只顾个人荣誉而不考虑集体利益或拒绝别人意见的情况。为此,必须使学生在个人自尊心的基础上培养、发展集体荣誉感,把二者正确地结合起来。通过各种活动使学生意识到每个人的努力与班级、学校和祖国的荣誉的关系,体验到活动结果及社会评价给集体带来的荣誉,使那些因个人错误行动而损害集体荣誉的学生感到内疚,并力求用实际行动挽回集体荣誉。

品德不良的学生,由于过多受到指责、惩罚、歧视和嘲讽,因而大多产生自卑感,缺乏集体荣誉感。如果学生有了自卑感,认为自己一无是处,缺乏信心,就会自暴自弃,失去前进的动力。因此,教师要善于在品德不良学生身上发现他们的进步,及时给予肯定、鼓励、赞扬和信任,从而使他们重新点燃起自尊的火种,获得克服缺点、改正错误的信心和勇气。

3. 提高辨别是非的能力,增强抗拒诱惑的意志力

品德不良的学生一般都有是非观念差、缺乏是非感的弱点。他们往往在犯错误以前欠思考,犯了错误也不知错。他们有时也能承认错误,也有进步,但不一定真正意识到错误的性质和危害。因此,为了提高学生辨别是非的能力,增强是非感,教师首先要坚持说理教育,组织正确舆论,开展批评与自我批评;其次,要以奖励、表扬为主,奖惩分明;再次,要树立学习的榜样,提供有正反经验教训的事例,从中得到借鉴。

矫正学生的品德不良,不仅要改变学生的错误道德观念,提高辨别是非的能力,同时要增强学生抗拒诱惑的意志力。为此,教师首先要有效地控制外部诱因的不良影响,切断学生与外部诱因的联系。其次,更重要的是为学生创造条件,提高他们能与外部诱因做斗争的机会,从根本上锻炼学生抗拒诱惑的意志力。

4. 抓住转变的关键时机，促使矛盾转化

品德不良学生的转变，一般要经历醒悟、转变、反复、稳定四个阶段。

(1) 醒悟阶段。

醒悟是指品德不良的学生在教育和环境的影响下，意识到继续坚持错误的危害性，引起内心震动，产生不安感，开始有了改正错误的愿望。这是学生良好品德产生的前提。教师要抓住学生醒悟的良机，肯定进步，加深学生对自己的行为后果的道德体验，使其进步的愿望变为进步的行动。

(2) 转变阶段。

转变是指品德不良的学生在醒悟的前提下，行动上开始有了改正的实际表现。教师要抓住这一关键时机，及时地进行耐心细致的疏导工作，对学生每一微小的进步及时给予鼓励和表扬，使其不断强化。这对矫正学生的品德不良具有决定性的意义。

(3) 反复阶段。

反复是指品德不良的学生在有了转变之后，又重犯过错的现象。学生在改正错误的过程中，出现反复是正常的。因为学生的进步也和一切事物的发展一样，不是直线前进的，而是曲折的、螺旋式上升的。针对这一特点，教师在对待学生转变后的反复时，要特别慎重，仔细分析重犯错误的原因，不要轻易损伤学生要求上进的愿望，也不应气馁或放弃教育。

(4) 稳定阶段。

学生改正过错后，不再重犯错误，就是进入了稳定阶段。在这个阶段，周围学生和教师的看法改变了，学生体验到"变好"的快乐，心情舒畅，充满希望和信心。这时，教师要在学生转变的新起点上，相应地提出更高的要求，鼓励学生再接再厉，把积极的、良好的品德持久地巩固下去。

5. 针对学生的个别差异，采取不同的教育方法，运用教育机智

经验证明，品德不良的学生多数是由于好奇心强，情绪容易激动，道德认识肤浅，对道德准则理解不深不透，对道德行为方式未掌握而造成的，因而他们的错误行为容易矫正，在矫正时应多采用正面诱导的方法。

但是，由于学生的年龄、性别、个性特点、错误性质等的不同，存在显著的个别差异，必须对具体情况具体分析，采取不同的矫正方法，对症下药，才能取得好的教育效果。例如，对于初犯错误而自尊心强的学生可以采用不公开的警告方法；对于重犯错误而又缺乏自尊心、不愿意接受教育、坚持错误的学生，可以采取群众说服的方法，指出错误的严重性。此外，在一般情况下，可以把个别教育和集体教育结合起来；而在特殊情况下，还可以采用迂回疏导的方法。

总之，对学生品德不良行为的矫正，一定要讲究教育艺术，运用教育机智，坚持区别对待，因人而异,采用灵活多样的教育方法,才能取得教育的实效。

【思考题】

1. 什么是态度?态度有哪些构成成分?
2. 什么是品德?品德包括哪些心理结构?简述品德与道德的关系。
3. 态度与品德有何关系?
4. 简述皮亚杰的道德认知发展理论及其对德育工作的启示。
5. 简述柯尔伯格的道德认知发展阶段论及其对德育工作的启示。
6. 社会学习理论对学校德育工作有何启示?
7. 态度学习的条件和方法有哪些?
8. 品德形成的实质是什么?经历了怎样的心理过程?
9. 品德形成的一般条件有哪些?
10. 道德认知向道德信念的转化需要什么样的条件?
11. 结合实际谈谈如何提高学生的道德认识。
12. 道德情感有哪些种类?如何培养?
13. 培养道德意志需要注意哪些问题?
14. 如何训练道德行为?
15. 什么是品德不良?品德不良产生的原因有哪些?如何矫正学生的不良品德?

Chapter 9

学习迁移

关于学习迁移问题一直是教育心理学所关注和重视的研究领域。因为教育的目的不仅在于使学生获得知识和技能,更重要的还在于要使学生能够将学到的知识和技能运用到新的问题情境中去,做到"举一反三""触类旁通"。迁移现象广泛存在于知识、技能和规范的学习中,心理学家们对迁移问题进行了大量的理论与实际研究。

第一节 学习迁移概述

一、学习迁移的概念

所谓学习迁移(简称为迁移),就是一种学习对另一种学习的影响,或习得的经验对完成其他活动的影响。学习迁移现象普遍存在于人们的日常生活和学习过程中,在内容上是多种多样的,既包括在知识、技能方面的迁移,也包括在方法、态度方面的迁移。如学会了骑自行车,有助于学习驾驶摩托车;小学生在语文练习时养成爱整洁的书写习惯,有助于他们在完成其他作业时也形成爱整洁的书写习惯;小学生学习珠算,有利于心算的训练;加强小学生听说训练就能更快地提高读、写能力。

在学校教学中,学习迁移不仅表现为学习的知识、技能间的影响,还表现在教材的编排、教学的观念、学习的方法、习惯及学习的态度等各方面。因此,学习迁移被认为是教育和教学的重要课题。

二、学习迁移的类型

对于学习迁移的分类问题,有各种各样的见解,不同研究者根据多种维度对学习的迁移现象进行了分类。

(一)根据迁移的性质和结果,迁移分为正迁移和负迁移

正迁移是指一种学习对另一种学习起促进作用。已有的知识、技能在学习新知识和解决新问题过程中,能够很好地得到利用,产生"触类旁通"的学习效果,这就表现出学习的正迁移。正迁移是教育者希望学生达到的一种积极的学习效果。在学习过程中既可表现在同一学科之内,如掌握了平面几何有助于掌握立体几何,又可表现为在不同学科之间,如学习了数学的基础知识,有助于学习物理学和化学中的数量关系方程式。

负迁移是指一种学习对另一种学习起干扰或抑制作用。例如,学生在学习新概念时,与原有的概念项目混淆,产生干扰现象,或者加大了新概念获得难度,或者歪曲了原有的概念。又如,儿童一旦形成不正确的书写习惯,就难以纠正,这是旧技能对形成新的正确书写技能的干扰。负迁移是一种学习对另一种学习可能产生的消极影响,是在教育工作中应该注意消除和克服的。

(二)根据迁移的方向,迁移分为顺向迁移和逆向迁移

凡是先前学习对后继学习发生的影响称为顺向迁移;凡是后继学习对先前学习发生影响称为逆向迁移。在学习过程中,当学习者面临新的学习情境和问题情境时,学习者如果利用原来的知识和技能获得了新知识和解决了新问题,这种迁移就是顺向迁移。相反,学习者原有的知识技能若不足以使其学习新知识,掌握新技能,而是通过后面的学习,对原有的知识进行补充、改组或修正,这种迁移就是逆向迁移。无论是顺向迁移还是逆向迁移,其影响的效果都有正、负之分;同样,无论是正迁移还是负迁移,也都有顺向、逆向之分。

(三)根据迁移产生的水平,迁移分为横向迁移和纵向迁移

横向迁移又叫水平迁移,是指在内容和难度上相似的两种学习之间的迁移,如学习哺乳动物概念后,把这一概念用于对不熟悉的鲸或海豚的识别;纵向迁移又叫垂直迁移,是指不同难度、不同概括性的两种学习之间的相互影响,包括较容易、较具体化的学习对难度较高、较抽象的学习的影响。例如,学习牛、羊等具体概念,对学习哺乳动物这一概念会产生影响。这种迁移往往是通过对已有的学习进行概括和总结,并形成更一般性的方法和原理的结果。纵向迁移还包括较高层次的学习原则对较低层次的、具体的学习情境的影响。

在课堂教学中,教学内容的巧妙安排,很可能会导致纵向迁移的出现。为此,加涅提出了学习层次的序列性问题。他认为应该把复杂的课题按一定序列划分为单纯的因素,这样可以较容易引发纵向迁移。但能进行这样划分的课题,主要还仅限于数学和自然科学等已确立了明确理论体系的领域。

(四)根据迁移的范围,迁移分为一般迁移与特殊迁移

这种分类主要来自于布鲁纳。一般迁移是指一般概念、原理、态度或方法的迁移。这种迁移的范围大,可能由学习动机、注意等因素引起,但也可能由学习的其他准备活动和学习方法、学习策略引起。布鲁纳认为,一般的技巧、策略和方法有着广泛迁移的可能性。特殊迁移是指特殊知识与技能间的迁移。例如,毛笔字写得很好的人,钢笔字也能写得很好。

(五)根据迁移的程度,迁移分为近迁移和远迁移

近迁移是指已习得的知识或技能在与原来学习情境相似的情境中加以运用。这种迁移大量发生在学校教育中。如教师讲解某一例题后,让学生进行相关类型题目的练习。远迁移是指已习得的知识或技能在新的不相似情境中的运用。如学生在数学中学习到的逻辑推理规则运用到物理或化学中来解决问题。远迁移从形成过程和心理机制上比起近迁移复杂得多。舒克(D. H. Schunk, 1996)认为,近迁移与基本的陈述性知识和基本技能的掌握有关,远迁移则与陈述性知识、程序性知识有关,并且与条件性知识(conditional knowledge)有关。

(六)根据迁移的路径,迁移分为低路迁移和高路迁移

这是美国心理学家所罗门(G. Salomen)和帕金斯(D. Perkins)在1989年提出的,是根据迁移的路径划分的两种迁移。低路迁移是指以一种自发的或自动的方式所形成的技能的迁移。这种迁移是通过在各种情境中的练习获得的,其发生几乎是不留意的,不需要或很少需要意识或思维的参与。高路迁移则是有意识地将某种情境中学到的抽象知识应用于另一种情境中的迁移。当学生在一种学习情境中抽取出了一种规则、原理、范例、图式等,然后运用于新的情境,这便是高路迁移。它是有意识的,因为学生并不是自动地运用某种规则,而是先要对情境进行考察,然后再决定用什么策略去解决问题。所罗门和帕金斯认为,低路迁移基本上涉及陈述性知识,而高路迁移在更大程度上运用的是程序性知识和条件性知识。

三、学习迁移的测量

在学习迁移的调查研究中,为了测量学习A对学习B的影响,可以进行对比实验。首先通过预备测验把被试分成实验组和控制组(两组的成绩、智力、年龄基本相等),然后按表9.1的实验计划进行实验,这是研究和测量迁移的基本方法。

表9.1 迁移实验的基本类型

迁移方向	分组	先学	后学	测量
顺向计划	实验组	A	B	B
	控制组	—	B	B
逆向计划	实验组	A	B	A
	控制组	A	—	A

在顺向迁移中,先让实验组学习课题A,再让实验组和控制组学习课题B,然后两组均测量B。结果若实验组成绩优于控制组,表明A的学习有了正迁移的效果;反之,若实验组的成绩比控制组差,表明A的学习产生了负迁移的效果。若两组成绩没有差别,表明迁移没有产生。

在逆向迁移中,首先让全体被试学习课题A,然后根据学习的结果,组成等质的实验组和控制组。在实验组,让被试学习课题B;在控制组,不给被试任何课题,让他们休息。然后两组再一起学习课题A,最后两组均测量A。在让控制组休息时,为了防止复述,可以让被试从事同课题无关的作业。结果若是实验组对课题A的再学习成绩比控制组的再学习成绩好,则表明B的学习有了逆向正迁移;反之,若实验组的再学习比控制组的再学习成绩差,则表明产生了逆向负迁移的效果;若两组的再学习成绩没有差异,表明逆向迁移没有产生。

四、研究学习迁移的意义

学习迁移是教育心理学长期关注的一个核心领域,对于它的研究既有理论价值,也有重大的实践意义。

从理论上看,对学习迁移的深入研究有助于完整地认识和理解学习的过程,揭示学习的本质与规律。一方面,对迁移规律的研究能帮助我们了解学习是如何引起、学习过程是如何进行以及学习结果在今后的学习中能起何种作用;另一方面,学习迁移研究还有助于探索教育与心理发展的关系。在教育条件下,学习是教育影响与心理发展之间的中间环节,其中学生如何不断地获得知识并运用已获得的知识去解决问题,已掌握的知识经验如何转化为学生的才能,已接受的行为准则如何转化为学生的道德品质等,都和学习迁移的研究有关。因此,迁移研究不但在教育心理学,而且在个体认知过程、认知发展的研究中都占有重要的地位。

在学校教育工作实践中,学习迁移对教育目标的实现有重大的意义。学校不仅要给学生传授知识,而且要在传授知识的同时,培养学生的能力,发展学生的智力。在当前新知识激增的时代,"培养能力"、"发展智力"的口号有着巨大的吸引力。如果说"培养能力"和"发展智力"是学校教学的最重要目标,那么,学习的迁移就是检验教学是否达到这个目标的最可靠的指标。在学习过程中,迁移与学生解决问题能力和创造性的培养密切相关。能力的形成需要学生将所学的知识与技能不断概括化和系统化,这种知识类化的过程其实质就是迁移。学习的正迁移量越大,说明学生通过学习所产生的适应新的学习情境或解决新问题的能力越强,教学的效果也就越好。

由于迁移在学习和教学中如此重要,历来各种学习理论都不能不涉及有关迁移的问题,教育家和教师也十分关注迁移问题。对于教育工作者来说,只有掌握了学习迁移的实质及其规律,才能更好地选择编排教材,才能合理地组织教学过程,才能选择有效的教学方法,达到最优化教学,实现教育目标。

第二节 早期学习迁移理论

自从有了学习活动以来,学习迁移的现象就一直为人们所关注。但从理论上对迁移进行系统的解释和研究却仅仅始于18世纪中叶,这之后,不同的研究者从不同的理论基础和哲学基础出发对迁移发生的原因、过程以及影响因素等进行研究和解释,形成了众多有关迁移的理论和解释。

一、形式训练说

形式训练说是最早的有关学习迁移现象的系统假说。它在重视学习迁移、重视能力训练和培养,以及开辟学习迁移理论研究先河等方面,都具有重大的历史价值。形式训练说的心理学基础是官能心理学,代表人物主要是德国的沃尔夫(C. von Wolff,1679—1754)。官能心理学认为,人的"心"由"意志""记忆""思维""推理"等官能组成。"心"的各种官能是各自分开的实体,分别从事不同的活动,各种官能可以像肌肉一样,通过练习来增强能力。同时,一种官能的能力改造,也无形中加强了其他所有的官能。

形式训练说把迁移看作是通过对组成"心"的各种官能的分别训练来实现的,迁移的发生是自动的。它把训练和改进"心"的各种官能作为教学的重要目标,教育的任务就是要改善学生的各种官能,而改善以后的官能就能够自动地迁移到其他的学习中去,一种官能的改进也能增强其他的官能。形式训练说认为,学习的内容并不重要,重要的是所学对象的难度及其训练价值。学习的项目越困难,官能得到的训练越多。学校开设学科和教材的选择不必重视其实用价值,关键看其对官能的训练价值。这种观点受到了当时许多教育家的重视,并成为课程编制的指导思想。

形式训练说作为最早的关于学习迁移的理论,对以后学习迁移的研究产生了深刻的影响,对教育也产生了重要影响。形式训练说中的一些观点对今天的教育和教育心理学研究仍然有着思考的价值,主要表现在两个方面:一是人的官能能否通过教学或训练得到提高,一定的学科学习或训练与人的特定官能提高有无关系;二是迁移过程是不是自动发生的,前期的学习与训练能否以自动的方式迁移到新的学习中去。

形式训练说在欧美盛行了约 200 年,至今仍有一定的影响。直至 19 世纪末,心理学者开始借助实验来检验形式训练说的可靠性。

1890 年,美国机能主义心理学家詹姆斯(W. James)最先通过记忆实验来探讨迁移问题,对形式训练说进行了检验和批判。詹姆斯和他的助手进行了一项记忆的实验研究。实验中,他和自己的四个学生为被试,先记住一位作家诗歌的一部分(158 行),把所用的时间记录下来,再给另一作家著作中一些材料(诗歌),作为记忆的训练。每天诵读 20 分钟,一共训练 38 次。然后再记忆前一位作家诗歌的后半部,看看能够缩短多少记忆时间,看前期的训练对后面的记忆能力的改善有没有影响。结果发现,其中有三人记忆的成绩有了提高,而他和另一位学生的记忆成绩并没有提高(所用的时间没有减少)。实验结果表明:记忆能力不受训练的影响,记忆的改善不在于记忆能力的改善,而在于方法的改进。

詹姆斯的研究虽然比较粗糙,但激起了以后教育心理学家对迁移问题的大量实验研究,由此形成的迁移理论对推动迁移研究起到积极的作用。

二、相同要素说

相同要素说是桑代克以刺激-反应的联结理论为基础提出的学习迁移理论。桑代克在 1901 年所做的"形状知觉"实验是相同要素说的经典实验。他以大学生为被试,训练他们判断各种形状、大小图形的面积。被试先接受预测,估计了 127 个矩形、三角形、圆形和不规则图形的面积,使他们判断形状面积的能力达到了一定的水平。然后,用 10~100 平方厘米大小的 90 个平行四边形,让被试进行充分训练。最后,对被试进行两种测验:第一个测验是要求他们判断 13 个与训练图形相似的长方形面积;第二个测验是要求被试判断 27 个三角形、圆形和不规则图形的面积,这 27 个图形是预测中使用过的。其研究结果表明:通过平行四边形的判断训练,被试对矩形面积的判断成绩提高了,而对三角形、圆形及不规则图形面积的判断成绩却没有提高。

桑代克又研究了选修不同学科对学生智商的影响,比较了选修不同科目后智商变化的情况。受试学生达 13 000 多人,涉及学科有几何、拉丁语、公民课、戏剧、化学、薄记和法语,学习时间长达一年。结果仍然没有发现某些学科对改善学生的智力特别有效。桑代克认为,形式训练实际上对学生智力并无太大影响。

基于以上实验,桑代克认为,从一种学习情境到另一种学习情境的迁移,只是由于这两个情境中存在着相同的要素,"只有当两个心理机能之间有相同要素时,一种心理机能的改善才能引起另一种心理机能的改善",两种情境中的刺激相似而且反应也相似时,迁移才会发生;一种情境与另一种情境中相同的要素越多,迁移的量也就越大。当然,桑代克所谓的共同的心理机能,只是共同的刺激和反应的联结而已。

相同要素说后来被伍德沃斯(R. S. Woodworth)修改为共同成分说,意指只有当学习情境和迁移测验情境存在共同成分时,一种学习才能影响到另一种学习,即产生迁移。

相同要素说在当时的教育界曾起过积极的作用,使学校脱离了那种在形式训练说影响下,不考虑实际生活,只注重所谓的形式训练的教学状况,在课程方面开始注意重视应用学科,教学内容的安排也尽量与将来的实际应用相结合。这一学说也揭示了迁移现象中的一些事实,对迁移理论的研究做出了重大贡献。但桑代克所提出的相同要素,实际是从联结主义的观点出发的,只是指学习内容中要素间一对一的对应,即所谓的共同的刺激和反应的联结。相同要素也就是相同的联结,学习上的迁移只不过是相同联结的转移而已。桑代克把迁移现象都归结于联结的形成,把迁移局限于有相同的刺激-反应的联结,完全忽略了主体因素对学习迁移的影响,未免失之偏颇。

三、概括化理论

概括化理论又称经验类化说,是由贾德(C. H. Judd)等人在1908年提出来的。他们认为,先期学习A中所获得的东西之所以能迁移到后期学习B,是因为在学习A时获得了一般原理,这种一般原理可以部分或全部运用于A、B之中。根据这一理论,两个学习活动之间存在的共同要素,只是产生迁移的必要前提,而产生迁移的关键,是学习者在两种活动中概括出它们之间的共同原理,即在于主体所获得的经验的类化。只要一个人对他的经验进行了概括,就可以完成从一种情境到另一种情境的迁移。对原理了解、概括得越好,在新情境中学习的迁移也就越好。

贾德所做的"水下击靶"实验,是概括化理论的经典实验。他以五年级和六年级学生作为被试,分成两组。实验要求被试练习用标枪投中水下的靶子。主试给一组学生充分解释水的折射原理,但不给另一组学生说明水的折射原理,他们只能从尝试中获得一些经验。在开始投掷练习时,靶子置于水下12英寸处,两组学生成绩相同。也就是说,在开始的测验中,理论对于练习似乎没有起作用,因为所有的学生必须学会运用标枪,理论的说明不能代替练习。接着,条件改变了,水下12英寸处的靶子移到水下4英寸处。这时两组的差异便明显表现出来:没有了解折射原理的学生,表现出极大的混乱,他们投掷水下12英寸靶子时的练习,不能帮助改进投掷水下4英寸靶子的练习,错误持续发生;而学过折射原理的学生,则迅速适应了水下4英寸的条件。

贾德在解释实验结果时认为,理论曾把有关的全部经验(水外的、深水的和浅水的经验)组成了完整的思想体系。学生在理论知识的背景下理解了实际情况后,就能利用概括了的经验,去迅速地解决需要按实际情况做分析和调整的新问题。

后来,赫德里克森等人(G. Hendrickson & W. H. Schroeder,1941)在贾德的基础上进一步进行实验。他们把被试分为三组,第一组不给予原理指导,只进行练习(控制组);第二、三组为实验组,第二组被试学习物理学的折射原理,第三组除学习折射原理外,还给予进一步的指导。结果发现,实验组的成绩均优于第一组的成绩,而第三组的成绩又优于第二组。

这种研究不仅进一步证实了贾德有关迁移的理论,而且发现概括化不是一个自动的过程,它与教学方法有着密切的关系。如果在教学方法上注意引导学生概括,并引导学生把这种概括化的原理与实践相联系,对学生理论联系实际方面也给予指导,就可能取得更好的迁移效果。

概括化理论给学习迁移的研究注入了新的内容,阐明了影响迁移的主要因素是学习者对学习情境共同原理的概括。但由于对原理的概括除了与学会原理、原则有关以外,还与学习材料的性质以及学生的能力等因素有关,因此,对原理的概括有着较大的年龄差异,年幼的学生要形成原理的概括就不容易。同时,教学和对原理与实践相结合的指导也会影响到学习的迁移。

四、关系理论

关系理论是格式塔学派提出来的,是对概括化理论的补充和深化。他们认为"顿悟"关系是学习迁移的一个决定因素。也就是说,迁移不是由两个学习情境具有共同成分、原理而自动产生的某种东西,而是学习者突然发现两个学习经验之间存在的关系的结果。学习者所迁移的是顿悟——两个情境突然被联系起来的意识。可见,关系转换说更强调个体的作用。

支持关系理论的经典实验是苛勒在1919年所做的"小鸡(或幼儿)觅食"实验。他让小鸡在深、浅不同的两种灰色的纸下面寻找食物。通过条件反射学习,小鸡学会了只有从深灰色纸下才能获得食物奖赏。然后,变换实验情境,保留原来的深灰色纸,用黑色纸取代浅灰色纸。现在的问题是,如果小鸡仍然到深灰色纸下面寻找食物,那就证明迁移是由于相同要素的作用;如果小鸡是到两张纸中颜色更深的那张,即黑色纸下面寻找食物,那就证明迁移是对关系做出反应。实验表明:小鸡对新刺激(黑色纸)的反应为70%,对原来的阳性刺激(深灰色纸)的反应是30%;而儿童在做同样的实验时,始终对黑色纸的刺激做出反应。

苛勒认为,以上的事实说明,对关系的顿悟是获得一般迁移的重要手段。人们越能发现事物之间的关系,则越能加以概括推广,迁移作用越普遍。

这一理论也被称为关系转换说或转换理论。它强调个体的作用,认为迁移的发生是由于学习者发现或理解了事件之间的关系,但要实现关系的转换往往要受很多因素的影响,如原先课题的掌握程度、诱因大小以及练习量的多少等。研究表明,原先的课题掌握得好,诱因大,练习量增加,就容易实现关系转换。

关系理论是在对桑代克的相同要素说的批评过程中提出来的,和学习理论的研究一样,它主要是从认知的角度对迁移问题给予了说明,强调主体的理解或顿悟在迁移中的作用。但它并非与相同要素说以及其他迁移理论矛盾对立、毫不相容,只是从一种新的角度对迁移予以了阐释。

五、学习定势说

学习定势说是由哈洛（H. F. Harlow）提出的学习迁移理论。学习定势是通过先前一系列活动所形成的方法、态度等倾向，它既反映在解决一类问题或学习一类课题时的一般方法的改进上，也反映在从事某种活动的暂时准备状态中。解决问题时一般方法的改进对以后的学习、活动能产生积极的或消极的影响。

1949年，哈洛首先以猴子为被试进行实验研究，然后又以儿童为被试进行重复实验。实验中，哈洛在猴子面前呈现两个物体，一个是立方体，一个是三角锥。在立方体下面每次放有葡萄干作为强化物，经过几次辨别训练和尝试，猴子就会知道葡萄干藏在立方体下面而不在三角锥下面。解决这一问题之后，立即给它呈现一个类似的问题，两个物体均为立方体，但颜色不同，一个是白色的，另一个是黑色的，让它解决这一新的问题。这一问题解决后，又给它呈现新的辨别学习问题，如此进行多次。结果发现，当猴子解决了一系列问题之后，解决新问题的速度就会越来越快，尝试的次数越来越少。也就是说，猴子学会了如何学习，"已经获得了解决问题的学习定势"。

以后在儿童身上所做的实验也证实了学习定势说。例如，在一个实验中，智力落后的儿童（实际年龄10岁，智力年龄只有4岁）在解决一个辨别问题时感到很困难，但是从较容易的问题开始进行训练，逐渐提高问题难度，最后转向较难的问题，学习的效果就会明显提高。

学习定势说强调先前学习中形成的解决问题的一般方法对以后学习有积极或消极的影响，启示我们在学习和教学中，既要善于利用已经形成的学习定势，因势利导，促进新的学习或问题解决，也要防止由学习定势所带来的对解决问题的干扰，注意课题灵活性方面的训练。

第三节 当代学习迁移理论

20世纪六七十年代以来，随着新的学习理论的提出和发展，研究者们提出了许多新的迁移理论。每一迁移理论都有许多实验证据和理论基础。

一、认知结构迁移理论

认知结构迁移理论是奥苏伯尔根据他的有意义学习理论发展而来的。在有意义学习中，学生积极主动地使新知识与认知结构中有关的旧知识发生相互作用，利用旧知识理解新知识，结果旧知识得以充实或改造，新知识就获得了实际意义。这个过程实际上就是陈述性知识迁移的过程。这也就是说，一切有意义学习必然包括迁移。奥苏伯尔认为，学生原有的认知结构是实现学习迁移的"最关键的因素"。对原有的认知结构如何影响有意义学习或迁移的,奥苏伯尔主要从认知结构的三个特征或变量进行了阐述。

(一)认知结构的特征

1. 认知结构的可利用性变量

奥苏伯尔的认知结构变量是针对影响新的学习效果提出的。奥苏伯尔认为,当学习新的知识时,如果在学生原有知识结构中能找到适当的可以用于同化新知识的原有观念(包括概念、命题或具体例子等),学生的认知结构就具有原有知识的可利用性,学生就能够获得新知识,因此也就能产生迁移;反之,如果面对一种新知识的学习,学生原有认知结构中缺少相应的知识,就不可能实现有意义学习。奥苏伯尔强调,在认知结构中处于较高抽象概括水平的起固定作用的观念,对新的学习能提供最佳关系和固定点,因为知识是通过累积获得的,是按一定的层次组织的。知识在同化和进一步同化过程中的表现是下位观念向上位观念还原,不稳定、不巩固的新知识向巩固的知识还原。例如,学习锐角三角形、钝角三角形等概念,这种新的知识就会向学生已有的有关三角形的概念进行还原。以后,奥苏伯尔结合教学通过先行组织者对此进行了进一步的研究。

奥苏伯尔认为,认知结构中是否有适当的起固定作用的观念可以利用,是影响新的学习和迁移的最重要的因素或变量。

2. 认知结构的可辨别性变量

新旧知识的可辨别性是指利用旧知识同化新知识时,学习者意识到旧知识与新知识之间的异同点。意识到新旧知识的相似之处(即原有认知结构具有可利用性),原有知识可以同化新知识,但是还必须区分两者的不同之处(即新旧知识具有可辨别性),这样新知识才可以作为独立的知识保存下来。两者的分辨程度越高,越有助于迁移并避免新旧知识的混淆带来的困扰。如果新的学习任务不能与认知结构中原有的观念清楚地分辨,原有的知识容易先入为主,则新的意义很可能会被原有的稳定意义所代表,从而表现出遗忘。原有观念与新知识的可辨别性也是引起负迁移的一个原因,可辨别性是建立在原有知识的巩固性基础上的。小学生在学习汉语拼音的同时学习英语字母,当汉语拼音还未牢固掌握时,汉语拼音常常容易干扰英语字母的学习就是一个很好的例子。在教学中为了促进学生更好地掌握新知识,除了提高原有知识的巩固性以外,引导学生注意新旧知识的异同也是一种很好的方法。比较性组织者就是一种很好的提高新旧知识可辨别性的教学策略。

3. 认知结构的巩固性变量

学生面临新的学习任务时,其认知结构中原有知识是否稳定巩固,是影响有意义学习与长久保持的第三个认知结构变量。原有知识越稳定、越清晰,越有助于新知识的掌握,从而产生迁移。如果起固定作用的观念不稳定而且模糊不清,那么将不能为新的学习提供适当的关系和有力的固定点。利用及时纠正、反馈、过度学习等方法,可以增强原有的起固定作用的观念的巩固性。

(二)先行组织者在迁移中的作用

在有意义学习中,呈现正式的学习材料之前,先用学生能懂的语言介绍一些引导性材料。这些引导性材料的特点是,它比学习材料更一般、更开阔,而且与学习材料有关联,能充当新旧知识联系的"知识桥梁"。这种引导性材料就是先行组织者。

依据组织者的内容及作用,可以把组织者分为两类:一类是陈述性组织者,它的作用是与新的学习产生一种上位关系,为新的学习提供最适当的类属者,以促进知识在内容上的组织;第二类是比较性组织者,帮助学生认识认知结构中原有的观念与新的学习任务之间的相同点、不同点,尤其是当已有的观念与新的学习既相似又有矛盾时,设计比较性组织者能较好地增强新旧知识之间的可辨别性。

设计"先行组织者"的目的,是为新的学习任务提供观念上的固定点,增加原有知识的可利用性、可辨别性和稳定性、清晰性,其作用主要有以下几个方面。

第一,如果原有的认知结构里没有适当的起固定作用的观念可以用来同化新知识,先行组织者可以补充必要的基础知识,以形成固定点。

第二,当学习者的认知结构中已有适当的起固定作用的观念,但它自身不能被充分利用时,可以在呈现正式的材料之前,先用学习者能懂的语言介绍一些引导性材料,以提高原有知识的可利用性和可辨别性。

第三,在解决问题时,通过先行组织者启发学生实现内化。

第四,呈现比较性组织者,比较新材料与认知结构中相类似的材料,可增强新旧知识之间的可辨别性,巩固原有的知识。

二、产生式迁移理论

迁移的产生式理论是由辛格莱和安德森(Singley & Anderson)提出的,这一理论适合于解释基本技能的迁移。安德森认为,迁移涉及记忆网络中知识的激活,它要求信息跨越书本及命题在记忆中被联结。同样的过程也涉及程序性知识和产生式的迁移,当知识和产生式在长时记忆中以不同的内容被联结在一起时,迁移就发生了(Anderson,1990)。所以,学习和问题解决迁移的发生,主要是由于先前学习和源于问题解决中个体所产生的产生式规则与目标问题所需要的产生式规则有一定的重叠,这种重叠的量越大,迁移的量也就越大。

安德森认为,这一迁移理论是桑代克相同要素说的现代化。在桑代克时代没有找到适当的形式来表征人的技能,以致错误地用外部的刺激和反应来表征人的技能。而用产生式和产生式系统表征人的技能,比起桑代克用 S - R 联结来表征技能,更能抓住迁移的实质。在大量研究的基础上,安德森等人就迁移问题得出了两个重要的结论。

第一,两项技能学习产生迁移的原因是这两项技能之间产生式的重叠,重叠越多,迁移量越大。

第二,知识编辑对产生式的获得与迁移有直接影响。知识编辑是将陈述性知识转化为程序性知识的一个重要学习阶段。在知识编辑之前,知识处于陈述性阶段,经过编辑后,许多小的产生式被一个或几个高级的产生式替代。这种在知识编辑前后的问题解决的特点在人的学习中是普遍存在的。安德森等人进一步认为,这正是新手与专家解决问题的差异所在,新手是以陈述性知识去解决问题的,而专家则是以程序性知识去解决问题的。

三、策略迁移理论

学生掌握了策略能否跨情境使用,能否对以后的学习产生迁移作用,是当代迁移理论的一个新的研究取向。但是早期研究却发现学生能够学会策略,并能有效地使用,但是使用不能长时间保持,或者说不能跨情境对策略进行概括。

1977年,心理学家贝尔蒙特(J. M. Belmont)等系统分析了100项有关研究,涉及多种多样策略和不同被试,结果表明,没有一项策略训练在迁移上获得成功。研究者指出,这100项研究无一项要求学生对他们的策略运用成功与否进行反思。

1982年贝尔蒙特等又评述了7项策略研究资料,这7项研究都要求被试对策略的成功与否进行反思,结果有6项获得了迁移。在这一发现之后,许多心理学家进行了类似的研究,证实学习者的自我评价是影响策略迁移的一个重要因素。

1985年,加泰勒(E. S. Ghatala)等人就自我评价对策略迁移的影响进行了研究。被试为小学二年级的学生,正式实验前分为三组,分别进行不同的自我评价训练。第一组为策略-用途组,接受策略有效性的评价,方法是反思自己使用或未使用某一策略是怎样影响回忆结果的;第二组为策略-情感组,方法是评价他们自己运用某一策略是否感到"开心";第三组为控制组,不接受任何评价训练。研究分为三个阶段进行。

第一阶段,不教被试任何策略,让被试记忆配对名词,确定三组被试的基线水平。

第二阶段,被试分为两个等组,一组学习精加工策略,另一组学习数字母策略。前一种记忆效果好,后一种记忆效果差。

第三阶段,所有儿童接受相同的指导语,可以选择自己希望采用的记忆策略,学完以后要求回忆学过的材料。

为了测验儿童在第三阶段是否继续使用先前习得的策略,研究者问儿童在学习每一配对名词时用了什么策略和为什么选择该策略,以确定他们是否意识到策略的用途。而且,把前两次学习的配对词再呈现给儿童,问他们什么时候记得多和为什么记得多。这样进一步确定儿童对策略作用的意识程度。

表9.2列出了采用不同学习策略的被试平均回忆配对词的百分数,由此可以得出如下

结论。

①在第二阶段,学习了精加工策略的儿童的回忆成绩,显著高于使用数字母策略的儿童的成绩。

②在第三阶段,学习精加工策略的儿童仍然继续使用这种策略,但是学习数字母策略的儿童在这一阶段放弃了这一策略,而又未学习精加工策略,所以记忆成绩普遍较低。

③三种不同策略评价方式(策略-用途评价、策略-情感评价和无评价)对直接回忆或近迁移成绩未产生明显影响。

表9.2 不同训练组的平均回忆配对的百分数

	训练条件		
	策略-用途组	策略-情感组	控制组
第一阶段:精加工	39.5	37.1	31.9
数字母	36.5	36.2	29.0
第二阶段:精加工	98.6	96.7	97.1
数字母	19.0	19.0	9.5
第三阶段:精加工	92.4	89.0	79.5
数字母	42.9	29.5	29.0

为了考察儿童对策略-用途进行评价是否产生长远影响,实验结束后第一周和第九周分别用新的配对名词对被试进行了两次延后测验。结果表明,策略-用途组的成绩明显优于策略-情感组。在第一周测验时,前者有90%的儿童在新的学习材料中运用精加工策略,后者仅有57%的儿童;在第二次延后测验中,前者的人数为100%,后者只有50%。

这一结果表明,经过策略的有效性自我评价训练的儿童能长期运用训练过的策略,并能迁移到类似的情境中,而在其他训练条件下,策略训练仅有短期的效果。因此,如何训练就成了在策略迁移研究中的一种重要问题。

第四节 促进学习迁移的条件与教学

一、影响学习迁移的因素

由于迁移是学习过程中普遍存在的一种现象,可以说影响学习的所有因素都会直接、间接地对迁移产生影响。下面仅就从迁移的理论和研究中得出的对迁移影响较为明显的几个方面因素加以介绍。

(一)学习材料的特点

学习材料是否具有相同因素是影响学习迁移的重要因素。桑代克的相同要素说和安德森的产生式理论都表明了这一点。W.奥斯朋曾采用字汇表研究学习材料间的相同因素是否能产生学习迁移的效果。林斯兰字汇表有9 000个多音节字,其中有音节约2 300个。他选出45个关键音节教学生。结果表明,如果学生在教师的指导下掌握了这些音节,而且认识到这些音节是许许多多字中的相同因素,并概括出发音的特点,那么就能对整个字表中其余有关字的学习起积极的影响。如儿童学了"going"的"ing",就会拼"morning""playing"与"counting",因为最后一个音节总是拼作"ing",同时他也能拼林斯兰表中字尾是"ing"的其他877个字。这个实验说明,学习材料间有某些相同点是迁移的必要条件。学习材料间相同因素的多少直接影响着学习迁移的范围和效果的大小。材料间相同因素越多,越容易产生迁移,迁移量也就越大。

(二)已有经验的概括水平

学习的迁移是已有经验的具体化与新课题的类化过程,即要求学习者依据已有的经验去辨认当前的新问题,把当前的课题纳入已有的经验系统中去,实现知识、技能的同化或顺应,从而实现迁移。可见,已有经验的概括水平,必然影响迁移的效果。实验表明,经验的概括水平越高,就越能揭示没有认识过的某些同类新事物的实质,并把新事物纳入已有的知识经验系统中去,也就越有利于迁移的实现。同时,迁移和概括水平之间也是彼此影响、相互制约的。主要表现在,知识的迁移有赖于原有的概括水平和分析能力,而概括水平和分析能力又是在学习的不断迁移过程中形成和发展起来的。

(三)学习的心理准备状态

心理准备状态是在过去学习或活动过程中形成的,对未来的学习或活动会产生积极或消极的影响。心理准备状态在关于迁移的研究中讨论比较多的是学习定势。定势也叫"心向",指的是先前活动所造成的一种心理准备状态。它是指向于一定对象的动力因素,可以使人倾向于在认识方面或外显行为方面以一种特定的方式去进行反应,其本身是在一定需要和活动重复的基础上形成的。其实质乃是一种活动的经验。这种经验对学习和解决新课题既有积极作用(正迁移),也有消极作用(负迁移)。如果定势和所要解决的问题相适应,它就起着积极的作用;如果定势和所要解决的问题不相适应,则会产生消极作用。在迁移方面,定势的这种消极作用往往表现为一种功能固着,使人盲目地搬用某种经验,而阻碍问题的解决,被称为定势干扰。这种定势干扰在陆钦斯的量水实验中得到有力的证明。

学习的心理准备状态还应包括学习的心向和态度。按照奥苏伯尔的观点,学习者在学习新知识时是否具备有意义学习的心向,是影响学习者将新旧知识联系起来的重要因素。而布鲁纳则强调学习者过去学习中所形成的态度和概念、原理及方法同样可以影响新的学习。

(四)对学习情境的理解

学习者任何知识经验的获得和应用都和一定的情境密切相关。格式塔学派和建构主义心理学者都强调情境在迁移中的重要作用。学生对获得知识经验时的情境和知识应用时的情境在许多方面都密切相关,如情境中事物之间的关系、问题呈现的方式与空间位置、两种情境的类似情况等。学习者对情境中关系的理解,直接影响着学生能否运用所学的知识原理去解决实际中的问题,影响着学习迁移的效果。在关于策略迁移的研究中也发现,经过训练学生掌握的策略、方法之所以往往不能有效地运用于随后所遇到的问题,除了训练本身的问题之外,问题及问题情境的变化也是影响学生不能成功应用的一个重要原因。因此,注意对情境中各种关系的理解,创设对知识应用有利的情境,引导学生运用所学的知识原理去解决各式各样的问题等,在促进迁移过程中应该受到重视。

(五)认知结构的特点

如前所述,认知结构是个体已有观念的全部内容及其组织。认知结构的质量,如知识经验的准确性、知识经验的丰富性、知识经验间联系的组织特点等,都会影响学生对新知识的学习,影响解决问题时提取已有知识经验的速度和准确性,影响学习的迁移。奥苏伯尔认为,认知结构的可利用性、可辨别性和巩固性三个特征直接影响着学生有意义学习的产生,影响着新知识的获得与解决问题的水平。

(六)学习策略的水平

现代心理学研究表明,学习策略对迁移的影响是普遍存在的,这主要表现在认知策略和元认知策略对迁移的影响上。不同年龄阶段的儿童其学习策略水平具有较大差异。学前期儿童还不能自发地掌握学习策略,即使自发地运用了某种策略,常常也是无意识的。小学儿童已能自发地掌握许多策略,但常常仅限于比较简单的策略,且不能有效地运用这些策略来提高学习效率,如果教师能在策略运用上给予学生清晰指导,则有助于他们对策略的运用。初、高中时期的学生,在自己熟悉的知识领域,可以自发地形成策略,自觉地运用适当策略改进自己的学习,并能根据任务需要来调整策略。

因此,不同时期学生策略发展的水平不可避免地会影响知识学习、问题解决和迁移。策略对迁移的影响主要表现在发展水平、策略的丰富程度以及依据情境的变化灵活地运用等方面。

二、促进学习迁移的教学方法

由于认识到迁移现象在学习中的普遍性和重要性,教育界提出了"为迁移而教"的口号。但如前所述,影响迁移的因素较为复杂,而且,迁移贯穿于各种形式的学习中,因此,为迁移而教并非一种显性的单一课程。教师在充分理解迁移的发生规律及其影响因素的基础上,在每一项教学活动中,在与学生的每一次正规与非正规的接触中,都应注意创设和利用有利于积极迁移的条件和教育契机,消除或避免不利因素,把为迁移而教的思想渗透到每一项教育活动中去。为此,教师应注意以下几点。

(一)确立明确、具体、现实的教学目标

在每个新的单元教学之前,教师应为学生确立明确具体的教学目标,如有可能可让学生一起参与教学目标的制定,并要学生了解某一阶段学习的目标。明确而具体的教学目标可以使学生对与学习目标有关的已有知识形成联想,即有一个先行组织者,会有利于迁移的发生。

(二)注意教学材料和教学内容的编排

在教学内容的安排和教材的编排上,必须兼顾学科知识本身的性质、特点、逻辑结构和学生的知识经验水平、智力状况、年龄特征等,要注意在各个教学单元相对独立的前提下,体现出各单元和各部分内容之间的内在逻辑联系和前后衔接,切忌造成各部分之间的相互割裂。教学层次要合理,在选择教材和教学内容时也应注意避免内在逻辑性差的教材和内容。教学中要充分利用教学材料中的内在联系,例如,小学两步应用题教学中,应充分利用教材中两步应用题与一步应用题间的逻辑联系,引导学生产生积极的迁移。对缺乏内在联系的教材,则利用教学进行弥补。

(三)改进教材呈现方式

为了促进学习迁移,在教材的组织和呈现方式上应遵循奥苏伯尔提出的"不断分化"和"综合贯通"的原则。奥苏伯尔认为,人们关于某一学科的知识在头脑中是按层次组织起来的,具有包容性的观念处于层次结构的顶端,下面依次是包容范围较小的、越来越分化的观念。因此,在教材的呈现上应遵循由整体到细节的顺序,使学生的知识在组织过程中纳入这一层次结构当中。除了从纵的方面遵循由一般到具体不断分化的原则外,教材呈现还要在横的方面加强概念、原理乃至各章节之间的联系,使知识融会贯通。

(四)加强教学方法的选择,促进学生学习方式的转变

教学方法直接影响着学生的学习方式,影响着学生知识的获得与应用。教师在教学中应

针对不同的教学内容、不同的学生,采取灵活多样的教学方法。在教学中,教师应注意启发学生对所学内容进行概括总结。一方面,注意引导学生自己总结出概括化的原理,培养和提高其概括总结的能力,充分利用原理、原则的迁移;另一方面,在讲解原理、原则时,要列举最大范围的例子,枚举各种变式,使学生正确把握其内涵和外延。在允许的情况下,尽量让学生在真实情境中去观察和实践原理、原则的应用,如亲自动手操作的教学实验、实习、见习等;条件不允许或无法亲自观察实践的,教师也应利用直观教具或生动的教学语言、计算机模拟等手段,让学生尽可能地增加感性认识。总之,教师通过多样化的教学方法,改变学生被动学习的状况,使学生通过各种方式的学习,达到最普遍的迁移。

(五)加强策略性知识的教学,教学生学会如何学习

在教学中,教师要有意识地教学生学会如何学习,帮助学生掌握概括化的认知策略和元认知策略,以促进学习迁移的产生。布朗等人(Brown & Palincsar,1982)在阅读理解的实验中,用矫正性反馈训练法教给学生元认知策略,结果不仅使学生对阅读理解问题正确反应的百分数明显提高,而且使其学到的元认知策略迁移到了他们的常规课堂的其他学习中。研究表明,认知策略和元认知策略是可教的,教师在教学中有意识地教学生一些认知策略和元认知策略,将有助于学生学会如何学习,从而促进学习的迁移。

(六)改进对学生的评价

在传统应试教育体制中,教师对学生的评价依据主要是其学习成绩,这导致学生为了获得高分而采取一些机械的学习方式,降低了学生对知识理解的主动性和积极性,不利于迁移的产生。教学条件下的评价作为教学活动的组成部分,同样应该具有教育性。教师有效地运用评价手段对学生形成积极的学习态度,对学习迁移都具有积极的作用。为了促进学习迁移,教师要改变仅以分数作为评价学生的现状,应关注学生积极的学习态度和主动学习的精神,鼓励学生积极思考,加强对知识意义的主动建构;应把引导学会学习、有意识运用学习策略作为教学评价内容之一;积极鼓励学生在实际生活中运用知识解决各种各样的问题,并通过给学生提供积极的反馈,进一步促进学习迁移的产生。

以上这些教学方法仅仅提供了一种"为迁移而教"的思路,以期帮助教师树立在教学中和日常生活中都注意促进学生学习积极迁移的观念。教师必须结合具体学科领域的特点和具体教学对象的特点,灵活地创设和利用教育契机去促进积极迁移的发生。其实,真正把"为迁移而教"升华为自己的一种教学思路和教学观念,并能结合具体情境灵活运用的教师就是一种"专家"教师:他们从经验中形成了丰富的教学图式,面临某一教学情境时,便会立刻激发自己记忆中的某一图式,并采用合理的教学策略,这也是教师教学知识的一种迁移。

【思考题】

1. 什么是学习迁移？举例说明各种不同类型的学习迁移现象。
2. 早期迁移研究的主要理论有哪些？
3. 认知结构迁移理论的主要观点是什么？
4. 影响学习迁移的因素有哪些？
5. 如何"为实现迁移而教"？

第三编　影响学习的内部因素

第十章

Chapter 10

学习动机

学习动机是影响学生学习的重要因素,对学生的学习有重要的推动作用。激发和维持学习动机是教育教学过程中的一个重要环节,也是教育目标之一。学校不仅要激励学生建构知识、获得技能、培养学习能力,更要使学生形成强烈的学习动机,以推动学生持续不断地终身学习。本章主要介绍学习动机的概念、学习动机理论以及激发和维持学生学习动机的措施。

第一节 学习动机的概述

一、动机的性质

（一）动机的概念与基本因素

动机是直接推动有机体活动的内部动力,包括个人的意图、愿望、心理的冲动,或企图达到的目标等。

动机由内驱力和诱因两个基本因素构成。

内驱力指在有机体需要的基础上产生的一种内部推动力,是一种内部刺激。有机体会产生各种需要。需要是有机体一种缺乏、不平衡状态。当需要没有得到满足时,有机体会产生内驱力,内驱力引起反应,反应导致需要的满足。例如,当体内食物缺乏,摄食需要出现时,内驱力会驱使有机体表现出摄食行为以满足这种生理需要。随着需要的满足,内驱力降低,摄食行为也就停止。内驱力和需要基本上是同义的,经常被替换使用。但从严格意义上来讲,需要指的是主体感受,而内驱力表现的是作用于行为的刺激。

诱因指能满足有机体需要的物体、情境或活动,是有机体趋向的目标。如食物的色泽、芳香是饥饿时摄食的诱因。当有机体在活动中把自己的各种需要与能满足其需要的物体、情境联系在一起,这些物体就成为行为的目标。

当有机体的行为被内驱力所激起并指向一定的诱因,就产生了动机。以桑代克的研究为例,要想让猫解决如何从问题箱中逃脱的问题,首先放入问题箱中的猫必须处于空腹状态,这时它才能有寻找食物的内驱力。其次,问题箱的外边还要有食物作为诱因。这样猫会采取行动不断尝试从箱里逃脱出来直至得到那一食物。

在动机中,内驱力和诱因是紧密联系的。可以先有内驱力而后选择行动目标,也可以先有诱因诱发出需要,然后唤起内驱力。一个吃饱了的人(缺少内驱力)看到精美的点心(诱因),仍可能忍不住品尝一番,这主要不是出于内驱力的推动,而是诱因的刺激。在教学中常常看到,枯燥的课堂教学,难以激起学生的听课动机,可见诱因对个体动机的作用。在实际生活中,人的行为及其动机常常是由内驱力与诱因的相互作用来决定的。

(二)动机的作用

动机的作用主要表现在以下三方面。

(1)激发行为。

动机是引起行为的动力,它使有机体进入活动状态,提高唤醒水平,集中注意力。

(2)行为定向。

动机推动有机体有选择地进行某些活动,而相应地忽视其他活动,指导行为朝向特定的目标。例如,我们饥饿时指向食物而不是去打篮球;喜欢读书的人在闲暇时间往往去读书而不一定看电视。

(3)维持行为。

动机使有机体保持适当的行为强度直到选择的活动完成。人们在某项活动上能保持多长时间与动机有关。

正因为动机有上述几方面的作用,因此心理学家也把动机定义为:引起和维持有机体的行为活动,并使之朝向某一目标的心理倾向。

二、学习动机及其分类

学习动机是直接推动学生学习活动的内部动力。学习动机的作用是激发起适当的学习行为,使这一行为指向某一学习目标,并为达到这一目标而维持学习行为。正是由于学习动机的作用,学生会表现出渴求知识的迫切愿望、主动认真的学习态度和高涨的学习热情,从而自觉主动地进行学习活动。

人们对学习动机的分类有许多种,常见的有以下几种。

(一)内在动机与外在动机

依据学习动机的产生的诱因来源,可以把学习动机划分为内在动机与外在动机。

内在动机是指由活动本身的兴趣所引起的动机,它取决于个体内在的需要。认知好奇心(又称认知动机)是内在动机的核心,它是一种追求外界信息,指向学习活动本身的内驱力,表现为好奇、探索、操作和掌握行为。具有内在动机的学生,活动本身就能使其得到满足,无须外力的作用,不必施以外部的报酬和奖赏而使之产生某种荣誉感。如有的学生喜爱文学,他便在课上认真听讲,课下广泛阅读。

外在动机是指由外部诱因所引起的动机。它是在外界的要求或作用下产生的,动机的满足在活动之外,这时人们不是对学习本身感兴趣,而是对学习带来的结果感兴趣。如有的学生为了得到奖励,避免惩罚,取悦老师而进行学习。

(二)认知内驱力、自我提高内驱力和附属内驱力

这是奥苏伯尔的分类。奥苏伯尔指出:"一般称之为学校情境中的成就动机,至少应包括三方面的内驱力决定成分,即认知内驱力、自我提高内驱力和附属内驱力。"他认为,学生所有的指向学业的行为都可以从这三方面的内驱力加以解释。当然,随着儿童年龄的增长,这三种成分在个体身上的比重会有改变。

认知内驱力,是出于了解和理解事物,掌握和运用知识以及系统地阐述并解决问题的需要。它在个体身上最初表现为探究的需要。认知内驱力指向学习任务本身(为了获得知识),而满足这种动机的奖励(知识的实际获得)也是由学习本身提供的,因而也被称为内部动机。

自我提高内驱力,是指个体想要通过学业成绩赢得相应地位的需要。这种需要从儿童入学开始,日益显得重要,成为成就动机的主要组成部分。自我提高内驱力与认知内驱力不一样,它并非直接指向学习任务本身,而满足这种动机的奖励也并非是由学习本身提供的,而是学习成就之外的一定的地位。就是说,把学业成就看作是赢得地位与自尊心的根源,它显然是一种外部动机。虽然心理学家强调内部学习动机的重要地位,但是,不应片面地理解发展外部学习动机就不重要。学业上的失败对自尊是一种威胁,因而也能促使学生在学业上做出长期而艰巨的努力。

附属内驱力,指个体为了赢得长者(如家长、教师等)的赞许或认可而表现出来的把工作做好的一种需要。这种内驱力与自我提高内驱力一样,导致的也是外部学习动机。满足这种动机的奖励是获得长者的赞许或认可。

(三)直接的近景性学习动机和间接的远景性学习动机

根据学习动机起作用时间的长短,可把学习动机区分为直接的近景性学习动机和间接的远景性学习动机。直接的近景性动机是指由活动的直接结果所引起的对某种活动的动机,如学习是为了应付老师的测验或为获得家长的表扬等。这种动机很具体,效果比较明显,但不够稳定,易随环境的变化而变化。间接的远景性学习动机是指由于了解活动的社会意义、活动结果的社会价值而引起的对某种活动的动机。如学生在确定选修课程时,考虑以后走上工

作岗位的需要,这种择课动机就属于间接的远景性学习动机。这种学习动机既具有一定的社会性和理智色彩,又与个人的志向、理想、世界观相联系,因此,具有较强的稳定性和持久性,能在相当长的时间内起作用。

三、学习动机对学习的影响

(一)学习动机和学习的关系

学习动机和学习的关系是辩证的,学习动机能促进学习,学习又能产生或增强后续的学习动机,二者相互关联。奥苏伯尔明确指出:"动机与学习之间的关系是典型的相辅相成的关系,绝非一种单向性的关系。"学习动机以增强行为的方式促进学习,而所学到的知识反过来又可以增强学习的动机。因此,教师在强调学习动机在学习中的重要作用的同时,也应看到学生在学习过程中,学习本身就是下一步学习的动机。对于那些尚无学习动机的学生来说,教师没有必要推迟学习活动,最好是尽可能有效地去教他们,学生尝到了学习的甜头,就有可能产生要学习的动机。

(二)学习动机对学习的影响

虽然学习可以独立于学习动机而存在,但是,要有效地进行长期的有意义学习,学习动机是绝对必要的。学习动机可以促进学习这一点也被大量研究所证实,在学校中学生的学习尤其是这样。

1. 学习动机对学习过程的影响

一般说来,学习动机并不直接卷入学习的认知过程,而是通过一些中介机制影响认知过程。强烈的学习动机有助于:第一,唤醒学习的情绪状态。可产生如好奇、疑惑、喜欢、兴奋、紧张或焦虑乃至冲动等情绪。第二,增强学习的准备状态。易于激活相关背景知识,降低在学习过程中对事物的知觉和反应阈限,缩短反应时间,从而提高学习效率。第三,集中注意力。将学习活动指向认知内容和目标,克服分心刺激的影响。第四,提高努力程度和意志力。延长学习时间,增强认真程度。遇到困难甚至失败时坚持不懈,直到达到学习的目的。

2. 学习动机对学习结果的影响

由于学习动机对学习过程有着广泛的影响,这种影响最终会在学习结果上表现出来。学习动机对学习效果的影响可分为两个方面:一方面是总体上整个动机水平对整个学习活动的影响;另一方面是具体的学习活动中学习动机对学习效果的影响。

首先,一般来讲,学习动机越强,有体机对学习活动的积极性就越高,从而学习的效果越好。学习动机作为一种非智力因素,它对学习效果的影响并不是直接发生的,它必须通过学习者的学习行为这一中间环节才能作用于学习结果。学习行为除了受学习动机影响外,还受到一系列主客观因素的影响。因此,学习动机只是影响学习结果的因素之一,而不是充分条件。影响学习的因素,除了学习动机之外,还有学生的智力、知识基础、学习方法、人格特征、身体及情绪状况等。总的来看,学习动机作为一种非智力因素,会对学习起促进作用。

其次,对于一项具体学习活动来说,学习动机对学习效果的影响并不总是一致的积极作用。有些学生学习动机水平较高,但学习成绩却不理想。因此,在具体的学习活动中,为使学习最有成效,要避免过高越过低的学习动机。只有当学习动机的强度处于最佳水平时,才能产生最好的学习效果。

耶基斯和多德森(R. M. Yerkes & J. D. Dodson,1908)的研究表明,学习动机存在着一个动机最佳水平,即在一定范围内,动机增强,学习的效率也随之提高,直到达到一个最高点,超过这一点,动机强度的提高会造成学习效率的降低(图10.1)。动机强度的最佳水平随学习课题的难易而有所变化。一般说,最佳水平为中等动机强度;从事比较容易的课题,动机强度的最佳水平点会高些;随着学习课题难度的增加,动机的最佳水平有逐渐下降的趋势,这便是耶克斯—多德森定律。

另有一项实验也证明同样的道理。当剥夺黑猩猩食物的时间超过一定限度后,随着剥夺时间的延长,解决问题的错误增多,速度也减慢。这说明过度强烈的学习动机和低强度的学习动机一样降低学习效率。因为动机过强,紧张和焦虑程度过高,注意与知觉的范围缩小,思维受到一定的抑制,这些都给学习带来不良影响。

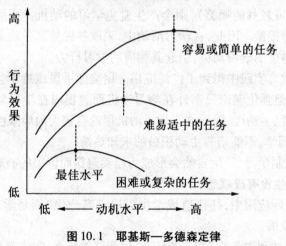

图 10.1 耶基斯—多德森定律

耶基斯—多德森定律找出了不同的任务难度水平上的最佳的动机水平,这对我们有较大的启发意义,但这一结论是动物实验的结果,它未能考察学习者的能力水平在其中的作用,因此,对此结论应持谨慎态度。如对同样困难的任务,对低能力水平的学习者来说,其最佳动机水平是在中等偏低处,但对高能力水平的学习者而言,其最佳动机水平则可能在中等偏高处。

第二节 学习动机理论

由于学习动机的多样化,导致对学习动机作用的解释也多种多样,由此派生出多种不同的动机理论,分别强调不同的侧面。美国加利福尼亚大学的韦纳(B. Weiner)教授认为,对学习动机的解释,就如在心理学中许多其他重要概念一样,也可以归到两个类别中:认知的观点和行为派的观点。当然,在动机的领域中还广泛地流行着人本主义的观点。这些观点对于引起动机的原因都有不同解释。

一、行为主义的学习动机理论

现代行为主义心理学家不仅用强化来解释操作学习的发生,而且也用强化来解释动机的引起与作用。在他们看来(如斯金纳),引起动机同习得行为并无两样,都可用强化来解释。其对学习动机的基本看法是,行为是由驱力所推动的,而驱力则由生理上的需要而产生。如果我们在个体行为表现时给予需要上的满足,他就会得到强化以保留该行为。人的某种学习行为倾向完全取决于先前的这种学习行为与刺激因强化而建立的牢固联系。如果学生因学习而得到强化(如得到好成绩、教师和家长的赞扬等),他们就会有较强的学习动机;如果学生的学习没有得到强化(如没得到好分数或赞扬),就缺乏学习的动机作用;如果学生的学习受到了惩罚(如遭到同学或教师的嘲笑),则会产生避免学习的动机。按照这种观点,任何学习行为都是为了获得某种报偿。因此,在学习活动中,采取各种外部手段如奖赏、赞扬、评分、等级、竞赛等,可以激发学生的学习动机,引起其相应的学习行为。

强化理论在学校教育实践中得到了广泛应用。用奖惩手段维持学生的学习动机,也确能收到立竿见影的效果,但强化理论只重外在学习动机而忽视内在学习动机,忽视甚至否认了人的学习行为的自觉性、主动性,因而这一学习动机理论有较大的局限性。主要体现在:

(1)为分数、名次而学,不能培养主动积极的求知热情。

(2)用奖惩方式控制学习,学生自然会形成为趋奖避罚而读书的心态,但真正能获奖励的学生只是少数,多数学生没有成就感。

(3)奖优罚劣在实际应用中,往往造成学生以追求高分(特别是学业考试成绩)为目的,阻碍了学生人格全面发展。

(4)在应付考试的功利主义心态下,考什么,教师就教什么,学生就学什么,不考的科目和知识点就被放弃,不利于学生良好知识结构和能力结构的形成。

二、人本主义的学习动机理论

(一)人本主义学习动机理论的基本观点

人本主义心理学家一直把教育看成是开发人类内在潜力的过程,把动机看成是人性成长发展的基本内在原动力。所以,它关于学习动机的基本观点是,所有学生都有学习动机;只是老师必须注意,学生的学习动机未必专注在他所教的科目上。因此,如何使所有学生的学习动机,专注于学校的功课上,就是教学成败的关键所在。

人本主义心理学主要研究的是人类的内在动机,在教育上,它认为教师要先教学生认识自己。因为,人本主义心理学家认为,读书学习的教育作用是帮助学生心理成长,而这一作用能否发挥,则取决于学生能否把他对自己的知觉和对学校教学(指要他学习的知识)的知觉连在一起,从而发现所学知识与自我成长之间有无密切关系。因此,教师在教学生学习任何内容前,必须设身处地从学生的角度,提出并尝试回答这样的问题:"我们为什么要学习这些东西?"只有学生们认为,学习是有意义和有价值的,所学内容正符合他们成长的需要;而且学生也觉得自己有能力学习,有能力学到教师对他期望的程度。这样,学生们自然会努力学习,不用什么外力的控制,他就会自动维持强烈的学习动机。

因此,人本主义心理学家指出,维持良好的师生关系和培养和谐的教室气氛,是维持学生学习动机的两个基本条件。有了良好的师生关系,学生在心理上感到教师的关心爱护和支持,因而增加信心,不受外力奖惩的控制,他就会自愿读书求知;有了和谐的教室气氛,学生在心理上感到安全,就不会因失败而受惩罚的恐惧,他在面对功课时,才不致退缩而敢于尝试学习。

(二)马斯洛的需要层次理论

马斯洛(A. H. Maslow)的需要层次理论是人本主义学习动机理论的主要代表,有着广泛的影响。他在解释动机时强调需要的作用,他认为所有的行为都是有意义的,都有其特殊的目标,这种目标来源于我们的需要。不同的人有不同的需要,而且这些需要会随着时间等因素而变化,这就是为什么两个不同的人在相同的情境下会产生不同的行为,同一个人在不同的时间里产生不同行为的原因。需要影响着人们行为的方式和方向。

马斯洛认为,人有七种基本需要:生理的需要、安全的需要、归属与爱的需要、尊重的需要、求知的需要、美的需要和自我实现的需要。这些需要从低级到高级排成七个层次,如图10.2所示。这七种需要又可以分为两大类,他认为前四种需要是基本需要,又称缺失性需要,是我们生存所必需的,对生理和心理的健康很重要,必须得到一定程度的满足;后三种需要是成长性需要,虽不是我们生存所必需的,但能使我们更好地生活。较低级的需要至少必须部分满足之后才能出现对较高级需要的追求。例如在一个饥饿的孩子面前同时放一些书和一些食物,让其选择其一,孩子一定先选吃的,吃饱以后再读书。较低级的需要没有得到满足,人会有强烈的动机去追求它,如果低级的需要基本满足后,较高级的需要才会产生。

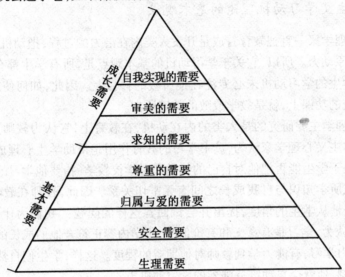

图 10.2　马斯洛的需要层次

每一时期总有一种优势需要占支配地位,人的行为受到这个主导需要调节,了解主导需要便能进行有效的激励。一般说来,学校里最重要的缺失需要是爱和自尊。如果学生感到不被人爱,或认为自己无能,他们就不可能有强烈的动机去实现较高的目标。学习活动是高级需要,而比较低级的生理需要、爱的需要得不到满足,学习动机就不会很高。例如,父母离异、在家庭中得不到父母关怀的儿童恐怕难以在学校中安心学习。

马斯洛认为,人类最高级的需要是自我实现,他将其定义为"使每一件事都能得以实现的愿望"。自我实现是马斯洛倡导的动机理论的中心思想,它是多种需要连续满足后所出现的心理需要,在各种需要中,它是最重要的、最终决定个体行为的需要,是人生存在的目标。就人性而言,自我实现需要人人都有,而现实生活中却只有极少数人能够达到此境界。马斯洛认为,能达到自我实现境界的人,不但性格较独立,情绪较自然,能悦纳自己和别人,而且在智能上具有较高的创造力。

根据需要层次理论,家长和教师应注重为学生创设一个良好的成长环境,学生只有在各种缺失性需要都获得满足后,才会不断成长,达到自我实现的理想境界。在现实的学校生活中,学生最主要的缺失性需要往往是"爱"和"自尊",只有那些让学生感到民主、公正、理解、爱护、尊重自己的教师,才有可能使他们产生学习的热情、克服困难的意志和创造的欲望。

需要层次理论将外在动机与内在动机结合起来考虑对行为的推动作用,是有一定科学意义的,被心理学界誉为最完整、最有系统的动机理论。但它忽略了个体本身的兴趣、好奇心等在学习中的起始作用。

三、认知派的学习动机理论

(一)成就动机理论

成就动机的提出可追溯到20世纪30年代末,默里(H. A. Murray,1938)在他对人的需要的鉴定中已提出了"成就需要"这一概念。他把成就需要定义为,克服障碍,施展才能,力求尽快尽好地解决某一难题的愿望。后来,麦克里兰(D. C. McClelland)和阿特金森(J. W. Atkinson)接受了默里的思想,并将其发展为成就动机理论。

麦克里兰等人在20世纪40年代末用主题统觉测验来测量成就动机,对默里提出的成就需要进行了实验研究。麦克里兰的研究发现,高的成就需要与企业家的行为有很高的相关。成就需要高的人,行为方式通常更像成功的企业家。他们喜欢对问题承担个人责任,能从完成一项任务中获得一种成就满足感。相反,当成功决定于运气或问题由别人为他们解决时,他们很少产生满足感。在解决问题时,成就动机高的人毅力强,而且总是倾向于将自己的失败归因于努力不够而不是归因于任务太难或运气不佳。总之,成就动机高的人希望获得成功,而当他们失败之后,会加倍努力,直到成功。阿特金森对麦克里兰的理论和研究进行了提炼和扩充。阿特金森从微观的角度着重探讨成就动机的实质、发生和发展,成就动机的认知和归因等问题。阿特金森的成就动机理论对学生的学习动机提供了一种很好的解释。

所谓成就动机,是指人们在完成任务中力求获得成功的内部动因,亦即个体对自己认为重要的、有价值的事情乐意去做,并努力达到完美地步的一种内部推动力量。它具有以下特征:

(1)对中等难度的任务有挑战性,并全力以赴地获取成功。
(2)对达到的目标明确,并抱有成功的期望。
(3)精力充沛,探新求异,具有开拓精神。
(4)选择工作伙伴以高能力为条件,而不是以交往的亲疏关系为前提。

阿特金森指出,规定某一动机强度的因素有动机水平、期望和诱因。其关系可以表现为下面的公式:

$$动机强度 = f(动机 \times 期望 \times 诱因)$$

动机水平是一个稳定的追求成就的个体倾向(M),期望是某人对某一课题是否成功的主观概率(P),诱因指成功时得到的满足感(I)。一般来说,课题越难,解决时的满足感越大,所以 P 与 I 是互补的关系,可以表现为:$I = 1 - P$。

阿特金森认为,人在追求成就时有两种倾向,一种是不怕困难、达到目标的追求成功的倾向

(Ts)，一种是害怕失败、避免屈辱的回避失败的倾向（Tf）。也就是说，成就动机涉及对成功的期望和对失败的担心两者之间的情绪冲突。因此，上面的公式根据其方向的正负分别表现为：

$$Ts = Ms \times Ps - Is \qquad (1)$$

$$Tf = Mf \times Pf \times If \qquad (2)$$

在公式（1）中，假设 A 课题的困难度，即完成 A 的可能性（Ps）为 0.9，那么这时的满足感（Is）为 0.1，如果 Ms 为 2，那么 Ts 就等于 0.18。

在公式（2）中，Tf 的求法与此相同。其中 Mf 表示避免失败的动机，Pf 表示失败的主观性概率，If 表示失败时的消极感，如羞愧等。

追求成功的倾向 Ts 在主观的成功率（Ps）为中等（0.5）时最大；回避失败的倾向 Tf 在主观的失败率（Pf）为中等（0.5）时最大。

由于追求成功和回避失败的倾向在活动中同时起着作用，所以人追求某一目标的动机强度是 Ts 和 Tf 两种倾向拮抗的结果，因此总动机为 $Ts + Tf$，可以表现为下面的公式：

$$Ts + Tf = (Ms \times Ps \times Is) + (Mf \times Pf \times If)$$

其中 $Is = 1 - Ps, Pf = 1 - Ps, If = -Ps$

所以，$Ts + Tf = [Ms \times Ps(1 - Ps)] + [Mf \times (1 - Ps) \times (-Ps)] = (Ms - Mf) \times [Ps \times (1 - Ps)]$

从上面公式可以得出，如果 $Ms > Mf$，总动机 $Ts + Tf$ 为正值，且当 $Ps = 0.5$ 时，总动机最大；相反，如果 $Ms < Mf$，总动机 $Ts + Tf$ 为负值，当 $Pf = 0.5$ 时，总动机最小；如果 $Ms = Mf$，$Ts + Tf$ 为零，这时不会出现追求目标的行为。

根据这一理论模型，可以把人分成成就动机水平不同的人。成就动机高的人追求成功的倾向大于回避失败的倾向（$Ms > Mf$）；成就动机低的人追求成功的倾向小于回避失败的倾向（$Ms < Mf$）。成就动机水平不同的人在完成任务和选择目标上有不同的行为表现。成就动机低的人，在完成任务上防止失败的倾向强，在选择目标时，倾向于选择非常容易或非常困难的任务。选择容易的任务可使他们避免失败，而选择的任务极其困难，即使失败，也可以找到适当的借口，从而可减少失败感。成就动机高的人，在完成任务上追求成功的倾向强，在选择目标时最有可能选择成功概率约为 50% 的任务，因为这种选择能给他们提供最大的现实挑战。他们对完全不可能成功或稳操胜券的任务，动机水平反而下降。例如，阿特金森和李特文（G. H. Litwin）的一项研究发现，在套圈的游戏中，避免失败者选择的距离非常靠近目标，或离目标非常远，而力求成功者则选择中等距离的目标。

成就动机理论把人的动机的情感方面与认知方面统一起来，并用数学模型来简明地表达，揭示出了影响成就动机的一些变量和规律，并用大量的实证研究证实和检验了其理论假设的合理性和客观性，在动机理论研究上取得了突破性进展，有着深远的意义和巨大贡献。但成就动机的理论模型还不够完善，且有缺陷，如过分重视内部因素的作用，忽视了外部因素对成就动机的作用；对认知对动机的影响作用了解比较笼统、模糊，就是对影响成就动机的内部因素的了解和研究也还不够全面和充分,如成就动机作为稳定的人格特征之一,它与整个人格特征的关系问题尚缺乏充分的研究。

(二)归因理论

归因理论是以认知的观点对自己和他人行为的原因进行解释的动机理论。当人们进行某种活动取得成功或导致失败时,都有一种对行为结果有所探求的倾向,这就是归因。

归因是指将行为和事件的结果归属于某种原因,或寻求结果的原因。在心理学中,通常将归因理解为一个人通过知觉、思维、推理等内部心理过程,确认导致他人或自己行为或结果的原因的认知活动。

美国心理学家韦纳是归因理论的代表人物。他认为,人们对行为成败原因的分析主要可归纳为能力、努力、任务难度、运气等四种因素。而这些因素又可进一步归纳为三个维度:

①控制性(可控与不可控),指当事人自认为影响其成败的因素,在性质上能否由个人意愿决定。

②稳定性(稳定与不稳定),指当事人自认为影响其成败的因素,在性质上是否稳定,是否在类似情境下具有一致性。

③因素来源(内部与外部),指当事人自认为影响其成败因素的来源,是由于个人条件(内控),还是来自外在环境(外控)。如果将此"三维度"和主要的"四因素"结合起来,就可组成如下三维度模式(表10.1)。

表10.1 归因的三维度模式

三维度	内部的		外部的	
	稳定的	不稳定的	稳定的	不稳定的
	不可控的	可控的	不可控的	不可控的
四因素	能力高低	努力程度	任务难度	运气好坏

一般说,把行为结果成败的原因归结为外部的、不可控的因素,会降低个体对后续行为的动力;而把行为结果成败的原因归结为内部的、可控的因素,则会增强个体对后续行为的动力。例如,把成败归因为努力程度,具有积极的促进作用。把成败归因为任务难易、运气好坏,则降低学习动力。

韦纳的归因理论在教育上的意义在于它能从学生的观点显示出学习成败的原因。了解学生的自我归因可预测其今后学习动机。学生的自我归因未必正确,但却十分重要,教师应注意了解并辅导。长期消极归因有碍学生健康成长。教师的反馈是影响学生自我归因的重要因素,学生的自我归因并不完全以考分高低为依据,在很大程度上受到教师对其成绩的评价和态度的制约。

韦纳的归因理论是对成就动机理论的重要发展,该理论阐明了认知成就动机的重要作用,并提出了以认知为主的成就动机归因理论。它对成败的原因按照三个维度进行分类,具有高度概括性,其研究结论既有科学性,又有实践价值,不仅为教育实践提供了可行的方法和途径,而且以培养学生完整的人格、优良的心理品质为目标,教会学生形成学习的内在动机和正确地认识、对待失败,不屈服于环境的影响并形成正确的自我意识系统。这不仅有利于人才的开发,而且对成绩差的学生的培养具有更为重要的意义。但是,人的心理活动和行为动机纷繁复杂,仅用上述归因的三维模式来了解学生,可能难以得到完全合乎实际的结论。

(三)自我效能感理论

自我效能感(self-efficacy)指个体对自己是否能够成功地进行某一成就行为的主观判断。这一概念是班杜拉(1977)最早提出的。在20世纪80年代,自我效能感理论得到了丰富和发展,也得到了大量实证研究的支持。

班杜拉在其动机理论中指出,人的行为受行为的结果因素与先行因素的影响。行为的结果因素就是通常所说的强化,但他对强化的看法与传统的行为主义的看法不同。他认为在学习中没有强化也能获取有关的信息,形成新的行为。行为主义者认为,某一行为之后的强化会提高该行为出现的概率。班杜拉认为这种观点是不确切的,行为的出现不是由于随后的强化,而是由于人认识了行为与强化之间的依随关系而产生对下一步强化的期待。因此,强化在学习中的重要作用,是通过人的认知形成期待,成为决定行为的先行因素。

班杜拉把期待区分为结果期待和效能期待两种。结果期待指人对自己某种行为会导致某一结果的推测。如果人能预测到某一行为将会导致特定的结果(强化),那么这一行为就可能被选择。例如,儿童感到上课注意听讲就会获得他所希望取得的好成绩,他就有可能认真听课。

效能期待指的是人对自己能够进行某一行为的实施能力的推测或判断,它意味着人是否确信自己能够成功地进行带来某一结果的行为。当人确信自己有能力进行某一活动,他就会产生较高的"自我效能感",并且会去进行那一活动。例如,学生不仅知道注意听课可以带来理想的成绩,而且还感到自己有能力听懂教师所讲的内容时,才会认真听课。

班杜拉不仅指出结果期待会对人的行为产生重要影响,而且强调效能期待在调节人的行为上更具有重要作用。人在掌握了相应的知识和技能,也知道了行为将会带来什么样的结果之后,并不一定去从事某种活动或做出某种行为,因为这要受自我效能感的调节。所以,人们在获得了相应的知识、技能后,自我效能感就成了行为的决定因素。

班杜拉等人的研究指出,影响自我效能感形成的因素主要有:

①个人自身行为的成败经验。这对自我效能感的影响最大。一般来说,成功经验会提高效能期待,反复的失败会降低效能期待。另外,成功经验对效能期待的影响还要受个体归因

方式的左右。如果把成功归因于外部的不可控的因素就不会增强效能感;把失败归因于内部的可控的因素就不一定会降低效能感。因此,归因方式直接影响自我效能感的形成。

②替代经验。这是指学习者通过观察示范者的行为而获得的间接经验。人的许多效能期待是来源于观察他人的替代经验。看到与自己能力不相上下的示范者取得了成功,就会增强自我效能感,认为自己也能完成同样的任务。

③言语说服。这是试图凭借说服性的建议、劝告、解释和自我引导,来改变人们自我效能感的一种方法。因其简便、有效而得到广泛应用,但依靠这种方法形成的自我效能感不易持久。

④情绪唤醒。高水平的唤醒使成绩降低而影响自我效能感,只有当人们不为厌恶刺激所困扰时,更可能期望成功。

以上四种信息对效能期待的作用依赖于主体对其是如何认知和评价的,人们必须对与能力有关的因素和非能力因素对成功和失败的作用加以权衡。通过成功的经验人们可能逐步认识到,自我效能感的程度取决于任务难度、付出的努力程度、接受外界帮助的多少、成绩取得的情境条件以及失败的暂时模式等。

班杜拉等人的研究还指出,自我效能感形成后,对人的行为将产生极为深刻的影响,主要表现在:

①决定人们对活动的选择及对该活动的坚持性。自我效能感水平高者倾向于选择富有挑战性的任务,在困难面前能坚持自己的行为;而自我效能感水平低者就相反。

②影响人们对活动中所遇困难的态度。自我效能感高者敢于面对困难,富有自信心,相信通过坚持不懈的努力可以克服困难;而自我效能感低者在困难面前则缺乏自信,畏首畏尾,不敢尝试。

③影响新行为的获得和习得行为的表现。自我效能感高者不仅在学习新行为时速度更快,而且敢于表现出已经学会的行为。

④影响活动时的情绪。自我效能感高者活动时信心十足,情绪饱满;而自我效能感低者则充满恐惧和焦虑。

自我效能感理论克服了传统心理学重行轻欲、重知轻情的倾向,重视把人的需要、认知、情感结合起来研究人的动机,具有重大理论和实践价值,是动机理论的一大进步。

(四)自我价值论

学习动机的自我价值论(self-worth theory)是美国教育心理学家科文顿(M. Covington)提出的。科文顿的自我价值论主要从学习动机的负面影响着眼,企图探讨"有些学生为什么不肯努力学习"的问题。主要观点如下:

1. 自我价值感是个人追求成功的内在动力

社会上从来都是肯定成功的人。儿童从小就知道,成功后使人感到满足,使人自尊心提高,使人产生自我价值感。因为成功的经验都是在克服困难之后才获得的,而克服困难需要相当的能力。因此,能力、成功、自我价值三者之间就形成了前因后果的连锁关系:有能力的人容易成功,成功的经验会带给人自我价值感。

2. 个人把成功看作是能力的展现,而不是努力的结果

成功的学生一般将成功的原因解释为自己能力的展现,而不是将成功归因于自己的努力。因为将成功归因于能力而不是努力,会使人感到更大的自我价值。努力人人可为,能力唯我独有。但是,在面对失败时,失败的痛苦伴随着个人,如果再把失败归因于能力,那么其自我价值就更难以维持了。

3. 成功难以追求,则以逃避失败来维持自我价值

在今天竞争相当激烈的学习中,学生们从考试中所得到的成败经验,永远是成功者少,失败者多。在长期追求成功而得不到成功机会的情形下,学生们在学习上既要维持自我价值,又想逃避失败后的痛苦,于是就在心理上形成了一种应付学校考试后成败压力的对策。他们不承认自己能力弱,但也不认可努力就能成功,以此来达到既维护自我价值,又足以逃避失败的目的。这是科文顿学习动机自我价值论的中心要点,可用以解释"学生有能力,但不用功读书"的老问题。

4. 学生对能力与努力的归因随年级而转移

我们在学校中可能都注意到,自小学一年级起,学生的学习动机强度一般随年级的升高而降低。科文顿研究发现:

①小学低年级学生一般相信努力。
②低年级学生相信,凡是努力的都是好学生,而且相信努力也可使人更聪明(提高能力)。
③低年级学生相信,教师喜欢努力的学生,因此都向"努力才是好学生"的标准去认同。
④低年级学生虽然将能力与努力看得同样重要,但考试失败后并不感到羞愧。
⑤小学高年级的学生有过多次竞争的成败经历,所以对能力与努力两个因素与成败的关系,有了新的看法。

他们不再像低年级那样把努力和能力看得同样重要,而且改变态度:认为努力才有好成绩的学生,能力低;能力低的人才努力。高年级学生认同能力而不是努力的态度,显然是他们学习动机降低的原因。

科文顿自我价值论的特点重在对学校教学上的现实问题的解释,其研究结果显示,学校教育存在着两个严重的问题:一是能力强的学生未必有强烈的学习动机;二是学生的学习动机随年级的升高而降低。伊克勒斯等人(J. Eccles, etal.)曾收集 1964~1983 年 20 年间有关学习动机的专题研究,根据对 25 篇重要研究结果的分析发现,不但学生们对知识性科目(数学、语文等)的学习动机逐年递减,就是对学校态度与自我观念等各方面的人格因素,也都随年级升高而向负面发展。因此,学校教育应切实检讨自身,不仅应着眼于教育目的,而且应实

实在在地帮助学生在课业上获得成功而免于失败。自我价值论对我们的意义就在于把指导学生认识学习目的、培养学生学习动机视为学校教育最重要的目的。

科文顿的自我价值论以实证研究为基础,得到了许多后续研究的证实,有一定的科学价值,且切中教育中的现实问题——学生有能力而不努力学习,学生学习动机随年级升高而逐步降低等,有极强的实用价值。但自我价值论还缺乏系统完整性,从总体上看,它仅仅是成就动机理论和归因理论的补充。

第三节 学习动机的激发与维持

学习动机对促进学生的学习活动,提高其活动的积极性和主动性,具有十分重要的作用。教育者应运用有关原理在教学活动中激发与维持学生的学习动机。

一、创设外部条件,激发外部学习动机

在学习活动中,常常会有许多外部客观条件(即诱因)吸引、激励、诱发学生,形成相应的学习动机。这些能激发学习动机的外部客观条件,既可以是简单的物体,如食物、金钱等,也可以是复杂的事件和情境,如名誉、威望、竞赛、评优等。在学习活动中,父母的奖励、老师的表扬、适当的竞赛、获得优秀成绩、评定优秀学生等等,都可以成为激发学生学习动机的外部条件。在学习过程中,有目的、有计划地创设某些外部客观条件,以激发学生的外在学习动机是十分必要的。

(一)表达明确的期望

在学习过程中,学生需要清楚地了解自己应该做什么,如何被评价,以及成功之后会有什么收获。学生在某个任务上的失败通常是由于不知道自己到底要做什么。教师把期望明确地传达给学生对学生的学习非常重要。如要求学生在写作文时,应该明确告诉学生要写什么内容,篇幅多长,作文的评价标准是什么,以及这篇作文的重要性等。

(二)及时反馈学生的学习结果

学习结果的反馈具有信息作用,通过及时的结果反馈,学生能够知道自己在学习上取得了多大的进步,在多大程度上达到了目标,从而进一步激发学习动机。

运用反馈时,要注意的是反馈必须是明确具体的、及时的和经常性的。明确具体的反馈具有信息性和激发性,可以告诉学生对在哪里,并帮助他们对成功形成努力归因。及时的反馈使反馈紧随学生的学习结果,可以使学生及时纠正错误。同时,教师必须给学生提供经常性的反馈,使学生能付出最大的努力。通过反馈,使学生看到自己的成功、进步,会增强信心,

提高学习兴趣;知道自己的缺点和错误,可以及时改正,并加倍努力,力求获得成功。

(三)对学习结果进行适当的评价

评价指在分数之外教师还可评等级、下评语、表扬和批评。在一项研究中,对中学生采用不同的评价方式,甲组按学生的成绩划出等级;乙组除标明等级外,还按照学生的答案给予矫正及相应的评语;丙组则给予鼓励的评语,如一等成绩的评语为"好,坚持下去",三等成绩的评语为"试一试,再提高一步"。研究者测量了期中和期末这三组学生的成绩,结果是乙组成绩最好,丙组成绩稍次于乙组,甲组的成绩较差。乙组是针对学生答案中的优缺点进行评价,效果最好;丙组的评语针对性不强,效果就差一些;甲组没有评语,因而成绩较差。可见适当评价能够提高学习的积极性。

(四)合理运用外部奖赏

外部奖赏主要指物质上的奖励。按照行为主义的观点,对学生的学习行为和学习结果给予外部的物质奖励能够有效地促进其学习。但外部奖励运用不当,也很可能会引起意想不到的负面效果。

个体在行为过程中,常常要对行为的原因加以探究,或者产生自我决定感,或者产生他人决定感。对某一行为,如果多次受到外部奖励,个人就会产生他人决定感,或从自我决定感变为他人决定感。结果,在没有外部奖励的条件下,就会表现出行为动机的丧失。因此,教师在运用外部奖励时,应持谨慎的态度。对那些已有内部动机的活动最好不要轻易运用物质奖励;只有对那些缺乏内部动机的活动予以物质奖励,才可能产生积极的激励作用。

(五)有效地运用表扬

表扬、批评在学习活动中能够给学生以肯定或否定的强化,从而激发学习动机。研究表明,一次表扬和一次批评,对加强学习动机同样有效,而继续使用批评和表扬,则前者的效果不如后者。

表扬在课堂教学中的作用主要是强化学生适当的行为,对他们所表现出的期望行为提供反馈。研究表明,表扬的方式比表扬的次数更重要。当表扬是针对某一行为结果,并且具体可信时,表扬就是一种有效的激励因素。同时,表扬应该是针对优于常规水平的行为,也就是说,如果学生平常就做得比较好,那么就不宜对他达到常规水平的行为进行表扬。而对那些平时表现不佳,但是有所进步的学生,教师就应该给予表扬。

表扬的有效性取决于它的具体性、可靠性以及与行为结果的依随性,教师在运用表扬与批评时,要考虑学生的个别差异。对学习成绩较差、自信心较低的学生,应以表扬鼓励为主;对成绩较好、有些自傲的学生,要提出更高的要求,表扬的同时还应指出不足。总之,运用表扬与批评时,教师要做到客观、公正、全面、恰到好处,既要赏罚分明,又要以理服人,这样才能收到预期的教学效果。

（六）适当开展竞赛活动

一般认为，竞赛是激发学习动机的有效手段。在一项研究中，对五年级两个等组的学生进行为期10天的加法练习，每天练习10分钟。竞赛组学生的成绩每天都公布在墙上，有进步者和优胜者都贴上红星；无竞赛组只做练习，无任何诱因。结果竞赛组的成绩优于无竞赛组。这是因为学生在竞赛中，获得成就和声誉的动机更为强烈，学习兴趣和克服困难的毅力增强。

由于竞赛结果总是少数人获得名次，多数为失败者，获胜者受到鼓励，失败者忍受一定的心理压力。因此组织竞赛活动应注意以下几点：

①教师要教育学生认识竞争的利弊，教给学生公平竞争的方法或手段，教会学生学会竞争。

②不宜过多进行竞赛，那样会失去激励作用，反而会制造紧张气氛，加重学习负担。

③注意增多获胜的机会，使尽可能多的学生获得成功。教师可以进行多指标竞赛，设置多项胜利指标，如单项奖、综合奖、鼓励奖、组织奖、特别奖等，学生可以根据自己的条件，提出奋斗目标，争取胜利，获得成功感。

④应尽可能地按项目分组，使不同特长的学生有施展才华的机会。

⑤鼓励学生自己和自己竞赛。教师要鼓励学生不断提出新目标，不断进步，力求发展，尽力做到"今天比昨天好，明天比今天更好"。

二、培养心理品质，维持内部学习动机

学习动机的产生，不仅需要外部客观条件的激发，还需要内部心理因素的转化。在学习活动中，能转化为学习动机的内部心理因素是多种多样的，如对学习的需要、好奇心、求知欲、兴趣、情感、信念、理想、自尊心、责任感、荣誉感等等，都可以直接转化为学习动机。因此，要在学习过程中培养学生那些直接能转化为内部学习动机的有关心理品质。

（一）创设问题情境，培养认知兴趣和求知欲

在教学过程中，将学生引入一种认知矛盾状态，使之产生认知好奇心，是维持学习动机的有效途径。创设问题情境是引起认知矛盾的常用方法。创设问题情境是指提供能使学生产生疑问、渴望从事活动、探究问题的答案，经过一定的努力能成功地解决问题的学习材料、条件和实践。它将学生引入到问题之中，通过"设疑"使学生对要学习的内容产生疑问。如呈现与学习者已有知识相矛盾的现象、列举与一般规律相矛盾的事实或以提出问题的方法来呈现学生所不熟悉的内容，使学习者产生疑问，以引起探究的心理，培养认知上的好奇心。

培养学习兴趣是维持学习动机的有效方法。当认知兴趣成为学生的人格特征时,学生将不需要或很少需要外来的奖励,而能自觉进行学习。这是指向学习活动本身的内在动机,对活动有持续作用。

(二)设置适当、明确的目标

学习动机使个体的行为指向一定的目标,反过来,目标的设立也会对学习动机发生作用。适当的目标是指难度合适,能够使学习者产生将能达到这一目标的期待。目标过低,会降低成功价值;目标过高,又会降低成功的概率。为了使目标能够适当,教师不仅要帮助学生明确总的学习目标,如大学期间的学习目标、某一学年的学习目标、某一学科的学习目标,还要把大的学习目标分成若干个小的、比较容易实现的目标。这对激发学生的学习动机有相当大的效果。一项研究表明,一个学期的课程目标只有划分成单元目标和每节课的目标后,才对学生有激励作用。

明确的目标指目标要具体。学生头脑中对目标的意识越清晰,越具体,对个体行为动力的引发越有利。教师不能只给学生一些诸如"努力学习"等抽象的建议或笼统的要求,而是要帮助学生确立明确的具体目标。具体说,总的目标要高些,使之具有挑战的刺激,增强远景性动机;但具体的目标,又要切实可行,使之不乏成功的机会,使具有远景性动机的学习行为,能在具体情景中为一系列近景性动机所激励。运用目标刺激动机,以激发学生远景性与近景性相结合的学习动机。

学习者明确了学习目标的价值和意义,学习目标的诱因性会大大增强。为此可采用一些方法,如优秀成果的展示、榜样的示范,借此形成一个内部标准。

(三)利用原有的动机迁移,使学生产生学习的需要

迁移是学习活动中的一种重要现象,不仅表现在知识和技能的原理习得方面,也表现在学习态度、动机的形成方面。教师要善于发现学生原有的某一方面的强烈动机,把它与当前的学习活动联系起来,使学生认识到通过当前的学习活动能够达到自己的目标。例如,某学生缺乏学习动机,但有强烈的摄影爱好和动机,教师可以设法引导他学习必要的文史地知识,以开阔眼界,提高审美能力。这样,逐渐使这个学生从为摄影而学习文化知识,发展到对学习本身感兴趣,大大促进了学习需要。

(四)培养恰当的自我效能感

在个体拥有了相应的知识技能后,自我效能感就成为个体行为的决定性因素。许多学生尤其是学业成绩不良的学生,由于对自己的学习能力持怀疑态度,表现出很低的自我效能感水平,在学习中放弃尝试和应有的努力,进而影响学习成绩。教师可以通过为他们选择难易合适的任务,让他们不断地获得成功体验,进而提高自我效能感水平。其次,让他们观看和想

象那些与自己差不多的学生的成功操作,通过获得替代性经验和强化来提高他们的自我效能感,使他们确信自己也有能力完成相应的学习行为,从而推动学习的进行。最后,教师还可以通过归因训练改变学生对自己学习能力的错误判断,形成正确的自我效能感判断。

(五)训练学生的归因

一个人的归因倾向会影响学习动机。根据归因理论,将成功归因于努力、能力等内部因素,将失败归因于缺乏努力等较不稳定、易控制因素的学生,他们自我效能感高,能够控制自己的行为。而将成功归因于外部因素,将失败归因于内部因素(能力)的学生往往认为他们没有成功的能力,也不去追求成功,易产生学习的无助感。

归因倾向是后天形成的,教师可以根据学生的情况加以培养。学习无助感是在学习中逐渐产生的,儿童入学前自我感觉很好,因为没有人会对他们说,你不会成功。上学一开始,学习遇到挫折时,他们往往将其归因于运气不好或任务太难。渐渐地经历多次失败后,他们便将失败的原因归于自身的能力,产生无能的感觉,于是不愿再去学习。这便是归因不正确而导致学习动机的减弱。这种情况在学生学习的初级阶段尤为突出。因此,要引导学生对挫折进行正确归因,帮助学生了解自己的优点和缺点,制定可行的目标及达到目标的方法,使其成为自己控制自己的人;改变其归因倾向,让他们将失败归因于缺乏努力或方法不当,而不是缺乏能力。总之,使学生的归因朝着有利于吸取教训、总结经验、增强自我效能感的方面分析,从而避免挫折对学生可能导致的学习动机的减弱。

综上所述,学习动机的激发和维持,应注意内外动机的互相补充。认知心理学家强调学习的内在动机。然而只依靠内在动机,学习的需要会衰减;只依靠外在动机,缺乏学习的自觉性,它也没有足够的力量。儿童由于自我意识发展不成熟,需要更多一些外部鼓励,随着自我意识的发展,应培养学生对自己学习的责任感。外在学习动机与内在学习动机相互交替、相互转化,贯穿学习活动全过程,直至达到既定的学习目的。

【思考题】

1. 什么是学习动机?它是如何影响学习的?
2. 内部学习动机和外部学习动机有什么区别?
3. 不同心理学派提出的学习动机理论的主要内容是什么?
4. 如何激发学生的外部学习动机?
5. 如何培养学生的内部学习动机?

第十一章
Chapter 11

学生的个别差异

在学校环境中,每一个学生都是一个独特的个体,他们在智力、学习风格、性格特点、家庭文化背景等方面都存在着差异性。学生不是被动的知识接受者,而是主动的学习者,这些差异性都会直接或间接地影响教育活动的实施和结果。事实证明,教育者只有正确认识这种差异性,并能在教育过程中根据学生心理的一般年龄特点和个别差异特点采取适合的教育,才能取得理想的教育效果。

第一节 智力差异与学习

一、智力概述

(一)对智力的认识

在心理学领域中,关于智力的看法多种多样。心理学家科尔文(S. S. Colvin,1921)曾提出,智力是个人为适应环境而进行学习的能力。心理学家比奈(A. Binet)认为,智力是一种判断力、创造力以及适应环境的能力。心理学家韦克斯勒(D. Wechsler)认为,智力是有目的的行为、合理的思维以及有效适应环境的总能力。心理学家加德纳(H. Gardner,1983)认为,智力是个体解决实际问题的能力,产生或创造出具有社会价值的有效产品的能力。心理学家斯滕伯格(R. J. Sternberg,1985)认为,智力是从经验中学习或获益的能力,抽象思维和推理能力,适应不断变化、模糊多样的世界的能力,以及激励自己有效地完成应该完成的任务的能力。我国心理学家对智力也给予了不同的定义。朱智贤教授认为:"智力是人的一种心理特性或个性特点,是偏重于认识方面的特点,是和气质、性格不同的。"林传鼎教授认为:"智力就是能力或智能,即人们运用知识技能的能力。"吴天敏教授认为:"智力是脑神经活动针对性、广扩性、深入性、灵活性在任何一项神经活动和由它引起并与它相互作用的意识性的心理活动的协调反应。"

目前,我国学者普遍认为,智力是使人能够顺利解决某种活动所必需的各种认知能力的有机结合,并以抽象思维为核心。

(二)现代智力理论

传统的智力理论更多地从结构的观点解释智力,关注的是构成智力的成分和要素。而现代智力理论是从更广泛的角度把智力视为一个复杂的系统,从更广阔的视野去探求人类智力的实质和结构。比较有代表性的是加德纳多元智力理论和斯滕伯格的成功智力理论。

1. 加德纳多元智力理论

哈佛大学心理学家霍德华·加德纳(Howard. Gardner)认为智力应该是指在某种文化环境的价值标准下,个体用以解决问题或生产创造时所需的能力。据此,1983年他提出了多元智力理论(theory of multiple intelligence, MI 理论)。该理论认为人类拥有八种不同的相对独立的智力,每种智力都是一个独立的功能系统,而各个系统相互作用,产生整体的智力活动。

(1)言语–语言智力。

言语–语言智力是指运用语言达到各种目的的能力以及灵活操纵语言的敏感能力,包括听、说、读、写的能力,表现为个人能够顺利而高效地利用语言描述事件、表达思想并与人交流的能力。

(2)逻辑–数理智力。

逻辑–数理智力是指运算和推理的能力,表现为对事物间各种关系,如类比、对比、因果和逻辑等关系的敏感,以及通过数理运算和逻辑推理等进行思维的能力,表现为对数字、物理、几何、化学,以及多种高级理科知识有超常的能力。

(3)音乐–节奏智力。

音乐–节奏智力是指感受、辨别、记忆、理解、评价和表达音乐的能力。

(4)视觉–空间智力。

视觉–空间智力是指感受、辨别、记忆、再造、转换以及修改物体的空间关系,并借此表达思想和情感的能力。

(5)身体–动觉智力。

身体–动觉智力是指控制自己身体运动和技术性地处理目标的能力。

(6)自知–自省智力。

自知–自省智力是指认识洞察和反省自身的能力,并在正确的自我意识的自我评价的基础上形成自尊、自律和自制的能力。

(7)交往-交流智力。

交往-交流智力是指与人相处和交往的能力，表现为觉察、体验他人情绪、情感、气质、意图和需求，并据此做出适当反应的能力。

(8)自然观察智力。

自然观察智力是指认识物质世界的相似性和相异性，能够发现并理解自然界模式的能力。

以上所提到的这八种智力相互独立，又会相互影响或在活动中起共同作用（Gardner, Moran,2006）。

在多元智力的理念基础上，加德纳提出了新的教育观念——"以个人为中心的教育"，强调人与人之间的差别主要在于人与人具有不同的智力组合，教师必须承认学生多种智力的存在，并开发各式各样的智力和智力组合，必须对每个学生的认知特点都能给予充分的理解，使之得到最好的发展。这对课程的设置、教学内容、教学方法以及评价方法都提出了新的挑战。加德纳的多元智力理论及教育观对美国的学校教育产生了广泛的影响。

2. 斯滕伯格的成功智力理论

1999年，美国耶鲁大学的罗伯特·斯腾伯格（Robert J. Sternberg）在大量研究的基础上提出了成功智力理论（theory of successful intelligence），认为成功意味着个体在现实生活中达成自己的目标，成功智力就是用以达成人生主要目标的智力，主要包括分析性智力、创造性智力和实践性智力三个方面。

①分析性智力（analytical intelligence），包含识别和定义问题、选择解决问题的策略，以及监控问题解决结果。分析性智力一般可以通过IQ测验测得，包括分析、评价、判断或比较和对照。因此，个体用以对自身思维过程进行了解和控制的元认知能力，与单纯的认知能力相比更能影响智力发展。

②创造性智力（creative intelligence），包含产生解决问题的新颖想法，个体的创造性智力主要包括假设、构思、创造和发明等能力。具有创造性能力的个体常常是特别出色的综合思维者，能够发现别人所不能发现的联合（综合）点，敢于冒险提出与众不同的思想和观点。创造性智力是创造力的重要组成部分。

③实践性智力（practical intelligence），包含将知识应用到现实生活情境，将理论转化为实践、将抽象思想转化为实际成果的能力。缄默知识（tacit knowledge）是实践性智力的核心。缄默知识不是经验本身，而是从经验中学到的东西，是人们在实践中所学到和领悟到的程序性知识。

3. 智力的PASS理论

传统的智力因素论专注于行为的结果和心理活动的产物，而忽略了产生这些结果或行为的内部过程。20世纪60年代以后，认知心理学提出智力内涵的揭示应考虑产生外显行为结果的隐蔽心理过程。1966年,加拿大认知心理学家戴斯(J. P. Das)等人以认知心理学和鲁利亚(A. R. Luria)关于大脑机能的神经心理学思想为基石,提出了智力的认知过程论——PASS模型。

PASS模型指的是"计划(plan)-注意(attention)-同时性加工(simultaneous process)-继时性加工(successive process)"三级认知功能系统的四个加工过程的简化。

①注意系统又称注意-唤醒(Arousal)系统,处于人类心理加工的基础地位,主要功能是使大脑处于一种合适的工作状态。若大脑皮层唤醒状态适宜,就有可能产生两种类型的注意:选择性注意和分配性注意。前者要求主体关注与问题有关的刺激而对无关刺激"视而不见"或"听而不闻";后者指主体进行不同活动时,在不降低效率的情况下,对刺激加以有意识的区分并进行操作。

②同时性加工-继时性加工系统是功能平行的两个认知过程,它们构成一个系统,又称编码加工系统,处于PASS模型中的关键地位。智能活动的大部分"实际的动作"都在该系统发生。同时性编码又称并行加工,即若干个加工单元同时开始对信息进行加工,将个别的刺激整合成有机整体,例如把"猫、狗、画眉鸟"等都归入宠物范畴,或是在一组数据中找到它们之间变化的规律。继时性编码又称序列加工,即先后依次对几个信息单元进行加工,将刺激整合为一个特异性的序列。如记住一个电话号码,其中各个数字的呈现时序可以与所在位置不相一致。

③计划系统是处于最高层次的认知功能系统。计划过程大致可分解为计划的产生、选择、执行三个相互贯通的阶段。当个体面临问题需要决策时,首先要了解寻找计划的必要性。如认为有必要,就在已有知识范围内寻找;或通过接受他人的指导和自己的努力,产生某种适合的计划。如果出现多个计划,则选择其中最佳的计划;并在选择时,对其效果予以监督以期不断调整计划,直至出现解决问题的最有效的方式或产生另一计划。

二、智力测量

智力测量是指通过用一套经过科学编制的测量任务来评价个体智力的状况。第一个智力测试是1905年由法国心理学家比奈(Binet. Alfred)与西蒙(T. Simon)编制的,称为比奈-西蒙智力量表(Binet-Simon Intelligence Scale)。该量表于1916年被美国斯坦福大学心理学家推孟(L. M. Terman)修订标准化后引进美国,改名为斯坦福-比纳量表。推孟把智力年龄(Mental Age, MA)与实际年龄(Chronological Age, CA)的商数比称为智力商数(Intelligence Quotient, IQ)表示智力的高低,也称比率智商(ratio IQ),计算公式为 $IQ = 100 \times MA/CA$。根据这套测验的结果,将一般人的平均智商定为100,而正常人的智商,根据这套测验,大多在85到115之间。如果某人智龄与实龄相等,他的智商即为100,表示其智力中等。

三、智力的个体差异

智力的个体差异有多种表现形式,它既可表现在水平的高低上,又可表现在结构的不同上,还可表现在发展与成熟的早晚上。

(一)智力水平差异

心理学的研究表明,人的智力分布近似常态分布(normal distribution)。有些人智力发展水平较高,有些人智力发展水平较低,而大部分的人智力属于中等水平。根据智力测验的有关资料,按照智商高低,可进一步将人的智力划分为不同的等级(表11.1)。从表11.1可以看出,82.2%的人的智商在80到119之间,他们聪明程度属中等。智商在130以上为超常儿童,智商在69以下为低常儿童,他们在人口中都不到3%。

处在智力分布两个极端的超常和低常儿童,虽然他们人数比例较低,但是由于他们各自具有与一般儿童显著不同的特点,常常引起教育和心理学工作者的重视。

在心理学中,智力落后儿童是指智力明显低于一般儿童的水平,并显示出适应行为的障碍的儿童。把智商(IQ)在130以上的儿童,或在音乐、绘画、诗歌、戏剧、体育等方面有突出表现的儿童,称为某方面的超常儿童。研究表明,智力超常的儿童是否能在事业上做出卓越的成就,很大程度上取决于社会生活条件和其人格特点。所以,超常儿童的教育既要重视能力的培养,又要重视德智体的全面成长。

表11.1 智力等级分布

IQ	智力等级	百分比/%
130以上	超常	2.2
120~129	优秀	6.7
110~119	中上	16.1
90~109	中等	50
80~89	中下	16.1
70~79	偏低	6.7
69以下	低常	2.2

(二)智力结构差异

人的智力差异不仅表现在水平上,而且表现在智力结构上。智力结构差异主要是指由于构成智力的基本因素不同而产生的不同的智力类型。

1. 分析型、综合型与分析－综合型

这是根据人们在知觉过程中的特点而划分的类型。属分析型的人,在知觉过程中,具有较强的分析能力和对物体细节感知清晰的特点,但概括性和整体性不够;属综合型的人,具有综合整体知觉的特点,但缺乏分析性,对细节不太注意;属分析－综合型的人,兼有上述两种类型的特点,既具有较强的分析性,又具有较强的综合性,是一种较理想的知觉类型。

2. 视觉型、听觉型、运动觉型与混合型

这是根据人们在记忆过程中某一感觉系统记忆效果最好而划分的类型。视觉型的人视觉记忆效果最好;听觉型的人听觉记忆效果最佳;运动觉型的人有运动觉参加时记忆效果最好;混合型的人用多种感觉通道识记时效果最显著。

3. 艺术型、思维型与中间型

这是根据人的高级神经活动中两种信号系统谁占优势而划分的类型。艺术型的人,第一信号系统(除语词外的各种刺激物)在高级神经活动中占相对优势。他们在感知方面具有印象鲜明的特点,在记忆方面易于记忆图形、颜色、声音等直观材料。在思维方面富于形象性,想象丰富,还有他们的情绪容易被感染。思维型的人则第二信号系统(语词)在高级神经活动中占相对优势。他们在感知方面注重对事物的分析、概括,在记忆方面善于语词记忆、概念记忆;在思维方面倾向于抽象、分析、系统化,善于逻辑构思和推理论证等。中间型的人两种信号系统比较均衡,具有两者的特点。

(三)智力的年龄差异

智力发展与成熟早晚也存在明显的年龄差异。有的人在儿童时期就显露出非凡的智力和特殊能力,这就是"人才早熟""早慧儿童"或"超常儿童"。人的智力除"早慧"外,还有"大器晚成"的现象,即有的人一直很晚才表现出才能来。人的智力虽有早晚的年龄差异,但就多数人来说,成才或出成果的最佳年龄是成年或壮年时期。美国学者莱曼·波特(Lyman Porter)曾研究了几个名科学家、艺术家和文学家的年龄与成就的关系,他认为 25～40 岁是成才的最佳年龄。

(四)智力差异对学习的影响

自从智力测验诞生以来,心理学家便致力于发现儿童的智商与学习成绩之间的关系,他们对智商和学业成绩分数(或等第)之间的相关进行了大量的统计分析。如美国心理学家推孟通过对初一学生学习成绩与智商的相关研究发现,总体上智商高的学生学习成绩也较好。

目前,心理学界关于智商与学业成绩之间的关系一致的意见是:智商与学业成绩存在中等程度的相关,表现在随学生年级升高而降低的趋势,小学阶段相关指数为 0.6～0.7,中学阶段为 0.5~0.6,大学阶段为 0.3~0.5,这说明随着年级的增长,智力因素对学生成绩的影响相对减弱,非智力因素对学习的影响逐渐增强。

智力对学习的影响还表现在个体通过不同智力活动方式影响学习的过程和成效。例如擅长分析的学生在解决理工学科问题时取得较好的学习成效,而善于综合型思维的学生,更能胜任人文社会科学等宏观领域的学习。因此,不同的智力类型的个体在不同领域会取得不同的成效。如艺术型的学生,在艺术领域发展较好,而思维型的个体,可能在数学、哲学、语言等学科的学习成绩更出色。

四、智力差异与因材施教

(一)适应智力差异的教学组织形式

为适应学生的智力差异,教育工作者从教学组织方面做了一系列探索,常常采用几种教学组织形式,一是同质分组、留级和跳级以及开设特长班和课外兴趣班。

1. 同质分组

同质分组是最早用来解决同一班级学生智力和知识程度差距悬殊的方法之一。所谓同质分组,就是按照学生的智力或知识程度分校、分班或分组。我国从初中开始分重点学校和非重点学校以及前几年有些学校分的重点班和非重点班,性质上都是同质分组。这样做虽然可以在一定程度上缩小个别差异,便于用统一的进度和方法进行教学,在一定程度上可以提高教学质量,但也存在很多弊病,大量研究表明,在小学阶段女生的成绩超过男生,中学阶段则男生的成绩超过女生,过早地分校(初中)可能会不利于许多有学习潜力的男生。此外,同质分组客观上给学生贴上了不同的标签,容易使程度高的学生骄傲自满,使程度低的学生感到羞辱和受挫。鉴于此,目前国内的许多地区已明令禁止分重点学校和重点班级制度,教师可以在常规教学班内采用分层教学的形式。教师根据学生现有的知识、能力水平和潜力倾向把学生科学地分成几组各自水平相近的群体并区别对待,这些群体在教师恰当的分层策略和相互作用中得到最好的发展和提高。

2. 留级和跳级

留级和跳级也是缩小班内学生差距的方法。对成绩不及格的学生采用留级的办法,其目的是让学习成绩差的学生有第二次学习的机会,这是从低的一端缩小个别差异的方法。对于智力好和成绩优秀的学生则可以允许跳级,这是从上端缩小差异的方法。相对于留级,跳级的尖子学生一般适应良好。有研究表明,能力相等的学生,跳过级的比未跳级的学生学习速度快,与同学相处也较好。但大量的研究结果也表明,如果盲目让学生跳级,也会引发很多心理问题,教师和家长在注重学生学习成绩的同时,不要忽略孩子在情感和社会方面的发展,切忌犯拔苗助长的错误。

3. 开设特长班和课外兴趣班

目前,心理学家一般更支持在常规的教学班中根据学生的能力、兴趣进行分组。能力与性格相近的学生组合在一起,有利于教师分组指导,也有利于学生共同研讨,教师还可以根据学生学习的实际水平,随时调整小组成员。

(二)适应智力差异的教学方式

1. 布卢姆的掌握学习

布卢姆认为,只要给予足够的学习时间和适当的教学,几乎所有的学生对几乎所有的学习内容都可以达到掌握的程度(通常要求达到 80%~90% 的评价项目)。学生的学习能力上的差异并不能决定他能否学习要学习的内容和学习的好坏,而只能决定他将要花多少时间才能达到对该项目内容的掌握程度。换句话说,学习能力强的学习者,可以在较短的时间内达到对某项学习任务的掌握水平,而学习能力差的学习者,则要花较长的时间才能达到同样的掌握程度,但他们都能获得通常意义上的 A 等或 B 等。

为实施掌握学习的思想,布卢姆设计了一种掌握学习的程序。他将学习任务分成许多小的教学目标,然后将教程分成一系列小的学习单元,后一个单元中的学习材料直接建立在前一个单元的基础上。每个学习单元中都包含一小组课,它们通常需要 1~10 小时的学习时间。然后,教师编制一些简单的、诊断性测验,这些测验提供了学生对单元中的目标掌握情况的详细信息。达到了所要求掌握的水平的学生,可以进行下一个单元的学习。若学生的成绩低于所规定的掌握水平,就应当重新学习这个单元的部分或全部,然后再测验,直至掌握。

采用掌握学习这个方法,学生的成绩是以成功地完成单元的学习而不是以在团体测验中的等第名次为依据的。学生的成绩仍然有差异,这种差异表现在他们所掌握的单元数或成功地学完这些单元所花的时间上。学生中间仍然有竞争,竞争采取的形式是,力求首先完成一组单元的学业,或者比试谁更快学完最高额的"选修"单元。然而,按照某门课的实际标准,最终可能使绝大多数学生都得到 A 等或 B 等。这一结果部分是由于掌握了前面的教学单元。尽管有些学生要比另一些学生花时较多,但前面的学习可以大大地促进后面单元的学习并减少学生在背景知识上的最初差距。

2. 个别指示教学

个别指示教学法(IPI)又称为"个别处方教学模式"。它是由美国匹兹堡大学的鲍温(N. L. Bowen)、格拉泽(Glaser)及其同事提出的,是当前很受欢迎的教学方式之一。个别化教学的主要程序是:

①根据学习者的能力、需要和学习情况准备教材及教学媒体,详细诊断学生的学习情况。

②根据学生的学习结果设计个别指导的内容和程序,保证每一名学生获得最优的学习效果。IPI 已在美国和其他一些国家的成百万学生中使用,深受学生和教师双方的欢迎。

3. 个人化教学系统（凯勒计划）

凯勒的个人化教学系统（PSI），又称为凯勒制，是由美国哥伦比亚大学的心理学教授凯勒（F. S. Keller）及其同事开发、实验的一个强调学生自我控制学习速度，以适应个人差异的个别化教学方案。这一方案是建立在行为主义的强化原理和程序教学理论基础之上的。1968年，凯勒在美国心理学会年会上正式提出了凯勒个人教学计划，其大致步骤是：

①每单元学习之初，学生一方面有机会听到教师的介绍学习方法并激励动机的讲演，另一方面会收到单元学习指南。

②学生按照指南自学教材，可以自己选择学习地点和学习时间。

③单元学习结束时，学生必须通过本单元的考试，方可学习新单元。

④学习速度由学生自己确定。

⑤由教师和学监（学生监考人）评定单元考试成绩。

PSI课程一般较适合于年级较高、独立性较强的学生，小学生和依赖性较强的学生实行起来比较困难。在考虑教学中的个体差异、满足学生的个别需要等方面，PSI课程确实富有创造性。但在从实验走向实践中势必遇到很多困难，甚至不太可能。因为这一模式使学校的功能和特征弱化乃至丧失了，不仅造成了教学效率的低下，也带来了教学质量上的许多问题。实施凯勒制的很多要求，如教师助理、测量评价等也难以达到。

第二节 学习风格与学习

一、学习风格的含义

在学习中，不同的学习者由于个性特征，尤其是认知加工方式的不同，产生了不同的学习方式。比如，有的学生善于在小组中学习和争论，有的学生则喜欢独立学习和在清静的环境中思考；有的学生喜欢接受口头传授的信息，有的学生则喜欢通过文字指导进行学习；有的学生在严格管理的环境下学习突出，而有的学生则喜欢在自由轻松的环境下展示其学习的创造性；有的学生善于学习和思考抽象的理论，有的则对抽象的理论不感兴趣，而对形象、生动的学习内容情有独钟。这种不同就属于学习风格的差异。

所谓学习风格（learning style）是指学习过程中学习者持续一贯的带有个性特征的学习方式和学习倾向。学习方式指学习者为了完成学习任务而采用的方法、技术，而学习倾向则指学习者对学习活动的情绪、态度、动机、坚持性，以及对学习环境、学习内容的不同偏爱。学习风格的个性差异对学习活动和学习效果有着十分重要的影响。当学习与自己的风格相适应时，学生会感到如鱼得水，学习效率成倍提高；而当学习与自己的风格不相适应时，学生会感到难受、痛苦，学习效率明显降低。所以，了解和掌握学习风格的知识和理论，深入研究和反思自己的学习风格,不仅能够帮助学生更好地根据自己学习的特点和风格,设计和选择更适合自己的学习方式,实现个性化的高效学习,而且有助于扬长避短,充分展示自己学习风格的优势,弥补和克服自己学习风格中的弱点与缺陷。

二、学习风格的构成要素

1954年,哈伯特·塞伦(Herbert Thelen)首次提出"学习风格"概念之后,不同的研究者对学习风格的因素进行了不同的分析(R. Dunn,1986;Keefe,1989;D. Hunt,1987;kinsella,1990)。谭顶良(1995)在综合这些研究的基础上提出,学习风格可以分为生理要素、心理要素和社会要素三个层面。

（一）学习风格的生理要素

学习风格的生理要素包括个体对外界环境刺激(如声音、光线、温度等)、对一天时间节律的偏爱,以及在接受外界信息时对不同感觉通道(视觉、听觉、动触觉等)的偏爱。

有关研究表明,不同认知通道的学习效果是有差异的。一般来说,只使用视觉通道,仅能记住材料的25%,只使用听觉通道,能记住材料的15%,而视听结合,使用多通道参与的学习活动,则能记住材料的65%。不同感知觉类型的学习者,在学习上有不同的表现,所应采用的学习策略也各不相同。

（二）学习风格的心理要素

学习风格的心理因素包括认知、情感和意志行动三个方面。学习风格的认知因素又叫认知风格(cognitive styles)或认知类型,是指个体在进行信息加工的过程中,通过其知觉、记忆、思维等内在心理过程在外显行为上表现出的习惯性特征(Messick,1994)。学习风格的情感要素包括理性水平、学习兴趣、好奇心、成就动机、抱负水平、焦虑水平等方面。学习风格的意志行动要素主要包括学习的坚持性、冒险与谨慎等方面。了解学生认知方式的差异,对于教师根据学生特点进行因材施教有重要意义。下面介绍几种经典的认知风格。

1. 场独立性和场依存性

美国心理学家赫尔曼·威特金(H. A. Witkin)从20世纪40年代起运用框棒测验等工具,对个体的知觉过程进行了广泛而系统的研究。第二次世界大战期间,威特金在为美国空军服务时,对飞行员根据什么线索来确定自己是否坐直的问题很感兴趣。知道自己身体是坐直的还是倾斜的,这对飞行员来说是很重要的。为此,威特金设计了一种可以倾斜的坐舱,舱内放一把可以调节位置的椅子,椅子可以通过转动把手与房间同向或逆向倾斜。当坐舱倾斜时,被试可调节座椅使身体与水平保持一致。结果发现,一部分人主要利用外部仪表线索来调节坐椅,但他们很难使自己的身体保持与水平垂直;另一部分人利用自己身体内部的线索,尽管座舱倾斜,却能使自己的身体恢复垂直。

威特金将受环境因素影响较大者称为场依存型(field-dependence),是指在将一个知觉目标从它的背景中分离出来感到困难的;把不受或较少受到环境因素影响的人称为场独立型(field-independence),是指很容易地将一个知觉目标从它的背景中隔离出来的能力。后来的研究发现,场独立性与场依存性是两种普遍存在的认知方式。场独立性者对客观事物做出判断时,倾向于利用自己内部的参照,不易受外来因素影响和干扰,在认知方面独立于周围的背景,倾向于在更抽象和分析的水平上加工,独立对事物做出判断。场依存性者对物体的知觉倾向于以外部参照作为信息加工的依据,难以摆脱环境因素的影响,他们的态度和自我知觉更易受周围的人,特别是权威人士的影响和干扰,善于察言观色,注意并记忆言语信息中的社会内容。

研究表明,场独立性学习者一般偏爱自然科学、数学,且成绩较好,两者之间呈显著的正相关。他们的学习较为主动,学习动机以内部动机为主,较少依赖外部的监控与反馈,偏爱较为宽松的教学结构及相应的教学方法;而场依存性学习者一般偏爱人文社会科学,且成绩较好。他们的学习较多地依赖教师、家长等的外部监控与反馈,学习动机以外部动机为主,需要严密的教学结构,希望得到教师明确具体的讲解和指导。场独立性与场依存性学习者在学习上的不同特点见表11.2。

表11.2 场独立性与场依存性学习者的学习特点

学习风格 学习特点 方面	场独立性学习者	场依存性学习者
学科偏爱	自然科学	社会科学
学习成绩	自然科学成绩好,社会科学成绩差	自然科学成绩差,社会科学成绩好
学习态度	独立自觉,内在动机支配	易受暗示、欠主动,外在动机支配
教学偏好	偏爱结构松散的教学	偏爱结构严密的教学

2. 沉思型与冲动型

1966年,卡根等人(Kagan, Pearson, Welch, 1966)编制匹配相似图形的测验,来考察儿童的认知速度。通过这类测验研究,卡根发现根据认知速度的不同可以识别出冲动型(implulsive style)和沉思型(reflective style)这两种不同的认知风格。沉思型认知风格的学生碰到问题时倾向于深思熟虑,用充足的时间思考问题,权衡各种解决问题的方法,从中选择最佳方案,因此是解答速度较慢但错误较少的类型。冲动型认知风格的学生倾向于对问题未做透彻的分析就仓促做出决定,是对问题解答速度较快但错误较多的一种类型。

研究发现,沉思型与冲动型学生相比,表现出具有更成熟的解决问题的策略,而且沉思型学生能够更好地约束自己的行为,对于需求能够较长时间等待,忍受延迟满足,更能抗拒诱惑。而冲动型认知风格的学生自我约束能力较弱,容易分心,急于求成,掌握性动机比较弱。例如,老师在课堂上提出一个问题时,冲动型的学生往往在问题刚一提出,甚至老师话音未落,就主动抢先发言,但问题回答得往往不够准确和全面;沉思型的学生会不急于回答问题,特别是对于有一定难度的问题,他们往往会先经过自己的深思熟虑后再举手回答,他们的答案往往是较为准确和全面的。在做作业或测验考试时,冲动型的学生常常会快速作答,提前交卷,但由于容易粗心马虎,往往会出现较高的错误率;而沉思型的学生则会对问题进行仔细分析,缜密思考再作答,虽然速度慢一些,但准确率较高。

学习效果方面,沉思型学生阅读能力、再认测验及推理测验成绩好于冲动型学生,而且在创造性设计中取得较优秀的成绩,而冲动型学生往往阅读困难,学习成绩不及格。但在多角度任务中,冲动型的学生表现较好。

研究表明,通过教学生具体分析、比较材料的构成成分,注意并分析视觉刺激,对克服他们的冲动型认知行为较为有效。也有人让冲动型学生大声说出自己解决问题的进程,进行自我监控与自我指导,当连续获得成功以后,由大声自我指导变成轻声低语,而后变成默默自语。这样训练的目的是使冲动而又粗心的学生有条不紊地、细心地进行学习和解决问题。研究表明,这种具体训练收到了较好的效果。

3. 深层加工和表层加工

学生对信息加工的深度存在两种方式(Snow,Corno,Jacson,1996),一种是深层加工,另一种是表层加工。深层加工(deep processing)指深刻理解所学内容,将所学内容与更大的概念框架联系起来,以获取内容的深层意义。表层加工(surface processing)指记忆学习内容表面信息,不将它们与更大的概念框架联结起来。例如,学生在学到"图式"(Scheme)这个概念时,如果学习者能够做到把这个概念放到皮亚杰认知发展理论的整体知识框架中去理解,并将其相关的内容诸如"组织""顺应""同化"等联系理解,就属于对这个概念进行深层加工,如果只是记住这个定义,就属于表层加工。也就是说,使用深层加工的学习者会把学习活动看作理解概念意义的手段;使用浅层加工的学习者只会关注记忆材料,不会去理解它们。所以,深层加工有利于侧重理解的考试,表层加工有利于侧重事实学习和记忆的考试。

(三)学习风格的社会要素

学习活动总是在一定的社会环境里进行,或多或少都会受到同伴、家长和老师的影响,具有社会性。下面是几种常见的学习风格的社会性要素。

1. **独立学习与结伴学习**

有些学生喜欢独立学习,与其他人在一起不易集中注意力或注意力集中时间短,学习效率较低;有的学生则喜欢与他人一起学习,在集体环境中相互激励、相互督促,学习效率较高。为了满足不同学生的需求,老师在组织教学活动时除了提供小组讨论或合作学习,也要给学生提供独立学习的时间和空间。

2. **竞争学习与合作学习**

竞争与合作均是激发学生学习动机的手段,有的学生倾向于在竞争中激发学习动机,提高学习效率;有的学生善于与他人合作,喜欢在融洽的环境里学习,觉得更有安全感。

三、学习风格差异与教学指导

教学实践与研究表明,学习风格是影响学习的一个重要的因素,它直接参与并监控整个教学过程。如果教师能够通过观察、谈话、测量、作业分析等方法多渠道、全方面地了解学生的学习风格特点,并尊重学习风格进行相适应的教学策略和教学模式,学生就能取得较好的学业成就。

教育的目的是要发挥学生在学习风格上的优势,弥补劣势对学习的不良影响。因此,适应学生学习风格的教学指导策略主要有两类。

(一) 匹配教育策略

教师设计并采用与学生偏爱或擅长的学习风格相一致的教学策略,即匹配教育策略。例如,对于场依存型学习风格的学生喜欢讨论学习、对他人意见敏感的特点,教师可以给这种学生提供较多谈话或讨论的机会,并给予他们及时的肯定和反馈。而针对场独立型学习风格的学生喜欢独立思考、不易感受他人情感的特点,教师可以给他们提供独立的学习任务,发挥他们的独立性。这种教学策略有利于学生发挥学习风格上的长处,取得较好的学习效果。但同时,这种策略又剥夺了学生学习其他智力技能的机会,加大了学生之间的差异性,并限制了学生在其他方面成功的机会。

(二) 有意失配策略

教师针对学生学习风格上的短处,采取的对学习者缺乏的认知风格进行弥补的教学策略,即有意失配策略。例如,视觉型学习者主要通过视觉获得信息,其劣势是听觉和动觉。教师在组织教学过程中可以有意识地使用探究学习、合作学习,要求学生认真听小组成员的发言(刺激听觉),并积极参与动手操作活动(激发动觉)。这种教学策略可能一开始会在一定程度上影响学生知识的获得,学习速度慢,学的数量较少,但如果能够坚持使用这种教学策略,就能使学生的心智得到全面发展,促进后续的学习。

第三节 人格差异与学习

长期以来,我国教育存在一种误区——重智能、轻人格,片面地强调智能培养,忽视人格的塑造和全面素质训练。这不仅会导致青少年的畸形发展,造成人才的"高智能、低素养",与社会所需要的人才错位。而且,近几年的研究表明,学习不仅受到智力因素的影响,还会受到自我概念、归因、动机等非智力人格因素的影响。

一、自我概念与学习

(一)自我概念的含义

自我概念(Self-concept)是一个人通过经验、反省和他人的反馈,逐步形成的对自我的看法,即一个人对自身存在的体验。自我概念是一个有机的认知机构,由态度、情感、信仰和价值观等组成,贯穿整个经验和行动,并把个体表现出来的各种特定习惯、能力、思想、观点等组织起来。

人本主义心理学家罗杰斯(C. Rogers)认为,自我概念是个人对自己多方面的综合看法,包括对自己能力、性格以及与人、事、物之间关系的看法,也包括个人从目标与理想的追求中获得的成败经验,以及对自己所做的正负评价。可见,个人的自我概念不仅包括对自己身体特征、心理特征的看法,而且包括对自己行为表现的积极或消极的评价。一个人如果对自己的评价是积极的、恰当的,就会表现出自我的接纳,体现个体的自尊;如果个体自我评价是消极的,不能接纳甚至是否定自己,即表现为自卑。

我国台湾心理学家张春兴教授基于学生的特点,将学生的自我概念界定为:学生在身心成长及学校生活经验中,对其身心特征、学业成就以及社会人际关系等方面所特有的综合性知觉与评价。

(二)自我概念的结构

最早系统研究自我概念的心理学家詹姆斯(W. James)用 self(自我)来表示自我概念,而且这种做法也沿袭至今。詹姆斯于1890年把自我区分为作为经验客体的我(me)和作为环境中主动行动者的我(I)。作为经验客体的我包括三种不同形式:

①精神的我,由个人目标、抱负和信念等组成。
②物质的我,指个人的身体及其属性。
③社会的我,即他人所看到的我。

罗森伯格(Rosenberg)认为,自我概念是个体对自我客体的思想与情感的总和,包括对自己生理和身体、能力与潜能、兴趣与态度、个性与思想、情感与态度以及与社会关系等多方面的看法。他认为各成分要素在自我概念中分别处于不同的位置,并且非常重视自我概念中各成分要素之间的关系。同时他认为自我概念是有层次的,包括一般水平和具体水平的不同层面。

1976年,沙弗尔森(Shavelson)从学业角度提出了一个多层次、多侧面的自我结构模型(图11.1)。在这个模型中,位于最顶端的是一般的自我概念,下层包括学业自我概念和非学业自我概念。学业自我概念又包括数学自我概念、英语自我概念等具体学科的自我概念。非学业自我概念分为社会的、情绪的、身体的等方面的自我概念。

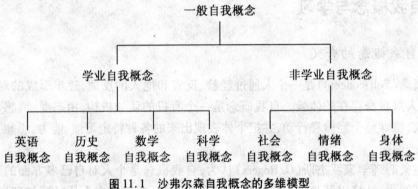

图11.1 沙弗尔森自我概念的多维模型

(三) 自我概念与学校教育

近些年来,教育心理学家的研究表明,学生的自我概念与学业成绩之间存在密切的联系。1983年,马什(Marsh)研究表明,数学学业成绩与数学自我概念之间存在显著的相关。国内学者郭俊德(1997)等人的研究也发现,学业自我概念与相应的学科成绩之间存在显著的正相关。这说明了学生如果能够建立正确积极的自我概念,有利于促进学业成绩的提高。同时,相关研究还发现,学业成绩的高低可以预测相应的学业自我概念。2004年,马什等人对26个国家进行跨文化研究表明,学业成绩的高低可以显著地影响相应学科自我概念的形成。国内研究者姚继海(2001)的研究结果也支持了这种观点。

这些研究说明了自我概念与学业成就可能存在互为因果的关系,所以,教育工作者一方面可以通过培养学生正确的自我概念来提高其学业成就;另一方面也可以通过提高学业成就帮助学生建立正确积极的自我概念。

人所特有的自我概念都不是与生俱来的,而是个体生长发育到一定阶段,随着语言与思维的发展,通过社会实践逐步形成和发展起来的。教育心理学家库伯·史密斯(Cooper.Smith)在《自尊心的养成》一书中提出培养自我概念中最核心的成分自尊感的三个必要条件。

①重要感,指一个人觉得自己的存在是有意义、有价值的。学生的重要感来自与他人交

往过程中形成的社会关系,如果在家庭和学校能够得到家长、老师和伙伴的接纳和认可,就会产生重要感。

②成就感,指个人能胜任具有挑战性的任务,并能达到预期目标,这是形成自我概念的关键因素。学生的成就感主要来源于学业成绩的获得,所以,教师如果能够为学生提供学业成功的机会,并给予鼓励,就能帮助学生建立成就感。

③有力感,指一个人感觉自己处理事务的能力。如果学生经常体会学业失败的经验,就会形成习得性无助,对自己的学业形成较低的、消极的自我概念。可见,学校教育对学生自我概念的形成起到毋庸置疑的影响作用,教师积极正确的教学观念和教学方法可以帮助学生形成正确的自我概念。

二、控制点与学习

(一)控制点

海德还提出来了控制点(locus of control)的概念,指个体认识控制其行为的结果的力量源泉,分为外部控制点和内部控制点。具有外部控制点的个体认为行为结果受外部原因的控制,自己无能为力,缺乏自我信念;具有内部控制点的个体,认为行为结果受内部原因的控制,有较强的自我信念。

研究表明,家庭、环境和学校教育会影响个体在发展过程中形成不同的控制点。如果教育是民主型的,孩子较多是内控型的;如果教育是专制型的,会形成更多的外控型孩子。

(二)控制点对学习的影响

研究表明,对学习而言,学习者对控制点的不同看法会通过影响其成就动机、情绪、投入学习任务的精力、其对待任务的态度和行为方式、惩罚或分数对他们的意义、自信心和对待教师的态度等一系列变量,影响学生自身的学习。具体来说,学生对控制点的不同看法能够影响学生对学习的兴趣和求知欲望,能够决定学生对学习任务是持接受的还是持拒绝的态度,在完成学习任务的过程中注意力是否集中,在学习中能否克服困难等。

一般认为,内控者由于倾向于把学习上的成功认知为自己的能力和勤奋,而把学习上的失败归结为自己的努力不够,因而在事后分析原因时,把失败作为需要付出更大努力的标志。这样,无论是学习上的成功还是失败,都能够促进他们更加勤奋,更加努力,因而这些学生的成就动机就比较强,其学习成功的可能性也就比较大。而外控者一般倾向于从外部找原因,如果学习取得成功认为是运气较好,而学习失败则认为是运气不好、教师教得不好、学习任务太难等。这种学生的成就动机比较弱,他们对学习无兴趣,逃避有关的学习活动。在被迫选择时,不是怀着侥幸的心理选择太难的任务,就是从保险的角度选择太容易的任务。在失败的情境中,他们显得无能为力,往往会中止自己的学习。与外控者相反,内控者对自己的学习充满自信,相信自己能够控制自己的成功和失败,因而他们能积极地适应中等的、适度的课堂挑战,选择现实的学习任务。

当然,这并不是说,内控水平越高越好,科学的观点是应帮助学生发展平衡的控制结构。教师可以通过对学生进行归因训练,鼓励学生进行适当归因,对积极归因进行强化,帮助学生建立内外平衡的控制点结构。

三、焦虑与学习

(一)焦虑概述

所谓焦虑,指个体对当前或预计到的对自尊心构成潜在威胁的情境所产生的一种担忧反应或反应倾向。焦虑通常情况下是由于个体受不能达到目标或不能克服障碍的威胁,致使自尊心与自信心受挫,或失败与内疚感增加,从而形成的一种紧张的情绪状态。

根据焦虑的性质,焦虑可以分为正常焦虑和神经过敏性焦虑。正常焦虑是客观情境对个体自尊心可能构成的威胁而引起的焦虑。如学生面临重要考试而又把握不大时产生的考试焦虑。正常焦虑并不是单指正常(或适当)水平的焦虑,它同样可能出现过高或过低的水平。神经过敏性焦虑不是由客观情境对自尊心构成威胁而引起的,而是由已经遭到伤害的自尊心本身引起的。自尊心受伤害程度越高,神经过敏性焦虑水平越高。某些儿童由于在成长过程中没有得到外界的认可或积极的评价,就会导致自尊心受伤害和价值感的缺失,从而引发神经过敏性焦虑。

(二)焦虑对学习的影响

个体的焦虑水平可以作为其动机激发水平(或生理唤醒水平)的标志。研究表明,焦虑的程度会对学生的学习产生显著的影响。

1. 焦虑对不同难度学习任务的影响

学习者在面临一种新的学习情境,尤其是遇到了一些教材中无现成答案的问题时,高焦虑水平会产生阻碍作用。但当学习者对学习情境逐渐熟悉后或具有应对焦虑的有效手段之后,一定的焦虑水平亦能有助于复杂材料的学习。

2. 焦虑对不同学习能力的影响

高度的焦虑只有同高能力相结合时才会促进学习,高度的焦虑水平同低能力或一般能力相结合时,则往往会阻碍学生的学习。因此,就改善大多数学生的学习效果而言,教师应当把学生的焦虑水平控制在中等程度,才能有利于一般能力水平者的学习。

3. 不同焦虑程度对学习效果的影响

焦虑程度与学习效果呈一种倒 U 型曲线,焦虑程度过强或过弱都会使学习效果更差。这种曲线只不过抽象地表示了焦虑水平与学习成绩之间的关系,曲线的形状和高峰因人而异。针对不同焦虑程度的学生,教师宜采用不同压力水平的教学和测验。对于低焦虑程度的学生,适于采用有较大压力的教学措施与测验类型,因为这类学生原有动机激发水平较低,这种教学措施与测验类型可促使其动机唤醒水平由低趋于中等;对于高焦虑程度的学生,若采用压力较低的教学措施和测验类型,则会降低其动机唤醒度,使之由高趋于中等。

(三)对学校教育教学的建议

适度的焦虑有利于学生的学习,但过高或过低的焦虑对学习产生不利的影响。因此,教育者应关注中小学生学习焦虑过度的现象,采取有效的措施对其进行调节。

1. 教师和家长对待学生要宽严适度

教师和家长的态度和蔼,要求宽松,学生的焦虑水平就会较低;反之,焦虑水平就会升高。因此,教师和家长对待学生要宽严适度,将学生的学习焦虑调整到一个适度的水平。

2. 教师和家长对学生的期望要适当

一般情况下,学生焦虑水平过高,主要原因之一就是家长和教师对学生的期望值过高。儿童一旦认同了这种过高的期望,就会患得患失,担心在竞争中失败,从而产生过高的焦虑。因此,教师和家长对学生的期望要适当,才能使学生产生适度的学习焦虑。

3. 帮助学生正确评价自我,建立自信

学习焦虑产生的另一个主要原因就是学生过分低估自己的能力,缺乏自信,自卑心理严重。研究表明,过分担忧会抑制大脑皮层的活动,妨碍正常的认知水平。因此,教师要通过自信训练帮助学生客观正确地评价自己,肯定自己,建立自信心。

4. 学习活动张弛相间,劳逸结合

紧张的学习之余,教师或家长要给学生安排适当的调节活动,如课间操、课外活动等,允许学生支配学习之余的时间,做到劳逸结合。

【思考题】

1. 结合当前教育现状,谈谈对加德纳多元智力理论的理解及教育启示。
2. 运用本章学习的内容,分析自己的学习风格以及如何扬长避短。
3. 中学生赛林在一次团体智力测验中 IQ 分数是 113。请试分析这个分数意味着什么?可以认为这个 IQ 分数准确体现出他的智力能力吗?
4. 结合自身体验,分析焦虑情绪对学习的影响,以及有哪些有效的干预措施。

第四编　影响学习的外部因素

第十二章
Chapter 12

教学设计

教学设计(instructional design)是指教师在教学之前根据社会的要求和学生的特点,对教学目标、教学内容、教学过程、教学评价等教育要素进行系统的规划。教学设计是教学活动中的重要环节。教师期望通过对教学活动主要因素的优化组合,创设一种高效率、具有强烈吸引力的教学活动。一旦设计完成,教师就会将其贯穿于整个教学过程中,对学生的学习效果起到重要的影响作用。

第一节 教学目标设计

一、教学目标及其作用

教学目标(instructional objective)指预期学生通过教学活动获得的学习结果,分为课程教学目标、单元教学目标和课时教学目标,是教师课堂教学具体操作的指南。

设置教学目标是教学设计的首要环节,合理的教学目标是保证教学活动顺利进行的必要条件。在教学中设置教学目标对教师的教学、学生的学习及教学评价都具有一定的作用。

1. 教学目标是教师选择教材教法的依据

明确具体的教学目标在某种意义上就已经决定了教学材料的选择和学习活动顺序的安排。如教学目标是要求学生能够"辨别平行四边形",那么在教学中教师就要创设条件让学生练习辨别,而不是让学生背诵平行四边形的定义。

2. 教学目标有助于激发学生的学习动机

教学目标会使学生明确学习目标,确定学习重点,有利于学生积极地参加学习活动,增强他们达到学习目标的信心,从而激发学生的学习动机。

3. 教学目标是评价学生学习结果和教师教学效果的依据

现代教育测量十分强调标准参照测验,而明确具体的教学目标是设计标准参照测验的基础。因此,人们根据教学目标对学生的学习情况进行测量和评价,同时也对教师的教学效果进行检验。

二、教学目标的分类

(一)布卢姆的教学目标分类

布卢姆(Bloom,1956)等人将教学目标分为认知学习领域、动作技能学习领域和情感领域三个方面。每一领域由多个亚类别组成,子类间具有层次性。学习过程由下层向高层发展,下层目标是上层目标的支撑。

1. 认知学习领域目标分类

认知领域的目标是指知识的结果,包括知识、领会、运用、分析、综合和评价六个层次的内容。

①知识,是指认识并记忆。这一层次所涉及的是具体知识或抽象知识的辨认,用一种非常接近于学生当初遇到的某种观念和现象时的形式,回想起这种观念或现象。

②领会,是指对事物的领会,不要求深刻地领会,而是初步的,肤浅的。其包括转化、解释、推断等。

③运用,是指对所学习的概念、法则、原理的运用。它要求在没有说明问题解决模式的情况下,学会正确地把抽象概念运用于适当的情况。这里所说的应用是初步的直接应用,而不是全面地、通过分析、综合地运用知识。

④分析,是指把材料分解成它的组成要素部分,从而使各概念间的相互关系更加明确,材料的组织结构更为清晰,详细地阐明基础理论和基本原理。

⑤综合,是以分析为基础,全面加工已分解的各要素,并再次把它们按要求重新组合成整体,以便综合地、创造性地解决问题。它涉及具有特色的表达,制订合理的计划和可实施的步骤,根据基本材料推出某种规律等活动。它强调特性与首创性,是高层次的要求。

⑥评价,是认知领域里教育目标的最高层次。这个层次的要求不是凭借直观的感受或观察的现象做出评判,而是理性地、深刻地对事物本质的价值做出有说服力的判断,它综合内在与外在的资料、信息,做出符合客观事实的推断。

2. 情感领域的教学目标分类

布卢姆于1956年出版《教育目标分类,认知领域》后,由于情意类教学目标分析研究的困难及学校不予重视,直到八年后才由克拉斯沃尔(D. R. Krathwohl)等人根据价值内化程度将情意领域的行为目标分为以下五个层次。

①接受(注意),指学生在学习时或学习后其所从事的学习活动,自愿接受并给予注意的心态。

②反应,指学生主动地参加学习活动并从参与的活动或工作中得到满足。

③价值化,指学生对其所学内容在态度与信念上表示正面的肯定。

④组织,指学生对其所学价值内化、概念化,纳入其人格结构中,成为其价值观。

⑤价值与价值体系的性格化,指学生对其所学经由接受、反应、评价、组织等内化过程之后,所获得的知识或观念形成个人性格的一部分。

3. 动作技能领域目标的分类

辛普森等1972年将动作技能领域的教育目标分为七级:知觉、定势(定向)、有指导的反应、机械动作、复杂的外显反应、适应和创新。(详见第七章)

布卢姆的教学目标让更多的教育者认识到,教育教学的目标不只是单纯地让学生获得知识,还要考虑到学生情感领域和动作技能领域的发展。有效的教学要多角度、多水平、多层次地设定教学目标,促进学生全面地发展。

(二)加涅的教学目标分类

加涅在《学习的条件》一书中,对学习结果进行了分类。他提出了五种学习结果:言语信息、智力技能、认知策略、动作技能和态度。(详见第三章)

加涅的教学目标分类具有处方性,设定的目标要求不仅条目清晰,而且具体说明如何设置学习情境去完成预定的目标。同时,加涅还特别强调学生实现学习结果所需要的内在条件。

三、教学目标的陈述技术

如何科学陈述教学目标是设置教学目标应解决的重要技术问题。经过二十几年的研究,关于教学目标的陈述形成了行为观、认知观和两种观点相结合的描述方法与技术。行为观强调用可以观察的或可以测量的行为来描述教学目标;认知观强调用内部心理过程来描述教学目标;结合观则强调以内部过程与外显行为的结合来描述教学目标。三种观点各自提出了一整套相应的设计技术。

(一)行为目标陈述法

美国俄亥俄州立大学的泰勒(R. Tyler,1934)教授首先提出行为目标的概念。美国行为主义心理学家马杰(R. Mager,1962)则是这一观点的代表人物。他系统地提出了用行为术语陈述教学目标的理论和技术,认为应从以下三个方面表述教学目标。

1. **具体目标——可观察的行为**

行为目标是指用可以观察和可以测量的学生行为来陈述的目标,是用预期学生学习之后将产生的行为变化来陈述的目标。行为目标要用可以观察的行为来表述教学目标。在用行为表述教学目标时要避免使用描述内部心理过程的词汇,如掌握、理解、知道等,尽量使用行为动词,如"列出""写出""解答""举例"等,旨在说明做什么。

2. **产生条件——行为发生的条件**

规定学生行为产生的条件,指出学习者在什么情况下表现出所要求的行为,在什么情况下去评定学习者是否达到教学目标。如"按照已知条件""根据参考书""在三人一组时""按课文内容"等,旨在说明在什么条件下做。条件的表述一般包括行为情境、设备和工具的利用,手册和资料的辅助,时间的限制以及他人的帮助和合作等。

3. **行为标准——可接受的行为标准**

提出符合行为要求的行为标准。行为标准是衡量学习结果的行为的最低要求,是通过学习测验的可以接受的一个标准,它使行为目标具有可测性的特点,如"80%正确""30分钟完成""字数达到500字""误差在2厘米之内"等,旨在说明行为有多好才是合格的。例如,在英语课上,"通过教学使学生掌握动词be的基本用法"就是一个含糊的教学目标,缺乏指导和评价意义。若改为"提供英文报纸上的一篇文章(行为条件),将文章中关于动词be的基本用法归类并说明特点(具体行为),做到全部正确(行为标准)"则成为一个行为目标,具有实实在在的教学意义。用行为要求设计教学目标,可以改变传统教学目标陈述上的含糊性,使之变得明确和可操作(表12.1)。

表12.1 马杰的表述目标系统

组成要素	中心问题	例子
学生的行为	做什么	学生能解答20道两位数乘法
行为条件	在什么条件下	不用乘法表或计算器
行为标准	做得怎样	其中85%解答正确

在教学设计中,行为表述是基本的部分,不能缺少,而行为产生的条件和标准则可以根据教学对象或内容,省略其一或者两者全省。

对于用行为来描述教学目标,存在着两种不同的观点。一种观点认为,行为目标导向明确,使学生清楚明了应该学习的内容,因此增强了目标完成的可能性,且行为目标具体,可观察,增强了评价的可行性及客观性。另一种观点则认为,行为目标限制了学生的视野,从而抑制了学生的偶发学习及教师的即兴发挥。

(二)内部过程和外显行为相结合的目标陈述法

鉴于行为目标易导致教学目标描述的机械化,一般教学目标若用某种行为描述出来,虽然明确,但有使教育局限于某种具体行为训练的危险;此外,许多心理过程无法行为化,因此描述内部心理过程的术语是不能完全避免的。

格伦兰(N. E. Gronlund,1978)提出先用描述内部过程的术语陈述概括的教学目标,然后用可观察的行为作为例子使这个目标具体化。如"理解议论文写作中的类比法"中的"理解"是一个内部心理过程,无法观察测量,但它可以通过下面的行为实例来具体化,如"用自己的话解释运用类比法的条件""在课文中找出运用类比法阐明论点的句子"等。这种方法既避免了用内部心理过程表述目标的抽象性,又克服了行为目标只顾及具体行为变化的局限,因而得到了许多人的支持。

综合以上观点,我们认为,教学目标的科学表述应符合以下三项要求:
①教学目标表述的是学生的学习结果,不宜表述教师的教学行为。
②教学目标应尽可能表述具体,可以测量。
③目标的表述应反映学习结果的类型和层次。

第二节 教学方法设计

一、教学方法的概念

广义的教学方法指为达到教学目的、完成教学任务,而采用的一切手段、途径和办法的总称,即某种教学理论、原则和方法及其实践的统称。

狭义的理解则是认为教学原则是教学方法的指导思想,所谓教学方法是指为达到既定的教学目的,实现既定的教学内容,在教学原则指导下所进行的师生相互作用的活动方式和措施,既包括教师教的方法,也包括学生学的方法,是教法和学法的统一。本书中所讨论的教学方法即是指这种狭义的理解,如讲授法、演示法、实验法、练习法等。

二、教学方法选择的依据

科学、合理地选择和有效地运用教学方法,要求教师能够在现代教学理论的指导下,熟练地把握各类教学方法的特性,能够综合地考虑各种教学方法的各种要素,合理地选择适宜的教学方法并能进行优化组合。

（一）依据教学目标选择教学方法

不同领域或不同层次的教学目标的有效达成,要借助于相应的教学方法和技术。教师可依据具体的可操作性目标来选择和确定具体的教学方法。

（二）依据教学内容特点选择教学方法

不同学科的知识内容与学习要求不同,不同阶段、不同单元、不同课时的内容与要求也不一致,这些都要求教学方法的选择具有多样性和灵活性的特点。

（三）根据学生实际特点选择教学方法

学生的实际特点直接制约着教师对教学方法的选择,这就要求教师能够科学而准确地研究分析学生身心发展特点,有针对性地选择和运用相应的教学方法。

（四）依据教师的自身素质选择教学方法

任何一种教学方法,只有适应了教师的素养条件,并能为教师充分理解和把握,才有可能在实际教学活动中有效地发挥其功能和作用。因此,教师在选择教学方法时,还应当根据自己的实际优势,扬长避短,选择与自己最相适应的教学方法。

（五）依据教学环境条件选择教学方法

教师在选择教学方法时,要在时间条件允许的情况下,能最大限度地运用和发挥教学环境条件的功能与作用。

三、课堂教学的常用方法

教学方法的分类就是把多种多样的各种教学方法,按照一定的规则或标准,将它们归属为一个有内在联系的体系。课堂教学中实用的教学方法多种多样和丰富多彩,这里所阐述的是其中最常用的一些主要的方法。

（一）课堂讲演

课堂讲演是一种主要的授课形式,它包括讲解法和演示法两种。讲解法是教师向学生讲述事实、概念、原理,或描绘事物的现象及其发展过程和规律,或推导公式的由来。一般来说,讲解是在一定感性的事实和现象的基础上,经过逻辑推理上升到概念和理论水平。演示法是教师展示各种直观教具、实物或进行示范实验,使学生获得关于事物现象的感性认识的方法。在实际教学中,讲解法和演示法常常结合起来使用,以激发学生的兴趣,加深学生对概念和原理的理解,常被人们称为讲演法。

讲演法是常用的一种教学形式,它可以在短时间内给学生较多的信息,而且教师能整合多方面的资料,使学生对问题有一个较全面的认识和理解。这种形式对介绍新主题或提供背景知识是比较好的,有助于学生学会精确地和批判性地听讲。但这种形式也有不足之处,学生往往处于被动的地位,学生参与较少,且学生之间由于水平的不同,对问题的理解会有较大的差异。

教师在运用讲演法时,必须做好课前准备工作,订好课程计划,根据课程的需要选择并组织所要呈现的材料。在讲授过程中,首先要创设问题情境,唤起学生学习的兴趣,激发学生的好奇心,调动学生学习的积极性。其次,可通过组织、界定、比较和举例等重要方法进行有效的讲解,还可以借助一些辅助手段,如幻灯、录像等,进行讲解,以增加教学的生动形象性。在讲解和演示时,要提示学生应该注意的中心问题,以维持学生的注意。最后,教师要组织讨论,进行归纳总结,从而使学生进一步明确这节课的主要内容。

(二)课堂问答法

课堂问答是教师根据学生已有的知识或经验,提问学生,并引导学生经过思考,得出结论,从而获得知识、发展智力的教学方法。

课堂问答的特点是师生之间互动,信息是双向交流的。教师提出问题,引导学生思考并回答问题,教师通过学生的回答获得一定的教学反馈信息,并对学生的回答做出评价或指导;学生在教师指导下进行思考,运用已有的知识经验,通过判断推理而回答问题,从而获得新知识或巩固已有知识,进而发展智力。在这个过程中,师生双方都可以获得反馈信息,彼此进行交流,从而改善教与学的活动。这种教学形式要求教师必须具有丰富的课程知识和较高的教学艺术,而且要求学生具备一定的知识经验基础才能进行。

在采用课堂问答进行教学中,教师首先对要提出的问题、对象、主题、提示等做好充分的准备。所提出的问题要难易适度,太难或太易都达不到应有的教学效果。向学生提出问题后,要给学生思考的时间,对学生的回答要给予适当的反馈和评价以及鼓励。提出的问题要面向全班,使全班学生都积极做准备,回答提出的问题,有利于调动全班学生的积极性。向学生提出的问题要多种多样,不要限于提问一些死记硬背的知识回忆题,而应提出适合不同层次教学目标、各种类型、培养学生发散思维的问题。如表12.2就是在各种不同水平上所提的不同问题的例子。

表 12.2 给认知领域各目标所提出的课堂问题

类别	所期望的思维类型	例子
知识（再认）	回忆或再认所学的信息	定义…… 某国的首都在…… 课文说……
领会	显示对材料的理解、转换、重新组织或解释	用你自己的话解释…… 比较…… 某文的中心思想是…… 描述你所看到的……
应用	使用信息去解决一个只有唯一正确答案的问题	在……中提示了什么原则 计算……的面积 应用什么规律去解决……
分析	批判性思维 区别理由和动机 以具体材料为基础进行推理 分析结论看看它是否被证据支持	什么影响了对……的描述 为什么北京被选为 下面哪些是事实，哪些是观点 根据你的实验，生物制品是什么
综合	发散式思维 创造性思维 创造性计划、建议 设计故事	给这……的一个好名称是什么 如果北京申办 2008 年奥运会成功，那将意味着……
评价	判断观点的质量 提出观点应用标准	你认为哪幅画更好，为什么 你为什么支持……

（三）讨论法

讨论法是学生根据教师提出的问题，在集体中相互交流个人的看法，相互启发、相互学习的一种教学方法。讨论法主要有两种形式：一是全班讨论，即全班讨论一个问题，教师在讨论中进行调节；二是小组讨论，即全班被分成许多小组讨论一个主题，一般 4~5 人一组，教师在各小组之间走动，进行指导或监控。由于讨论要求学生具有一定的知识和经验基础，因此，在高年级用得比较多。

讨论法能使学生直接有机会参与学习，从而表现出责任感。在讨论活动中，学生是中心，处于主动地位，能发挥学生学习的主动性和积极性。每个学生都有发表自己意见的机会，发言的内容可以超出教材的范围,有利于发挥学生的独立思考和创造精神。同时,在表达自己的观点的同时,学生还要学会倾听他人的意见,从不同的角度看问题和容忍他人;还要针对他人的不同观点,提出事实和论据来说服他人同意自己的观点,从而有利于学生灵活地运用知识和提高分析问题、解决问题的能力。

教师使用小组讨论时,要考虑教学目标和使用这种方法的条件。一般认为,社会科学的课程采取小组讨论的形式比较多,而且常常比较有效。因为在这样的课程中,有些问题不仅仅是一个答案,有些概念要从不同的角度加以考虑,如"第二次世界大战发生的原因",这类问题就比较复杂,要从多方面进行探讨,采用小组讨论形式会发挥学生的聪明才智,从多角度进行讨论,有利于学生更好地理解知识。

组织小组讨论,师生在讨论前要做好充分的准备,提出讨论课题,查阅有关资料,准备发言提纲。讨论的课题要抓住认识中的主要问题,课题要简明且深浅适当,使学生感兴趣并有话可谈。教师要鼓励学生大胆发言,在讨论中要进行适当的调控,注意引导学生围绕课题中心进行发言,并且根据讨论的进展情况,引导学生展开深入讨论。讨论结束时,要做出小结,对疑难问题或争论的问题,教师要阐明自己的看法,指出讨论中的优缺点;对某些有争议的问题,教师要允许想不通的学生保留自己的看法,不能强求学生接受教师的观点。

第三节 教学评价设计

一、教学评价概述

(一)教学评价的概念

教学评价(instructional evaluation)是指以教学目标为依据,制定科学的标准,运用一切有效的技术手段,对教学活动的过程及其结果进行测定、衡量,并给予价值判断。教学评价是教学设计中一个极其重要的部分。

教学评价对提高教学效果具有重要作用,对教学活动具有诊断、激励、调控等功能。

(二)教学评价的类型

根据不同的划分标准,可以将教学评价分为以下几种类型。

1. 准备性评价、形成性评价和总结性评价

根据实施的时机不同,可以将教学评价分为准备性评价、形成性评价和总结性评价(表12.3)。

(1) 准备性评价。

这种评价也称教学前评价或诊断性评价。一般是在某项活动开始之前,为使计划更有效地实施而进行的评价。通过诊断性评价,可以了解学习的准备情况,也可以了解学生学习困难的原因,由此决定对学生的适当对待。

(2) 形成性评价。

形成性评价是在教学进行过程中,为引导教学前进或使教学更为完善而进行的对学生学习结果的确定。它能及时了解阶段教学的结果和学生学习的进展情况、存在问题等,以便及时反馈、及时调整和改进教学工作。形成性评价进行得较频繁,如一个单元活动结束时的评估、一个章节后的小测验等。形成性评价一般又是绝对评价,即它着重于判断前期工作达到目标的情况。对于提高教学质量来说,重视形成性评价比重视总结性评价更有实际意义。

(3) 总结性评价。

这种评价又称事后评价,一般是在教学活动告一段落时,为把握最终的活动成果而进行的评价。例如学期末或一学年以来各门学科的考核、考试,目的是检验学生的学习是否达到了各科教学目标的要求。总结性评价注重的是教与学的结果,借此对被评价者所取得的成绩做出全面鉴定,区分等级,对整个教学方案的有效性做出评定。

表12.3 准备性评价、形成性评价和总结性评价的对比

类型	准备性评价	形成性评价	总结性评价
实施时间	教学之前	教学过程中	教学之后
评价目的	摸清学生底细,以便安排学习	了解学习过程,调整教学方案	检验学习结果,评定学习成绩
评价方法	观察、调查、作业分析、测验	测验、作业分析、日常观察	考试或考查
作用	查明准备情况和不利因素	确定学习效果	评定学业成绩

2. 常模参照评价和标准参照评价

根据对评价资料处理方式的不同,可以将教学评价分为常模参照评价和标准参照评价。

(1) 常模参照评价。

在学校里,以学生团体的平均成绩作为参照标准,来说明某学生的测分在团体中的相对位置(或名次)的测验所进行的评价,属常模参照评价。例如,某生的语文成绩是90分,经与同年级比较,确定该生在整个年级中超过90%的同学,可见其成绩是好的。这种评价重视名次排列,着重于个人之间的比较,适合于区分学生的成绩水准,可供选拔、编班用。这种评价要求试题有很强的鉴别力;要求测得的分数变异性要大,得分范围要广,充分显示出个别差异。这种测验重视名次排列,鼓励竞争,虽能对学生的学习起到考核和监督作用,但却容易造成学生心理压力和过度紧张。

(2)标准参照评价。

标准参照评价是以教学目标所确定的作业标准为依据,核对学生的测验得分,评定其是否达到标准以及达标程度如何的测验评价。例如,某教师在施测前制定的标准是,20题中答对14题为及格,某生测验后只答对10题就是不及格。标准参照评价的特点是,学生成绩的高低是绝对的,是个别考虑,不是相对的,不是表示他在同辈集体中的相对位置。

常模参照评价与标准参照评价各有其特殊功能。如果教师要比较学生之间的学习差异,以采用常模参照测验为宜;如果教师要帮助学生达到某学科事先确定的成绩水平,则以用标准参照测验为好。所以,选用哪种测验,取决于教师进行测验与评价的目的。

3. 定性评价和定量评价

根据评价表达分类,教学评价可分为定性评价和定量评价。

(1)定性评价。

定性评价是对评价资料作"质"的分析,是运用分析和综合、比较与分类、归纳和演绎等逻辑分析的方法,对评价所获得的数据、资料进行思维加工。分析的结果有两种:一是描述性材料,数量化水平较低甚至毫无数量概念;另一种是与定量分析相结合而产生的,包含数量化但以描述性为主的材料。一般情况下,定性评价不仅用于对成果或产品的检验分析,更重视对过程和要素相互关系的动态分析。

(2)定量评价。

定量评价则是从"量"的角度,运用统计分析、多元分析等数学方法,在复杂纷乱的评价数据中总结出规律性的结论。由于教学涉及人的因素,各种变量及其相互作用关系是比较复杂的,因此为了提示数据的特征和规律性,定量评价的方向、范围必须由定性评价来规定。

定性评价和定量评价是密不可分的,两者互为补充,相得益彰,不可片面强调一方面而忽视了另一方面。

4. 标准化学业成绩测验与教师自编测验

根据评价时使用的测验的来源不同,可以将测验分为标准化学业成绩测验与教师自编测验。

(1)标准化学业成绩测验。

标准化学业成绩测验是指由学科专家和测验编制专家共同按照上述标准化测验的编制要求特为受某种教学或训练的人编制的测验,目的在于评价经教学或训练后的实际工作表现。由于标准化学业成绩测验具有客观性和可比性的突出优点,所以被视为评价学生学业成绩的重要工具之一。

(2)教师自编测验。

教师自编测验是指教师根据教学需要自行设计与编制作为考察学生学习进步情况的测验。由于学校科目繁多,教学检查需经常进行,而教师自编测验操作过程容易,应用范围一般限于本班、本年级,施测手续方便,实际教学中较为有用,所以是学校中应用最多和教师最愿意用的测验。虽然这种测验未经标准化,但其编制也需要遵循一定的原则。例如,测验应能测量明确规定的学习结果;测验应能测量预期的学习结果和教材的代表样本;测验应按预期的学习结果选择试题的形式;测验要有效、可靠。

(三)教学评价的原则

为了做好各种教学评价工作,必须根据教学的规律和特点,确立一些基本的要求,作为评价的指导思想和实施准则。具体来说,教学评价应贯彻以下几条原则。

1. 客观性原则

客观性原则是指在进行教学评价时,从测量的标准和方法,到评价者所持的态度,特别是最终的评价结果,都应符合客观实际,不能主观臆断或掺入个人情感。因为教学评价的目的,在于给学生的学和教师的教以客观的价值判断,如果缺乏客观性就会完全失去意义,还会提供虚假信息,导致错误的教学决策。

2. 整体性原则

整体性原则是指在进行教学评价时,要对组成教学活动的各个方面做多角度、全方位的评价,而不能以点代面,以偏概全。由于教学系统的复杂性和教学任务的多样化,使得教学质量往往从不同的侧面反映出来,表现为一个由多因素组成的综合体。因此,要真实反映教学效果,必须对教学活动从整体上进行评价。

3. 指导性原则

指导性原则是指在进行教学评价时,不能就事论事,而应把评价和指导结合起来,不仅使被评价者了解自己的优缺点,而且为其以后的发展指明方向。也就是说,要对评价的结果进行认真分析,从不同的角度查找因果关系,确认产生的原因,并通过信息反馈,使被评价者明确今后的努力方向。

4. 科学性原则

科学性原则是指在进行教学评价时,不能光靠经验和直觉,而要根据科学。只有科学合理的评价才能对教学发挥指导作用。科学性不仅要求评价目标标准的科学化,而且要求评价程序和方法的科学化。

二、量化的教学评价的方法与技术

学校教学评价中使用最多的是教师自编测验。为了保证教师自编测验的信度和效度,在课堂测验的编制、准备、实施及分数解释等方面必须遵循一定的方法和原则。下面就教学评价的有关方法和技术做具体分析。

(一)课堂测验的问题类型与编制技术

传统的课堂测验通常采用纸笔考试的形式来测量学生对课程内容的掌握情况。典型的纸笔测验题包括论文式问题、多重选择题、匹配题、是非题和填空题。

1. 论文式问题

论文式问题是指要求学生用文字论述方式回答的题目,其目的在于评价学生的表达能力、组织能力以及对各种不同领域的知识的综合能力。

论文式问题的优点是:第一,提出问题很容易而且很迅速,不像客观测验题需要很长时间去考虑和设计;第二,可以使教师去评价学生对所学知识的组织和分析、综合、评价等较高级的认知能力,而不仅仅是对知识的简单记忆。

然而,论文式问题也有许多缺点:首先,论文式问题的最大缺点是评分困难,费时太多。其次,论文式问题评分主观性较强,信度较差。再次,论文式问题的取样范围较窄,只能涵盖教学内容中较小的百分比。仅仅通过论文式测验无法考查和评价学生应该掌握的所有的、大量的知识点。

为了克服论文式问题的不足之处,必须在命题技术上加以改进。下面是教育心理学家们对如何编写论文式问题的建议。

①论文题的用语必须简单、清楚、明确。清楚、明确的用词可以减少学生对问题模棱两可的理解,避免出现歧义。

②在论文式问题的后面应该标示出该题的分值、限定回答的大概时间以及回答内容的大概长度(用留出的答题的空白多少去限定)。这样能使学生在答题时能合理地分配时间和充分利用时间。

③在出题的同时拟出各题的答案要点及相应的评分标准,将来评卷时就有了明确的依据,就可以提高评分的信度。

④对同一试题的评分集中一次完成,可以避免对同一试题在不同的时间评分而发生的评分标准的变化。

⑤评分时不看学生的姓名,可以避免因看到姓名而导致的评分偏差,尽管这种偏差可能是无意的。

2. 多重选择题

多重选择题是指针对某一问题,让学生从多个可能的答案中选择一个正确答案作为回答的试题形式。

选择题由题干和选项两个部分组成。题干是要求学生回答的问题,通常用直接问句或不完全陈述句来表达;选项包括一个正确答案和几个干扰项(错误答案)。干扰项一般为3~5个。干扰项越多,学生猜测正确答案的概率越小。选择题可适用于文字、数字、图形、表格等各种形式的信息资料。

多重选择题的优点是:第一,评分客观、可靠。每一问题都有客观的标准答案,避免了论文式问题在评分时的主观性和信度较低的缺点。第二,试题取样范围广,能够涵盖课程的主要内容,保证测验的有效性。第三,答题和阅卷均较方便、高效,在较短的时间里就可以施测较多的项目,学生答卷时只需在几个选项中做出选择,教师阅卷时只需判断学生选择的正误即可,因而效率很高。正因为有这样一些优点,因此,多重选择题应用广泛,被认为是客观测验中最好的一种方法。

然而,多重选择题也有其缺点:第一,编写困难、费时。将课程内容设计成一个又一个的多重选择题,仔细考虑选项中正确答案与各干扰项之间的各种微妙的关系,是一项费时而困难的工作。第二,由于选择题的答案是固定的,因而不易测量学生的创造力、组织和综合能力。

如何编写出既容易理解又实用的多重选择题呢?下面是一些心理学家提出的建议:
①语言的运用要尽可能简单、明确。选项要简短,将选项中相同的用词置于题干中。
②避免在题干中出现否定性陈述。如果不可避免,对于题干中的否定部分要用加黑的字体或下面画线等方式醒目地标示出来,以引起学生的注意。
③使干扰项看起来似乎是正确的。有效的干扰项常常是人们经常出现的错误或误解。
④不用或少用"以上几项都不是"作为选择项。
⑤确保各选项与题干在语法关系上是正确的。
⑥使各选项尽可能相似,长度大体相同。
⑦选项中正确答案的位置应随机安排,避免使答题者找到规律。
⑧确保每一个问题都是独立的,一次只能陈述单一问题,避免出现歧义。
⑨避免一个问题包含着另一个问题的答案。

3. 匹配题

匹配题是选择题的一种变式,让学生将一栏前提项(通常是左侧的一栏单词或短语)与一栏反应项(右侧的一栏单词或短语)相互匹配。

匹配题是评价某种类型的事实性知识(例如,人物与他们的业绩、日期和历史事件、范畴和实例等)的一种可靠的、客观的、有效的方式。

编制匹配题时,既要注意减少学生寻找的时间,提高答题效率,又要注意降低学生猜测的可能性,因此要运用适当的命题技术。编写匹配题的技术要点如下:
①在前提项与反应项中均需采用同类的资料,如用人名时都用人名,用书名时都用书名。
②在项目的数目上,提供的反应项目要多于前提项。
③题干必须清楚明确,并对匹配的方法做出适当的说明。
④要讲清每一选项可用一次还是可用多次。
⑤前提项或反应项的数量一般不应超过10个或12个。

⑥题干与前提项与反应项的文字必须出现在同一页上。

4. 是非题

是非题是要求学生对一则陈述的命题给予是非(正误)判断的一种试题形成,也叫正误题或判断题。

是非题的优点是:编写相当容易,回答和评分都很方便,取样范围较广,可以有效地测量学生对一些知识点的掌握情况。

是非题的缺点是:第一,是非题测量的常常是一些较低水平的细节性的知识点,而不易测量一般原理或对知识的应用、分析、综合、评价等。第二,是非题的猜测正确的概率是50%,因此,它的可靠性较差。有时教师要求学生将判断为错误的题改正过来,但这样做使是非题答起来更加困难而且评分也更费时间。

如何更好地编写是非题呢？心理学家(Mehrens, Lehmann, 1991; Eggen 等, 1992; Ory 等, 1993)提出了一些具体建议:

①语言陈述要简单、明确。

②每一个问题中只包含一个论点,避免由两个以上的论点在同一题中出现,而造成题目本身的歧义性或似是而非。

③在题目数量上,使属于"非"的题目稍多于属于"是"的题目,因为学生猜测时倾向于选"是"的机会较多。

④尽量采用正面的肯定的陈述,避免采用否定性陈述。

⑤使属于"是"的题目与属于"非"的题目随机排列。

⑥题目的文字避免直接抄录教材内容,因为抄录教材上的原话,学生可能会出现再认正确但不理解其含义的情况。

⑦避免使用一些具有暗示性的特殊用词,如"总是""从不""每一个""全部""所有"等。

5. 填空题

填空题是要求学生在一个留有空白的未完成句子中填上适当的词或短语以构成一个完整的句子。

填空题的优点是比选择题容易编写,凭猜测作答的机会也较少;答案规范、简短,使得评分可靠而容易。填空题的不足之处与是非题一样,测量的是较低水平的对知识的记忆,而不易测量较高水平的认知能力。一些教师用填空题测验词汇知识或者用于平时的形成性测验中寻找到学生经常填错的答案,然后将这些错误的答案作为编写多重选择题的干扰项,最后将编好的多重选择题用于期末的总结性测验中。

编写填空题时要注意以下几点:

①填空题让学生填的应该是一些关键字句,并与上下文有着密切的关系。

②在一个题内不要留有过多的空白,否则会失去意义上的连贯性,使学生无法理解题意。

一般留有一个或两个空白为宜。

③各题留出的空白的长度应相符,而不要有长有短,以免空白的长度对正确答案的字数产生暗示作用。

④避免直接引用教科书中的词句。

⑤为每题准备一个正确答案和可接受的变式的标准,并具体规定是否答案部分正确也可适当给分。

(二)测验的准备与实施

教师自编测验用于教学评价是一个复杂的过程。从测验的准备到测验的实施要经历一系列的阶段或步骤。

1. 确定测验目的

测验准备的第一个阶段就是确定测验的目的。教师要考虑:测验的内容是什么?测验要评价学生的何种操作?测验与教学目标的关系密切程度如何?是形成性测验还是总结性测验?是常模参照测验还是标准参照测验?

2. 测验题的选择和准备

用何种类型的测验题来测量所期望的知识与技能呢?双向细目表为测验题的选择与准备提供了一个范式(表12.4)。

表12.4 "测验编制技术"的双向细目表

课程内容	知识	理解	应用	分析	综合	评价	合计题数
课堂测验的目的	1个是非题	2个选择题			1个论文式问题	1个论文式问题	5
论文式问题的特点	1个是非题		2个选择题	1个论文式问题			4
多重选择题的特点	1个是非题		2个选择题	1个论文式问题			4
匹配题的特点	1个是非题	1个选择题	1个选择题				3
是非题的特点	1个是非题	1个选择题	1个选择题				3
填空题的特点	1个是非题	1个选择题	1个选择题				3
合计题数	6	5	7	2	1	1	22

双向细目表以一种简明的方式表达了教学内容、期望学生达到的认知能力类型以及能体

现这种认知能力的测验题的类型和数目。

为了保证测验的信度,需要设计足够的题数,但题目的总数又不能太多,以免学生在限定的时间内答不完。另外,测验题的安排一般应从容易答的题目开始,将内容相近的题目放在一起,将同一类型的内容放在一起,将费时较多的题(如论文式问题)放在最后。

3. 测验的实施

将设计好的题目印成试卷后就进入了测验的实施阶段。

在测验实施过程中,要排除可能会对学生答题造成干扰的一些分心因素。确保学生了解测验的要求,包括每题的分数、答题的时间、记录答案的方式、答错是否扣分、是否可以用字典或计算器等。

测验实施中的另一项工作是减少作弊的可能性和机会。为了减少作弊,可以在考试前宣布考试的一般性质和内容;要宣布考场纪律;在考试进行中,要监控学生的行为,并严格执行考试纪律。

4. 考卷的评分

考试后,教师对所有的试卷进行评分。在评分时,教师一定要努力做到客观和可信。对于客观测验题,做到这一点比较容易,对于论文式测验题,要做到评分客观和可信,必须遵循我们前面提供的一些评分建议。

5. 结果的反馈

评分后,要将结果反馈给学生。对于常模参照测验,让学生了解自己的分数在班级分布的位置。对于标准参照测验,要让学生知道合格或优秀的标准以及自己的成绩在多大程度上符合这个标准。对于学生未答对的题目,要进行讨论和讲解,引起学生重视,加强复习,使考试成为经验的一部分。

6. 测题的修正

每次测验实施后都要对测题进行修正。测题修正的主要方法是项目分析,另外也可以参考学生的评论意见。

(三)对测验分数的解释与报告

1. 相对评分与绝对评分

通过测验所获得的结果必须按某种评分标准予以解释和处理。一般来讲,学校教育上对学生学业成就的评分标准包括相对评分和绝对评分两种。

相对评分就是以其他学生的成绩为依据,相当于我们平常所说的"等级制",并与常模参照评价的原则相对应。相对评分是按照统计学上的常态分布的原理,将学生分数的高低,按比例分配为五个等级,各等级所占的百分比分别是:优占7%、良占24%、中占38%、及格占

24%、不及格占7%。

相对评分的优点是可以从每个学生所得的等第看出其班上的相对位置,相对评分的缺点是:班上学生的分数未必是常态分布,硬性规定学生中只能有7%的人得优秀,而且必须有7%的人不及格,显然很不合理。

绝对评分是以学生所学的课程内容为依据,学生的分数与其他同学的回答情况没有关系,相当于我们平常所说的"百分制",并与标准参照评价相对应。在实际使用绝对评分法时,学生的成绩可以直接用卷面分数来表示,也可以用等第来表示,例如,优等代表90分以上,良代表80~89分,中代表70~79分,及格代表60~69分,不及格代表60分以下。

绝对评分的优点是简单易懂,只要测验的命题确实能够与教学目标相配合,就可以由学生在试卷上的分数来评价他对教材的学习达到何种掌握程度。学生达到优秀标准的人数不会受比例的限制,如果全班学生的成绩均达到90分以上,那么,全班学生的成绩都是优秀。绝对评分的缺点是不易了解某个学生在班级中的相对位置,尤其是当试题过难(学生得分都很低)或过易(学生得分都很高)时,难免因试题缺乏鉴别力或区分度而失去评价意义。

2. 学习结果的报告

经过测验并评定分数后,要将学生的学习结果以某种方式报告给学生本人及学生家长。报告学习结果的最常见的方式是成绩报告单。将成绩报告给学生本人及学生家长的目的,在于使学生及其家长获得学生在校学习情况的反馈信息,以便对今后学习进行调整和改进。

为了使成绩报告能起到提高学生学习动机、促进学生努力学习的积极作用,教师在向学生及其家长报告测验成绩时要注意以下几点:

①分数报告力求准确、全面。仅仅以某一次的考试成绩作为学生学习某门学科的学习水平,常常不够准确,也不够全面。

②要对评分的标准或分数的含义做出适当的解释。仅仅报告一个分数(如90分)或等级(如优秀),而不对评分标准做适当的解释说明,常常不能使学生及家长理解该分数或等级的实际含义。

③要使学生和家长认识到分数或等级通常不具有绝对的价值,只代表一种相对的意义。要学会用发展的、变化的眼光看分数,而不要把它看成是静止的、不变的。

④鼓励学生本人参与对测验分数的解释,并用非测验因素如测验时的主观状态,平时的学习动机与学习态度、学习方法、学习环境等对取得的学习成绩加以补充说明或归因,从而增进学生对成绩的自我认知和自我接受程度以及改变不良成绩的动力。

⑤从保护学生及家长的自尊心的角度,成绩的报告不要采取公开的形式,而应采用一对一的形式。尽量不要让其他人知道某个学生成绩的好坏,以免给一些学生造成不必要的精神压力。

【思考题】
1. 什么是教学目标？马杰的行为目标三要素包含哪些内容？
2. 结合所学布鲁姆和加涅的教学目标分类的研究，请任意选择一节教学内容，对其进行教学目标的设计。
3. 观察某教师在一节课中所用的教学方法，谈一谈自己的感受和建议。

第十三章
Chapter 13

班级人际关系与课堂管理

学生的学习既受学生内部因素的影响,也受许多外部因素的影响,其中班级人际关系与课堂管理是影响学生学习的重要的外部因素,因为学生就是在这种特殊的群体环境中学习和发展的。教育者必须了解班级中人际关系的特点及其对学生的影响,采取合理的课堂管理措施,才能有效地促进学生的学习与发展。本章将重点讨论影响学生学习的同伴关系、师生关系及课堂秩序的建立与维持。

第一节 班级人际关系与课堂管理概述

一、班级人际关系

(一)班级人际关系的含义及分类

人际关系是人们在相互交往过程中形成的心理关系。人际关系的亲密与疏远取决于人们之间相互需要获得满足的程度,若能够得到满足,则产生彼此接近、信任的心理关系;若彼此需要得不到满足,则会产生疏远、回避甚至敌对的心理关系。

班级人际关系是指班级中师生之间、学生之间在相互交往过程中所形成的比较稳定的心理关系。它是师生之间、学生之间的交往关系在心理上的反映。班级人际关系如何,不仅影响教学效果,也影响班集体的形成和发展,还影响到学生个体社会化和个性的发展。

根据交往中的组织关系,班级中的人际关系可分为正式关系和非正式关系。正式关系是由组织上明确规定的正式群体中的角色形成的,如教师是班级的领导者。非正式关系一般是在彼此具有相同爱好、情感或观点的基础上形成的,如由于都喜欢音乐而经常进行交往所形成的关系。根据交往者之间的角色,班级中的人际关系可分为师生关系和同伴关系。这两种分类相互交叉,即师生关系可以是正式关系,也可以是非正式关系;同伴关系也是如此。

(二)班集体的形成与发展

如前所述,班级人际关系影响到班集体的形成和发展,而优秀班集体的形成是培养学生个性品质的重要环境。

1. 班集体的特点

班集体是班级发展的高级阶段。作为正式群体的班级,刚组成时并不具有班集体的特征,但它却具备了正式群体的三个条件:有共同的行为目标;成员之间地位与角色明确;有明确统一的行为规范。由于学生大部分时间是在班级里度过的,班级是学生集体活动的基本场所,是与学生的学习和发展息息相关的微观环境,因此,班级对学生的影响是很大的。但只有发展成班集体的班级才能真正对学生起到重要影响作用,而并非所有的班级都能成为班集体。班集体具有如下特征。

(1)定向统一的目标特征。

在班集体中,学生都能够把社会和学校明文规定的教育目标内化为自己的目标,达到群体成员之间目标定向统一,使班集体具有明确的发展方向。

(2)集体主义取向的价值特征。

在班集体中,每个学生都关心集体;爱护集体、遵守集体的规范,大家共同努力为集体争荣誉。每个学生都以自己是班集体的一员为荣,必要时愿意为了班集体而改掉自己的缺点,放弃自己的利益。

(3)令行禁止的行动特征。

在班集体中,各项决策是采取集体决策的方式,每个学生都愿意服从集体的决定,只要班集体认为该做的事一经决定就立刻去做;而班集体不同意的事,一经决定不做就立即停止,每个学生都会保留自己的观点而服从集体的决定。

(4)彼此相悦相容的情感特征。

在班集体中,每个具有不同个性的学生都能被集体容纳,都能得到集体的关心、照顾和帮助,不会受到歧视,不会遭排斥,学生生活在集体中会感到非常愉快。

2. 班集体的形成过程

班集体的形成过程大体经过四个阶段。

(1)组建阶段。

一个刚组成的班级,学生来自四面八方,每个学生都有自己的特点。虽然班级已组建,具有组织形式,但成员之间仍然是缺乏联系的孤立个体,彼此之间互不了解,接触也少,缺乏交流。班级的活动主要来自学校和教师的要求,学生的参与是被动的,班级对学生还缺乏吸引力,班级规范和舆论还未形成,所以班集体还是一个松散体。

(2) 接触探询阶段。

班级组建后,由于学生交往的需要,在教师的引导下,学生很快进入了接触探询期。在接触与探询中,学生开始了解别人,同时自己也被别人了解。这样,学生就逐渐摆脱了拘谨状态并进入比较自然地表现自我的状态。在自然情境下,学生表现出各自的学习能力、交往能力、表达能力和兴趣、爱好等,并显示出了他们在这些方面的差异。在此基础上,一些小的非正式群体逐渐形成。

(3) 班集体的形成阶段。

学生在接触与探询的基础上,进入了班集体雏形形成阶段。这一阶段有以下几个特点:一是班级群体的核心——班干部出现。在班主任的培养和帮助下,一些品德好、有才能的学生逐渐受到同学的欢迎,并成为班级的积极分子或成为班级的干部,形成班级的核心力量。这些学生既能带头完成学习任务,又能反映学生的意见,提出合乎同学需要的班级活动建议,并能在班主任的指导下提出班级目标,拟定班级计划。二是班级大部分学生开始出现了对班级活动的期待,愿意参与班级活动并为班级活动的成功付出努力。三是在班级的共同活动中,形成了相互关心、相互合作的关系,并在此基础上强化了班级的组织化程度。四是班级规范和舆论初步形成。遵守纪律、维护班集体利益的学生将受到班级的鼓励与赞扬,否则就会受到舆论的压力,这意味着班级已对学生有了一定的影响力。

(4) 班集体的成熟阶段。

在班集体形成的基础上,在教师的积极引导下,班集体逐渐走向成熟。班集体成熟的标志是高度的自主性和高度的凝聚力。高度的自主性指学生在班级中能积极、主动、创造性地开展活动,他们不仅能根据学校或班主任的要求组织活动,而且能根据班级情况,提出新的班级发展目标,并采取行动来适应外界的各种挑战,如组织班级同学积极进行自我锻炼、从事公益活动等。高度的凝聚力是指班级对其成员有高度的吸引力。在成熟的班集体中,同学之间不仅相互交往频繁、心理相容,而且集体荣誉感强,有一种为集体同心协力、朝气蓬勃、努力向上奋进的精神,而且工作效率很高。

二、课堂管理

(一)课堂管理的含义与特点

课堂管理是建立有效的课堂学习环境、保持课堂师生互动、促进课堂生长和目标实现的管理活动。关于课堂管理的认识,人们主要集中于两种观点取向:一是维持课堂,监督和控制学生;二是促进课堂,引导和激励学生。两种观点的共同之处在于,课堂管理是为更好地"学"与更好地"教",以实现预定的教育教学目标。在基础教育课程改革下,课堂管理应从控制与维持走向引导与激励,从学生服从走向学生参与。教师只有明确课堂管理的特点,才能进行有效的课堂管理,以达到引导、激励学生参与课堂教学活动,促进学生的学习。

课堂管理具有以下几个特点。

1. 课堂管理的整体性

课堂管理受众多因素的影响,显得极为复杂多变。这些影响因素主要包括人和环境两大类。人的因素不仅包括师生的人格特征、态度、文化与经历、身心状况等,而且家长、学校领导以及社会相关人士的态度、认同与鼓励等也会对课堂管理产生影响。环境因素则包括物理环境(如学生空间活动、座位的安排等)、社会环境(如学生来源、课堂规范、师生行为等)、教育环境(如活动类型、难度及方法等)及心理环境(如师生的感情、情绪活动与价值判断等)。课堂管理必须综合考虑这些因素,从整体上把握才能收到课堂管理的真正效果。

2. 课堂管理的协作性

课堂是由教师、学生和环境共同组成的,是教师与学生共同参与、共同建构的。只有在教师和学生协作建构的基础上,课堂才能得以发展和完善。课堂管理的所有方面不是由教师一人制定的,而应该是在学生参与、配合和协作下共同制定的,这样才能增强学生的责任感和自觉性,有利于课堂规范的有效落实与内化。因此,在课堂管理过程中,教师应为学生提供充分表达意见和参与活动的机会,在师生合作和学生间合作的基础上形成良好的学习环境。

3. 课堂管理的自律性

教师在进行课堂管理时,不应只注重短期的行为目标,只要求学生遵守具体的规则,表现具体的期望行为,而应该立足于长远的行为目标,让学生在不同的课堂情境、面对不同的教师时都能持续地表现出适当的行为,并使之内化为他们的自觉行动,最终发展学生的社会性,实现自我控制、自我调整和自我管理。

4. 课堂管理的创新性

由于课堂中的学生来自于不同的环境,他们的观念、思维方式、经历背景各不相同,因而必然会有不同的兴趣与需要。同时,学生正处于发展之中,总会产生各种不同的变化。为了适应这些课堂变化,课堂管理必须要进行创新。无论是管理的方式方法还是管理的内容,都应进行创造性思考,只有这样才能使动态的课堂管理获得真正的成功。

(二)课堂管理的功能

课堂管理是影响课堂活动效率和质量的重要因素,良好的课堂管理能保证课堂活动的顺利进行。

1. 创立良好的课堂环境,维持有效的课堂秩序

课堂秩序与常规是使各种课堂活动有计划、有效率开展的重要保证。但在课堂活动过程中,常常会出现新情境,发生干扰与冲突,使课堂活动难以正常进行。因此,及时预见并排除各种干扰课堂活动的不利因素,有效维持正常的课堂活动秩序,是课堂管理的重要任务。

2. 促进成员间有效交流,保持积极的课堂互动

课堂中人与人之间、人与环境之间的相互作用构成了课堂情境中的互动,是有效课堂的基本标志,而课堂互动的前提是课堂交流。课堂活动是一个信息交流的过程,无论学生知识经验的获得、智力的开发、能力的发展,还是教师课堂教育教学质量的提高,都有赖于课堂活动中信息的有效传递和交流。只有实现了课堂中人与人之间、人与环境之间的自由的信息交流,课堂才会有生机。

3. 激发课堂的生命力,促进课堂持续生长

课堂活动的最终目的是促进师生的持久发展,课堂活动对于师生具有个体生命价值,蕴涵着巨大的生命活力。课堂管理就是要调动各种可能的因素,挖掘课堂的活力,发挥其生长功能。课堂管理以促进人的生长为价值取向,通过人的生长功能的开掘促使课堂的资源不断再生,从而促进师生的持久发展。

(三)课堂管理的目标与内容

1. 课堂管理的目标

(1)争取更多的时间用于学习。

虽然对于每个学生来说,课堂学习的时间是一样的,但由于学生个体的差异,他们真正专注于课堂学习的时间却相差甚远。课堂管理的重要目标是教师通过精心准备、认真组织,保持教学进行紧凑、意义连续等措施,使学生投入有价值的学习活动,从而提高所用时间的质量,增加学生有效的学习时间。

(2)争取更多的学生投入学习。

在一个课堂中,尽可能多的学生投入学习可增强课堂学习气氛。教师可以通过教学的趣味性与参与性吸引学生的注意力,激发学生参与学习活动的渴望,从而积极参与到课堂活动中来。

(3)帮助学生自我管理。

帮助学生成熟起来,使学生知道如何管理自己,并向学生展示怎样内化那些有益于学习的规则程序是课堂管理的目标之一。为了实现这一目标,教师应该让学生更多地投入课堂规则的制定;用较多的时间要求学生考虑制定某些规则的原因以及他们自己不良行为的原因;给学生机会考虑他们将怎么计划、监视和调节自己的行为。

2. 课堂管理的内容

(1)课堂常规管理。

课堂是由师生及环境组成的,其事务也会涉及与师生、环境相关的各个方面,课堂常规管理通常包括设定课堂管理目标、制订管理计划、活动的组织与协调、资料管理等方面。

(2)课堂环境管理。

课堂环境管理包括时空环境和心理环境两大类,其中时空环境主要指时间环境、物质环境和课堂布置三个方面。课堂时空环境的有效管理不仅可以影响学生的学习效率,还会对学生的身心健康产生影响。课堂心理环境是师生或学生彼此之间交互作用和影响而形成的一种特殊环境,积极的课堂教学气氛的营造、和谐的师生关系的建立等积极的课堂心理环境,都能够对学生的学习效果产生较大的影响。

(3)课堂秩序管理。

课堂秩序直接影响课堂活动的正常展开,课堂秩序管理主要侧重于课堂冲突、课堂行为问题及课堂规范等方面。教师只有正确对待和合理解决课堂中的冲突和行为问题,建立有效的课堂规则规范,才能保证课堂教育教学活动的顺利进行。

(4)课堂活动管理。

课堂活动管理主要包括课堂活动的设计、活动内容的选择、活动方法的运用、活动资源的统合等方面。课堂活动的多样化是课堂活动管理取得成功的重要因素。这种多样化既包括活动内容的多样化、活动形式的多样化、活动方法的多样化,还包括活动标准的多样化、活动主体的多样化、活动评价的多样化等。

第二节 班级人际关系及其影响

一、同伴关系

(一)同伴关系及类型

同伴关系是指在同学之间进行交往和相互作用的基础上建立起来的同学之间的心理关系,包括学生个体之间的关系、班级内的学生群体之间的关系和学生群体与个体之间的关系。班级内的学生群体有正式群体,如班委会、少先队和共青团等,还有各种各样的自发形成的非正式群体。在学校情境中,学生间的相互作用以及由此而形成的同伴关系是课堂教学的前提和背景之一。了解同伴间的相互作用,有利于改善班级里的同伴关系,从而促进和提高学习与教学的效果。

根据同学之间是相互吸引还是相互排斥,可将同伴关系分为友好型、对立型和疏远型三种。

友好型这种同伴关系是指同学之间在心理上彼此相容、相互接近、相互吸引的关系,表现为关系融洽、彼此信任、亲密友好。友好关系在性质上有健康、积极的,也有不健康、消极的;

在程度上,有感情深厚的,也有感情一般的关系。

对立型这种同伴关系是指同学之间在心理上彼此不相容、相互排斥的关系,表现为发生摩擦、冲突、彼此反感等。对立关系在性质上有原则性的,也有非原则性的;在程度上,有公开的、剧烈的冲突,也有较隐蔽的、一般性的排斥。

疏远型这种关系是指同学之间在心理上相互忽视、若有若无的关系,表现为情感淡漠、相互之间很少交往。在一个班级中,如果疏远型的同伴关系太多,就会使班级缺乏凝聚力。

(二)同伴关系的作用

在我国传统的课堂教学中,人际交往多是教师和学生之间的交往,教学多在师生交往过程中进行,而较忽视学生之间的交往,认为同伴间的交往对教学没有什么影响,因此,同伴交往多在课外进行。但近年来,许多研究者发现,教师的课堂行为是发生在同伴关系之中的,同伴关系会直接影响到学生的学习效果。具体来说,同伴关系对学生的影响有以下几点。

1. 对学生学习的影响

研究表明,同伴间的关系对学生的学习有很大影响,在友好的、相互关怀的同伴关系中得到支持的学生比受到同伴排斥的学生在学习上更能发挥潜力。奥斯瓦尔德与克莱伯曼(Oswald, Krappmann, 1984)研究了学生的同伴关系对学生学业成绩的影响。他们对四年级的学生进行了长达两年的追踪研究,结果发现,具有更经常、更亲密同伴关系的学生,其成绩要高于没有亲密同伴关系的学生。同伴关系的好坏不仅影响个别学生的学习成绩,也会影响班级整体的学习效率和学习成绩。班集体中的良好同伴关系会使学生精神愉快,避免了不良同伴关系带来的紧张、焦虑、冷淡、攻击等消极心理状态,从而促进了学生的学习。此外,同伴关系还会影响教师的教学过程。良好的同伴关系有利于教学工作的进行和教学目标的实现,使教师不必因为解决学生间的矛盾而牵涉精力,全身心地投入教学,从而提高了学生的学习效率。

2. 对学生的社会化及社会能力的影响

同伴间的交往为学生的社会化活动提供了实践的机会,提供了榜样。在同伴交往中,学生能够学习、巩固和内化各种行为规范。奥斯瓦尔德与克莱伯曼(1984)的研究表明,那些具有稳定的、亲密同伴关系的学生,将获得更多的社会经验,掌握更多的社会交往能力。约翰逊(1980)指出,在和同伴的交往过程中,儿童形成对某些事物的态度和价值观,而且往往获得一些从教师及其他成人处得不到的信息,如需要培养哪些能力、阅读哪些书籍、欣赏哪些音乐等。

3. 使学生获得从他人角度看问题的能力

学生在和同伴交往过程中,逐渐学会理解他人怎样看待某个问题,设想他人遇到这个问题会产生什么样的认识和情感,会做出什么样的反应,这是学生认知发展和社会性发展的重要方面。学生通过从他人角度看待问题,能够有效地获得信息,有效地综合信息,建设性地解决人际间的冲突,有效地解决团体中的问题,能与人合作,自主地进行道德判断。研究表明,同伴间的相互作用提高了儿童从他人角度看问题的能力,在同伴交往中,特别是在争论和冲突中,儿童不得不根据他人的看法重新考虑自己原来的想法。这些儿童在社会活动中表现得更加积极主动,显得交往能力更强。

4. 对学生的心理健康的影响

心理健康的主要指标之一是与人交往与合作。研究发现,孤独儿童会表现出高焦虑、低自尊、情绪不稳、出现回避行为或攻击性行为等一系列不正常行为。这些儿童在进入青春期后,出现过失行为和犯罪行为的比例远远超过同伴关系良好的儿童。在同伴交往中,儿童的归属需要、交往需要、自尊的需要等都会得到满足,从而促进儿童的心理健康发展。同时,在交往中,儿童也获得了一些经验和原则,使他们逐渐学会了调节自己的行为,以适应周围的环境。如儿童的攻击性行为就是在同伴交往中,儿童获得了平等的相互攻击的尝试机会,在相互攻击过程中,儿童既学会了有效的攻击行为,也掌握了限制攻击行为的规则,攻击行为因此而得到调节,出现的比例下降。

(三)非正式群体

1. 非正式群体的特点

非正式群体是指那些无正式规定的、自发产生的,成员的地位与角色、权利和义务都不明确的,也无固定编制的群体。在班集体中,非正式群体是同伴关系的一种重要形式。一般情况下,班集体中都存在着一些非正式群体,而班级的大多数学生都在非正式群体中充当着一定的角色,从而构成了班集体的非正式结构,对学生会产生很大影响。和正式群体相比,非正式群体具有以下特点:

(1)以某种共同利益、观点和爱好为基础。

非正式群体成员之间多是由于有共同的观点,或兴趣爱好相投,或有着共同的利害关系等而自愿结合在一起的,成员之间情投意合,交往频繁,传递信息迅速,对同伴的行为相互认同并支持。

(2)以情感为纽带,有较强的凝聚力。

非正式群体的成员之间具有强烈的情感联系,彼此以情感为纽带,对小群体的领导言听计从,具有较强的归属感,因此,成员间凝聚力较强,但有的小群体对其他小群体有排斥的倾向和行为。

(3)行为一致。

非正式群体具有共同的行为规范,成员具有共同的目标;为了实现目标,每个成员都互相配合,行为上表现为共同努力、协调一致。

(4)成员的角色和数量不确定。

虽然非正式群体中也会推选出在群体中最有威信的人当领导者,他对其他成员拥有精神上的支配权力,但是领导者是不固定的,随着情境的变化,会出现新的由成员认可的领导者。非正式群体的成员的角色和数量都不固定,流动性很大。

2. 了解非正式群体的方法

由于非正式群体在班集体中对学生具有较大的影响,因此,了解班集体中的非正式群体是教师建设班集体中必须注意的。常用的了解非正式群体的方法是社会测量法。

社会测量法是美国著名社会心理学家莫雷诺(J. L. Moreno)在20世纪30年代创立的一种测量群体中人际关系的方法。这种方法采用问卷的形式确定群体中人们之间的好、恶等情感关系,从而用图表表现出人们之间的相互关系。在进行社会测量时,教师以问卷的形式向学生提出问题,如"你愿意与谁一起看电影""你不喜欢和谁在一个学习小组"等,通过学生的回答,教师可以在较短的时间内确定群体中人们之间的关系是否融洽,什么人在群体中最受爱戴,群体中是否存在小圈子等一系列问题。

通过社会测量法,教师可以了解到学生在班级中的地位,可以把学生划分为几类:
①人缘儿:在班级中最受欢迎的人。
②非正式群体的中心人物。
③孤立儿:在班级中被大家所忽视,自己也很少接触他人的人。
④嫌弃儿:在班级中不受欢迎的人。

3. 发挥非正式群体的积极作用

班集体中的非正式群体可能有多种倾向,教师应根据不同的非正式群体采取不同的教育措施。对于那些与班集体的目标、价值取向和行为规范一致的非正式群体,由于它们会对班集体的活动起到促进作用,教师不能有偏见,而应给予赞扬和鼓励;有些非正式群体的活动,既有利于班集体的一面,又有偏离班集体的一面,教师要注意引导,与学生共同讨论,使学生明辨是非,将其活动纳入班集体的轨道;对于那些消极的、背离班集体规范的非正式群体,教师要针对其特点进行批评、教育、引导和改造,变消极因素为积极因素。

在建设良好的班集体时,教师应注意调动非正式群体的积极因素,促进良好班集体的形成:第一,以非正式群体成员之间的共同感情为基础,增进同学间的友谊,增强班集体的凝聚力;第二,利用非正式群体成员之间信念沟通渠道畅通的特点,了解学生的思想动态和对班集体的一些意见;第三,发挥非正式群体领导者的较高威信,提高其他学生对班集体活动的积极性。同时,教师也要采取一定的措施,防止非正式群体的一些消极因素可能会产生的影响:第一,防止拉帮结派的倾向;第二,批评那些传播流言蜚语的行为;第三,及时制止非正式群体领导者的不良行为。

班级中的非正式群体是同伴关系的一种重要形式,它的存在是不可否定的客观现实。教师对此要有正确的认识,发挥非正式群体的积极作用,使非正式群体的发展利于班集体的形成。否则,如果教师一味压制非正式群体的产生和发展,就会导致班级中人际关系的紧张,降低学生的学习效率。

二、师生关系

(一)师生的相互作用与师生之间的交往

1. 师生的相互作用

教学要通过师生间的相互作用促进学生的发展,师生间的作用是双向的,既包括教师对学生的影响,也包括学生对教师的影响。师生关系是在师生相互作用过程中形成和发展起来的,在师生的相互作用中,虽然学生在接受教育的过程中是一个积极、主动选择信息的主体,但学校教育的特点决定了教师在教育过程中具有主导地位,教师通过师生相互作用对学生施加影响。在本节中,我们着重阐述影响学生发展的教师行为。

2. 师生之间的交往

在班级人际关系中,师生关系是最重要的人际关系。师生关系的好坏会直接影响到教师的教学效果和学生的学习效果,也会影响学生健康心理的发展。师生关系受多种因素的影响,其中师生交往对师生关系的影响是很大的。师生交往一般可分为三种形式,即单向交往、双向交往和多向交往,如图13.1所示。

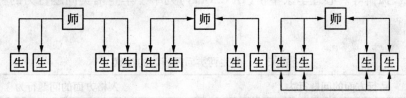

图13.1 师生交往的三种形式

在这三种形式中,对学生影响最差的是单向交往,然而在传统的课堂教学中,许多教师却常采用单向交往的形式。郭继东(1992)以初中生为对象的调查发现,26%的学生与教师缺乏最起码的沟通,87%的学生不愿意把心中的秘密告诉教师,这一结果与教师常采用单向交往的形式是紧密相关的。因此,为了促进师生关系,教师在教学中应多采用双向交往和多向交往的形式,其中尤以多向交往形式为佳。多向交往是教师与每个学生交往,同时每个同学之间也进行交往,师生交往与同学交往相结合。这种交往形式既有利于提高班级成员的积极性,便于迅速协调意见和使问题得到正确解决,又会增强教师在班级中的地位和威信,使师生关系变得融洽。

(二) 教师对学生的理解

1. 理解学生的含义

教师对学生的理解包含两方面内容：一方面是形成正确的学生观；另一方面是了解每个学生。学生观是指教师对学生的基本看法，包括如何看待学生的学习过程、发展过程、智力与人格的差异及其影响因素。这两方面内容是相互联系的，学生观的形成需要教师掌握心理学的知识，并且需要通过认识每个具体的学生来验证和矫正自己的看法；学生观的形成又能对教师理解每个学生起到定向的作用。因此，教师对学生的理解可统称为学生观。

理解学生是教育学生的前提，教师对学生的理解是在一定知识基础上和师生相互作用的过程中形成的。在教师对学生的理解过程中，心理学知识和教师的经验起着非常重要的作用。但研究发现，如果教师仅靠经验去理解学生，有时会出现一些偏差，从而妨碍了教师正确地理解学生和教育学生。这些偏差主要表现在对待学生的问题行为上的偏差和对学生行为进行分析时的归因偏差。

2. 教师对学生问题行为上的偏差

问题行为是儿童和青少年在发展过程中常见的有碍其心理发展的行为。问题行为大致可分为两类：一类是品行方面的问题行为；另一类是人格方面的问题行为。品行方面的问题行为是指那些直接指向环境和他人的不良行为，如攻击性行为、破坏性行为、不服从行为等。人格方面的问题行为是指一些退缩性行为，如对他人表现出惧怕、莫名的焦虑、羞怯、缺乏信心、神经过敏、孤僻等。心理学家奎伊 (H. C. Quay) 列举了学生两类问题行为的种种症状，见表13.1。

表 13.1 学生两类问题行为的症状

品行方面的问题行为	人格方面的问题行为
坐立不安	寻求快乐无能
寻求他人注意	忸怩
破坏	自卑感
狂暴	心事重重
注意短暂	害羞
漫不经心	退缩
缺乏兴趣	缺乏信心
学业怠慢	易慌张

续表 13.1

品行方面的问题行为	人格方面的问题行为
不负责任	缺乏兴趣
不服从	不负责任
不合作	白日梦
被动/易受暗示	离群
多动	易分心
易分心	冷漠
粗鲁	神经质/极度紧张不安

由表 13.1 可见,品行方面的问题较为外显,容易被教师发现,容易引起教师的关注;而人格方面的问题行为则较为内隐。威克曼(Wickman,1928)对教师和心理卫生专家对学生问题行为的看法进行了研究。他列出了学生表现的 50 种问题行为,让教师组和心理卫生专家组评定严重程度。结果发现,每组内部的看法相当一致,而两组之间的看法则大不相同,见表 13.2。

表 13.2 教师与心理卫生专家对问题行为严重性看法的比较

	等级	最严重	中等	轻微
教师	1	偷窃	逃学	怕羞
	2	不正当两性行为	残酷	恐惧
	3	欺骗	鲁莽	敏感
	4	不诚实	破坏公物	想象的说谎
	5	不服从	不守校规	不好集体活动
	6	易怒	好争吵	过分批评别人
心理学家	1	害羞	欺骗	反抗权威
	2	沉默	偷窃	违反校规
	3	不好社交	愤怒	不道德

教师认为严重的是那些偷窃、不正当两性关系、打仗、不服从管教等攻击性行为,认为怕羞、抑郁、容易沮丧等退缩性行为不那么重要。但是,从儿童的人格发展看,情绪是否稳定、在人际关系上是否适应,预示着儿童将来是否会出现心理障碍。因此,教师着眼于自己认为有碍于学业成绩和班级管理的干扰性行为,而不能确切地把握更重要的不适应行为,这是教师

在认识学生问题行为时容易出现的偏差。教师在教学过程中要注意克服这种偏差,更多地关注学生的心理问题,以促进学生人格的健康发展。

3. 教师在分析学生行为时的归因偏差

在教学和班级管理中,学生表现出的各种行为会导致教师对学生行为的归因,归因决定了教师对学生的态度和行为,从而潜移默化地影响学生。但是由于一些原因,有时教师在对学生的行为进行归因时会产生归因偏差。归因偏差是指人们在归因时总是倾向归结为某些因素,教师在对学生进行行为分析时,常常产生两种归因偏差。

第一种偏差是当学生出现问题时,教师容易把问题的原因归结于学生自身的因素,而不是教师方面的因素。调查发现,让班主任对学生的问题行为进行归因时,教师往往归结于学生的能力、性格和家庭,而很少认为这些问题与教师的态度和教学方法有什么关系,可是学生却认为与教师的行为是有关系的。这种偏差的危害在于教师把问题的责任推给了学生,在教育之前就放弃了教育者应负的责任。

第二种偏差是教师对优秀生和差生的归因不同。当优秀生做了好事或取得好成绩时,教师常归结为学生能力强、品质好等内部因素,而出现问题时,又常归为外部因素;对差生则正相反,当差生同样做了好事或取得好成绩时,教师常归结为任务简单、学生走运等外部因素,而出现问题时,却常被归结于内部因素。这种归因偏差对于差生的发展是极为不利的,他们即使表现出一些好的行为,也难以得到教师的准确评价,如果表现不好,就会被看作不可救药。

以上两种归因偏差对学生的发展是非常有害的,教师应该有意识地加以防止和克服,努力做到能够客观、全面、正确地理解学生。

4. 正确理解学生的途径

教师正确理解学生的途径主要有两条:一是了解学生身心发展的规律。正确地理解学生就要建立起科学的学生观,防止和矫正学生观上的偏差。建立科学的学生观的关键在于教师了解学生身心发展的规律,并使之形成按照这些规律去教育学生的严谨态度。这就要求教师认真学习心理学和教育学的知识,并把这些知识和教育实践经验结合起来,以利于教师形成科学的学生观。二是开展教育科学研究。实践表明,开展教育科学研究是改变和调整教师的学生观的重要途径。在教育科研中,教师需要学习有关学生观的科学知识,能够掌握可用于探索学生心理发展规律的方法,从而形成科学地对待学生的态度。

(三)教师对学生的期待

1. 教师期待效应

教师的期待是指教师在理解学生的基础上,会对每个学生未来发展的潜力有所推测。教师对不同的学生会有不同的期待,这种期待会影响到学生的发展。

教育心理学研究和教育实践证明,如果教师喜欢某些学生,对他们抱有较高的期待,经过一段时间,学生感受到教师的关怀、爱护和鼓励,就会以积极的态度来对待教师、对待学习以及对待自己的行为,学生更加自尊、自信、自爱、自强,引发出一种积极向上的激情,就会如教师所期望的那样有所进步。

美国心理学家罗森塔尔和雅克布森(R. Rosenthal, L. F. Jacobson)于1968年做过一个著名的实验来研究教师对学生学习成绩期待的效果。实验对象是小学 1~6 年级的学生。实验者先向全体学生进行了言语活动能力和思维推理活动能力的测验,然后从各个年级中随机抽取20%的学生,并告诉这些学生的任课教师,说他们的发展潜力极大。八个月后,罗森塔尔再次对全体学生进行测验,结果发现,这 20% 的学生全都提高了成绩,低年级提高得更多,教师对他们的评语也普遍比其他学生好。实验取得了奇迹般的效应,罗森塔尔认为这个结果是因为教师对这些学生的态度发生了变化,是从教师的期望中产生的。他借用希腊神话中主人公的名字,把这个效应命名为"皮格马利翁效应",人们也把它称为"罗森塔尔效应"或称"教师期待效应"。

2. 教师期待效应产生的过程和影响

教师期待效应是在师生相互作用的过程中对学生产生影响的。教师根据学生的学习行为、个性特征和在人际交往中的表现形成对某个学生的期待,这些期待会在教师的行为中表现出来,形成一种由于关心的、温暖的、感情上的支持所造成的良好气氛。同时,教师对他所期待的学生给予更多的支持和赞扬,更多地指导学生学习,给予学生具有启发性的提问并提供积极的帮助。当学生接受了教师行为中暗含的期待后,就会根据教师的期待表现出相应的行为。在师生相互作用的过程中,教师不断坚持按自己的期待去影响学生,而学生也会逐步向着教师期待的方向发展。

由于教师对学生所抱的期待不同,其表现出的行为也有很大差异。布罗菲(Brophy, 1985)归纳了教师对自己抱有不同期待的学生所表现出的行为的差异,其中部分差异表现见表 13.3。

表 13.3 教师对不同期待学生的行为差异

教师行为 \ 儿童	高期待儿童	低期待儿童
对正确回答的表扬	多	少
对错误回答的批评	少	多
对不适当回答的表扬	少	多
给予回答的线索	多	少
给予适当的反馈	多	少

续表 13.3

教师行为 \ 儿童	高期待儿童	低期待儿童
给予不适当的反馈	少	多
要求付出的努力	多	少
微笑与眼神交流	多	少
等待回答	多	少

由表 13.3 可见,由于教师对期待不同的学生表现出的行为不同,对学生产生的影响也是不同的。这种影响首先表现在学生的自信心上,受到低期待的学生会感到自己能力低,从而产生无力感;其次表现在学生的各种行为和学习成绩上,受到低期待的学生会放弃努力或继续表现出一些不良行为,导致学习成绩下降;再次表现在师生关系上,受到低期待的学生与教师的关系逐渐疏远。因此,受到教师高期待的学生会得到充分的发展,而受到教师低期待的学生则不能充分发展自身的潜力。

3. 建立积极的教师期待

研究表明,教师对学生的期待往往是一个无意识的过程,即很多教师并没有意识到自己的期待,也没有特意去控制自己的行为,但却在无意中表现出了自己的期待,而这种期待对学生的影响也是在潜移默化中产生的。因此,教师应该了解教师期待的效果,并有意识地利用教师期待去教育学生。实验表明,教师的期待是可以通过一些方法来改变的。如马丁(Martin,1973)曾在学校中进行实验,先向教师讲授了有关教师期待的心理学知识,然后让教师改变他们对差生的看法,对每个差生形成积极的期待,并训练教师在课堂上如何积极地对待差生。实验取得了预期的效果,教师对差生改变了看法,形成了期待,并且这种改变也给学生带来了影响。

作为教师应如何建立积极的教师期待呢?首先,教师要认真了解每个学生的特点,发现他们的优点,对每个学生都建立起积极的期待;其次,教师要不断反省自身的行为和态度,切不可对学生不公正,以免延误了学生的发展;再次,教师要充分理解每一个学生,对学生采取移情性评价。教师对学生的评价有主观性评价和移情性评价两种。主观性评价就是教师高踞于学生之上,以自己的主观认识和已有的框框去评价学生的言行,如"我看你一定……""我认为你就是……"等等,这并不是真正理解学生。移情性评价是教师以同情的态度,设身处地地结合学生所处的客观环境,以及内心的想法和感受来评价,如"你当时想到(或感到、认为)……,所以……,对吗?"等等,这样才能真正了解每个学生。

(四)教师的领导方式

教师的领导方式直接影响着师生关系。所谓教师的领导方式是指教育工作者传输信息和行使法规的行为方式。李皮特(R. Lippit)和怀特(R. K. White)在勒温指导下对教师的领导方式进行了研究。实验情境是,让10岁儿童在两种领导方式(专断独行与民主开放)下为俱乐部制作戏剧面具。一段时间后,他们要求被试回答两个问题:是否愿意继续工作?如何处理做好的面具?结果显示,专制方式领导下的儿童不愿再活动下去,要求把面具据为己有;民主方式领导下的儿童则希望继续活动,也愿意把部分作品交给集体或拿来展览。然后,这个研究将领导方式扩为四种类型:专制仁慈、专制强硬、放任和民主。研究结果见表13.4。

这项研究表明,一般来说,领导的角色和行为对集体的生活与成就产生明显的影响。从工作效率、集体道德与领导的友好关系来看,民主型的领导比其他类型的领导均优。

表13.4 领导的类型、特征及学生的反应

领导类型	领导特征	学生的典型反应
强硬专断型	1. 对学生时时严加监视 2. 要求即刻无条件地接受一切命令,遵守严厉的纪律 3. 认为表扬可能会宠坏儿童,所以很少给予表扬 4. 认为没有教师监督,学生就不可能自觉学习	1. 屈服。但一开始就厌恶和不喜欢这种领导 2. 推卸责任是常见的事情 3. 易被激怒,不愿合作,而且可能会在背后伤人 4. 教师一离开课堂,学生就明显松弛
仁慈专断型	1. 不认为自己是一个专断独行的人 2. 表扬学生并关心学生 3. 专断的症结在于自信。口头禅是:"我喜欢这样做。"或"你能给我这样做吗?" 4. 以自己为班级一切工作的标准	1. 大部分学生喜欢这种领导,但看穿他的这套方法的学生可能会恨他 2. 在各方面都依赖教师,学生没有多大的创造性 3. 屈从,并缺乏个人的发展。 4. 班级工作的量可能是多的,而质也可能是高的
放任自流型	1. 在与学生打交道中几乎没有什么信心,或认为学生爱怎样就怎样 2. 很难做出决定 3. 没有明确的目标 4. 既不鼓励学生,也不反对学生;既不参加学生的活动,也不提供帮助或方法	1. 不仅品德差,而且学习也差 2. 学生中有许多"推卸责任""寻找替罪羊""容易激怒"的行为特点 3. 没有合作 4. 谁也不知道应该做些什么

续表 13.4

领导类型	领导特征	学生的典型反应
民主型	1. 与集体共同制订计划和做出决定 2. 在不损害集体的情况下,很乐意给个别学生以帮助、指导和援助 3. 尽可能鼓励集体的活动 4. 给予客观的表扬与批评	1. 学生喜欢学习,喜欢同别人尤其喜欢同教师一道工作 2. 学生工作的质和量都很高 3. 学生互相鼓励,而且独自承担某些责任 4. 不论教师在不在课堂,都能自觉学习

(五) 教师的效能感

1. 教师效能感的含义

教师效能感一般是指教师对于自己影响学生的学习活动和学习结果的能力的一种主观判断(Ashton,Webb,1986;Gibson,Dembo,1984)。教师效能感水平的高低会影响教师对学生的期待、对学生的领导等行为,从而影响教师的工作效率。教师效能感一般包括一般教育效能感和个人教学效能感两个方面。

一般教育效能感是指教师对教与学的关系、教育在学生发展中的作用等问题的一般看法与判断,即教师是否相信教育能够克服社会、家庭及学生本身素质对学生的消极影响,有效地促进学生的发展。个人教学效能感是指教师对自己的教学效果的认识和评价,是教师在对自身教学能力的认知基础上形成的关于自我教学能力的信念。该信念一旦形成就渗透到个体的各种活动中,成为稳定的人格特征,影响着个体目标的确立、行为的选择和坚持,并通过行为结果得到不断的激活和强化。直接决定教师教学行为、影响教学效果及学生学习成绩和学习动机等众多教学变量的是个人教学效能感。

2. 效能感对教师行为的影响

一般来说,教师效能感从三个方面影响教师的行为:第一,影响教师在工作中的努力程度。效能感高的教师相信自己的教学活动能使学生成才,会投入很大精力来工作,特别是在遇到困难的时候,能够坚持不懈,勇于向困难挑战。效能感低的教师更多地强调自己无能为力和工作中的困难,放弃自己的努力。第二,影响教师在工作中的学习与提高。效能感高的教师为了提高自己的教学效果,比较注意总结经验,汲取有关知识,不断提高自己的教学能力。效能感低的教师不相信自己在工作中会取得成就,不注意在工作中不断学习和提高。第三,影响教师在工作中的情绪。效能感高的教师在工作时会信心十足、精神饱满、心情愉快,表现出极大的热情,从而取得良好的教育效果。效能感低的教师在工作中感到焦虑和恐惧,常常处于烦恼之中,以至于不能很好地完成工作。

阿什顿等人(Ashton,Webb,1985)的研究表明,效能感高的教师对学生寄予较高的期望,认为自己对学生的成长负有责任并相信自己能教好所有的学生。在课堂教学中,效能感高的教师注意对全班学生的指导,不断探索新的教学方法。在对学生进行指导时,效能感高的教师表现得比较民主,鼓励学生自由地探索解决问题的方法,而不是采用外部强化控制学生。当学生失败时,效能感高的教师能表现得很有耐心,他们会通过重复问题、给予提示等方法去促进学生对知识的理解。

由于效能感高的教师采取了有效的教育行为,因而能够促进学生学业成就的提高。而在师生相互作用中,学生的成就和各种学习行为又会影响教师的效能感。

3. 教师效能感的提高

教师效能感不是先天形成的,也不是一成不变的,而是教师在教学实践中逐渐形成和发展的。研究表明,教师的一般教育效能感随教龄增长而呈下降趋势;而个人教学效能感则随教龄增长逐渐上升;在教师效能感总体水平上,虽然也表现出随教龄增长而上升的趋势,但变化不明显,不存在统计学意义上的显著差异。在教师效能感形成过程中,受到外部因素和内部因素的重要影响。外部因素主要包括社会风气、所在学校的风气、为教师发展所提供的条件、人际关系等。辛涛等人(1994)的研究发现,工作发展的条件和学校的客观条件对一般教育效能感具有明显的影响;工作发展的条件、学校风气和教师关系对教师的个人教学效能感具有明显的影响。

外部因素对教师效能感的影响是通过教师的内部因素而起作用的,所以,内部因素才是影响教师效能感的关键。内部因素主要包括教育观和自信心两个方面。教师要形成科学的教育观,需要不断地学习和掌握教育学和心理学的知识,在教育实践中运用这些知识,通过自身的教育实践验证并发展这些知识。教师自信心的增强主要有两条途径,一是向优秀教师学习,观摩优秀教师的教学,学习其他教师的好经验;二是注意对自己的教学进行总结和反思,不断改进自己的教学。

第三节 课堂秩序的建立与维持

一、课堂秩序概述

良好的课堂秩序是课堂教学顺利进行、提高教学质量的重要条件。传统的课堂秩序被理解为"教师控制+学生服从",造成了低效的课堂教学效果和僵硬的师生关系。现代课堂管理赋予课堂秩序新的内涵,即师生平等,共同参与教学,共同制定并遵守课堂规范,营造均衡、和谐、理想的课堂情境。所以,课堂秩序是指在可接受的限度范围内,师生为取得有效的课堂教学结果而共同遵循的行为规范。

课堂秩序的基本结构分为课堂秩序的建立、维持和完善三个基本结构,如图13.2所示。

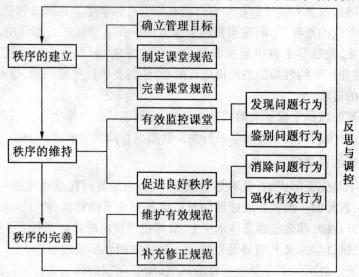

图13.2 现代课堂秩序基本结构图

教学秩序的这三个基本结构经过师生双方的调控形成一个闭合回路,经过不断的有效重复和修订,逐步形成一种可供运行的课堂管理模式,为课堂目标的实现提供根本的保证。下面我们将详细分析这三部分的实施过程。

二、课堂秩序的建立

(一)确立管理目标

课堂管理目标是教师根据不同情况和需求对学生在课堂上的行为表现所提出的期望。课堂管理目标决定了教师的课堂管理行为和学生的行为表现模式。教师在确定课堂管理目标时要考虑以下几个方面的因素。

1. 学生的年龄与成熟水平

不同年龄阶段的学生其身心发展的成熟水平不同,对身边的环境的认知和互动行为方式各不相同。例如,小学阶段学生的认知处于具体运算阶段,具有刻板性,对老师的要求言听计从,并善于模仿,这个阶段是培养学生规则性的最佳时期,所以教师在课堂管理目标中可侧重进行规范认知和行为训练。而到了初中阶段的学生,进入青春期,认知能力达到形式运算阶段,善于打破常规思考问题,教师的课堂管理目标的侧重点可以放在学生独立管理能力的培养上。可见,学生的年龄特点和成熟程度是教师在制定课堂管理目标时应考虑的重要因素。

2. 学校的管理氛围

学校的总体管理氛围会影响和约束班级课堂管理目标的建立。例如，在宽松散漫的学校氛围中，课堂目标的自由度就会较大；而在严格要求、约束较多的学校管理环境中，要想建立宽松随意的课堂规范体系却是不容易的。所以，教师在建立课堂管理目标时要考虑学校整体的管理模式，尽量建立与学校总体氛围一致的秩序规范。

3. 学生的群体特点

不同文化背景下的学生会有不同的群体特点，例如，少数民族群体的学生或接受过西方文化影响的学生，与传统中国学生相比，他们对课堂的教学模式会有不同的理解，也会表现出不同的行为特点；城乡文化差距也会影响学生对课堂管理的认识。所以，在由不同背景、特点学生构成的群体中设立秩序规范时，教师要对不同群体学生的需求保持敏感性。

（二）制定管理规范

课堂秩序是在建立有序的课堂规范的过程中实现的。教师可以根据课堂管理目标，具体确定所期望的行为表现和违规后的结果，将其转化成规范要求。所以，课堂规范是指学生在进入课堂、参与课堂活动时应遵循的规范标准。制定课堂管理规范时应注意以下几个方面的问题。

1. 发扬民主，共同制定规范

研究表明，教师和学生共同制定规范会提高学生对所做决定的责任感和义务感（J. Wk. Santroc，2007）。所以，新学期开始，教师要抓住机会和学生充分讨论并达成共识，共同制定课堂规范。这样不仅可以增强学生责任感自觉遵守规范，还可以促进学生综合思维能力和社会认知性的发展。

2. 语言以正面表述为主

经验表明，学生对苛刻严厉的语言多会产生抵触情绪，所以制定规范的内容表述应多用积极语言，以正面引导为主，来表达教师对学生的积极期待。如希望学生能够在课堂上耐心倾听他人意见的时候，可以说"请在别人讲话的时候安静地倾听"，而不是说"别人讲话的时候严禁插嘴"。正面语言的表述可以使学生从心理上更容易接受，并产生积极的促进能量。

3. 规则与程序并重

一般情况下，教师在制定课堂秩序时侧重对规则的要求而忽略对程序过程的解释，这样学生容易产生知道哪些事情不可以做，但不明白应该如何去做好一件事情的迷茫。所以，教师在制定课堂规范时既要表明规则内容，让学生明白衡量行为的标准，又要详细说明如何才能更好地完成任务的步骤，让学生明白具体的操作过程。

三、课堂秩序的维持

(一)有效监控课堂

成功的课堂,既需要教师对教学内容的精心设计与讲解,更需要教师对课堂的驾驭与监控的能力。传统的课堂教学监控是以监视、控制为出发点的,是教师对学生、教学管理人员对教师的单向外控式监控,其突出的弊端是被动、消极、单向。在这种监控下,教师和学生的自尊在一定程度上受到伤害,甚至会产生一定的抵触情绪,最终不利于教育教学目标的实现。现代课堂教学监控已被界定为综合运用观察、测量、调控和评价等手段,充分开发学生和教师的潜能,不断满足社会和学生个人发展需要的管理系统。它是一种多元监控,既包括教师对学生的监控和教学监控设施对教学活动的监控,也包括教师对自己的监控、学生对自己的监控和学生对教师的监控。这种监控是自主的、积极的,而且监控活动对被监控者不会产生任何消极的心理影响。有效的课堂教学监控包括发现问题和鉴别问题两个方面。

1. 发现课堂问题行为

课堂问题行为是指与课堂规范要求不一致,给教师教学和学生学习带来消极影响,并影响教学效果的行为。主要表现为上课漫不经心、逃课、交头接耳、过度活动等行为。研究表明,90%以上的学生都会或多或少出现课堂问题行为,课堂行为出现具有普遍性,但大多数属于轻度问题行为。所以,及时发现课堂问题行为是有效维持课堂的关键。

及时发现课堂问题行为,教师应做到:积极观察,授课过程中要注意观察班级中所有同学,并进行眼神交流,而不是只把注意力放在个别学生身上;要做到一心多用,做到同时监控多个活动,不能顾此失彼。

2. 鉴别课堂问题行为

发现问题后,教师要对问题行为进行鉴别,主要考虑以下几个方面的因素:
①发生的频率。
②产生的影响程度。
③持续的时间长短。
④有无可能消除的态势。

根据这几个因素就可以判断学生的课堂问题行为的程度,然后再分析发生这些问题行为的原因。一般课堂问题行为的产生可以归结为教师和学生两方面的原因,见表13.5。

表 13.5　课堂问题行为的原因[①]

学生方面的因素		教师方面的因素	
挫折压力	学业成绩不良,同伴关系不协调、师生关系紧张等都会导致学生的挫折压力,从而引发紧张、焦虑和不合作行为	缺乏威信	缺乏威信的教师,很难使学生对其产生敬服,容易普遍出现课堂问题行为
寻求注意	学生寻求关注的需求不能得到满足时,就会故意制造事端,引发他人的注意	教学不当	教师备课不足,教学设计不合理,组织与表达能力差,课堂对学生吸引力较弱,学生注意力不容易集中
人格因素	一般外向性格的学生活泼好动,自控能力弱,容易出现干扰课堂秩序的行为;内向型性格的学生则容易出现逃避课堂、消极学习的方式表达自己的不满情绪	管理不当	教师管理方式简单粗暴,遇到问题主观臆断,采取强制措施,滥用体罚,引发学生的抵触心理

(二)促进良好的秩序

1. 消除问题行为

当教师发现课堂问题行为后,应及时采取一定的措施方法和适当的原则帮助学生消除和矫正这些问题行为。

(1)消除问题行为的方法。

教师采取什么措施消除问题行为,取决于问题行为的性质和场合。例如,有些学生静坐在座位上但不听课,看连环画或伏在桌子上睡觉但无鼾声,这类问题行为属于内向性的,它不明显干扰课堂教学,教师可采用非语言暗示的方法,如走到学生的身边,利用手势或眼神或邻近控制、向其发问等措施加以处理。如果有些学生大声喧哗、戏弄同学、扮小丑和顶撞教师,这类行为是外向性的,它们对课堂有较大干扰,教师必须通过警告、批评等语言性措施迅速制止。问题严重时,可以适当加以惩罚。在实施惩罚时需注意以下几点:一是惩罚要及时,让学生知道惩罚的理由;二是维护课堂规则的权威性,严格按规则实施奖惩;三是惩罚手段不能滥用,更不能体罚学生。

[①] 张大均.教育心理学[M].北京:人民教育出版社,2011:546.

(2) 消除问题行为的原则。

消除学生问题行为时，教师需要遵循以下原则：一是公平一致的原则。教师对不同学生在课堂的问题行为要采取一致的处理措施，不能有所偏颇。二是以奖励为主的原则。实践证明，动辄惩罚不仅会强化学生的问题行为，还会导致学生出现新的问题行为，而奖励和认可则会有效消除课堂的不良行为。三是注重心理分析的原则。教师在处理问题行为时，切忌不问青红皂白，按照自己的主观想象给事件定性。要善于倾听学生的想法，了解学生的心理，才能找到有效处理的方法。四是最小干预的原则。教师应尽可能采用对学生产生副作用最小的方法来处理课堂问题行为。

2. 强化有效行为

除了消除学生的不良行为之外，当学生表现出有效行为时，教师还需要注意强化塑造学生好的课堂行为。教师可以采用以下强化的方法：

①社会强化，指教师通过语言、表情、身体接触等方式鼓励所期望的行为表现。社会强化的方式主要有代币强化、集体绩效强化、契约式强化等。

②活动强化，指当学生在教学活动中出现教师所期望的行为时，允许学生参与其喜欢的活动。如学生按时完成任务，可以参加喜欢的兴趣小组的活动。

③榜样强化，指教师给学生提供行为范例，让学生产生潜移默化的学习。如对课堂表现好的学生给予肯定和表扬，来激发其他学生对这种行为的学习。

四、课堂秩序的完善

（一）维护有效规范

课堂规范建立之初，教师不要认为只要让学生知道了解课堂规范，学生就可严格遵守。教师需要知道信念的形成是一个由外到内的转化过程，要想让课堂规范持久发挥作用，教师在实施教学过程中，要注意引导学生对规范的合理性和重要性的理解，同时，还需要始终如一地对学生行为给予强化和塑造，从而维护课堂规范的有效性。

（二）补充修订规范

课堂规范的建立不可能一次就达到尽善尽美、一成不变，还需要在实施的过程中不断加以补充、修改和完善，才能真正地被学生所接受。所以在规范实施过程中，教师首先要确保每个学生都能够领会和理解规范的内容，然后通过不断地实施和反馈来强化学生对规范的接受和应用，并在特定的阶段接受学生的意见，对规范进行调整和修改，使课堂规范达到最优化。

【思考题】
1. 简述班集体的特征及课堂管理的内容。
2. 同伴关系对学生的影响表现在哪些方面?
3. 如何发挥非正式群体的积极作用?
4. 结合罗森塔尔的实验阐述教师期待效应产生的过程及影响。
5. 什么是教师效能感？教师效能感具有什么作用？教师如何提高效能感？
6. 结合实际谈谈良好的课堂秩序对教学效果的影响及应对问题行为的有效策略。

第十四章
Chapter 14

教师心理

教育是教与学的双向互动的活动,教育心理学研究不仅涉及学生心理,也涉及教师心理。教师心理研究主要包括教师职业角色的形成、教师威信的建立、教师心理保健和教师专业成长等几个方面,本章将分别介绍这些方面的内容。

第一节 教师职业角色与威信

一、教师职业角色

教师职业角色是指教师自身和社会(包括国家、学校、家长、学生等)对教师群体行为模式的期望,它是由一系列角色构成的角色系统。

(一)教师职业角色

角色(role)一词源于戏剧,原指舞台上演员所扮演的人物。1935年,美国社会学家米德(George H. Mead)最早把这个概念引入社会心理学,分析个体在不同的情境中应有的行为方式,指出社会对每个角色的行为都有一定的要求和规范,要求个体的行为模式要与其特定的身份相符,称为角色期待。

由于教师职业的特殊性,社会对教师职业的理解和期望区别于其他的职业,从教师的社会职责和职业特征分析来看,教师职业角色是多重角色的组合,且会随着社会的发展变迁而发生变化。在今天,教师的社会地位、身份等诸多方面都发生全新的变化,教师应找到自己正确的角色定位,及时地进行角色转换。

1. 学生学习的引导者和促进者

"传道、授业、解惑"是人们对教师职业角色最直接的解读,认为教师最大的使命就是将人类的知识经验传授给下一代,以确保文化的传承和发展。但随着科技的发展,多媒体网络技术的广泛应用,拓展了人们获得知识的渠道,教师已不再是"讲坛上的圣人",不再是"先学先知"之师和信息的权威拥有者乃至唯一的传播者。教师的任务就不能再局限于知识的教授,而应该把培养学生正确的学习态度、养成良好的学习习惯、独立思考并能灵活进行知识迁移作为教学任务,担当起学习的引导者和促进者。

2. 教育教学灵活的组织者

在传统教育中,在组织学生进行集体教学和活动时,教师为了维持良好的秩序,会扮演严格的管理者角色,成为学生的领导者和课堂秩序情况的监督者。教师在扮演这种角色时,如果不能够顾及学生身心发展的特点和个性差异,教师容易处在至高无上的位置,具有至上的权威,造成师生以知识为中心的授受关系、主从关系和不平等的权威和依赖关系。时代的发展带来思想意识的多元化,学生的平等和民主意识不断增强,师生关系不断向平等方向发展。因此,在师生共同活动中,教师的角色要从严格的管理者转变成灵活的组织者,营造和谐、民主、平等的团体氛围。

3. 思想教育与心理健康咨询的结合者

教师在传授知识的同时,还担负着对学生进行思想品德方面教育的重任。所以,教师要注意自己的道德修养,通过言传身教,把好的社会意识和道德规范要求转化成学生内在的思想品质。近几年来,教育专家发现,学生在成长过程中所表现出的行为问题,大多源于心理原因而非道德品质的问题。因此,要求教师不仅要有高尚的道德情操为学生做好的示范榜样,还需要掌握心理咨询的知识和技术,深入了解学生的心理特点,为学生提供相应的咨询和指导,从心理辅导的角度来帮助学生解决更为隐秘和深入性的问题。教师的心理咨询工作可以求助于专业心理咨询部门的专业人员,通过不断的学习和交流提高咨询水平。

4. 课程教学的研究者

在传统的教学中,课程作为系统的学科知识,是课程专家和学科专家设计的,教材也是由国家统一编订的,教师虽然是教学的中心,但往往只是课程、教材的执行者,在教授课程、教材时,几乎不敢越雷池一步。这往往会造成教学理论与教学实际脱节的状况。如果教师参与课程研究设计和编写,课程、教材可能会更清晰,更易懂,更容易被学生所理解。与专家、学者的研究相比较而言,教师的研究主要是指教师通过对自身教育教学行为的自我观察、内省、反思与探究,以改进和完善自己的教育教学实践为目的的研究,它是置身于教育教学之中的研究,是改进教育教学的研究。因此,教师更应该成为教学研究者,成为课程教材开发和设计的主体。

(二)新时代教师角色应具备的基本素质

为适应新时代对教师的要求,教师需要具备多方面的能力,以下几个方面的能力对教师如何适应信息社会,进行角色转变有很重要的作用。

1. 新知识的汲取能力

这里的新知识,既包含某些学科的新动态、新发展,又包括大文化范畴中的新发明、新观念和新见解。教师应保持对新知的热情,重视知识体系的建构并以系统和深入的思考消化新知,塑造自我。

2. 获取信息的能力

未来社会的教育目标应是培养产生信息和利用信息的人,信息社会的教育便可称为信息能力的教育,因此,教师首先应具备接收信息的能力,能够准确、迅速地接收信息,并进行分类、储存和检索。

3. 应用现代教育技术的能力

教师必须将更多的时间和精力放在教育科研上,放在教学软件的编制设计和开拓多媒体教学空间上,还要注重为学生创设学习情境,根据他们的不同特点和需求,进行认知引导和智能辅导,从而最大限度地发挥现代教育技术的作用。

4. 课程开发的能力

教师应具有课程开发能力,要在系统学习现代教育理论、探讨教学思想和教学方法的同时,结合自己的实践和学生的实际,让课程内容更适应时代发展的特点和学生成长的需要。

二、教师的威信

(一)教师威信的含义及教育功能

教师威信是指教师个人或者组织改变、控制人们心理和行为的影响力,主要包括教师职业威信和人格威信两个方面。威信是教师知识、能力和个性品质在学生的心理上产生的效应,是以教师良好的品质、作风、知识和能力自然地影响学生,使学生自觉自愿地信服、尊重教师。

教师威信是影响学生的重要条件,其作用主要表现在三个方面:第一,在认识上,学生确信教师影响的正确性。有威信的教师在学生心目中是积极的,学生确信有威信的教师指导的真实性和正确性,积极主动地接受这些教师的指导。第二,在情感上,乐于接受来自教师的影响。学生容易把有威信的教师的要求转化为自己主观的需要,反对任何不尊重教师教育的人和事。对于教师的表扬和批评,能产生相应的情感体验,因而加大了教育的效果。有威信的教师的表扬能引起学生愉快、自豪等积极的情感体验,产生要学得更好的愿望;教师的批评能引起学生悔悟、自责、内疚等消极的情感体验,产生自觉改正错误的愿望。第三,在行为上,能对学生起榜样作用。有威信的教师往往成为学生心目中的理想人物,学生会产生模仿教师的愿望,并且毫无怨言地按教师的要求行事,使教师的要求能很好地转变成学生的意向,并积极指导他们的行动,从而使教师的言谈举止都具有教育的力量。

教师威信既是客观的又是主观的,从教师角度来说,它不是教师自我感觉有威信就有威信的,而是因为个人具有某种优良的心理品质和人格魅力而对学生产生一种必然的影响力;从学生角度来说,教师威信的高低,是由他在学生心目中的地位和影响力的大小来衡量的,是学生对教师的主观看法,因而教师威信又是主观的。因此,威信并不等同于威严,以教师的职权威慑、压服学生,只能使学生产生惧怕和回避心理,不仅不能在学生心目中产生威信,反而会压抑学生的身心发展,损害教师的形象,对教育教学造成负面的影响。

(二)影响教师威信形成的因素

教师威信的形成取决于一系列主客观因素。党和国家对教师的重视和关怀,社会对教师劳动的尊重,教师的社会地位和物质待遇的提高,学生及家长对教师的态度等都是影响教师威信形成的客观社会条件。而教师的主观因素则是威信形成的根本性的决定因素。影响教师威信形成的主观因素有以下几种。

1. 良好的道德品质、渊博的知识、高超的教育教学艺术是教师获得威信的基本条件

教师良好的道德品质集中地表现在对自己所从事的工作有较强的自豪感和责任感。要求学生做到的,自己首先做到;要求学生不做的,自己坚决不做。只有这样,学生对教师才能心悦诚服。在教学中,能深入浅出侃侃而谈,能帮助学生解决难点,能结合教学内容谈今论古,能介绍学科发展的新成果,有很高的智力、应付能力以及教育艺术和教育机智的教师,就是学生理想的榜样,能被学生看成是智慧的化身,自然能在学生中享有崇高的威望。

2. 在与学生长期交往中能否适当满足学生的需要,对教师威信形成具有重大影响

教师的威信是在与学生长期交往中形成的。教师经常不断地满足学生各种合理需要,是教师能在学生中建立威信的心理基础。如果教师能爱护、关心、体贴学生,师生情感会很融洽,教师威信也能迅速地在学生中建立起来。有威信的教师如果对自己要求不严,或是在与学生交往中犯有过错而又不认真改正,威信就会因此下降,甚至丧失。相反,威信不高的教师,由于努力改正与学生交往的方法,能很好地满足学生各种合理的需要,威信也就随之提高。

3. 教师的仪表、生活、作风和习惯对获得威信有重要影响

教师的仪容姿态、作风、生活习惯,并非是微不足道的细枝末节。教师仪容不整、生活懒散、不讲卫生以及自己无意识的习惯性的不雅观的语言动作会损害教师的威信。可以通过录像、录音,让教师看到自己上课时的言语、教态、仪容、表情等,使之意识到自己言行姿态的不当之处,从而有效地纠正自己的缺点。

4. 教师给学生的第一印象,对教师威信形成有一定的影响

在头几次见面的关键时刻,学生对教师的一言一行都特别敏感。由此而产生的先入为主的印象以及有关的态度,往往会成为影响教师威信的重要心理条件。如果教师开头几次课都做好了充分准备,态度沉着、自然而亲切,教学内容丰富,教育方法得当,能取得"第一次感知效果",就能初步树立起威信;反之,就会使学生大失所望。在大多数情况下,恢复丧失的威信要比获得威信困难得多。

(三)教师威信的维护与发展

教师的威信一旦形成,就具有一定的稳定性,但稳定是相对的、有条件的,不是一成不变的。因为形成教师威信的主客观条件是处于不断变化之中的,只要某一方面的条件发生了较大的变化,教师的威信就会受到影响。因此,教师威信形成之后,维护与发展已形成的威信也十分重要。教师威信的维护与发展主要包括:巩固已获得的威信;发展不全面的威信为全面的威信,发展低水平的威信为高水平的威信;防止威信的下降和丧失;提高威信的教育影响力等。对于教师威信的维护与发展,要努力做到以下几个方面。

1. 不断地更新和丰富自己的知识

教师知识水平的高低,直接影响自身的威信。知识,就其本身来讲,就是一个巨大的能源,一种无穷的力量。在现实生活中,学生总是敬佩、喜欢那些知识渊博、教学有方的教师。如果一名教师博学多才、开朗活泼、爱好广泛、作风踏实,那么以他为中心,就会形成一个强有力的磁场,吸引许多学生。因此,教师要在教学工作中不断更新、充实、丰富自己的学科知识,努力开拓知识领域,特别是在知识经济到来的今天,每一专业、每一学科都极快地更新或增加着新的内容,边缘学科、综合学科不断产生,这就要广采博取,兼收并蓄,不仅要精通本学科的知识体系,而且要有比较广泛的文化知识修养,并能将各种知识融会贯通地应用到教学中,从各方面给学生"复合维生素",以促进学生全面发展。这是树立教师威信最重要的基础。

2. 始终坚持为人师表

要赢得长久的教师威信,教师应不断加强自身的思想、文化、道德修养,做到严于律己,以身作则,培养良好的工作态度和心理品质,自始至终履行好自己的职责。我们知道,学生在心理上和道德行为上的一个突出特点就是模仿教师,如果教师在与学生的长期交往中,能真正地始终如一地做到为人师表,就会形成一种无形的巨大的感染力,使学生不由自主地对其产生尊敬、佩服和爱戴心理。这样,才能使自己最初建立的威信具有永久的生命力。

3. 与学生交往中,要努力做到心理换位

要想进一步地提升自己的威信,教师还要学会"角色转换"。走进教室,教师是传道、授业、解惑的主导者,师生之间是教与学的关系;走进宿舍,教师是一个长辈,对学生给予切实的

关心、帮助、指导；与学生交往相处时，则是朋友，要能够尊重、理解、信任学生，以诚实、平等的态度对待学生。要善于把自己放在学生的心理位置上去认识、思考问题，深入学生的内心世界，了解学生对某一问题的看法和要求，做到想学生之所想，急学生之所急，以此加深师生之间的心理沟通和情感交流，缩短师生之间的心理距离。同时，教师还要放下架子，真正实现与学生之间的心灵沟通。这样，在学生心目中，教师才是一位知识渊博、方法得当、平易近人的教育者、指导者和领路人，教师的威信自然会得到增强。

4. 教师要正确认识和合理运用自己的威信

教师要对威信有正确的认识，威信不是威严，不能为了维护自己的威信而不恰当地运用教师的权威，损害学生的自尊心，挫伤学生的积极性和对教师的亲近感，削弱学生对教师的信赖感和尊敬心理，最终导致教师威信的降低。只有认识到威信的实质，妥善处理师生关系，才能有效地维护和提高自己的威信。

第二节 教师职业心理素质

雅斯贝尔斯说："教育意味着一棵树动摇另一棵树，一朵云推动另一朵云，一个灵魂唤醒另一个灵魂。"由于教师的职业特点及其在社会中扮演的角色和作用，决定了教师必须具备良好的心理素质。大量研究结果证明，教师的心理素质尤其是个性品质和个性心理特征，对学生心理品质的形成和性格的塑造具有深刻的影响。良好的心理素质既能更好地向学生传授知识技能，发展学生的能力，又可以潜移默化地影响学生。教师的职业心理素质包含许多内容，概括起来大致可分为三大类，即教师的教育机智、教师的教育能力和教师的人格特征。

一、教师的教育机智

所谓教育机智，是指教师对学生活动的敏感性及能根据新的、意外的情况快速地做出反应，果断地采取恰当的教育教学措施的一种独特的心理素质。教育机智是教师观察的敏锐性、思维的灵活性、意志的果断性、教育的技巧性等几个方面独特心理特征的结合。它是教师心理品质和教育技巧的概括。教育机智集中表现在能在任何情况下按照教育规律办事，善于根据教育方针有效地教育学生。

教师的教育机智具体表现在以下几方面：

(1) 善于因势利导。

因势利导是指按照学生的需要和实际水平，利用并调动学生心理的积极因素，消除其消极因素，循循善诱，从而使学生扬长避短，择善去恶，增强克服缺点的内在力量，自觉主动地提高学习效率和按照教育要求发展良好品德。

(2) 善于随机应变。

随机应变是指教师在错综复杂、瞬息万变、随时可能发生意外的教育情境中,能迅速判明情况,确定行为方向,采取果断的措施,及时地解决矛盾,有效地影响学生。

(3) 善于"对症下药"。

这是指教师能从学生实际出发,采取灵活多样的教育方式和方法,有的放矢地对学生进行教育。学生在学习和品德上出现各种各样的问题有许多原因,其中有一些是个性的原因造成的。只有善于根据学生的实际情况,具体分析学生产生问题的心理因素,弄清问题的症结所在,有的放矢地进行教育,才能取得效果。

(4) 善于掌握教育分寸。

掌握教育分寸是指教师要讲究教育工作的科学性,在教育学生和处理问题时实事求是,说话有度,分析中肯,方式适宜,以最小的代价取得最佳的教育效果。教育工作如果不讲分寸,不仅收不到预期的效果,还可能适得其反。对学生过分赞扬,会使他们骄傲自满;过分批评,会使他们自卑失望;过分爱抚,会消磨他们的意志;过分严厉,会养成他们性格上的盲从或固执……所以,善于掌握教育分寸,确定自己的言语和行为的适当界限,是教师的一种教育艺术,也是教育机智的一种最明显的标志。

二、教师的教育能力

教育能力是指教师为成功地进行教育活动所必须具备的能力。许多研究表明,教师的教育能力与教育效果有较高的相关。对于教师的教育能力包括的内容,不同的心理学家有不同的看法。本书主要归纳为以下几方面的能力。

(一) 教师的专业知识

由于学生是通过教师的传授来学习知识的,而且教师掌握知识的情况与其认知能力密切相关,因此,研究者都很重视教师应具备的知识结构。在传统观念中,人们往往认为教师的知识越多,教学的效果越好。"要给学生一杯水,教师首先要有一桶水"就是这种观点的写照。但在一些研究中人们却发现,教师的知识水平与教学效果只有很低的正相关。当教师的学历达到一定程度后,教学效果就不随着教师的知识水平的提高而上升。这时,影响教师教学效果的不是教师的知识水平,而是教师的知识结构。

心理学家认为,教师所掌握的专业知识应是"实践的知识"(practical knowledge),既包括特定的学科知识的内容,也包括如何传授这些知识的内容。这种知识具有以下五个特点。

(1) 依赖内容和学生等具体的情境,带有情境性的特点。

(2) 经常以案例的形式来记忆。

(3) 是一种跨学科的综合知识。

(4)是一种熟练后得以自动化的知识。

(5)有很多知识产生于教师个体的经验之上。

威尔逊(Wilson,1987)以教师为对象用观察和面谈的方式进行了研究,结果认为,教师要上好一节课需要七个方面的知识。

(1)关于课程内容的知识。

(2)关于学生情况的知识。

(3)关于教学目标的知识。

(4)教育学原理与教学论方面的知识。

(5)这一学科和教材的内容、结构方面的知识。

(6)与这一部分内容相关的其他学科的知识。

(7)如何把教材的内容教给学生的教学法方面的知识。

威尔逊等人进一步指出在备课写教案的过程中,教师要综合运用这七个方面的知识:第一步是理解教材;第二步是根据教材与教学目标去选择适当的材料,如举哪些例子;第三步是选择适合于这些材料的教学方法,如归纳或演绎、实物呈现或图片呈现等;第四步是根据这个班级儿童的心理特点分析教学方法是否适当。教师专业知识的特点,要求教师要在教育实践中,通过不断反思与相互交流来学习和提高。

(二)教学监控能力

教学监控能力指教师对教学过程进行积极主动的计划、控制、调节、检查、评价、反馈的能力,这一能力是教师在教学过程中表现出来的综合性能力。

申继亮等人(1996)将教学监控能力划分为七个方面。

(1)计划与准备性。在课堂教学之前,明确课程所教的内容、学生的兴趣和需要、学生的发展水平、教学目标、教学任务以及教学方法与手段,预测教学中可能出现的问题与可能的教学效果。

(2)课堂的组织性。在课堂中注意学生的反应,排除干扰,创造良好的课堂气氛,努力调动学生的学习积极性。

(3)呈现教材的意识性。教师对自己的教学进程、教学方法、学生的参与及反应保持有意识的反省,并及时调整自己的教学活动。

(4)沟通性。教师努力以自己积极的态度去感染学生,保持自己和学生之间的交流。

(5)对学生进步的敏感性。不断了解学生知识的掌握情况,采用各种方法评价学生的进步,及时改进教学。

(6)对教学效果的反省性。对自己上过的课进行回顾和评价,分析其成功与失败。

(7)职业发展性。对教师自己职业发展的设计与期望。教师教学监控能力水平的高低与学生的学业成绩和心理发展有密切的关系。

(三)言语组织和表达能力

教师主要通过言语来传递知识,言语组织的条理性、表达的清晰程度直接影响到教学效果。索罗门等人(Solomon,1964)的研究发现,学生的学习成绩与教师言语表达的清晰度有显著的正相关。席勒等人(Hiller,1971)的研究表明,教师讲解得含糊不清与学生的学习成绩呈负相关。

教师的言语组织和表达能力主要表现在以下五个方面。

(1)语句不长,语速适当,使学生能够理解而又不分散注意力。

(2)注意内容之间的联系、表达的层次与顺序,使学生能够把所学到的知识组织成一个整体。

(3)言语表达要富有感情,在语调的变化和面部表情上都反映出真挚的情感。

(4)通俗易懂,善于把复杂的东西讲得简单,把抽象的东西讲得具体。

(5)注意学生的年龄特点和知识基础,如对年龄小的学生要采用生动形象的语言,对学生生疏的内容用学生熟悉的事物来讲解。

(四)组织管理能力

教师的组织管理能力是指教师对教育、教学情境的组织、领导、监督和协调的能力。主要表现为:

(1)善于制订教育、教学工作计划,并善于组织课堂教学。

(2)善于组织良好的班集体、团队和学习小组,从集体中选拔学生干部、培养骨干,形成集体规范和舆论,充分发挥每个学生的积极性和潜能。

(3)善于组织和调动学生家长和社会的力量,配合学校的教育工作。

三、教师的人格特征

健全的人格是教师必备的心理素质。教师的人格特征不但对教育、教学效果产生影响,而且在很大程度上决定其能否有效地促进学生人格的健康发展。从教师的职业特点来看,以下主要人格特征是优秀教师应具备的。

(一)成熟的自我意识

自我意识是个体对自己的身体、活动和心理等方面的认识和态度。个体能否真实、客观地认识自我和对待自我是衡量其自我意识成熟与否的基本标志。一般来说,优秀教师的自我意识主要表现在:

(1)在自我认知上,能在客观的自我观察的基础上,实事求是地进行自我分析,做出恰当的自我评价,形成主观自我和客观自我相统一的自我形象。

(2)在自我体验上,能通过积极的自我感受,形成适度的自爱、自尊、自信、自强等心理品质,有强烈的责任感、义务感,全身心地投入到教书育人的活动中,对教育事业充满自豪感和荣誉感。

(3)在自我控制方面,能有效地进行自我监督,自觉抵制各种不利因素的刺激和影响,使自己的情感冲动和行为限制在合理的范围之内;能够进行自我批评,看到不对的人和事能主动地对照自己,反省自己;善于自我组织,能够在新的条件下,重新调整自己的思想和行为以适应新的环境,能接受团体的正确规范和吸取他人的正确意见,达到自我更新,从而用更高的标准来设计与要求自己,以新的创造去超越自己。

(二)强烈的责任心

强烈的责任心是教师取得良好教育效果的首要条件,表现在各项工作中认真负责,严格要求自己,也严格要求学生,把全部精力都用到教育和教学工作上。瑞安斯(D. G. Ryans, 1960)研究表明,有激励作用、生动活泼、富于想象并热心于自己的学科的教师,其教学工作较为成功,学生的行为更富于建设性。因为他们的工作动机不是为了应付上级的检查,而是为了促进学生的全面发展和健康成长。教师的责任心依赖于教师个人对教育工作意义的认识。只有明确教育工作的意义,才能在强烈的责任心的驱使下去完成自己所肩负的任务。

(三)富有创新精神

富有创新精神是现代教育对教师的基本要求。教师的创造性是指教师在教育和教学过程中表现出来的独创精神和独创能力。由于教师的教育、教学工作主要是自己独立地进行,就要求他们具备较强的独创精神和创造能力;又由于教师的工作对象是正处于不断发展变化的未成熟的青少年,对他们的培养没有固定的模式,这就要求教师必须通过创造性的工作去寻找适合学生的方式方法。因此,富有创新精神的教师,总是表现出创造性的教育行为,积极探索,永不满足。具体来说,表现出如下特征:

(1)教学思想的开放性。
(2)教学设计灵活多样,富有弹性。
(3)教学信息传输的经济、迅捷性。
(4)重视发散思维和直觉思维的训练。
(5)在教学活动中,善于将学生掌握的知识转化为创造能力。
(6)不失时机地运用教学反馈信息,机智地进行教学调控。

(四)积极的情感

教师的积极情感不仅能推动教师积极地工作,而且能深深地感染学生。这是教师的人格特征之一,它主要表现在以下几方面。

(1)对教育事业的热爱。

对教育事业的热爱是教师做好教育工作的前提条件。对教育事业热爱的教师,就会把自己的一切奉献给教育事业,精心哺育一代新人。因此,要做一名合格的教师,首先应该培养和提高自己对教育事业的责任感和荣誉感,激发自己对教育事业的兴趣,树立热爱教育事业、为教育事业献身的积极情感。

(2)对学生的热爱。

教师热爱学生是一种高尚的情操,是一种重要的教育力量。教师热爱学生应包括真心实意地关心学生;热爱所有学生,公平地对待每一个学生;了解学生,尊重学生,信任学生;严格要求学生。

(3)对自己所教学科的热爱。

教师对所教学科的热爱是提高教学质量的重要条件。教师只有喜爱所教学科,才能深入钻研教材,充满感情地传授知识,从而使学生产生相应的情感体验,提高学习本学科的兴趣,加强对教材的深入理解。

(五)良好的性格

教师良好的性格主要表现在:

(1)公正无私。在教育、教学过程中,教师不能以个人的好恶、私利看待学生,而应该公平地对待、关心、爱护每一个学生,培养每一个学生成才。

(2)谦虚诚实。教师既要客观正确地分析评价自己的言行,勇于承认自己身上的不足,又要虚心向他人学习,有"不耻下问"的精神和胸怀。

(3)活泼开朗。活泼开朗是精力充沛、心胸豁达、充满活力的一种表现。教师要保持乐观开朗的态度,以积极饱满的情绪去从事教育、教学工作;以活泼开朗的性格去感染学生,培养学生乐观向上、热情开朗的良好性格。

(4)独立善断。作为班集体的领导者,教师在面临复杂的问题情境时,不偏听偏信,不人云亦云,独立发现问题和解决问题,即使在困难的条件下也不惊慌失措,在紧迫的情况下仍能发挥自己的力量。

(5)自律自制。教师应对自己的言行有高度的自律性,对自己的情绪冲动有较强的自制力,理智地对待学生,表现出良好的道德风貌和坚强的意志品质。

第三节 教师专业成长

20世纪80年代以来,人们日益认识到教师职业的复杂性和重要性,教师的专业发展成为教育研究的热点。研究的焦点主要集中在两个方面:一是教师实际经历的专业发展的变化过程,侧重研究教师专业发展体现在哪些方面、发展要经历哪些阶段、发展是否有关键期等;二是教师专业发展的促进方式,研究在教师专业发展有关观念的指导下,给教师提供哪些外在环境和条件,才能更好地帮助教师顺利地走过专业发展所必须经历的诸阶段。

一、教师专业发展的内涵

教师的专业发展(teacher professional development),是指教师作为专业人员,在职业道德、专业思想、专业知识、专业能力、专业品质等方面由不成熟到成熟的发展过程,即由一名专业新手发展成为专家型教师或教育家型教师的发展过程。

教师的专业发展固然与时间有关,但又不仅仅是时间的累积,取得教师资格证书并不代表已成为合格教师,当了一辈子教师也不一定其专业性都得到了充分的发展。教师专业的发展体现在教师专业素养的不断提高、专业理想的逐渐明晰、专业自我的逐步形成,直至成为教育世界的创造者。

二、教师成长阶段理论

教师的专业发展并非一帆风顺,而是带有阶段性特征。研究教师专业发展的阶段及其特征,对教师的专业发展具有重要意义。它指明了教师专业发展的基本阶段和应对路径,既有助于教师根据发展阶段特点去制定符合自身发展实际的短期和长期目标,同时也有利于学校和教师培训机构针对教师专业发展的特点提供促进专业发展的辅助性条件。因此,把握每个阶段专业发展的内涵、特点与要求,对于提高教师素质、促进专业成长以及改进教师教育体制大有裨益。

(一)富勒的教师关注理论

20世纪60年代末、70年代初,富勒(Fuller)通过编制的"教师关注问卷",从教师在不同发展阶段的关注内容出发,阐述了职前教师所经历的三个发展阶段及相应阶段的一些主要特征。

1. 关注生存阶段

这一阶段教师主要关注的是自我胜任能力以及作为一名教师如何"生存"下来的问题,关注班级的教学与管理、对教学内容的掌握和学校领导的评价、学生与同事的肯定、接纳等。由于这种生存忧虑,教师可能会花大量的时间和精力与学生搞好个人关系,而忽略学生学业上的进步。

2. 关注教学情境阶段

当教师感到自己完全可以生存下去的时候,就开始关注学生的学习成绩,把注意力放在目前教学情境对教学方法和材料等的限制下,如何顺利地完成教学任务,以及如何正确地掌握相应的教学技能。例如"如何更好地掌握教学时间""如何有效地呈现教学信息"以及"如何选择高效的教学方法"等。

3. 关注学生阶段

教师开始把学生作为关注的核心,关注他们的学习、生活和情感需要,以及如何通过教学更好地影响他们的成绩和表现。但是他们通常要在学会应对自己的生存需要后才能对学生的需要做出反应。

富勒的阶段理论阐述了教师的关注内容与教师的专业发展程度密切相关。在教师发展初期,学生处于相对被忽视的位置。因此,如何促进该阶段的教师对学生产生足够的关注成为促进他们专业发展的必要内容。

(二)休伯曼的教师职业周期模式

1993年,休伯曼(Huberman. M)等人对教师职业周期的研究更加具体和细致化。他不仅将教师职业的发展周期做了阶段性的划分和研究,而且探索了每一阶段的主题,他并没有将发展主题强加给每一位教师,而是依照教师对发展主题的认识和理解不同,区分出不同的发展路线。因此,可以说休伯曼的理论更加详细和具有针对性,也更真实地反映了教师的实际发展路线。休伯曼将教师的职业生涯过程归纳为五个时期。

1. 入职期

时间是入职的第1~3年,是"求生和发现期"。在这一时期,教师表现出对新职业的复杂感情,一方面是初为人师的积极热情,另一方面是面对新工作的无所适从,却又想尽快步入正轨而急切地希望获得教学的知识和技能。

2. 稳定期

时间是工作后的第4~6年。这一时期教师逐渐适应了自己的工作,并且能够比较自如地驾驭课堂教学,初步形成了自己的教学风格,入职时的压力和不适已经消失,教师此时已经能够比较轻松、自信地面对自己的工作,同时要求自己在教学技能等方面进行不断的改进与提高。

3. 实验和重估期

时间是工作后的第7~25年。该阶段是教师职业生涯道路上的转变期。教师的转变有两个方向:随着知识和阅历的增加,教师开始对自己及学校的各项工作大胆地进行求新和力求改革,在教学材料、评价方法等方面进行教改实验,关注学校发展,对学校组织和管理中的漏洞进行批评和指正,不断地对职业和自我进行挑战;另一方面,单调乏味的教学轮回使教师对自己的职业产生了倦怠感,对是否要继续执教产生动摇,因此开始对目前从事的工作进行新的评估。

4. 平静和保守期

时间在从教的第 26~33 年。经过对教学和学校的激烈改造或是对教师职业的反思和重估,教师的工作进入了平静发展阶段。此时他们已经拥有丰富的经验和技巧来应对教师工作,但同时也失去了专业发展的热情和动力,因此教师的志向水平开始下降,教师的工作也变得较为保守。

5. 退出教职期

时间是教师工作的第 34 年以后,教师的职业生涯步入了逐步终结的阶段。

(三)费斯勒的职业生涯周期阶段论

美国教师发展研究领域的著名学者费斯勒(Fessler)将教师的整个职业生涯的发展视为一种动态的、回应各种影响因素的此消彼长且与之循环互动的历程。

基于这样一种理论观点,费斯勒将教师发展过程分为八个阶段。

(1)职前教育期:是教师专业角色的准备阶段,一般指在高校学习中的培训阶段。
(2)职初期:指教师开始任教的前几年,是教师在学校系统中的社会化时期。
(3)能力建构期:是教师努力提高教学技能和能力的时期。
(4)热情与成长期:教师的工作能力已达到较高水平,但专业能力还有待继续进步。
(5)职业挫折期:教师遭受挫折,职业理想幻灭,出现职业倦怠。
(6)职业稳定期:职业生涯达到高原期。
(7)职业消退期:教师开始准备离开教育岗位。
(8)职业离岗期:教师离开教学工作的最后一段时间。

费斯勒认为,教师专业发展并非完全按照模型的八个阶段的先后顺序依次进行,在教师职业的任何时期都会出现高潮和低谷,因此,教师职业的发展是一个充满变化的历程。

(四)国内关于教师发展阶段特征的研究

北京教育学院邵宝祥主持的全国教育科学"九五"规划教育部重点课题,在研究中发现,教师专业发展的关键是教师教育教学能力的发展。他们将教师专业的发展过程分为四个阶段。

1. 适应阶段

从教 1~2 年,初为人师,环境全新,课堂实际与师范教育所学理论反差较大,对新教师来说,最重要的是如何通过教育实践,尽快完成理论与实际的初步结合,初步形成自己的教学实践技能和技巧,使自己满足课堂教学工作的基本需要。这时教师要实现两个转变:一是由师范生向教师的角色的转变;二是教学知识向教学能力的转变。

2. 成长阶段

从教 3~8 年,是教师教育教学能力发展最迅速的阶段。教师对教育教学工作已有较多的成功与失败的体验,已获得初步的教育教学经验,已掌握了各种教育教学技能,已经与学生建立起了感情的纽带,逐步达到了称职教师的标准。

3. 称职阶段(又称高原阶段)

进入这一阶段,一般是 35 岁以后。在这一阶段,教师已基本上适应教育教学的需要,能驾驭班级、课堂,业务水平、自信心、外部的评价都达到较高水平。但是,相当多的教师的教育教学能力发展在这一时期开始缓慢下来,一部分教师甚至出现了停滞,定型为"教书匠",他们由于个人抱负、意志品质、教育观念、知识结构以及种种的外部条件的制约终究未能冲出高原阶段。而对另一部分教师来说,通过个人持续不断的努力,以及外部积极因素的作用,就会突破"高原现象",其教育教学能力会获得新的发展。

4. 成熟阶段

在这一阶段,教师的知识、能力结构将经历重大改造,认知、情感、人格等全面升华,形成了自己教育教学的独特风格和特色,成为骨干教师、学科带头人,甚至对教育教学理论某些方面有所发现、有所创造,成为专家型教师、学者型教师。

上述这些关于教师专业发展阶段的理论,虽然还有种种不足,如有的经验性的描述多于实证性的研究,有的只是从一个视角或侧面来研究显得有些单薄,有的过分看重教龄、环境等外在因素而对教师主体的根本作用强调不够,有的过于注重突发事件的影响而对常态教育生活关注不够具体细致等,但这些理论仍会给我们许多有益而深刻的启发。

三、新手教师和专家型教师的对比

上述的教师发展阶段论大多描述了教师在成长过程中所经历的实际情形,突出了教师在不同发展阶段所具有的不同专业表现水平、需求、心态、信念等,但是尚未对理想的教师发展进程给予应有的关注。因此,教师很难明确自身的发展目标与努力方向,教育行政机关也难以给予恰当的帮助与指导。

而对新手-专家型教师的比较研究从一定程度上弥补了这种缺陷。研究者认为,教师的成长过程即是一个由新手型教师向专家型教师的转变过程,研究的目的在于找出新手型教师与专家型教师之间的差别,界定专家型教师所具备的因素,明确新手型教师向专家型教师转变的规律,从而尽可能缩短新手型教师的成长周期,使之尽快成为专家型教师。

连榕认为,新手-专家型教师这种概括对理解专家型教师的特征是有益的,但对认识教师的成长规律还是不够充分。并不是所有的新手型教师最终都能成为专家型教师,在新手型教师与专家型教师之间必然存在着过渡的中间阶段,即熟手型教师阶段。熟手型教师是能按常规熟练地处理教学问题但教学创新水平不高的教师。在此基础上,连榕提出了新手-熟手-专家型教师发展的三个阶段。

下面将结合已有的关于新手型、熟手型和专家型教师的研究,分析教师处于专业发展不同阶段在教学策略、工作动机、职业承诺和职业倦怠的特点,探讨教师专业发展阶段论对教师教育的启示。

(一)新手-熟手-专家型教师专业发展不同阶段的特点

1. 新手型教师特征

(1)教学策略。

新手型教师在教学策略上以课前准备为中心。新教师缺乏教学经验,课前必须花费较多的时间来备课,因而他们对课前的准备极为重视。但在课堂教学中,他们往往只能按照教案按部就班地进行教学以完成教学任务,在导入新课、把握教学进度、突破重点难点、灵活运用教学策略、处理师生关系等方面存在着明显的不足。在进行课后评价时,新手教师多以自己为中心,关心自己的教学是否成功。由于熟悉课堂和学生占据了大部分时间,他们尚未真正地进行课后反思。

(2)工作动机。

新手型教师在教师成长过程中处于关注自我生存阶段,工作动机在成就目标上是以成绩目标为主。由于缺乏教学经验和专业技能训练,难以设身处地地理解和关心学生。他们更多地以自我为中心,关心能否向他人证明自己的能力,关注外界对其教学状况的评价。解决生存问题是其关注的焦点。

(3)职业承诺。

新手型教师处于职业的探索生存阶段,职业承诺低。由于正处于从学生转变为教师的适应阶段,他们在教学技能上还不成熟,在课堂的控制上缺乏经验,在教学程序上比较刻板,所以新手型教师经常感到应接不暇。在教学和工作中容易遭遇挫折,体验到比较强烈的失败感,成就感较低。他们对教师职业所赋予的意义和责任认识还不深刻,对教师职业的感情常常摇摆不定。因此,新手教师的职业承诺仍处于一种选择性的阶段和状态,职业承诺不稳定。

(4)职业倦怠。

新手在教学和工作中一旦遭遇挫折,往往容易出现精神疲惫的状态。他们体验到比较强烈的失败感,职业倦怠感较强。

2. 熟手型教师特征

(1)教学策略。

熟手型教师课中教学策略水平较高。熟手型教师已经熟练掌握常规的教学操作程序,能够灵活运用各种教学策略,并能够根据课堂实际情况对教学计划和行为适当地做出调节和控制,课堂教学显得流畅、熟练。由于熟手对教学内容和教学程序已经比较熟悉,课前的计划与准备已经熟练化和定型化,容易导致课前策略刻板僵化,因此常常表现出对课前策略的重视不足。在进行课后评价时,以学生为中心,关注学生的理解程度和兴趣;把注意力更多地集中于教学的内在价值上,主要以课堂教学是否成功作为评价标准。但是,对于如何进一步提高教学质量关注不够,因此,熟手型教师还不善于进行课后反思。

(2)工作动机。

熟手型教师的成就目标已从新手的以成绩目标为主转化为以任务目标为主。他们关注教学本身的价值和自身教学能力的提高,对教学问题的理解比新手更加深入;注重学生的理解、兴趣和学习效果。但是,熟手型教师内部动机的自发性欠缺,教师的角色信念尚未牢固。

(3)职业承诺。

熟手型教师处于职业的高原阶段,职业承诺较低。熟手型教师在这个阶段分化加剧。经过了5~6年的教学生活,熟手型教师感受到了教师职业的单调重复、封闭繁杂、负荷重而报酬低等特点,职业自我满足感开始下降。一部分熟手转而寻找更适合自己的职业;如果失败,只能很无奈地接受现实,得过且过。

(4)职业倦怠。

熟手处于职业的高原期,容易产生烦闷、抑郁、无助、疲倦、焦虑等消极情绪。因此,熟手是心理问题较多的一个群体。家庭的负担、超负荷的工作量、严格的考核、工作的重复性和知识能力的停滞不前等因素都是导致职业倦怠的因素。

3. 专家型教师特征

(1)教学策略。

专家型教师的教学策略主要体现为课前的精心计划、课中的灵活应变和课后的认真反思。专家型教师的课前准备得益于长期的教学实践,计划简洁灵活而且富有成效,以学生为中心并具有预见性。在课中,专家型教师在课堂规划的制定与执行、吸引学生的注意力、教材的呈现、课堂练习及教学策略的运用上都显得游刃有余。在课后策略上,专家型教师以学生作为课后评价的中心,关注学生的学习效果;他们不仅仅注重课堂教学的成功与否,更加注重对课堂成功或失败原因的思考。因此,善于通过对教学的反思来提高自己的教学能力是专家型教师一个重要的特点。

(2)工作动机。

专家型教师具有强烈且稳定的内在工作动机。他们由衷地热爱教育事业,对教师职业的情感投入程度高,能不断追求教师事业深层次的价值所在。他们乐于和学生交往,把学生当成是自己的朋友,在教学中体验到强烈的职业成就感。

(3)职业承诺。

专家型教师处于职业的升华阶段,具有良好的职业承诺。专家型教师拥有丰富的教学理论知识和实践经验,教学风格及所取得的成绩得到同行教师的认可,角色形象已日益完善。因此,他们对教师这个职业具有较高的成就感和热情度,职业承诺度高。

(4)职业倦怠。

专家型教师的职业倦怠感较低,对教师职业的情感投入程度高,职业的义务感和责任感比较强。专家型教师的职业倦怠主要来源于学生、家长对于专家型教师的言行较为严格的要求以及学校和社会对其较高的期望。但他们能够不断地调整和充实自己,尽快消除倦怠感。

(二)新手-熟手-专家型发展理论对教师教育的启示

对新手、熟手和专家型教师处于专业发展不同阶段在人格特征、工作动机、认知、职业承诺和职业倦怠的特点的研究和分析,将有助于根据教师专业发展阶段的不同特点制定相应的教师发展措施。

1. 加强对新手型教师成长的干预措施

首先,教育实践经验的相对缺乏使新手难以将较为丰富的理论知识转化为实践性知识并用以指导课堂教学实践。新手只有在教学实践中不断反思存在的问题,才能将理论性知识转化为实践性知识。其次要增强新手教师对职业的忠诚度和责任感,尽快认识到教师职业所赋予的重大意义和责任,尽早明确职业生涯的发展方向。最后,在学校内部形成合作发展的教师支持系统,这对新手教师的发展也是十分必要的,因为来自同事的教学资源信息的共享、教学经验的交流以及情感的支持有助于提高新教师的教学水平和工作的自主性,从而降低工作倦怠感,提高职业承诺度。

2. 充分认识熟手阶段的敏感性和关键性

熟手阶段是低职业承诺和高职业倦怠高发期。从新手-熟手-专家型教师的职业承诺与职业倦怠水平的标准差来看,大致呈现其离散程度呈倒"U"形分布的趋势。这说明了新手型教师的离散程度较小,熟手教师的离散程度不断增加,专家教师的离散程度又逐渐下降。由此可见,熟手阶段是教师成长过程的过渡期和分化期。在熟手阶段,应重视提高熟手对自身教学行为的调控能力,帮助他们解决职业发展中的各种心理问题,加深他们对教师职业的情感认同,形成职业的自尊和自信,促使他们在成功体验的基础上实现教师职业角色的自我完善,尽快走出倦怠而获得新的发展。

3. 充分发挥专家型教师的优势

专家型教师具有丰富的组织化了的专门知识,富有敏锐的职业洞察力和创造力,拥有独特的价值观、心理特质以及精神追求。通过定期开展教学观摩和教学研讨,专家型教师可以将自身所具有的驾驭专业知识的能力、监控课堂教学的能力、有效使用教学策略的能力,通过讨论、反思等途径,潜移默化地传递给新手和熟手教师,从而使新手型教师少走弯路,缩短熟手型教师成长为专家型教师的时间。

教师专业发展是一个动态的、纵贯整个职业生涯的历程,其间既有高潮,也有可能面临职业的危机。新手－熟手－专家型教师的比较研究揭示了新手型教师、熟手型教师和专家型教师的有关特征和主要差异所在。教师通过对教师发展阶段的了解,应对自己的教师职业生涯做好规划,以积极地回应其间的变化与需求。教育部门在教师的教育过程中,应该依据教师的不同发展阶段的特点,为教师的发展提供有的放矢的帮助,使之尽快地向专家型教师发展。

四、教师成长与发展的基本途径

探究促进教师专业发展的途径和方法非常具有现实意义。从目前有关的理论研究和教师发展的具体实际来看,终身学习、教学反思、同伴合作、行动研究、专家引领、课题实验、网络研修和教师成长记录袋等,都是一些行之有效的方法。强化专业发展的预期性、系统性、自主性,这是时代的需要,也是教师专业发展的需要,还是教师自我实现和人生幸福的需要。

(一)终身学习——教师专业发展的前提保证

知识迅猛更新客观上要求教师学会学习,养成学习的习惯。教师必须不断更新自己的知识结构,使自己课堂常教常新;要树立较强的教育科研意识,认真学习和掌握教育研究的基本方法和相关的理论知识,自觉地在研究中应用;还要在教书育人的实践中学习、学习、再学习。要做教学实践中的"有心人",在实践中不断地探究,积极探索,锲而不舍,勇于革新。

(二)行动研究——教师专业发展的基本途径

行动研究是指教师在真实的情境中,以其关注的教育问题为中心,并以实务研究者的身份提出问题、收集资料、计划性行动,来改善教育情境,进而建构积极的学习环境。研究的起点和对象是教学实际中出现的问题。研究的成果直接用于学校教学实践的改进和教师教学实践能力的提高,并以研究成果为依据,进行教育改革,提升教学质量。实现教师学习培训和教学过程相统一,促进教师专业成长。因此,近年来,行动研究已经成为教师专业成长、课程改革的重要手段之一。

(三)教学反思——教师专业成长的必经之路

教学反思指教师借助行动研究,不断探讨与解决教学目的、教学工具和自身方面的问题,不断提升教学实践的合理性,使自己成为专家型教师。常用的教学反思的方法有内省反思法、录像反思法和档案袋反思法。教学反思为教师提供了再创造的沃土和新型的学习方式,进一步激发教师终身学习的自觉冲动,激活教师的教学智慧,探索教材内容的崭新表达方式,构建良好的师生互动机制及学习新方式,使自己的教学艺术永葆青春,为教师的成长提供有效途径,适应新课程改革的要求。

（四）同伴互助——教师专业成长的有效方法

随着新的课程理念的逐渐渗透，不同学科的相互融合，以及与现代信息技术的整合等，这些都要求教师间彼此合作，共同提高。同伴互助方式可不拘一格，如教师的网上备课平台、互动平告、新老教师结对、教研组活动、备课组活动、问题交流中心等，并且通过同伴互助，防止教师各自为政的现象出现，让教师在开放互动的环境里学习。学校应定期开展教学观摩、问题讨论、课题研究等促进教师互助互学，让教师感受合作的需要，享受合作的乐趣，实现教育教学的共同体的目标。

（五）专业引领——教师专业成长的重要条件

教师为了提高自己的专业素养，往往会向周围的同事、学生、家长学习，向书本、实践学习。但是，一般情况下，校内同层级教师的横向支援，明显缺少了纵向的引领，尤其是在当今我国课程发展大变动的时期，先进的理念如果没有以课程内容为载体的具体指引与对话，没有研究者与骨干教师等高层次人员的协助与带领，同事之间的横向互助常常会自囿于同水平的反复。因此，教师还必须向专业人士和成功人士学习，不断接受先进理论、技术、方法和经验的专业引领。提倡校本教研与大学牵手，各级中小学教研部门、教师进修院校和教育科研机构专业研究人员与中小学教师共同研究，建立起平等交流、共同成长、互补互益的伙伴关系，人人平等，能者为师。

（六）课题研究——教师专业成长的有效载体

教师开展课题研究，首先要寻找课题研究的理论依据，进行理论奠基；在课题研究的过程中，教师要自始至终以先进的教育理论来指导自己的研究活动和实践活动，并通过研究和实践，或是验证，或是补充完善，或是丰富、发展他人的理论。当研究活动结束，教师要对课题的研究进行认真总结。在深入的理性思考的基础上，对自己的做法、感悟进行理论上的提升。因此，课题研究的全过程，就是教师学习理论、运用理论、提升理论的过程。

（七）网络远程研修——教师专业发展的新平台

网络远程研修，是近年来随着信息技术的高度发展形成的一种教师专业发展的新平台。网络远程研修，是在网络环境下，以现代教育思想和学习理论为指导，充分发挥网络的各种教育功能和丰富的网络教育资源优势，向参与学习者提供一种网络研究和进修的环境，使学习者在视频收看、文本学习、作业与交流相结合、简报阅读等的过程中促进教师专业发展。网络远程研修是一种跨学校、跨地区的教师群体研修。培训中网络支持，学员、指导教师、专家互动，形成了一个立体交流网。

【思考题】

1. 谈谈你对教师角色的认识。
2. 有的老师说对学生就要严厉,太过亲近会降低教师的威信。对于这种说法你同意吗?谈谈你对教师威信高低的认识。
3. 请查询阅读一个特级教师成长经历材料,分析一个教师不同成长阶段的特点。
4. 比较分析新手教师、熟手教师和专家教师之间的不同及各自的优势和劣势。

参考文献

[1] 潘菽.教育心理学[M].北京:人民教育出版社,1980.
[2] 邵瑞珍.教育心理学[M].上海:上海教育出版社,1997.
[3] 周国韬.教育心理学专论[M].北京:中国审计出版社,1997.
[4] 陈琦.当代教育心理学[M].北京:北京师范大学出版社,1997.
[5] 陈琦,刘儒德.教育心理学[M].北京:高等教育出版社,2005.
[6] 陆桂芝.教育心理学[M].哈尔滨:黑龙江人民出版社,2001.
[7] 皮连生.教育心理学[M].上海:上海教育出版社,2011.
[8] 李伯黍,燕国材.教育心理学[M].上海:华东师范大学出版社,2001.
[9] 张大均.教育心理学[M].北京:人民教育出版社,2011.
[10] 张大均.教学心理学纲要[M].北京:人民教育出版社,2006.
[11] 莫雷.教育心理学[M].广州:广东高等教育出版社,2002.
[12] 岑国桢.教育心理学[M].北京:中国人民大学出版社,2006.
[13] 林崇德.教育心理学[M].北京:人民教育出版社,2000.
[14] 皮连生.学与教的心理学[M].上海:华东师范大学出版社,1997.
[15] 张大均.教与学的策略[M].北京:人民教育出版社,2003.
[16] 吴庆麟.教育心理学:献给教师的书[M].上海:华东师范大学出版社,2003.
[17] 郭德俊,雷雳.教育心理学概论[M].北京:警官教育出版社,1998.
[18] 冯忠良,等.教育心理学[M].北京:人民教育出版社,2002.
[19] 莫雷.教育心理学[M].北京:教育科学出版社,2007.
[20] 丁家永.现代教育心理学[M].广州:广东高等教育出版社,2004.
[21] 林崇德.品德发展心理学[M].上海:上海教育出版社,1990.
[22] 施良方.学习论[M].北京:人民教育出版社,2001.
[23] 张春兴.教育心理学[M].台北:台北东华书局,1996.
[24] 韩进之.教育心理学纲要[M].北京:人民教育出版社,1996.
[25] 皮连生.智育心理学[M].北京:人民教育出版社,1997.
[26] GAGNE R M.学习的条件和教学论[M].皮连生,译.上海:华东师范大学出版社,1999.
[27] PIAGET J,INHELDER B.儿童心理学[M].吴福元,译.北京:商务印书馆,1980.
[28] 恩田彰.创造心理学[M].陆祖昆,译.石家庄:河北人民出版社,1987.
[29] STERNBERG R J,WILLIAMS W M.教育心理学[M].张厚粲,译.北京:中国轻工业出

版社,2003.

[30] SCHUNK D H.学习理论:教育的视角[M].韦小满,译.南京:江苏教育出版社,2003.

[31] AUSUBEL D P.教育心理学——认知的观点[M].佘星南,宋钧,译.北京:人民教育出版社,1994.

[32] BANDURA A.社会学习理论.[M].陈欣银,李伯黍,译.沈阳:辽宁人民出版社,1989.